Der Ausgleich konkurrierender Ehegattenunterhaltsansprüche

Studien zum deutschen und internationalen Familien- und Erbrecht

Herausgegeben von Martin Lipp, Christoph Benicke, Marina Wellenhofer und Bettina Heiderhoff

Band 22

Zur Qualitätssicherung und Peer Review der vorliegenden Publikation

Die Qualität der in dieser Reihe erscheinenden Arbeiten wird vor der Publikation durch den Herausgeber der Reihe geprüft.

Notes on the quality assurance and peer review of this publication

Prior to publication, the quality of the work published in this series is reviewed by the editor of the series.

Renata von Pückler

Der Ausgleich konkurrierender Ehegattenunterhaltsansprüche

PL ACADEMIC RESEARCH

Bibliografische Information der Deutschen Nationalbibliothek
Die Deutsche Nationalbibliothek verzeichnet diese Publikation in der Deutschen Nationalbibliografie; detaillierte bibliografische Daten sind im Internet über http://dnb.d-nb.de abrufbar.

Zugl.: Gießen, Univ., Fachbereich Rechtswissenschaft, Diss., 2014

D 26
ISSN 1864-497X
ISBN 978-3-631-65346-3 (Print)
E-ISBN 978-3-653-04535-2 (E-Book)
DOI 10.3726/ 978-3-653-04535-2

PL Academic Research ist ein Imprint der Peter Lang GmbH.

Peter Lang – Frankfurt am Main · Bern · Bruxelles · New York · Oxford · Warszawa · Wien

Diese Publikation wurde begutachtet.

www.peterlang.com

Inhaltsübersicht

Inhaltsverzeichnis

Einleitung

A. Sozioökonomische Grundlagen der Untersuchung

Das Familienrecht unterliegt wie kaum eine andere Materie des Zivilrechts steten Veränderungen. Die Dynamik beruht ebenso auf den sich stetig fortentwickelnden sozioökonomischen Realitäten wie auf den sich wandelnden gesellschaftlichen Werten. Letzteres gilt insbesondere für das Verständnis von Ehe und Familie.

I. Verhältnisse zwischen den Eheleuten

Das Verständnis von der Ehe als einer gemäß § 1353 Abs. 1 S. 1 BGB nach wie vor grundsätzlich auf Lebenszeit geschlossenen Lebensgemeinschaft hat sich seit Inkrafttreten des Bürgerlichen Gesetzbuchs am 1. Januar 1900 einschneidend geändert. Während die Ehe damals die einzig rechtlich vorgesehene Form familiären Zusammenlebens darstellte und eine Scheidung die absolute Ausnahme bildete (1900 standen 476.491 Eheschließungen 9.152 Ehescheidungen gegenüber[1]), ist die Zahl der Eheschließungen in den letzten Jahrzehnten kontinuierlich gesunken. Während 1990 noch 516.388 Ehen (Gesamtbevölkerung: 79.753.227 Einwohner) geschlossen wurden, ging diese Zahl 2000 auf 418.550 Ehen (Gesamtbevölkerung: 82.259.540 Einwohner) und 2010 auf nur noch 382.047 Eheschließungen (Gesamtbevölkerung: 81.751.602 Einwohner) zurück.[2] Gleichzeitig hat die Zahl der Scheidungen stetig zugenommen. Während 1990 nur 122.889 Ehen geschieden wurden, stieg diese Zahl 2000 auf 194.408 und lag 2010 bei 187.027.[3] Diese Entwicklung zeigt, dass der rechtlichen Gestaltung ehelicher wie insbesondere nachehelicher Beziehungen angesichts der Vielzahl der Betroffenen eine wachsende Bedeutung zukommt.

Neben die Ehe sind zudem bei Inkrafttreten des Bürgerlichen Gesetzbuchs undenkbare, heute sozial wie rechtlich gebilligte weitere Formen familiären Zusammenlebens getreten. Zu nennen sind hier insbesondere Lebenspartnerschaften im Sinne des § 1 LPartG sowie nichteheliche, hetero- wie homosexuelle Lebensgemeinschaften.

---

1 *Statistisches Bundesamt (Hrsg.)*, Statistisches Jahrbuch 1961, S. 58.

2 *Statistisches Bundesamt (Hrsg.)*, Statistisches Jahrbuch 2012, S. 54.

3 *Statistisches Bundesamt (Hrsg.)*, Statistisches Jahrbuch 2000, S. 76; Statistisches Jahrbuch 2012, S. 55.

Nicht nur die äußeren Formen familiären Zusammenlebens haben sich geändert, sondern auch deren innere Ausgestaltung. Bei Inkrafttreten des Bürgerlichen Gesetzbuchs beruhten Ehen auf dem allgemeinen Verständnis, dass der Ehemann für die ökonomische Sicherung der Familie und deren Vertretung nach außen zuständig sei, während der meist ausbildungslosen Ehefrau gemäß § 1356 Abs. 1 S. 1 BGB a.F.[4] die tatsächliche Besorgung des Haushalts und die Betreuung der Kinder obliege, für welche ihr gemäß § 1634 BGB a.F.[5] während der Dauer der Ehe neben dem Vater das Recht der Personensorge zustand. Das Letztentscheidungsrecht in streitigen Fragen des ehelichen Zusammenlebens war gemäß § 1354 BGB a.F.[6] dem Ehemann ebenso vorbehalten wie ihm das elterliche Sorgerecht gemäß § 1627 BGB a.F.[7] alleine zustand.

Dieses Rollenverständnis hat zunehmend an Akzeptanz und damit an Bedeutung verloren. Inzwischen wird die Ehe als Lebensgemeinschaft gleichberechtigter Ehepartner verstanden, in der immer häufiger beide in Voll- oder Teilzeit zum wirtschaftlichen Auskommen der Familie beitragen.[8] Gleichzeitig hat sich die innerfamiliäre Arbeitsteilung verändert, bei der ebenfalls keine strikte Rollenverteilung mehr herrscht. Vielmehr werden die Haushaltsführung und die Betreuung der Kinder mittlerweile regelmäßig arbeitsteilig übernommen.

1976 wurden noch 42,2% aller Ehen als sogenannte Hausfrauenehen geführt, in denen alleine der Ehemann erwerbstätig war, nur in 3% der Ehen arbeitete

---

4 § 1356 Abs. 1 S. 1 BGB in der Fassung vom 18. August 1896 (Bürgerliches Gesetzbuch vom 18. August 1986, RGBl. I. 1896, 195 ff.):
Die Frau ist, unbeschadet der Vorschriften des § 1354, berechtigt und verpflichtet, das gemeinschaftliche Hauswesen zu leiten.

5 § 1634 BGB in der Fassung vom 18. August 1896:
Neben dem Vater hat während der Dauer der Ehe die Mutter das Recht und die Pflicht, für die Person des Kindes zu sorgen; zur Vertretung des Kindes ist sie nicht berechtigt, unbeschadet der Vorschrift des § 1685 Abs. 1. Bei einer Meinungsverschiedenheit zwischen den Eltern geht die Meinung des Vaters vor.

6 § 1354 BGB in der Fassung vom 18. August 1896:
(1) Dem Manne steht die Entscheidung in allen das gemeinschaftliche eheliche Leben betreffenden Angelegenheiten zu; er bestimmt insbesondere Wohnort und Wohnung.
(2) Die Frau ist nicht verpflichtet, der Entscheidung des Mannes Folge zu leisten, wenn sich die Entscheidung als Missbrauch seines Rechtes darstellt.

7 § 1627 BGB in der Fassung vom 18. August 1896:
Der Vater hat kraft der elterlichen Gewalt das Recht und die Pflicht, für die Person und das Vermögen des Kindes zu sorgen.

8 *Nave-Herz*, Familie heute, S. 38, 128.

alleine die Ehefrau; 34,7% der Ehen waren sogenannte Doppelverdienerehen, in 20,1% der Ehen war kein Ehepartner (mehr) erwerbstätig. 1990 hatte sich dies bereits deutlich gewandelt. Zu dieser Zeit arbeitete nur noch in 32,4% der Ehen alleine der Ehemann, in 3,8% der Ehen alleine die Ehefrau, in 39,3% der Ehen beide Ehepartner und in 24,5% der Ehen keiner. 2000 setzte sich diese Entwicklung weiter fort. In diesem Jahr war nur noch in 22,9% der Ehen alleine der Ehemann erwerbstätig, dagegen in 6,2% alleine die Ehefrau. 40,7% der Ehen waren Doppelverdienerehen, in 30,2% der Ehen ging kein Ehepartner einer Erwerbstätigkeit nach.[9] Das Jahr 2010 schließlich zeichnet das gegenwärtige Verständnis der wirtschaftlichen Sicherung einer Ehe nach. In diesem Jahr war nur noch in 16,8% der Ehen alleine der Ehemann, in 7,4% der Ehen alleine die Ehefrau erwerbstätig. Der Schwerpunkt der Arbeitsteilung hat sich in Richtung Doppelverdienerehen verschoben, die 43,9% der Ehen darstellten; in 31,9% der Ehen arbeitete kein Ehepartner.[10]

Begünstigt wird diese Entwicklung durch die geänderte berufliche Situation von Männern und Frauen, insbesondere ihren allgemein verbesserten Ausbildungsstandard. Während Frauen bei Inkrafttreten des Bürgerlichen Gesetzbuchs regelmäßig keine Ausbildung besaßen und damit im Falle einer Scheidung für ihren eigenen Unterhalt letztlich nicht sorgen konnten, verfügen sie inzwischen über ein Ausbildungsniveau, das sie regelmäßig zur Sicherung ihres eigenen Lebensunterhalts befähigt.

So besaß die weibliche Bevölkerung im erwerbsfähigen Alter[11] im Jahr 2000 zu 45,02% eine abgeschlossene Lehre, zu 5,60% einen Fachschulabschluss und zu 6,87% einen Hochschul- oder Fachhochschulabschluss. Dieses Ausbildungsniveau hat sich im Jahr 2010 noch gesteigert, in dem 49,83% der Frauen im erwerbsfähigen Alter über eine abgeschlossene Lehre, 5,90% über einen Fachschulabschluss und 11,15% über einen Hochschul- oder Fachhochschulabschluss verfügten.[12] Demgegenüber hatte die männliche Bevölkerung im erwerbsfähigen Alter[13] im Jahr 2000 zu 47,72% eine abgeschlossene Lehre, zu 9,92% einen Fachschulabschluss und zu 12,44% einen Hochschul- oder Fachhochschulabschluss. Die Männer verbesserten ihren Ausbildungsstandard im

9 *Statistisches Bundesamt (Hrsg.)*, Bevölkerung und Erwerbstätigkeit 2002, Teil 3, Tabelle Nr. 7.25.1. (Diese Zahlen betreffen das frühere Bundesgebiet.).

10 *Statistisches Bundesamt (Hrsg.)*, Mikrozensus 2010, Tabelle EHP 22.

11 Soweit Abschlüsse erreicht bzw. Angaben gemacht wurden.

12 *Statistisches Bundesamt (Hrsg.)*, Statistisches Jahrbuch 2001, S. 378; Statistisches Jahrbuch 2011, S. 133.

13 Soweit Abschlüsse erreicht bzw. Angaben gemacht wurden.

Jahr 2010 ebenfalls, in dem sie zu 50,58% über eine abgeschlossene Lehre, zu 9,46% über einen Fachschulabschluss und zu 16,15% über einen Hochschul- oder Fachhochschulabschluss verfügten.[14]

Aus dem Alter bei Eingehen der ersten Ehe lässt sich zudem schließen, dass Ehen mittlerweile regelmäßig zu einem Zeitpunkt geschlossen werden, zu dem beide Eheleute ihre Ausbildung abgeschlossen und erste Berufserfahrungen gesammelt haben. Während Frauen 1990 im Durchschnitt bereits mit 25,5 Jahren erstmals heirateten, erhöhte sich ihr Alter bei Eingehen der ersten Ehe 2000 auf 28,4 Jahre und 2010 auf 30,3 Jahre. Männer heirateten 1990 erstmals mit durchschnittlich 27,9 Jahren, 2000 mit 31,2 Jahren und 2010 mit 33,2 Jahren.[15]

Der gegenwärtige Ausbildungsstandard hat gewichtige Auswirkungen auf die Möglichkeit, im Falle einer Scheidung wirtschaftlich eigenverantwortlich für sich zu sorgen und damit auf die Abwägung zwischen nachehelich zu übernehmender Eigenverantwortung und nachehelich zu gewährender Solidarität. Die Entwicklung der Ausbildungs- und Erwerbssituation darf allerdings nicht überschätzt werden. Noch immer besitzt die traditionelle geschlechtsspezifische Arbeitsverteilung einen hohen Grad an Verbindlichkeit, der bei der Beurteilung der (nach-)ehelichen Verhältnisse und damit bei der Gestaltung und Anwendung des Unterhaltsrechts zu berücksichtigen ist. Ein differenzierteres Bild der gegenwärtigen Arbeitsaufteilung in Ehen ergibt sich nämlich, wenn man nicht nur die Aufteilung der Erwerbstätigkeit im Sinne von Ein- oder Doppelverdienerehen betrachtet, sondern zusätzlich die Aufteilung der Erwerbstätigkeit in Vollzeit- und Teilzeittätigkeit bei Eltern minderjähriger Kinder berücksichtigt. Hier zeigt sich, dass das herkömmliche Arbeitsteilungsmodell in Familien mit Kindern nicht überwunden ist, sondern letztlich als sogenanntes Zuverdienermodell weiterbesteht, bei dem der Vater seine Vollzeittätigkeit nach der Geburt eines gemeinsamen Kindes fortsetzt, während die Mutter ihre Arbeit unterbricht und sodann in reduziertem Umfang erwerbstätig wird. So waren nach den Ergebnissen des Mikrozensus 2010 zwar 60,0% der Mütter mit Kindern unter 18 Jahren erwerbstätig. Von ihnen gingen jedoch nur 30,0% einer Vollzeittätigkeit, dagegen 70,0% einer Teilzeittätigkeit nach. Im Gegensatz dazu waren 2010 84,2% der Väter von Kindern unter 18 Jahren erwerbstätig, von denen 94,4% einer Vollzeittätigkeit und nur 5,6% einer Teilzeittätigkeit nachgingen.[16]

---

14 *Statistisches Bundesamt (Hrsg.)*, Statistisches Jahrbuch 2001, S. 378; Statistisches Jahrbuch 2011, S. 133.

15 *Statistisches Bundesamt (Hrsg.)*, Statistisches Jahrbuch 2012, S. 55.

16 *Statistisches Bundesamt* (Hrsg.), Vereinbarkeit von Familie und Beruf (Ergebnisse des Mikrozensus 2010), S. 34.

Diese Erhebung zeigt, dass sich eine Annäherung der beruflichen Etablierung der Eheleute andeutet, da immer mehr Mütter minderjähriger Kinder erwerbstätig sind. Doch sollte diese Entwicklung nicht im Sinne einer gleichberechtigten und damit nach der Scheidung gleichverpflichtenden Teilhabe am Erwerbsleben missverstanden werden. Vielmehr muss angesichts der hohen Zahl an Zuverdienerehen mit Kindern nach wie vor davon ausgegangen werden, dass zum Zeitpunkt der Scheidung ein Ungleichgewicht in der jeweiligen beruflichen Situation der Eheleute besteht. Der nachehelichen Solidarität fällt daher gegenüber der nachehelichen Eigenverantwortung weiterhin eine bedeutsame Rolle zu.

II. Verhältnisse zwischen einander nachfolgenden Ehen

Neben Fragen nach der zeitgemäßen Balance zwischen nachehelicher Solidarität und nachehelicher Eigenverantwortung im Verhältnis der Eheleute zueinander tritt verstärkt der Bedarf nach Regelungen zur Gestaltung der Verhältnisse zwischen einander nachfolgenden Ehen. Dieser Bedarf ist auf die steigende Zahl von Zweitehen zurückzuführen. Während 1990 18,45% der eheschließenden Männer und 19,1% der eheschließenden Frauen bei Eingehung der Ehe bereits geschieden waren, stieg diese Rate 2000 auf 23,5% der eheschließenden Männer und 25,6% der Frauen und 2010 auf 24,4% der Männer und 24,7% der Frauen.[17]

Der Ausgleich der Unterhaltsinteressen der konkurrierenden ehelichen Verbände richtet sich nach dem Grad ihrer jeweiligen Schutzbedürftigkeit. Bei deren Beurteilung kommt dem Aspekt der Betreuungsverantwortlichkeit für minderjährige Kinder erhebliches Gewicht zu, die für den betreuenden Elternteil regelmäßig mit Einschränkungen seiner Erwerbstätigkeit verbunden ist. Hier ist zu beachten, dass gegenwärtig in knapp der Hälfte der Scheidungen minderjährige Kinder betroffen sind. So lag die Quote der von der Scheidung ihrer Eltern betroffenen minderjährigen Kinder 2000 bei 48,79% und 2010 bei 48,89% der Scheidungen.[18] Hinzu kommt, dass Scheidungen gegenwärtig in knapp einem Drittel der Fälle in den ersten sieben Jahren der Ehe erfolgen. So wurden 2000 31,84%[19] und 2010 29,62%[20] der geschiedenen Ehen nach einer Ehedauer von bis zu 7 Jahren geschieden. Diese Häufung legt die Vermutung nahe, dass sich

17 *Statistisches Bundesamt (Hrsg.)*, Statistisches Jahrbuch 1992, S. 76; Statistisches Jahrbuch 2002, S. 69; Statistisches Jahrbuch 2012, S. 54.

18 *Statistisches Bundesamt (Hrsg.)*, Statistisches Jahrbuch 2002, S. 75; Statistisches Jahrbuch 2012, S. 54.

19 *Statistisches Bundesamt (Hrsg.)*, Statistisches Jahrbuch 2002, S. 75.

20 *Statistisches Bundesamt (Hrsg.)*, Statistisches Jahrbuch 2012, S. 56.

die Scheidungskinder bei der Beendigung der Ehe ihrer Eltern gehäuft in einem Alter mit einem hohen Betreuungsbedarf befinden, mit dem eine hohe Schutzbedürftigkeit der Kinder sowie des betreuenden Elternteils einhergeht.

Für die Schutzbedürftigkeit des unterhaltsberechtigten Ehepartners ist daneben die Dauer der Ehe bis zu ihrer Scheidung und die mit ihr einhergehende wachsende Verflechtung der persönlichen und wirtschaftlichen Verhältnisse der Eheleute bedeutsam. Die durchschnittliche Dauer der Ehe bis zu ihrer Auflösung ist kontinuierlich gestiegen. Sie betrug 1990 im Schnitt 11,5 Jahre, 2000 durchschnittlich 12,9 Jahre und 2010 14,2 Jahre.[21]

III. Bedeutung von Gesetzgebung, Rechtsprechung und Wissenschaft

An der Legislative ist es, für die familienrechtlichen Fragestellungen angemessene, an der sozioökonomischen Realität orientierte Regelungen bereit zu stellen und dabei dem jeweils herrschenden gesellschaftlichen Verständnis von Ehe und Familie Rechnung zu tragen. Darüber hinaus kann sie einen Wandel im Verständnis steuernd begleiten oder ihn sogar selbst veranlassen.

Die Judikative ist berufen, bei der Anwendung und Auslegung der Gesetze die tatsächlichen sozialen Lebensverhältnisse zu berücksichtigen und auf gesellschaftliche Änderungen zu reagieren. Zudem können das Bundesverfassungsgericht sowie vermehrt der Europäische Gerichtshof für Menschenrechte gesellschaftlich gebotene Änderungen beim Gesetzgeber anmahnen oder ihm gar verbindlich aufgeben. Sowohl die fachgerichtliche Gesetzesauslegung als auch die verfassungsgerichtliche Verwerfungs- und Auftragskompetenz führen im Familienrecht zu einem starken Wechselspiel legislativen und judikativen Handelns.

Beispielhaft für diese Wechselwirkung ist die nachhaltige Forderung des Bundesverfassungsgerichts nach einer vollständigen legislativen Umsetzung der gemäß Art. 117 Abs. 1 GG angeordneten einfachrechtlichen Durchsetzung der Gleichberechtigung von Männern und Frauen. Diese Forderung kam eindringlich in seinem Urteil vom 29. Juli 1959[22] zum Ausdruck, in dem es das Alleinentscheidungs- und Alleinvertretungsrecht des Vaters nach § 1628 BGB

---

21 *Statistisches Bundesamt (Hrsg.)*, Gerichtliche Ehelösungen, Maßzahlen zu Ehescheidungen 2011.

22 BVerfGE 10, 59 ff.

a.F.[23] und nach § 1629 BGB a.F.[24] für nichtig erklärte, was zur Neugestaltung des § 1628 BGB a.F.[25] und des § 1629 BGB führte. Die Verflechtung judikativen und legislativen Handelns zeigte sich ferner in seinem Beschluss vom 5. März 1991[26] zur Verfassungswidrigkeit der zwangsläufigen Festlegung des Ehenamens auf den Geburtsnamen des Ehemanns nach § 1355 Abs. 2 S. 2 BGB a.F.,[27] wenn die Ehegatten keinen ihrer Geburtsnamen zum Ehenamen bestimmt hatten. Dieser Beschluss führte zur Neufassung des § 1355 BGB.

Besonders deutlich treten die Verschränkungen legislativen und judikativen Wirkens bei der Anerkennung neuer Formen familiären Zusammenlebens zutage. Bedeutsam ist hier insbesondere die mit Urteil vom 17. Juli 2002[28] erfolgte verfassungsgerichtliche Anerkennung der Einführung des Rechtsinstituts der eingetragenen Lebenspartnerschaft für gleichgeschlechtliche Paare sowie sein Urteil vom 19. Februar 2013,[29] mit dem die Verweigerung einer Sukzessivadoption durch Lebenspartner für verfassungswidrig erklärt und dem Gesetzgeber aufgegeben wurde, eine verfassungsgemäße Regelung zu treffen.

---

23 § 1628 Abs. 1 BGB in der Fassung vom 18. Juni 1957 (Gesetz über die Gleichberechtigung von Mann und Frau auf dem Gebiet des bürgerlichen Rechts vom 18. Juni 1957, BGBl. I 1957, 609 ff.):
Können sich die Eltern nicht einigen, so entscheidet der Vater, er hat auf die Auffassung der Mutter Rücksicht zu nehmen.

24 § 1629 BGB in der Fassung vom 18. Juni 1957:
Die Vertretung des Kindes steht dem Vater zu; die Mutter vertritt das Kind, soweit sie die elterliche Gewalt allein ausübt oder ihr die Entscheidung nach § 1628 Abs. 2, 3 übertragen ist.

25 § 1628 Abs. 1 BGB in der Fassung vom 18. Juli 1979 (Gesetz zur Neuregelung des Rechts der elterlichen Sorge, BGBl. I 1979, 1061 ff.):
Können sich die Eltern in einer einzelnen Angelegenheit oder in einer bestimmten Art von Angelegenheiten der elterlichen Sorge, deren Regelung für das Kind von erheblicher Bedeutung ist, nicht einigen, so kann das Vormundschaftsgericht auf Antrag eines Elternteils die Entscheidung einem Elternteil übertragen, sofern dies dem Wohle des Kindes entspricht. …

26 BVerfGE 84, 9 ff.

27 § 1355 Abs. 2 BGB in der Fassung vom 14. Juni 1976 (Erstes Gesetz zur Reform des Ehe- und Familienrechts, BGBl. I 1976, 1421 ff.):
Zum Ehenamen können die Ehegatten bei der Eheschließung durch Erklärung gegenüber dem Standesbeamten den Geburtsnamen des Mannes oder den Geburtsnamen der Frau bestimmen. Treffen sie keine Bestimmung, so ist Ehename der Geburtsname des Mannes.

28 BVerfGE 105, 313 ff.

29 BVerfGE 133, 59 ff.

Weitere wichtige, auf judikativen Vorgaben beruhende Gesetzgebungsmaßnahmen finden sich im Bereich der Gleichstellung ehelicher und nichtehelicher Kinder. Hierzu zählt etwa die vom Bundesverfassungsgericht gesetzte Frist zur legislativen Umsetzung der in Art. 6 Abs. 5 GG festgeschriebenen Gleichstellung ehelicher und nichtehelicher Kinder.[30] Ebenso gehört hierzu der im Beschluss vom 7. Mai 1991 formulierte verfassungsgerichtliche Auftrag an den Gesetzgeber,[31] vor dem Hintergrund der wachsenden Zahl nichtehelicher Lebensgemeinschaften[32] nicht miteinander verheirateten Eltern die Möglichkeit einer gemeinsamen elterlichen Sorge für ihr Kind zu eröffnen, der zur Einfügung des § 1626a BGB a.F.[33] ins Bürgerliche Gesetzbuch führte. Zu nennen ist zudem sein dem Anstieg nichtehelicher Lebensgemeinschaften[34] Rechnung tragender Beschluss vom 21. Juli 2010,[35] mit dem der Ausschluss des Vaters eines nichtehelichen Kindes von der Sorgetragung für sein Kind bei entgegenstehendem Willen der Kindesmutter für verfassungswidrig erklärt wurde. Dieser Beschluss hat durch das am 19. Mai 2013 in Kraft getretene Gesetz zur Reform der elterlichen Sorge nicht miteinander verheirateter Eltern vom 16. April 2013[36] zu einer weiteren Anpassung des § 1626a BGB geführt. Hervorzuheben ist zuletzt die im Beschluss vom 28. Februar 2007[37] vom Bundesverfassungsgericht geforderte Gleichstellung der Dauer der Unterhaltsansprüche wegen der Betreuung ehelicher und nichtehelicher Kinder. Dieser Forderung ist der Gesetzgeber anlässlich

---

30 BVerfGE 25, 167 ff.

31 BVerfGE 84, 168 ff.

32 Bezogen auf das frühere Bundesgebiet war die Zahl nichtehelicher Lebensgemeinschaften von 137.000 Paaren im Jahr 1972 auf 963.000 Paare im Jahr 1990 gestiegen (*Statistisches Bundesamt (Hrsg.)*, Statistisches Jahrbuch 1992, S. 70).

33 § 1626a BGB in der Fassung vom 16. Dezember 1997 (Gesetz zur Reform des Kindschaftsrechts vom 16. Dezember 1997, BGBl. I 1997, 2942 ff.):
(1) Sind die Eltern bei der Geburt des Kindes nicht miteinander verheiratet, so steht ihnen die elterliche Sorge dann gemeinsam zu, wenn sie
1. erklären, daß sie die Sorge gemeinsam übernehmen wollen (Sorgeerklärungen), oder
2. einander heiraten.
(2) Im übrigen hat die Mutter die elterliche Sorge.

34 2000 war die Zahl nichtehelicher Lebensgemeinschaften auf 2.083.000 Paare und 2010 auf 2.585.000 Paare gestiegen (*Statistisches Bundesamt (Hrsg.)*, Statistisches Jahrbuch 2011, S. 47).

35 BVerfGE 127, 132 ff.

36 BGBl. I 2013, 795 ff.

37 BVerfGE 118, 45 ff.

der Unterhaltsreform von 2008 nachgekommen, indem er die Unterhaltsansprüche eheliche oder nichteheliche Kinder betreuender Elternteile in § 1570 BGB und in § 1615l BGB im Wesentlichen gleich ausgestaltet und ihnen in § 1609 Nr. 2 BGB denselben Rang zugewiesen hat.

Der Einfluss nicht nur des Bundesverfassungsgerichts, sondern auch der europäischen Gerichte auf die Legislative zeigt sich gegenwärtig anlässlich der Beurteilung der Rechtstellung des biologischen Vaters. Dessen Rechte hat nicht nur das Bundesverfassungsgericht[38] gestärkt. Zudem sind mehrere, ausdrücklich auf die geänderten Realitäten familiären Lebens verweisende[39] Entscheidungen des Europäischen Gerichtshofs für Menschenrechte zum Umgangs- und Auskunftsrecht sowie zum Vaterschaftsanfechtungsrecht des biologischen Vaters ergangen,[40] deren Wertungen in das am 12. Juli 2013 in Kraft getretene Gesetz zur Stärkung der Rechte des leiblichen, nicht rechtlichen Vaters vom 4. Juli 2013 Eingang gefunden haben.[41]

Legislative und Judikative sind bei ihrem Wirken auf die Wissenschaft angewiesen. Ihr fällt die Aufgabe zu, familienrechtliche Fragestellungen auf der Basis des geltenden Rechts wissenschaftlich aufzuarbeiten und der Rechtsprechung grundlegende Erkenntnisse zu umstrittenen Fragestellungen zu vermitteln bzw. Lösungsempfehlungen auszusprechen. Zudem ist es an ihr, den Gesetzgeber bei gesellschaftlichen Änderungen zu Reformen des geltenden Rechts zu mahnen. Ihre Autorität hat sich beispielsweise anlässlich der Einführung der Befristung und Begrenzung nachehelichen Unterhalts gezeigt. Diese war nach den Regelungen des 1. EheRG nicht vorgesehen und wurde erst auf entsprechende Kritik aus der Lehre[42] über mehrere Reformgesetze hinweg eingeführt, ausgeweitet und nachjustiert.

Die Wechselbeziehungen zeigen die engen Verknüpfungen zwischen Gesetzgebung, Rechtsprechung und Wissenschaft bei der Gestaltung, Anwendung und Auslegung familiärer Rechtsverhältnisse auf. Zudem verdeutlichen sie, von welch herausragender Wichtigkeit es ist, die herrschenden sozialen Lebensverhältnisse

---

38 BVerfGE 108, 82 ff.

39 EUGMR, Urteil vom 15. September 2011 - 17080/07, FamRZ 2011, 1715 (1716).

40 EUGMR, Urteil vom 21. Dezember 2010 - 20578/07, FamRZ 2011, 269 ff.; Urteil vom 15. September 2011 - 17080/07, FamRZ 2011, 1715 ff.; Urteil vom 22. März 2012 - 23338/09, NJW 2013, 1937 ff.; Urteil vom 22. März 2012 - 45071/09, juris; Entscheidung vom 11. Dezember 2012 - 11858/10, juris; Entscheidung vom 5. November 2013 - 26610/09, NJW 2014, 3083 ff.

41 BGBl. I 2013, 2176 ff.

42 Siehe dazu *Schürmann*, FPR 2005, 492 (493).

und deren Änderungen authentisch zu erfassen und sie in den normativen Vorgaben, den am Einzelfall orientierten Entscheidungen sowie den legislatives Tätigwerden fordernden Judikaten und wissenschaftlichen Erörterungen adäquat zu berücksichtigen.

Zu engen Wechselwirkungen zwischen Legislative, Judikative und Wissenschaft kommt es speziell bei der Gestaltung, Anwendung und Auslegung des den Gegenstand der Arbeit bildenden Geschiedenenunterhaltsrechts, bei dem sich die gesellschaftlichen Änderungen in dargestellt hohem Maße auswirken.

B. Gang und Ziel der Untersuchung

Unter diesen Vorzeichen haben die Voraussetzungen und das Maß nachehelichen Unterhalts sowie der Ausgleich konkurrierender Unterhaltsansprüche bei einander nachfolgenden Unterhaltsverbänden den Gesetzgeber ebenso wie die Rechtsprechung und die Wissenschaft seit Inkrafttreten des Bürgerlichen Gesetzbuchs immer wieder aufs Neue beschäftigt. Im Bemühen um einen den herrschenden Gegebenheiten angemessenen und den widerstreitenden Interessen gerecht werdenden Ausgleich haben sie dabei die nacheheliche wirtschaftliche Eigenverantwortung der Ehegatten, die nachwirkende eheliche Solidarität sowie die jeweilige Schutzbedürftigkeit der konkurrierenden Ehegatten immer wieder neuen Bewertungen und Gewichtungen unterzogen.

Bisher ist es allerdings nicht gelungen, dauerhaft einen allgemein als gerecht empfundenen Ausgleich der widerstreitenden Interessen zu finden. Vielmehr hat das „Unterhaltspendel“[43] immer wieder zugunsten einer der beteiligten Personen ausgeschlagen. Damit war mitunter den Interessen des geschiedenen Unterhaltsberechtigten gedient, mitunter denen des Pflichtigen und des nachfolgenden unterhaltsberechtigten Ehegatten.[44]

I. Entwicklung des Geschiedenenunterhaltsrechts

Im Ersten Teil der Arbeit sollen die wechselhaften Gewichtungen der jeweils als besonders schützenswert erachteten Interessen zum Verständnis der seit Inkrafttreten des Bürgerlichen Gesetzbuchs bestehenden legislativen, judikativen und wissenschaftlichen Bemühungen um einen angemessenen Ausgleich der gegenläufigen Interessen im Unterhaltsrecht nachgezeichnet werden. Die Darstellung widmet sich einerseits den historischen Grundlagen der

---

43 So: *Holzhauer*, ZRP 2011, 188 (189).

44 Vgl. die Darstellung bei *Schwab*, FF 2012, 138 (138).

unterhaltsrechtlichen Bestimmungen des Bürgerlichen Gesetzbuchs von 1900 sowie des Ehegesetzes von 1938 bzw. 1946, andererseits dem durch die Eherechtsreform von 1977 geschaffenen und durch mehrere Reformen fortgeschriebenen geltenden Unterhaltsrecht.

Die Übersicht über die Grundlagen des historischen Rechts dient nicht nur der Herleitung der bis heute aktuellen Fragestellungen des Geschiedenenunterhaltsrechts. Vielmehr macht der Blick auf die frühere Gesetzeslage einschließlich der vorangegangenen Gesetzgebungsverfahren, auf die frühere Rechtsprechung und auf den seinerzeitigen wissenschaftlichen Diskurs das bereits angedeutete Wechselspiel legislativen, judikativen und wissenschaftlichen Handelns sowie das Bemühen sichtbar, den jeweiligen gesellschaftlichen Gegebenheiten gerecht zu werden. Zudem offenbart die historische Betrachtung Erkenntnisse, die darauf zu untersuchen sein werden, ob sie vom Gesetzgeber und Gesetzesanwender zur Lösung der gegenwärtigen Konfliktlagen im Geschiedenenunterhaltsrecht trotz geänderter gesellschaftlicher Rahmenbedingungen fruchtbar gemacht werden können.

Der Schwerpunkt der Darstellung liegt im geltenden Recht und damit bei den Änderungen des Unterhaltsrechts durch die große Unterhaltsreform von 2008, mit welcher der Gesetzgeber einen nachhaltigen Richtungswechsel beim Ausgleich der widerstreitenden Unterhaltsinteressen eingeleitet hat. Mit diesem Richtungswechsel sind erhebliche Spannungen zwischen einzelnen unterhaltsrechtlichen Bestimmungen eingetreten. Sie beruhen im Wesentlichen auf der Beibehaltung der Bedarfsbestimmung nach § 1578 Abs. 1 S. 1 BGB sowie der Bestimmung der Leistungsfähigkeit nach § 1581 S. 1 BGB einerseits und der Änderung der Rangfolge nach § 1609 Nr. 2 und Nr. 3 BGB andererseits.

II. Die Auslegung der Regelungen zum Geschiedenenunterhaltsrecht, insbesondere zur Bedarfsbestimmung sowie zum Ausgleich konkurrierender Ehegattenunterhaltsansprüche

Die Bemühungen von Rechtsprechung wie Wissenschaft um eine Harmonisierung dieser Friktionen sowie die Suche nach einer auf der Basis des geltenden Rechts zulässigen, zeitgemäßen Bestimmung des Unterhaltsmaßes und nach einem angemessenen Ausgleich konkurrierender Ehegattenunterhaltsansprüche führte zu einer intensiven Diskussion. Sie gipfelte in dem im Zweiten Teil der Arbeit dargestellten Konflikt um die Bedarfsbestimmung nach den sogenannten wandelbaren ehelichen Lebensverhältnissen und der darauf aufbauenden Bedarfsbestimmung im Wege der sogenannten Dreiteilungsmethode. Diese

Methode diente in Fällen konkurrierender Ehegatten der Bedarfsbestimmung und war von Vertretern der Lehre entwickelt und vom Bundesgerichtshof übernommen worden.[45] Die Begrifflichkeit der sogenannten wandelbaren Lebensverhältnisse führte im Ergebnis dazu, dass für die Feststellung des gemäß § 1578 Abs. 1 S. 1 BGB nach den ehelichen Lebensverhältnissen zu bestimmenden Bedarfs die tatsächlichen Verhältnisse des Unterhaltspflichtigen zum Zeitpunkt der Geltendmachung des Unterhaltsanspruchs für maßgeblich gehalten werden konnten. Verbunden mit der Dreiteilungsmethode führte dieser Auslegungsansatz dazu, dass die Unterhaltsbedarfe der konkurrierenden Ehegatten vereinfacht gesprochen im Wege der Dreiteilung sämtlicher zur Verfügung stehender Mittel festgestellt wurden.[46] Diese Form der Bedarfsbestimmung wurde vom Bundesverfassungsgericht mit Beschluss vom 25. Januar 2011[47] wegen Überschreitung der Grenzen richterlicher Rechtsanwendung und Rechtsfortbildung für verfassungswidrig erklärt.

Seitdem stellt sich mit neuer Dringlichkeit die Frage, wie der Bedarf des geschiedenen und des ihm nachfolgenden Ehegatten auf der Basis des geltenden Rechts zu ermitteln ist und wie ihre konkurrierenden Unterhaltsinteressen auszugleichen sind. Mittlerweile liegen neue Lösungsansätze der Oberlandesgerichte und des Bundesgerichtshofs vor. Zudem existiert eine Vielzahl wissenschaftlicher Modelle. Mit der Vorstellung dieser aktuellen Ansätze zur Bedarfsbestimmung und zum Ausgleich konkurrierender Ehegattenunterhaltsansprüche endet der Zweite Teil.

III. Bewertung der aktuellen Modelle zum Ausgleich konkurrierender Ehegattenunterhaltsansprüche

Der Bewertung dieser Ansätze ist der Dritte Teil gewidmet, der den Kern der Arbeit bildet. Hier soll untersucht werden, ob die im Zweiten Teil vorgestellten Modelle sich mit den anerkannten Methoden der Auslegung einfachrechtlich rechtfertigen lassen. Im Lichte der Entscheidung des Bundesverfassungsgerichts vom 25. Januar 2011 sollen die Auslegungsansätze zudem verfassungsrechtlich geprüft werden. Dies bedeutet zunächst die Analyse, ob die Modelle sich gemäß § 31 Abs. 1 BVerfGG im Rahmen der Bindungswirkung verfassungsrechtlicher Beschlüsse bewegen, insbesondere des Beschlusses vom 25. Januar 2011. Sodann soll gemäß den vom Bundesverfassungsgericht vorgegebenen

45 BGHZ 153, 358 ff.

46 BGHZ 177, 356 ff.

47 BVerfGE 128, 193 ff.

verfassungsrechtlichen Maßstäben untersucht werden, ob die Modelle die verfassungsrechtlichen Grenzen richterlicher Rechtsanwendung nach Art. 2 Abs. 1 GG i.V.m. dem Rechtsstaatsprinzip (Art. 20 Abs. 3 GG) wahren. Schließlich soll geprüft werden, ob sie in Einklang mit den Wertentscheidungen der Grundrechte stehen, namentlich des Art. 6 Abs. 1 GG i.V.m. Art. 3 Abs. 1 und Abs. 2 GG.

IV. Schlussfolgerungen und Ausblick

Ziel der Untersuchung ist die Beantwortung der für den Gesetzesanwender ebenso bedeutsamen wie derzeit ungeklärten Frage, welche Bandbreite für die Auslegung des geltenden Rechts anlässlich des Ausgleichs konkurrierender Ehegattenunterhaltsansprüche unter Achtung der Maßstäbe des Bundesverfassungsgerichts gegenwärtig besteht. Die Arbeit schließt mit dem Ausblick auf die Frage, ob es bei der gegenwärtigen Rechtslage verbleiben kann oder aber der Gesetzgeber sich veranlasst sehen sollte, zur Beseitigung der durch die Reform von 2008 eingetretenen Unsicherheiten einzelne Bestimmungen nachzubessern bzw. ein neu ausgerichtetes Regelwerk zu schaffen.

Erster Teil
Entwicklung des Geschiedenenunterhaltsrechts

A. Entwicklungslinien des Geschiedenenunterhaltsrechts bis 1977

I. Das Bürgerliche Gesetzbuch (1900)

Am 1. Januar 1900 trat das Bürgerliche Gesetzbuch in Kraft, das für das 1871 gegründete Deutsche Reich erstmals einheitliche Regelungen für das Familienrecht einführte.[48]

1. Voraussetzungen der Scheidung

Die Ausgestaltung des Familienrechts beruhte auf einem institutionellen Eheverständnis mit einem patriarchalischen Familienmodell und strikten Rollenmustern. Den Eheleuten war die Auflösung ihrer Ehe nur unter engen Voraussetzungen möglich. Die Scheidung einer Ehe setzte ein von einem Ehepartner verschuldetes Scheitern der Ehe voraus (sogenanntes Verschuldensprinzip). § 1564 BGB a.F. legte fest, dass auf Scheidung geklagt werden konnte, wenn bestimmte, in §§ 1565 ff. BGB a.F. geregelte Scheidungsgründe vorlagen. Scheidungsgrund war gemäß § 1565 BGB a.F.[49] etwa, dass sich ein Ehegatte des Ehebruchs oder einer nach § 171 StGB a.F.[50]

---

48 Bürgerliches Gesetzbuch vom 18. August 1896, RGBl. I. 1896, 195 ff.

49 § 1565 BGB in der Fassung vom 18. August 1896:
(1) Ein Ehegatte kann auf Scheidung klagen, wenn der andere Ehegatte sich des Ehebruchs oder einer nach den §§ 171, 175 des Strafgesetzbuchs strafbaren Handlung schuldig macht.
(2) Das Recht des Ehegatten auf Scheidung ist ausgeschlossen, wenn er dem Ehebruch oder der strafbaren Handlung zustimmt oder sich der Theilnahme schuldig macht.

50 § 171 Abs. 1 StGB in der Fassung vom 15. Mai 1871 (Strafgesetzbuch für das Deutsche Reich vom 15. Mai 1871, RGBl. 1871, 127 ff.):
Ein Ehegatte, welcher eine neue Ehe eingeht, bevor seine Ehe aufgelöst oder für nichtig erklärt worden ist, ingleichen eine unverheirathete Person, welche mit einem Ehegatten, wissend, dass er verheirathet ist, eine Ehe eingeht, wird mit Zuchthaus bis zu fünf Jahren bestraft.

oder nach § 175 StGB a.F.[51] strafbaren Handlung schuldig gemacht hatte. Ebenso konnte auf Scheidung klagen, wem der andere Ehegatte nach dem Leben trachtete, § 1566 BGB a.F.,[52] oder wen der andere böslich verlassen hatte, § 1567 BGB a.F.[53] Auf Scheidung verklagt werden konnte weiter, wer durch schwere Verletzung der durch die Ehe begründeten Pflichten oder durch ehrloses oder unsittliches Verhalten eine so tiefe Zerrüttung des ehelichen Verhältnisses verschuldet hatte, dass dem anderen Ehegatten die Fortsetzung der Ehe nicht zugemutet werden konnte, § 1568 BGB a.F.[54] Schließlich konnte die Scheidung gemäß § 1569 BGB a.F.[55] in Fällen schwerer Geisteskrankheit verlangt werden. Diesen strengen Voraussetzungen entsprach die geringe Zahl von Scheidungen ebenso wie die damals vorherrschende gesellschaftliche Auffassung der Unauflösbarkeit eines Ehebundes.

2. Voraussetzungen der Gewährung nachehelichen Unterhalts

Das Bürgerliche Gesetzbuch regelte erstmals einheitlich für das damalige Reichsgebiet die Voraussetzungen der Gewährung nachehelichen Unterhalts.[56] Sie hing vom Ergebnis der Schuldfeststellung ab. Nur wer an der Zerrüttung

---

51 § 175 StGB in der Fassung vom 15. Mai 1871:
Die widernatürliche Unzucht, welche zwischen Personen männlichen Geschlechts oder von Menschen mit Thieren begangen wird, ist mit Gefängniß zu bestrafen; auch kann auf Verlust der bürgerlichen Ehrenrechte erkannt werden.

52 § 1566 BGB in der Fassung vom 18. August 1896:
Ein Ehegatte kann auf Scheidung klagen, wenn der andere Ehegatte ihm nach dem Leben trachtet.

53 § 1567 Abs. 1 BGB in der Fassung vom 18. August 1896:
Ein Ehegatte kann auf Scheidung klagen, wenn der andere Ehegatte ihn böslich verlassen hat.

54 § 1568 BGB in der Fassung vom 18. August 1896:
(1) Ein Ehegatte kann auf Scheidung klagen, wenn der andere Ehegatte durch schwere Verletzung der durch die Ehe begründeten Pflichten oder durch ehrloses oder unsittliches Verhalten eine so tiefe Zerrüttung des ehelichen Verhältnisses verschuldet hat, daß dem Ehegatten die Fortsetzung der Ehe nicht zugemuthet werden kann.
(2) Als schwere Verletzung der Pflichten gilt auch grobe Mißhandlung.

55 § 1569 BGB in der Fassung vom 18. August 1896:
Ein Ehegatte kann auf Scheidung klagen, wenn der andere Ehegatte in Geisteskrankheit verfallen ist, die Krankheit während der Ehe mindestens drei Jahre gedauert und einen solchen Grad erreicht hat, daß die geistige Gemeinschaft zwischen den Ehegatten aufgehoben, auch jede Aussicht auf Wiederherstellung dieser Gemeinschaft ausgeschlossen ist.

56 Motive zu dem Entwurfe eines Bürgerlichen Gesetzbuches für das Deutsche Reich, Band IV Familienrecht, 613 ff.

der Ehe schuld war, hatte Unterhalt zu leisten. Umgekehrt konnte der am Scheitern der Ehe Schuldige keinen Unterhalt beanspruchen, selbst wenn er nach der Scheidung in eine finanzielle Notlage geriet. Wer nach diesen Voraussetzungen unterhaltspflichtig war, hatte seinem geschiedenen Ehegatten – anders als nach geltendem Recht – Unterhalt unabhängig davon zu leisten, ob dessen Bedürftigkeit bereits bei der Ehescheidung bestand oder erst später eintrat.

Dem damaligen Bürgerlichen Gesetzbuch war eigen, dass es anders als heute bei den Voraussetzungen der Gewährung von Geschiedenenunterhalt entsprechend dem herrschenden, patriarchalischen Familienmodell zwischen der Unterhaltsverpflichtung des Ehemannes und derjenigen der Ehefrau differenzierte. War der Ehemann am Scheitern der Ehe allein für schuldig erklärt worden, so war er nach § 1578 Abs. 1 BGB a.F.[57] verpflichtet, seiner Ehefrau nach der Scheidung Unterhalt zu gewähren, soweit sie sich nicht aus den Einkünften ihres Vermögens und, sofern nach den Verhältnissen, in denen die Ehegatten gelebt hatten, Erwerb durch Arbeit der Frau üblich gewesen war, aus dem Ertrag ihrer Arbeit selbst unterhalten konnte. Dagegen war die allein für schuldig erklärte Ehefrau nach § 1578 Abs. 2 BGB a.F. ihrem geschiedenen Ehemann nur dann zu Unterhalt verpflichtet, wenn dieser außerstande war, sich selbst zu unterhalten.

3. Maß des nachehelichen Unterhalts

a) Gesetzliche Regelung

Das Maß nachehelich zu gewährenden Unterhalts bestimmte ebenfalls § 1578 Abs. 1 BGB a.F. Danach war standesgemäßer Unterhalt geschuldet, der sich gemäß der Legaldefinition des § 1610 BGB a.F.[58] von der Lebensstellung des Bedürftigen ableitete.

---

57 § 1578 BGB in der Fassung vom 18. August 1896:
(1) Der allein für schuldig erklärte Mann hat der geschiedenen Frau den standesmäßigen Unterhalt insoweit zu gewähren, als sie ihn nicht aus den Einkünften ihres Vermögens und, sofern nach den Verhältnissen, in denen die Ehegatten gelebt haben, Erwerb durch Arbeit der Frau üblich ist, aus dem Ertrag ihrer Arbeit bestreiten kann.
(2) Die allein für schuldig erklärte Frau hat dem geschiedenen Manne den standesmäßigen Unterhalt insoweit zu gewähren, als er außer Stande ist, sich selbst zu unterhalten.

58 § 1610 Abs. 1 BGB in der Fassung vom 18. August 1896:
Das Maß des zu gewährenden Unterhalts bestimmt sich nach der Lebensstellung des Bedürftigen (standesmäßiger Unterhalt).

b) Rechtsprechung

Auf dieser gesetzlichen Grundlage bemaß das Reichsgericht die Lebensstellung des Bedürftigen nach der gemeinsamen Lebensstellung der Ehegatten zur Zeit der Rechtskraft der Scheidung. Diese wiederum leitete es nach den damaligen gesellschaftlichen Gegebenheiten in der Regel von der zu diesem Zeitpunkt bestehenden Lebensstellung des allein erwerbstätigen Ehemannes ab.[59] Zum Zeitpunkt der Scheidung feststehende oder sicher zu erwartende Änderungen des Einkommens bezog das Reichsgericht in die Beurteilung der Lebensstellung ein.[60]

c) Wissenschaft

Die Wissenschaft folgte im Wesentlichen der Einschätzung des Reichsgerichts.[61] Allerdings wurde zum Teil angeregt, der Berechtigte solle nach der Scheidung Unterhalt in der Höhe erhalten, der ihm bei Fortbestand der Ehe zustünde. Daraus wurde gefolgert, dass die Unterhaltsrente nachträglich erhöht, gemindert oder ganz in Wegfall gebracht werden könne.[62]

4. Ausgleich konkurrierender Unterhaltsansprüche

a) Gesetzliche Regelung

§ 1609 Abs. 1 BGB a.F.[63] sah vor, dass Unterhaltsansprüche geschiedener Ehegatten Ansprüchen volljähriger oder verheirateter Kinder sowie übriger Verwandter vorgingen. Für den Fall, dass der Unterhaltspflichtige nicht nur seinem geschiedenen Ehegatten, sondern auch einem minderjährigen unverheirateten

---

59 RGZ 75, 124 (125 f.).

60 RGZ 75, 124 (126); 145, 302 (307).

61 *Hallamik*, in: Staudinger, § 1578 BGB a.F., Anm. 3.a) und § 1580 BGB a.F., Anm. 3.b), jeweils m.w.N.

62 *Erler*, Ehescheidungsrecht und Ehescheidungsprozess einschließlich der Nichtigkeitserklärung der Ehe im Deutschen Reiche, 142.

63 § 1609 BGB in der Fassung vom 18. August 1896:
(1) Sind mehrere Bedürftige vorhanden und ist der Unterhaltspflichtige außer Stande, allen Unterhalt zu gewähren, so gehen unter ihnen die Abkömmlinge den Verwandten der aufsteigenden Linie, unter den Abkömmlingen diejenigen, welche im Falle der gesetzlichen Erbfolge als Erben berufen sein würden, den übrigen Abkömmlingen, unter den Verwandten der aufsteigenden Linie die näheren den entfernteren vor.
(2) Der Ehegatte steht den minderjährigen unverheiratheten Kindern gleich; er geht anderen Kindern und den übrigen Verwandten vor. Ein geschiedener Ehegatte sowie ein Ehegatte, der nach § 1351 unterhaltsberechtigt ist, geht den volljährigen oder verheiratheten Kindern und den übrigen Verwandten vor.

Kind oder einem nachfolgenden Ehegatten Unterhalt schuldete, traf der Gesetzgeber bei der Feststellung seiner Leistungsfähigkeit eine Billigkeitsregelung. Soweit der allein für schuldig erklärte Ehegatte bei Berücksichtigung seiner sonstigen Verpflichtungen außerstande war, ohne Gefährdung seines standesmäßigen Unterhalts dem anderen Ehegatten Unterhalt zu gewähren, beschränkte § 1579 Abs. 1 S. 2 BGB a.F.[64] die Unterhaltsverpflichtung gegenüber dem geschiedenen Ehepartner auf dasjenige, was mit Rücksicht auf die Bedürfnisse sowie auf die Vermögens- und Erwerbsverhältnisse aller am Unterhaltsverhältnis Beteiligten der Billigkeit entsprach.

b) Rechtsprechung

Das Reichsgericht legte § 1579 Abs. 1 S. 2 BGB a.F. unter Hinweis auf die Gesetzgebungsmaterialien dahin aus, dass der Vorschrift nicht zu entnehmen sei, dass Unterhaltsansprüche des nachfolgenden Ehegatten und der minderjährigen unverheirateten Kinder Vorrang vor denjenigen des geschiedenen Ehepartners genössen. Daher setzte es deren Unterhaltsansprüche vor der Bestimmung des dem geschiedenen Ehegatten geschuldeten Unterhalts nicht vorweg vom Einkommen des Pflichtigen ab.[65] Seiner Ansicht nach waren gemäß § 1579 Abs. 1 S. 2 BGB a.F. die Interessen sämtlicher am Unterhaltsverhältnis Beteiligter nach Billigkeit gegeneinander abzuwägen und der Unterhalt des geschiedenen Ehepartners unter Berücksichtigung der Interessen der anderen Beteiligten zu bemessen, womit ihm weder der Vorzug vor den Ansprüchen der anderen

---

64 § 1579 BGB in der Fassung vom 18. August 1896:
(1) Soweit der allein für schuldig erklärte Ehegatte bei Berücksichtigung seiner sonstigen Verpflichtungen außer Stande ist, ohne Gefährdung seines standesmäßigen Unterhalts dem anderen Ehegatten Unterhalt zu gewähren, ist er berechtigt, von den zu seinem Unterhalte verfügbaren Einkünften zwei Drittheile oder, wenn diese zu seinem nothdürftigen Unterhalte nicht ausreichen, so viel zurückzubehalten, als zu dessen Bestreitung erforderlich ist. Hat er einem minderjährigen unverheiratheten Kinde oder in Folge seiner Wiederverheirathung dem neuen Ehegatten Unterhalt zu gewähren, so beschränkt sich seine Verpflichtung dem geschiedenen Ehegatten gegenüber auf dasjenige, was mit Rücksicht auf die Bedürfnisse sowie auf die Vermögens- und Erwerbsverhältnisse der Betheiligten der Billigkeit entspricht.
(2) Der Mann ist der Frau gegenüber unter den Voraussetzungen des Abs. 1 von der Unterhaltspflicht ganz befreit, wenn die Frau den Unterhalt aus dem Stamme ihres Vermögens bestreiten kann.

65 RGZ 75, 433 (433, 435).

eingeräumt, noch der Nachrang zugemutet werden sollte.[66] Das Reichsgericht ging davon aus, dass die Abwägung im Einzelfall zum vollständigen Entfall des Unterhaltsanspruchs des geschiedenen Ehegatten führen könne, allerdings im Regelfall bedeute, dass sich alle Beteiligten eine Herabsetzung des ihnen zukommenden Unterhalts gefallen lassen müssten.[67]

c) Wissenschaft

Im Schrifttum wurde demgegenüber zum Teil vertreten, das Gesetz gebe ein eindeutiges Rangverhältnis vor, nach dem der geschiedene Ehegatte dem nachfolgenden Ehegatten und minderjährigen unverheirateten Kindern nachstehe.[68] Überwiegend war allerdings die der Rechtsprechung des Reichsgerichts folgende Ansicht, im Mangelfall sei der Bedarf aller Beteiligten unter Berücksichtigung der verfügbaren Mittel gegeneinander abzuwägen, da dem Gesetz weder eine Bevorzugung, noch eine Zurücksetzung der Unterhaltsansprüche eines der konkurrierenden Ehegatten entnommen werden könne.[69]

II. Das Ehegesetz (1938)

Mit dem am 1. August 1938 in Kraft getretenen Gesetz zur Vereinheitlichung des Rechts der Eheschließung und der Ehescheidung im Lande Österreich und im übrigen Reichsgebiet vom 6. Juli 1938 (EheG)[70] wurden die eherechtlichen Regelungen aus dem Bürgerlichen Gesetzbuch herausgenommen und in einem eigenen Gesetz zusammengefasst. Die Voraussetzungen für eine Scheidung wurden in Umsetzung nationalsozialistischen Gedankenguts erleichtert, die bisherigen Scheidungsgründe erweitert. Gleichwohl galt im Wesentlichen das Verschuldensprinzip fort.

---

66 RGZ 48, 112 (113); 75, 433 (434 f.).

67 RGZ 75, 433 (435). So im Anschluss auch KG, Beschluss vom 26. März 1935 - 8 WF 1899/35, JW 1935, 2211.

68 *Erler*, Ehescheidungsrecht und Ehescheidungsprozess einschließlich der Nichtigkeitserklärung der Ehe im Deutschen Reiche, 143.

69 *Hallamik*, in: Staudinger, § 1579 BGB a.F., Anm. 1.b) β) m.w.N.; *Kuhlenbeck*, Das BGB für das Deutsche Reich nebst dem Einführungsgesetze, Band 2, § 1579 BGB a.F. Rn. 4; *Schmidt*, in: Schmidt/Hedemann/Fuchs, Familienrecht, 751 f.; *Wieruszowski*, Handbuch des Eherechts, Band 1, 91.

70 RGBl. I 1938, 807 ff.

1. Voraussetzungen der Scheidung

Neben einer Ehescheidung wegen Ehebruchs, § 47 EheG-1938,[71] oder sonstiger schwerer Verfehlungen, § 49 S. 1 EheG-1938,[72] wegen Geistesstörungen im Sinne des § 50 EheG-1938[73] und des § 51 EheG-1938[74] sowie wegen bestimmter Erkrankungen gemäß § 52 EheG-1938[75] war eine Scheidung nun auch wegen Verweigerung der Fortpflanzung, § 48 EheG-1938,[76] sowie wegen Fortpflanzungsunfähigkeit, § 53 EheG-1938,[77] möglich. In § 55 EheG-1938 wurde zudem ein Vorläufer der späteren Zerrüttungstatbestände der §§ 1565 ff. BGB hinzugefügt, die sogenannte „Heimtrennungsklage".[78]

---

71 § 47 Abs. 1 EheG in der Fassung vom 6. Juli 1938:
Ein Ehegatte kann Scheidung begehren, wenn der andere die Ehe gebrochen hat.

72 § 49 S. 1 EheG in der Fassung vom 6. Juli 1938:
Ein Ehegatte kann Scheidung begehren, wenn der andere durch eine sonstige schwere Eheverfehlung oder durch ehrloses oder unsittliches Verhalten die Ehe schuldhaft so tief zerrüttet hat, daß die Wiederherstellung einer ihrem Wesen entsprechenden Lebensgemeinschaft nicht erwartet werden kann.

73 § 50 EheG in der Fassung vom 6. Juli 1938:
Ein Ehegatte kann Scheidung begehren, wenn die Ehe infolge eines Verhaltens des anderen Ehegatten, das nicht als Eheverfehlung betrachtet werden kann, weil es auf einer geistigen Störung beruht, so tief zerrüttet ist, daß die Wiederherstellung einer ihrem Wesen entsprechenden Lebensgemeinschaft nicht erwartet werden kann.

74 § 51 EheG in der Fassung vom 6. Juli 1938:
Ein Ehegatte kann Scheidung begehren, wenn der andere geisteskrank ist, die Krankheit einen solchen Grad erreicht hat, daß die geistige Gemeinschaft zwischen den Ehegatten aufgehoben ist, und eine Wiederherstellung dieser Gemeinschaft nicht erwartet werden kann.

75 § 52 EheG in der Fassung vom 6. Juli 1938:
Ein Ehegatte kann Scheidung begehren, wenn der andere an einer schweren, ansteckenden oder ekelerregenden Krankheit leidet und ihre Heilung oder die Beseitigung der Ansteckungsgefahr in absehbarer Zeit nicht erwartet werden kann.

76 § 48 EheG in der Fassung vom 6. Juli 1938:
Ein Ehegatte kann Scheidung begehren, wenn der andere sich ohne triftigen Grund beharrlich weigert, Nachkommenschaft zu erzeugen oder zu empfangen oder wenn er rechtswidrig Mittel zur Verhinderung der Geburt anwendet oder anwenden läßt.

77 § 53 Abs. 1 EheG in der Fassung vom 6. Juli 1938:
Ein Ehegatte kann Scheidung begehren, wenn der andere nach der Eheschließung vorzeitig unfruchtbar geworden ist.

78 § 55 EheG in der Fassung vom 6. Juli 1938:
(1) Ist die häusliche Gemeinschaft der Ehegatten seit drei Jahren aufgehoben und infolge einer tiefgreifenden unheilbaren Zerrüttung des ehelichen Verhältnisses die

2. Voraussetzungen der Gewährung nachehelichen Unterhalts

Das EheG beinhaltete ein erstes Abrücken von der Verschuldensabhängigkeit der Gewährung nachehelichen Unterhalts. Die wegen der von der Verschuldensfrage abhängigen unterhaltsrechtlichen Folgen mit erheblicher Schärfe geführten Unterhaltsprozesse sollten entschärft werden.[79] Der Anspruch auf nachehelichen Unterhalt setzte daher nun nicht mehr die alleinige Schuld des auf Unterhalt in Anspruch Genommenen am Scheitern der Ehe voraus, sondern nur noch seine überwiegende Schuld. Dies bedeutete, dass ein Ehegatte auch dann Unterhalt begehren konnte, wenn er selbst nicht völlig schuldlos am Scheitern der Ehe war.

Nach wie vor wurde danach differenziert, ob der Ehemann oder die Ehefrau Unterhalt begehrte. Der an der Scheidung allein oder überwiegend schuldige Ehemann war nach § 66 Abs. 1 EheG-1938[80] seiner geschiedenen Ehefrau zu Unterhalt verpflichtet, soweit deren Einkünfte aus Vermögen oder aus einer von ihr zu erwartenden Erwerbstätigkeit nicht ausreichten. Hiermit stellte der Gesetzgeber nicht mehr auf die Üblichkeit einer Erwerbstätigkeit der Ehefrau ab, sondern machte die Gewährung nachehelichen Unterhalts davon abhängig, ob von der geschiedenen Ehefrau eine Erwerbstätigkeit zu erwarten war. Umgekehrt schuldete die an der Scheidung allein oder überwiegend schuldige Ehefrau ihrem geschiedenen Ehemann gemäß § 66 Abs. 2 EheG-1938 nach wie vor nur dann Unterhalt, wenn dieser sich nicht selbst unterhalten konnte. Traf keinen der Eheleute eine überwiegende Schuld an der Scheidung, beschränkte

---

Wiederherstellung einer dem Wesen der Ehe entsprechenden Lebensgemeinschaft nicht zu erwarten, so kann jeder Ehegatte die Scheidung begehren.

(2) Hat der Ehegatte, der die Scheidung begehrt, die Zerrüttung ganz oder überwiegend verschuldet, so kann der andere der Scheidung widersprechen. Der Widerspruch ist nicht zu beachten, wenn die Aufrechterhaltung der Ehe bei richtiger Würdigung des Wesens der Ehe und des gesamten Verhaltens beider Ehegatten sittlich nicht gerechtfertigt ist.

79 *Auert*, Das neue grossdeutsche Eherecht, Erläuterung 1 zu § 66 EheG-1938; *v. Scanzoni*, Das großdeutsche Ehegesetz vom 6. Juli 1938, Kommentar, § 66 EheG-1938 Rn. 5.

80 § 66 EheG in der Fassung vom 6. Juli 1938:

(1) Der allein oder überwiegend schuldige Mann hat der geschiedenen Frau den nach den Lebensverhältnissen der Ehegatten angemessenen Unterhalt zu gewähren, soweit die Einkünfte aus Vermögen der Frau und die Erträgnisse einer Erwerbstätigkeit, die von ihr den Umständen nach erwartet werden kann, nicht ausreichen.

(2) Die allein oder überwiegend schuldige Frau hat dem geschiedenen Mann angemessenen Unterhalt zu gewähren, soweit er außerstande ist, sich selbst zu unterhalten.

sich gemäß § 68 S. 1 EheG-1938[81] die Unterhaltspflicht auf die Zahlung eines Unterhaltsbeitrags.

Die Härten dieser Bestimmungen trafen im Wesentlichen die während der Ehe in der Regel nicht erwerbstätige Hausfrau. War sie an der Scheidung schuldig gesprochen worden, blieb ihr ein Anspruch auf Unterhalt verschuldensbedingt versagt, womit ihr der wirtschaftliche Wert ihrer Leistung während der Ehe genommen wurde. War dagegen ein Scheidungsurteil mit Schuldspruch zulasten des Ehemanns ergangen und er zur Leistung von Unterhalt verpflichtet, so beeinflusste dies seine wirtschaftliche Sicherung regelmäßig nicht, denn es verblieb lediglich bei seiner bereits während der Ehe bestehenden Unterhaltspflicht.[82]

3. Maß des nachehelichen Unterhalts

a) Gesetzliche Regelung

Geschuldet war nicht mehr standesgemäßer Unterhalt im Sinne des § 1578 BGB a.F., sondern der nach den Lebensverhältnissen der Ehegatten angemessene Unterhalt, § 66 Abs. 1 EheG-1938.

b) Rechtsprechung

Das Reichsgericht hielt für die Bestimmung des Unterhaltsmaßes weiterhin den Zeitpunkt der Rechtskraft der Scheidung für maßgeblich.[83] Dem schloss sich der Bundesgerichtshof in seiner Rechtsprechung zur Bestimmung des Unterhaltsmaßes nach dem EheG an.[84]

---

81 § 68 EheG in der Fassung vom 6. Juli 1938:
Sind beide Ehegatten schuld an der Scheidung, trägt aber keiner der beiden die überwiegende Schuld, so kann dem Ehegatten, der sich nicht selbst unterhalten kann, ein Beitrag zu seinem Unterhalt zugebilligt werden, wenn und soweit dies mit Rücksicht auf die Bedürfnisse und die Vermögens- und Erwerbsverhältnisse des anderen Ehegatten und der nach § 71 unterhaltspflichtigen Verwandten des Bedürftigen der Billigkeit entspricht. Die Beitragspflicht kann zeitlich begrenzt werden. § 67 Abs. 1 S. 2 EheG findet entsprechende Anwendung.

82 Siehe dazu auch: *Bundesministerium der Justiz (Hrsg.)*, Diskussionsentwurf des Bundesministeriums der Justiz – Reform des Rechts der Ehescheidung und der Scheidungsfolgen, 32 f.

83 RG, Urteil vom 26. August 1942 – IV 78/42, DJ 1942, 627 (627); KG, Urteil vom 7. April 1941 – 13 U 3381/40, DR 1941, 1843 (1843).

84 BGH, Urteil vom 23. April 1980 – IVb ZR 510/80, FamRZ 1980, 770 (770).

c) Wissenschaft

In der Wissenschaft entfachte sich um den zur Bestimmung des Unterhaltsmaßes maßgeblichen Zeitpunkt eine lebhafte Diskussion. In Anlehnung an die Rechtsprechung des Reichsgerichts herrschte zwar die Auffassung vor, der nach den ehelichen Lebensverhältnissen angemessene Unterhalt sei nach der Einkommens- und Vermögenslage beider Eheleute zum Zeitpunkt der Rechtskraft der Scheidung zu bemessen, wobei zu diesem Zeitpunkt voraussehbare Verbesserungen oder Verschlechterungen des Einkommens zu beachten seien.[85] Doch wurden vielfältige weitere Positionen vertreten. So wurde teilweise angenommen, das Maß nachehelichen Unterhalts bestimme sich nach den Bedingungen während des ehelichen Zusammenlebens.[86] Andere hielten den Zeitpunkt der Trennung für maßgeblich.[87] Vertreten wurde auch, dass es nicht auf die Verhältnisse während der Ehe, der Trennung oder der Rechtskraft der Scheidung ankomme, sondern auf die Lebensbedingungen zu dem Zeitpunkt, zu dem Unterhalt begehrt werde. Begründet wurde diese Erwägung damit, dass eine Unterhaltsbemessung nach den Lebensverhältnissen zu einem bestimmten – vergangenen – Zeitpunkt unangemessen sei und sich der Unterhalt nach den Umständen zum Zeitpunkt seiner Geltendmachung richten müsse. Einschränkend wurde insoweit ebenfalls wiederum angenommen, dass dem geschiedenen Ehegatten keine Teilhabe an besonderen, nicht vorauszusehenden Einkommensänderungen zuzugestehen sei, welche den gemeinsamen Lebensstandard nicht mehr beeinflusst hätten.[88]

4. Ausgleich konkurrierender Unterhaltsansprüche

a) Gesetzliche Regelung

Da § 1609 BGB a.F.[89] nach Inkrafttreten des EheG unverändert blieb, verblieb es auch beim Vorrang der Unterhaltsansprüche des geschiedenen unterhaltsberechtigten Ehegatten vor den Unterhaltsansprüchen volljähriger oder verheirateter Kinder. Das Rangverhältnis konkurrierender Unterhaltsansprüche einander nachfolgender Ehegatten wurde weiterhin nicht ausdrücklich

---

85 *Lauterbach*, in: Palandt, 1. Auflage 1939, § 66 EheG-1938 Rn. 3.

86 *Friedrich*, JW 1938, 2446.

87 *v. Scanzoni*, Das großdeutsche Ehegesetz vom 6. Juli 1938, Kommentar, § 66 EheG-1938 Rn. 7.

88 *Auert*, Das neue grossdeutsche Eherecht, Erläuterung 2 zu § 66 EheG-1938; *Maßfeller*, Das großdeutsche Ehegesetz, § 66 EheG-1938, Anmerkung 2.

89 Vgl. zu § 1609 BGB in der Fassung vom 18. August 1896 Fußnote 63.

festgelegt. § 67 Abs. 1 S. 2 EheG-1938[90] sah lediglich vor, dass bei der Bemessung des dem geschiedenen Ehegatten zu gewährenden Unterhalts die Bedürfnisse und wirtschaftlichen Verhältnisse minderjähriger unverheirateter Kinder sowie eines neuen Ehegatten zu berücksichtigen seien.

b) Rechtsprechung

Zum Ausgleich konkurrierender Ansprüche nach § 67 Abs. 1 S. 2 EheG-1938 ergingen keine reichsgerichtlichen Entscheidungen.[91] Lediglich das Landgericht Berlin vermerkte in einer Entscheidung vom 9. März 1938, dass § 1609 BGB a.F. ausdrücklich keine Regelung beinhalte, wie der Ausgleich konkurrierender Ehegattenunterhaltsansprüche zu gestalten sei, weshalb sich seine Anwendung in diesen Fällen verbiete und nach Billigkeit entschieden werden müsse.[92] Erst der Bundesgerichtshof äußerte sich zur Ausgestaltung des Unterhaltsrangs einander nachfolgender Ehegatten. In einer Entscheidung zu § 59 EheG-1946, der mit § 67 EheG-1938 wörtlich übereinstimmte, führte er aus, dieser sehe ausdrücklich vor, dass Unterhaltsansprüche einander nachfolgender Ehegatten im selben Rang stünden.[93]

c) Wissenschaft

In der Wissenschaft gab die neue Regelung dagegen wiederum Anlass zur Diskussion. Aus der Formulierung des § 67 Abs. 1 S. 2 EheG-1938[94] wurde vielerorts abgeleitet, dass der Gesetzgeber einen besonderen wirtschaftlichen Schutz

---

90 § 67 Abs. 1 EheG in der Fassung vom 6. Juli 1938:
Würde der allein oder überwiegend für schuldig erklärte Ehegatte durch Gewährung des im § 66 bestimmten Unterhalts bei Berücksichtigung seiner sonstigen Verpflichtungen den eigenen angemessenen Unterhalt gefährden, so braucht er nur soviel zu leisten, als es mit Rücksicht auf die Bedürfnisse und die Vermögens- und Erwerbsverhältnisse der geschiedenen Ehegatten der Billigkeit entspricht. Hat der Verpflichtete einem minderjährigen unverheirateten Kinde oder bei Wiederverheiratung dem neuen Ehegatten Unterhalt zu gewähren, so sind auch die Bedürfnisse und die wirtschaftlichen Verhältnisse dieser Personen zu berücksichtigen.

91 *Hallamik*, in: Kommentar der Reichsgerichtsräte, IV. Band Familienrecht, § 1609 BGB a.F., Anmerkung 3; *Hoffmann/Stephan*, Kommentar zum EheG, § 59 EheG-1946 (inhaltsgleicher Nachfolgeparagraph des § 67 EheG-1938), Anmerkung 4.B.b; *Lauterbach*, in: Palandt, 7. Auflage 1949, § 59 EheG-1946 Rn. 3.

92 LG Berlin, Beschluss vom 9. März 1938 - 209 T 1407/30, DJ 1938, 867 (867).

93 BGH, Urteil vom 27. Juni 1984 - IVb ZR 23/83, 8 f., nicht veröffentlicht.

94 Vgl. zu § 67 EheG in der Fassung vom 6. Juli 1938 Fußnote 90.

der nachfolgenden Ehe bezweckt habe.[95] Hieraus wurde zum Teil gefolgert, dass bei der Bemessung des dem geschiedenen Ehegatten zu gewährenden Unterhalts zunächst die Unterhaltspflicht gegenüber dem gegenwärtigen Ehegatten zu berücksichtigen sei, womit diesem der Vorrang vor dem Unterhaltsanspruch des geschiedenen Ehepartners eingeräumt werde.[96] Andernorts wurde vertreten, dass der geschiedene Ehepartner dem gegenwärtigen Gatten zwar nicht gleichstehe, jedoch nach der Billigkeitsentscheidung des § 67 EheG-1938 die konkurrierenden Interessen aller Beteiligten möglichst gerecht und angemessen auszugleichen seien.[97] Schließlich wurde angenommen, dass keiner der Beteiligten ein Vorrecht genieße, sondern sämtliche Ansprüche nach Billigkeit im Einzelfall gegeneinander abzuwägen seien. Dabei könne bestimmten Unterhaltsansprüchen der Vorrang eingeräumt werden oder aber die Unterhaltsansprüche aller Beteiligten seien gleichmäßig herabzusetzen.[98]

III. Das Ehegesetz (1946)

Das EheG-1938 wurde nach dem Zweiten Weltkrieg durch das am 1. März 1946 in Kraft getretenen Kontrollratsgesetz Nr. 16 vom 20. Februar 1946[99] um die Bestimmungen bereinigt, die auf nationalsozialistisch geprägtem Gedankengut beruht hatten. Im Übrigen galt es bis zum Inkrafttreten des 1. EheRG am 1. Juli 1977 fort, wobei einzelne Regelungen unter neue Paragraphenvorzeichen gefasst wurden. Die Bestimmung des Unterhaltsmaßes in § 66 EheG-1938 blieb – nun geregelt in § 58 EheG-1946[100] – nahezu unverändert bestehen. Allerdings wurden der geschiedenen, unterhaltsberechtigten Ehefrau nun nicht

---

95 *Auert*, Das neue grossdeutsche Eherecht, Erläuterung 5 zu § 67 EheG-1938; *v. Scanzoni*, Das großdeutsche Ehegesetz vom 6. Juli 1938, § 67 EheG-1938 Rn. 6; *Maßfeller*, § 67 EheG-1938, Anmerkung 3.

96 *Auert*, Das neue grossdeutsche Eherecht, Erläuterung 5 zu § 67 EheG-1938; *Maßfeller*, § 67 EheG-1938, Anmerkung 3; *Rilk*, Das neue Eherecht, § 67 EheG-1938 Anm. II.1.

97 *v. Scanzoni*, Das großdeutsche Ehegesetz vom 6. Juli 1938, § 67 EheG-1938 Rn. 7.

98 *Lauterbach*, in: Palandt 1. Auflage 1939, § 67 EheG-1938 Rn. 5; *Hoffmann/Stephan*, Kommentar zum Ehegesetz nebst Durchführungsverordnungen, § 59 EheG-1946 Anmerkung 4.B.b (inhaltsgleicher Nachfolgeparagraph des § 67 Abs. 1 EheG-1938); *Hallamik*, in: Staudinger, IV. Band Familienrecht, § 1579 BGB a.F. Anmerkung 1) b)ß); so auch: *Brühl/Göppinger/Mutschler*, Unterhaltsrecht Band I, Rn. 730 f.

99 Amtsblatt des Kontrollrats in Deutschland, 77 ff., berichtigt 294.

100 § 58 EheG in der Fassung vom 20. Februar 1946:
(1) Der allein oder überwiegend für schuldig erklärte Mann hat der geschiedenen Frau den nach den Lebensverhältnissen der Ehegatten angemessenen Unterhalt zu

mehr nur solche Erträgnisse bedarfsdeckend angerechnet, die aus einer von ihr den Umständen nach zu erwartenden Erwerbstätigkeit stammten, § 66 Abs. 2 EheG-1938.[101] Vielmehr waren dem geänderten gesellschaftlichen Verständnis von der Erwerbstätigkeit der Frauen folgend nun gemäß § 58 Abs. 1 EheG-1946 jegliche Erträgnisse aus einer Erwerbstätigkeit anzurechnen. Der Ausgleich konkurrierender Unterhaltsansprüche einander nachfolgender Ehegatten nach § 67 EheG-1938 blieb – unter dem Paragraphenvorzeichen des § 59 EheG-1946 – unverändert bestehen.

B. Entwicklungslinien des Geschiedenenunterhaltsrechts seit 1977

I. Das Erste Eherechtsreformgesetz (1977)

Der Grundstein des noch heute gültigen Scheidungs- und Scheidungsfolgenrechts wurde mit dem am 1. Juli 1977 in Kraft getretenen Ersten Gesetz zur Reform des Ehe- und Familienrechts (1. EheRG) vom 14. Juni 1976 gelegt.[102] Mit dieser tiefgehenden Reform reagierte der Gesetzgeber auf von ihm als einschneidend erachtete gesellschaftliche Veränderungen, insbesondere auf das gewandelte Verständnis von der Ehe und ihrer Auflösbarkeit.[103]

Der unveränderte Fortbestand einzelner Regelungen des Ersten Eherechtsreformgesetzes, insbesondere des § 1578 Abs. 1 S. 1 BGB sowie des § 1581 S. 1 BGB, gebietet eine nähere Darlegung der Intentionen des Gesetzgebers von 1977. Dessen Ziel- und Zwecksetzungen besitzen anlässlich der Bewertung der gegenwärtigen Ansätze zum Ausgleich konkurrierender Ehegattenunterhaltsansprüche insbesondere im Rahmen der teleologischen und historischen Auslegung nach wie vor Verbindlichkeit. Zugleich zeigt ein näherer Blick in die wechselhafte Geschichte dieses Gesetzgebungsverfahrens die erheblichen Unsicherheiten und Schwankungen auf, welchen die Beantwortung der Frage unterworfen war,

---

gewähren, soweit die Einkünfte aus dem Vermögen der Frau und die Erträgnisse einer Erwerbstätigkeit nicht ausreichen.

(2) Die allein oder überwiegend für schuldig erklärte Frau hat dem geschiedenen Mann angemessenen Unterhalt zu gewähren, soweit er außerstande ist, sich selbst zu unterhalten.

101 Vgl. zu § 66 EheG in der Fassung vom 6. Juli 1938 Fußnote 80.

102 Erstes Gesetz zur Reform des Ehe- und Familienrechts (1. EheRG) vom 14. Juni 1977, BGBl. I 1976, 1421 ff.

103 *Bundesministerium der Justiz (Hrsg.),* Diskussionsentwurf des Bundesministeriums der Justiz – Reform des Rechts der Ehescheidung und der Scheidungsfolgen, 3.

wie einerseits die Interessen der geschiedenen Eheleute im Verhältnis zueinander, andererseits die Unterhaltsinteressen einander nachfolgender Ehen ausgeglichen werden sollten.

1. Voraussetzungen der Scheidung

Mit der Reform schaffte der Gesetzgeber das nicht mehr als zeitgemäß angesehene Verschuldensprinzip ab, das zuletzt in bis zu 90% der Fälle zu sogenannten Konventionalscheidungen geführt hatte, bei denen die Eheleute sich vor der Scheidung auf einen Verschuldenstatbestand verständigten, um die Scheidung ihrer Ehe zu ermöglichen.[104] An die Stelle des Verschuldensprinzips setzte der Gesetzgeber das seitdem geltende Zerrüttungsprinzip. Eine Scheidung setzt seitdem gemäß §§ 1565 ff. BGB nur noch das Scheitern der Ehe voraus, ohne dass deren Gründe von Belang sind. Sind die Trennungsfristen abgelaufen, kann sich der nicht an der Zerrüttung der Ehe schuldige Ehegatte gegen die Scheidung seiner Ehe nicht mehr – wie zuvor gemäß § 48 Abs. 2 S. 1 EheG-1946[105] – zur Wehr setzen.

2. Voraussetzungen der Gewährung nachehelichen Unterhalts

Mit dem Ende des Verschuldensprinzips entfiel die Grundlage des verschuldensabhängigen Geschiedenenunterhaltsrechts. Dieser Paradigmenwechsel erforderte und ermöglichte dessen völlige Neuausrichtung.

Dem Ersten Teilbericht der Eherechtskommission[106] und dem Diskussionsentwurf eines Gesetzes über die Neuregelung des Rechts der Ehescheidung und der Scheidungsfolgen des Bundesministeriums der Justiz[107] lag die Vorstellung zugrunde, dass die Fixierung auf die sogenannte Hausfrauenehe aufgegeben werden müsse und grundsätzlich von arbeitsteiligen Ehen auszugehen sei, da die

---

104 *Freimuth/Jansen/Kurtenbach/Siekmann/Wolf*, Der Diskussionsentwurf des Bundesministeriums der Justiz eines Gesetzes über die Neuregelung des Rechts der Ehescheidung und der Scheidungsfolgen, FamRZ 1970, 431 (433).

105 § 48 Abs. 2 S. 1 EheG in der Fassung vom 20. Februar 1946:
Hat der Ehegatte, der die Scheidung begehrt, die Zerrüttung ganz oder überwiegend verschuldet, so kann der andere der Scheidung widersprechen.

106 *Bundesministerium der Justiz (Hrsg.)*, Erster Teilbericht der Eherechtskommission beim Bundesministerium der Justiz zur Reform des Ehescheidungsrechts und des Unterhaltsrechts nach der Ehescheidung vom 8. Mai 1970, FamRZ 1970, 213 ff.

107 *Freimuth/Jansen/Kurtenbach/Siekmann/Wolf*, Der Diskussionsentwurf des Bundesministeriums der Justiz eines Gesetzes über die Neuregelung des Rechts der Ehescheidung und der Scheidungsfolgen, FamRZ 1970, 431 ff.

meisten verheirateten Frauen in der ersten Zeit der Ehe noch erwerbstätig seien, immer häufiger in der Ehe erwerbstätig blieben und verstärkt nach kürzerer oder längerer Unterbrechung in ihren Beruf zurückkehrten.[108] Auf dieser Grundlage sprachen sich beide Konzepte für eine grundsätzliche Eigenverantwortung nach der Scheidung aus. Die Ehe sollte nicht mehr als Versorgungsinstitut der berufslosen Frau dienen und nach der Scheidung nicht mehr unter Umständen lebenslang fortwirken. Stattdessen sollte das Unterhaltsrecht es den Ehegatten ermöglichen, sich nach der Scheidung nicht nur persönlich, sondern auch materiell alsbald voneinander zu lösen.[109] Folgerichtig formulierte § 8 Abs. 1-E,[110] dass nach der Scheidung jeder Ehegatte eigenverantwortlich für seinen Unterhalt zu sorgen habe.

Zur nachehelichen Sicherung des sozial schwächeren Ehepartners sollte dessen Eingliederung in den Arbeitsmarkt gefördert werden.[111] Zudem sollte in nachehelicher Solidarität eine gewisse wirtschaftliche Verantwortung der früheren Ehegatten füreinander fortbestehen, die in einzelnen ehebedingten Bedürfnislagen Unterhaltspflichten auslösen sollte.[112] Bei der Bestimmung der Unterhaltspflicht sollte der Arbeitsteilung in der aufgelösten Ehe besondere Bedeutung zukommen. Der geschiedene Ehegatte sollte gemäß § 9-E[113] nur solange Unterhalt verlangen dürfen, bis er nach der Scheidung eine zumutbare Erwerbstätigkeit

108 *Bundesministerium der Justiz (Hrsg.)*, Diskussionsentwurf des Bundesministeriums der Justiz – Reform des Rechts der Ehescheidung und der Scheidungsfolgen, 4, 72 ff.

109 *Bundesministerium der Justiz (Hrsg.)*, Diskussionsentwurf des Bundesministeriums der Justiz – Reform des Rechts der Ehescheidung und der Scheidungsfolgen, 78 f.

110 § 8-E (*Bundesministerium der Justiz (Hrsg.)*, Diskussionsentwurf des Bundesministeriums der Justiz – Reform des Rechts der Ehescheidung und der Scheidungsfolgen, 14):
(1) Nach der Scheidung hat jeder Ehegatte selbst für seinen Unterhalt zu sorgen.
(2) Kann ein Ehegatte nicht selbst für seinen Unterhalt sorgen, hat er für die Dauer seiner Bedürftigkeit unter Berücksichtigung der Leistungsfähigkeit des anderen Ehegatten einen Anspruch auf Unterhalt nach den folgenden Vorschriften.

111 *Bundesministerium der Justiz (Hrsg.)*, Diskussionsentwurf des Bundesministeriums der Justiz – Reform des Rechts der Ehescheidung und der Scheidungsfolgen, 6, 38 f., 72.

112 *Bundesministerium der Justiz (Hrsg.)*, Diskussionsentwurf des Bundesministeriums der Justiz – Reform des Rechts der Ehescheidung und der Scheidungsfolgen, 38 f., 79.

113 § 9-E (*Bundesministerium der Justiz (Hrsg.)*, Diskussionsentwurf des Bundesministeriums der Justiz – Reform des Rechts der Ehescheidung und der Scheidungsfolgen, 14):

zur Bestreitung seines angemessenen Unterhalts gefunden hatte. Dabei sollte ihm jede Tätigkeit zugemutet werden, die mit Rücksicht auf seine Ausbildung und seine Fähigkeiten angemessen erschien.[114]

Erst im weiteren Gesetzgebungsverfahren erfolgte auf erheblichen politischen Druck[115] eine Abkehr von diesem die nacheheliche Eigenverantwortung stärker als heute betonenden Konzept. Der Gesetzgeber entschied sich für ein Geschiedenenunterhaltsrecht, das zwar auf dem Grundsatz der Eigenverantwortung beruhte, diesen gemäß § 1569 BGB a.F.[116] durch das Prinzip der nachwirkenden ehelichen Mitverantwortung allerdings zugleich erheblich einschränkte.[117] Die nachwirkende Solidarität wurde damit begründet, dass das Vertrauen in den Bestand der Ehe als gegenseitiger Verantwortungsgemeinschaft zu schützen sei. Daraus wurde die Pflicht zur nachehelichen Solidarität in Lebenslagen abgeleitet, in denen einer der Eheleute außerstande war, selbst für seinen Unterhalt zu sorgen.

Der Anspruch auf nachehelichen Unterhalt knüpfte an bestimmte, in §§ 1570 ff. BGB a.F. umschriebene, zu bestimmten Einsatzzeitpunkten bestehende, ehebedingte Bedürfnislagen an. Er richtete sich alleine an der Bedürftigkeit und der Leistungsfähigkeit der ehemaligen Eheleute aus.[118] War einem Ehepartner zum Einsatzzeitpunkt der Scheidung nach § 1570 BGB Unterhalt wegen Kinderbetreuung zu gewähren, und war er zum Einsatzzeitpunkt der Beendigung der

---

(1) Ein geschiedener Ehegatte kann von dem anderen Ehegatten Unterhalt verlangen, bis er nach der Scheidung eine zumutbare Erwerbstätigkeit findet, aus der er seinen angemessenen Unterhalt bestreiten kann. Ihm ist jede Tätigkeit zuzumuten, die mit Rücksicht auf seine Ausbildung und seine Fähigkeiten angemessen ist.
(2) Der Unterhalt ist für die Zeit festzusetzen, in welcher der Berechtigte voraussichtlich eine Erwerbstätigkeit nicht erlangen kann.

114 *Bundesministerium der Justiz (Hrsg.)*, Erster Teilbericht der Eherechtskommission beim Bundesministerium der Justiz zur Reform des Ehescheidungsrechts und des Unterhaltsrechts nach der Ehescheidung vom 8. Mai 1970, FamRZ 1970, 213 (214); *Bundesministerium der Justiz (Hrsg.)*, Diskussionsentwurf des Bundesministeriums der Justiz – Reform des Rechts der Ehescheidung und der Scheidungsfolgen, 84 ff.

115 *Schürmann*, FPR 2005, 492 (493); *Willutzki*, in: Festschrift für Schwab, 713 (718).

116 § 1569 BGB in der Fassung vom 14. Juni 1976:
Kann ein Ehegatte nach der Scheidung nicht selbst für seinen Unterhalt sorgen, so hat er gegen den anderen Ehegatten einen Anspruch auf Unterhalt nach den folgenden Vorschriften.

117 Vgl. zur Billigung des auf nachehelicher Solidarität beruhenden Unterhaltsrechts BVerfGE 57, 361 (389 f.).

118 BVerfGE 57, 361 (363); 66, 84 (85).

Kinderbetreuung aufgrund seines Alters nicht mehr in der Lage, für sich selbst zu sorgen, zog dies eine Unterhaltsgewährung wegen Alters nach § 1571 BGB nach sich und führte so letztlich nicht selten zu einer dauerhaften Unterhaltspflicht. Ähnliches trat ein, wenn der Unterhaltsberechtigte zum Einsatzzeitpunkt der Beendigung der Kinderbetreuung keine angemessene Arbeit mehr fand. In diesem Falle war – zumeist auf Dauer – Aufstockungsunterhalt nach § 1573 BGB geschuldet. Bestand umgekehrt zum Einsatzzeitpunkt der Scheidung keine Bedarfslage, so war die spätere Geltendmachung von Unterhalt endgültig ausgeschlossen. Gleiches galt, wenn bei Beendigung der Kinderbetreuung keine Bedarfslage bestand. Auch in diesem Fall entfiel der Unterhaltsanspruch endgültig und konnte – anders als nach § 58 EheG-1946[119] – nicht wieder aufleben, wenn später erneut eine Bedarfslage eintrat.

Die Gestaltung des Geschiedenenunterhaltsrechts bedeutete eine Abkehr von dem Konzept des EheG, welches durch das Verschuldensprinzip regelmäßig den Ehemann begünstigt hatte.[120] Die Konsequenzen der nach den neuen Regelungen oftmals lebenslangen Unterhaltspflicht stießen auf erhebliche Kritik[121] und veranlassten den Gesetzgeber zu einigen Nachbesserungen.

3. Maß des nachehelichen Unterhalts

Auch zur Regelung des Unterhaltsmaßes gab es erheblich voneinander abweichende Konzepte.

Die Eherechtskommission schlug vor, dass für das Maß des Unterhalts die wirtschaftlichen Verhältnisse der Ehegatten zum Zeitpunkt der Scheidung bestimmend sein sollten, womit sie die damals geltende Regelung des § 58 EheG-1946 sinngemäß aufrechterhielt.[122] Der Diskussionsentwurf des Bundesministeriums der Justiz unterwarf das Unterhaltsmaß dagegen einer feineren, stärker am Prinzip der nachehelichen Eigenverantwortung orientierten Justierung.[123] Nach ihm sollte das Maß nachehelich zu gewährenden Unterhalts nicht mehr wie zuvor immer nach den Lebensverhältnissen der Ehegatten bestimmt werden, da dies dem Grundsatz der nachehelichen Eigenverantwortung widerspreche.

---

119 Vgl. zu § 58 EheG in der Fassung vom 20. Februar 1946 Fußnote 100.

120 Erster Teil, A.II.2.

121 Einleitung, A.III.

122 *Bundesministerium der Justiz (Hrsg.)*, Erster Teilbericht der Eherechtskommission beim Bundesministerium der Justiz zur Reform des Ehescheidungsrechts und des Unterhaltsrechts nach der Ehescheidung, FamRZ 1970, 213 (215).

123 *Bundesministerium der Justiz (Hrsg.)*, Diskussionsentwurf eines Gesetzes über die Neuregelung des Rechts der Ehescheidung und der Scheidungsfolgen, 38 f.

Stattdessen wurde ein am Einzelfall ausgerichtetes Unterhaltsmaß vorgeschlagen.[124] Nach § 14 Abs. 3-E[125] sollte zunächst an die Lebensverhältnisse des berechtigten Ehegatten vor der Eheschließung angeknüpft werden. Sodann sollten seine Fähigkeiten berücksichtigt werden, womit seine Berufstätigkeit während der Ehe sowie außerberuflich erworbene Fähigkeiten erfasst werden sollten. Schließlich sollten die ehelichen Lebensverhältnisse je nach Dauer der Ehe ein bestimmender Faktor für das Unterhaltsmaß sein, um insbesondere bei langen Ehen den regelmäßig durch gemeinsame Leistung erreichten ehelichen Lebensstandard zu würdigen. Im Falle der Betreuung eines gemeinsamen Kindes wiederum sollte der Grundsatz der nachehelichen Eigenverantwortung zurücktreten; in diesem – und nur in diesem – Falle sollte der Geschiedenenunterhalt sich nach den ehelichen Lebensverhältnissen bestimmen. Damit sollte vermieden werden, dass ein Kind, dessen Bedarf nach den Verhältnissen des Pflichtigen zu bemessen war, unter Umständen nach einer höheren Bemessungsgrundlage als sein betreuender Elternteil Unterhalt erhielt.[126]

Diese Differenzierung wurde vom Gesetzgeber nicht übernommen. Als Zugeständnis für die Einführung des verschuldensunabhängigen Scheidungsrechts[127] bestimmte er das Maß des nachehelichen Unterhalts stattdessen für alle Unterhaltsansprüche einheitlich in § 1578 Abs. 1 S. 1 BGB. Diese Vorschrift gibt bis heute unverändert vor, dass sich das Maß des Unterhalts nach den ehelichen Lebensverhältnissen bestimmt.[128] Dieses Unterhaltsmaß sollte den Fällen gerecht werden, in denen durch die gemeinsame Leistung der Eheleute in der Ehe ein höherer sozialer Status erreicht worden war, an dem nicht nur der berufstätige,

---

124 *Bundesministerium der Justiz (Hrsg.)*, Diskussionsentwurf eines Gesetzes über die Neuregelung des Rechts der Ehescheidung und der Scheidungsfolgen, 103.

125 § 14 Abs. 3-E (*Bundesministerium der Justiz (Hrsg.)*, Diskussionsentwurf des Bundesministeriums der Justiz – Reform des Rechts der Ehescheidung und der Scheidungsfolgen, 16):
Das Maß des Unterhalts bestimmt sich nach den Lebensverhältnissen des berechtigten Ehegatten vor der Eheschließung, seinen Fähigkeiten und den ehelichen Lebensverhältnissen unter Berücksichtigung der Dauer der Ehe. Solange ein Ehegatte ein gemeinschaftliches Kind zu pflegen oder zu erziehen hat, bestimmt sich das Maß seines Unterhalts alleine nach den ehelichen Lebensverhältnissen.

126 *Bundesministerium der Justiz (Hrsg.)*, Diskussionsentwurf eines Gesetzes über die Neuregelung des Rechts der Ehescheidung und der Scheidungsfolgen, 103 ff.; so grundsätzlich auch *Schwab*, FF 2004, 164 (169); *Willutzki*, in: Festschrift für Schwab, 713 (730).

127 So: *Brudermüller*, FF 2010, 134 (137); *Graba*, FamRZ 2008, 1217 (1217).

128 Vgl. zur Billigung dieses Unterhaltsmaßes BVerfGE 57, 361 (389 f.).

sondern auch der nicht erwerbstätig gewesene Ehegatte teilhaben sollte. Aus der Gesetzesbegründung geht weiter hervor, dass zur Bestimmung der ehelichen Lebensverhältnisse des § 1578 Abs. 1 S. 1 BGB grundsätzlich auf die individuellen Lebensverhältnisse der Ehe zum Zeitpunkt der Scheidung abgestellt werden sollte.[129] Die Festschreibung dieser sogenannten Lebensstandardgarantie begünstigte den Unterhaltsberechtigten und setzte gleichzeitig den Pflichtigen regelmäßig unbefristeten und der Höhe nach unbegrenzten Unterhaltsansprüchen aus.

4. Leistungsfähigkeit

Nach dem Entwurf zu § 1581 BGB (damals unter dem Paragraphenvorzeichen § 1582 BGB-E) sollte der Verpflichtete nur insoweit Unterhalt gewähren, als es mit Rücksicht auf die Bedürfnisse und die Erwerbs- und Vermögensverhältnisse der geschiedenen Eheleute der Billigkeit entsprach.[130] Nach § 1582 Abs. 1 S. 2 BGB-E[131] sollten die Bedürfnisse und wirtschaftlichen Verhältnisse der minderjährigen unverheirateten Kinder und des neuen Ehepartners des Pflichtigen nach Billigkeit berücksichtigt werden. In die Bemessung der wirtschaftlichen Verhältnisse des nachfolgenden Ehegatten sollten insbesondere dessen Einkommen und dessen Erwerbsmöglichkeiten einbezogen werden.[132] Im

129 Entwurf der Bundesregierung eines Ersten Gesetzes zur Reform des Ehe- und Familienrechts (1. EheRG) vom 28. Mai 1971, BR-Drucks. 266/71, 79.

130 Gesetzentwurf der Bundesregierung eines Ersten Gesetzes zur Reform des Ehe- und Familienrechts (1. EheRG) vom 1. Juni 1973, BT-Drucks. 7/650, 10.

131 § 1582 BGB-E (Gesetzentwurf der Bundesregierung eines Ersten Gesetzes zur Reform des Ehe- und Familienrechts (1. EheRG) vom 1. Juni 1973, BT-Drucks. 7/650): (1) Bei mangelnder Leistungsfähigkeit braucht der Verpflichtete nur insoweit Unterhalt zu gewähren, als es mit Rücksicht auf die Bedürfnisse und die Erwerbs- und Vermögensverhältnisse der geschiedenen Ehegatten der Billigkeit entspricht. Hat der Verpflichtete einem minderjährigen unverheirateten Kinde oder einem neuen Ehegatten Unterhalt zu gewähren, so sind auch die Bedürfnisse und wirtschaftlichen Verhältnisse dieser Personen zu berücksichtigen.
(2) Mangelnde Leistungsfähigkeit liegt vor, wenn der Verpflichtete nach seinen Erwerbs- und Vermögensverhältnissen unter Berücksichtigung seiner sonstigen Verpflichtungen außerstande ist, ohne Gefährdung des eigenen angemessenen Unterhalts dem Berechtigten Unterhalt zu gewähren. Den Stamm seines Vermögens braucht er nicht zu verwerten, soweit die Verwertung unwirtschaftlich wäre oder eine unbillige Härte bedeuten würde.

132 Gesetzentwurf der Bundesregierung eines Ersten Gesetzes zur Reform des Ehe- und Familienrechts (1. EheRG) vom 1. Juni 1973, BT-Drucks. 7/650, 140.

weiteren Gesetzgebungsverfahren wurde dieser zweite Satz des § 1582 BGB-E mit dem Vermerk gestrichen, dass er aus redaktionellen Erwägungen entfalle, hiermit aber keine sachliche Änderung der Norm einhergehen solle.[133]

Nach dem am 1. Juli 1977 in Kraft getretenen, seitdem unveränderten § 1581 S. 1 BGB ist Unterhalt nur im Rahmen der Leistungsfähigkeit des Pflichtigen geschuldet, wobei seine sonstigen Verpflichtungen mit Rücksicht auf die Bedürfnisse und die Erwerbs- und Vermögensverhältnisse der geschiedenen Eheleute nach Billigkeit zu berücksichtigen sind.

5. Ausgleich konkurrierender Unterhaltsansprüche

Mehrfachen, die Unentschiedenheit des Gesetzgebers deutlich widerspiegelnden Richtungswechseln war zuletzt die Regelung zum Ausgleich konkurrierender Unterhaltsansprüche unterworfen.

Während nach Ansicht der Eherechtskommission der Unterhaltsanspruch des vorangegangenen Ehegatten gegenüber Ansprüchen nachfolgender Ehepartner grundsätzlich vorrangig sein sollte,[134] enthielt der Diskussionsentwurf des Bundesministeriums der Justiz den Vorschlag, im Wesentlichen den in § 59 Abs. 2 S. 1 EheG-1946[135] vorgesehenen, grundsätzlichen Gleichrang konkurrierender Unterhaltsansprüche einander nachfolgender Ehegatten beizubehalten. Im Mangelfall sollte der Ausgleich unter Berücksichtigung der Einzelfallumstände

---

133 Zweiter Bericht und Antrag des Rechtsausschusses vom 28. November 1975 zu dem von der Bundesregierung eingebrachten Entwurf eines Ersten Gesetzes zur Reform des Ehe- und Familienrechts (1. EheRG) – Drucksache 7/650, BT-Drucks. 7/4361, 33.

134 *Bundesministerium der Justiz (Hrsg.)*, Erster Teilbericht der Eherechtskommission beim Bundesministerium der Justiz zur Reform des Ehescheidungsrechts und des Unterhaltsrechts nach der Ehescheidung, FamRZ 1970, 213 (215).

135 § 59 Abs. 1 EheG in der Fassung vom 20. Februar 1946:
Würde der allein oder überwiegend für schuldig erklärte Ehegatte durch Gewährung des im § 58 bestimmten Unterhalts bei Berücksichtigung seiner sonstigen Verpflichtungen den eigenen angemessenen Unterhalt gefährden, so braucht er nur so viel zu leisten, als es mit Rücksicht auf die Bedürfnisse und die Vermögens- und Erwerbsverhältnisse der geschiedenen Ehegatten der Billigkeit entspricht. Hat der Verpflichtete einem minderjährigen unverheirateten Kinde oder bei Wiederverheiratung dem neuen Ehegatten Unterhalt zu gewähren, so sind auch die Bedürfnisse und die wirtschaftlichen Verhältnisse dieser Personen zu berücksichtigen.

gefunden werden.[136] In § 16 Abs. 2 S. 1-E[137] wurde dementsprechend formuliert, dass beim Ausgleich konkurrierender Unterhaltsansprüche die Bedürfnisse und wirtschaftlichen Verhältnisse weiterer Ehepartner sowie minderjähriger, unverheirateter Kinder zu berücksichtigen seien. Der Diskussionsentwurf verwies darauf, dass ein genereller Vorrang der Unterhaltsansprüche des geschiedenen Ehegatten die neue Ehe, die bereits durch die Tatsache der Unterhaltspflicht gegenüber dem geschiedenen Ehegatten als solche belastet sei, erheblich in ihren Entwicklungsmöglichkeiten behindere und gegebenenfalls sogar ihren Bestand gefährde. Dies sei menschlich unbefriedigend und laufe dem Anspruch der nachfolgenden Ehe auf rechtlichen Schutz ihres Bestandes und dem zwischen dem Verpflichteten und seinem gegenwärtigen Ehegatten bestehenden, näheren persönlichen Verhältnis zuwider.[138] Zugleich sollte aber auch eine Bevorzugung des nachfolgenden Ehegatten ausgeschlossen werden. Zur Sicherung des Gleichrangs des geschiedenen Ehegatten sollte eine Unterhaltslast gegenüber einem nachfolgenden Ehepartner bei der Bemessung des Geschiedenenunterhalts gemäß § 16 Abs. 2 S. 2-E nur berücksichtigt werden, wenn dieser selbst nach den neu geschaffenen Unterhaltstatbeständen ehebedingt bedürftig war.[139]

Im Ergebnis privilegierte der Gesetzgeber den geschiedenen Ehegatten. Er beließ ihm nicht nur gemäß § 1609 Abs. 1 und Abs. 2 BGB denselben Rang wie minderjährigen und ihnen nach § 1603 Abs. 2 S. 2 BGB gleichgestellten

---

136 *Bundesministerium der Justiz (Hrsg.)*, Diskussionsentwurf eines Gesetzes über die Neuregelung des Rechts der Ehescheidung und der Scheidungsfolgen, 108 ff.

137 § 16 Abs. 2-E (*Bundesministerium der Justiz (Hrsg.)*, Diskussionsentwurf des Bundesministeriums der Justiz – Reform des Rechts der Ehescheidung und der Scheidungsfolgen, 16):
Hat der in Anspruch genommene Ehegatte einem minderjährigen unverheirateten Kinde oder einem neuen Ehegatten Unterhalt zu gewähren, so sind auch die Bedürfnisse und die wirtschaftlichen Verhältnisse dieser Personen zu berücksichtigen. Die Unterhaltspflicht gegenüber einem neuen Ehegatten ist jedoch nur zu berücksichtigen, wenn dieser bei entsprechender Anwendung der §§ 8, 9 Abs. 1, des § 11 und des § 13 Abs. 1 unterhaltsberechtigt wäre.

138 *Bundesministerium der Justiz (Hrsg.)*, Diskussionsentwurf eines Gesetzes über die Neuregelung des Rechts der Ehescheidung und der Scheidungsfolgen, 111 ff.

139 *Bundesministerium der Justiz (Hrsg.)*, Diskussionsentwurf des Bundesministeriums der Justiz – Reform des Rechts der Ehescheidung und der Scheidungsfolgen, 39, 113 f.

volljährigen Kindern.[140] Er setzte zudem in § 1582 BGB a.F.[141] fest, dass der geschiedene Ehegatte dem nachfolgenden Ehepartner im Mangelfall vorgehen sollte, wenn dieser nicht aufgrund besonderer Umstände selbst unterhaltsberechtigt war. Selbst dann ging ihm der geschiedene Ehegatte vor, wenn er wegen der Betreuung der Kinder oder aus Billigkeitsgründen unterhaltsberechtigt war, oder die geschiedene Ehe einschließlich anschließender Kinderbetreuungszeiten lange gedauert hatte.[142]

II. Das Unterhaltsänderungsgesetz (1986)

Das am 1. April 1986 in Kraft getretene Gesetz zur Änderung unterhaltsrechtlicher, verfahrensrechtlicher und anderer Vorschriften vom 20. Februar 1986[143]

---

140 § 1609 BGB in der Fassung vom 19. August 1969 (BGBl. I 1969, 1243):
(1) Sind mehrere Bedürftige vorhanden und ist der Unterhaltspflichtige außerstande, allen Unterhalt zu gewähren, so gehen die minderjährigen unverheirateten Kinder den anderen Kindern, die Kinder den übrigen Abkömmlingen, die Abkömmlinge den Verwandten der aufsteigenden Linie, unter den Verwandten der aufsteigenden Linie die näheren den entfernteren vor.
(2) Der Ehegatte steht den minderjährigen unverheirateten Kindern gleich; er geht anderen Kindern und den übrigen Verwandten vor. Ist die Ehe geschieden oder aufgehoben, so geht der unterhaltsberechtigte Ehegatte den volljährigen oder verheirateten Kindern sowie den übrigen Verwandten des Unterhaltspflichtigen vor.

141 § 1582 Abs. 1 BGB in der Fassung vom 14. Juni 1976:
Bei Ermittlung des Unterhalts des geschiedenen Ehegatten geht im Falle des § 1581 S. 1 BGB der geschiedene Ehegatte einem neuen Ehegatten vor, wenn dieser nicht bei entsprechender Anwendung der §§ 1569 bis 1574, § 1576 und des § 1577 Abs. 1 BGB unterhaltsberechtigt wäre. Hätte der neue Ehegatte nach diesen Vorschriften einen Unterhaltsanspruch, geht ihm der geschiedene Ehegatte gleichwohl vor, wenn er nach § 1570 oder nach § 1576 BGB unterhaltsberechtigt ist oder die Ehe mit dem geschiedenen Ehegatten von langer Dauer war. Der Ehedauer steht die Zeit gleich, in der ein Ehegatte wegen der Pflege oder Erziehung eines gemeinschaftlichen Kindes nach § 1570 BGB unterhaltsberechtigt war.

142 Vgl. zur Billigung dieser Rangfolgeregelung BVerfGE 66, 84 (95 ff.) und 108, 351 (364 f.).

143 Gesetz zur Änderung unterhaltsrechtlicher, verfahrensrechtlicher und anderer Vorschriften (UÄndG) vom 20. Februar 1986, BGBl. I 1986, 301 ff.

führte in § 1573 Abs. 5 BGB a.F.[144] und in § 1578 Abs. 1 S. 2 BGB a.F.[145] erstmals die Möglichkeit der Befristung und Begrenzung einzelner nachehelicher Unterhaltstatbestände ein. Damit setzte der Gesetzgeber dem nach den Regelungen des 1. EheRG in nahezu allen Bedürfnislagen und in der Regel unbefristet zu gewährenden Geschiedenenunterhalt gewisse Grenzen und verschaffte der in § 1569 BGB a.F. festgelegten wirtschaftlichen Eigenverantwortung mehr Gewicht.

III. Das Schuldrechtsmodernisierungsgesetz (2002)

Das am 1. Januar 2002 in Kraft getretene Gesetz zur Modernisierung des Schuldrechts vom 26. November 2001[146] verschärfte die Anforderungen an die nacheheliche Eigenverantwortung weiter. Während der Unterhaltsberechtigte zuvor nur eine ihm angemessene Erwerbstätigkeit auszuüben brauchte,[147] oblag es ihm nach der Scheidung nun, zu seinem Unterhalt eine angemessene Erwerbstätigkeit auszuüben.[148]

---

144 § 1573 Abs. 5 BGB in der Fassung vom 20. Februar 1986:
Die Unterhaltsansprüche nach Absatz 1 bis 4 können zeitlich begrenzt werden, soweit insbesondere unter Berücksichtigung der Dauer der Ehe sowie der Gestaltung von Haushaltsführung und Erwerbstätigkeit ein zeitlich unbegrenzter Unterhaltsanspruch unbillig wäre; dies gilt in der Regel nicht, wenn der Unterhaltsberechtigte nicht nur vorübergehend ein gemeinschaftliches Kind allein oder überwiegend betreut hat oder betreut. Die Zeit der Kindesbetreuung steht der Ehedauer gleich.

145 § 1578 Abs. 1 S. 2 und 3 BGB in der Fassung vom 20. Februar 1986:
Die Bemessung des Unterhaltsanspruchs nach den ehelichen Lebensverhältnissen kann zeitlich begrenzt und danach auf den angemessenen Lebensbedarf abgestellt werden, soweit insbesondere unter Berücksichtigung der Dauer der Ehe sowie der Gestaltung von Haushaltsführung und Erwerbstätigkeit eine zeitlich unbegrenzte Bemessung nach Satz 1 unbillig wäre; dies gilt in der Regel nicht, wenn der Unterhaltsberechtigte nicht nur vorübergehend ein gemeinschaftliches Kind allein oder überwiegend betreut hat oder betreut. Die Zeit der Kindesbetreuung steht der Ehedauer gleich.

146 Gesetz zur Modernisierung des Schuldrechts vom 26. November 2001, BGBl. I 2001, 3138 ff.

147 § 1574 Abs. 1 BGB in der Fassung vom 14. Juni 1976:
Der geschiedene Ehegatte braucht nur eine ihm angemessene Erwerbstätigkeit auszuüben.

148 § 1574 Abs. 1 BGB in der Fassung vom 26. November 2001:
Dem geschiedenen Ehegatten obliegt es, eine angemessene Erwerbstätigkeit auszuüben.

IV. Das Unterhaltsänderungsgesetz (2008)

Die jüngste Reform erfolgte durch das Gesetz zur Änderung des Unterhaltsrechts vom 21. Dezember 2007, das am 1. Januar 2008 in Kraft getreten ist.[149] Mit dieser Reform hat der Gesetzgeber die Wertungen im Geschiedenenunterhaltsrecht neu ausgerichtet. Dies gilt insbesondere für die Gewichtung nachehelicher Eigenverantwortung und nachehelicher Solidarität sowie für den Ausgleich konkurrierender Unterhaltsansprüche einander nachfolgender Ehegatten.

Anlass und Ziel der Reform bestand erneut darin, das Unterhaltsrecht an geänderte gesellschaftliche Verhältnisse und gewandelte familienrechtliche Wertvorstellungen anzupassen.[150] Dazu führte der Gesetzentwurf aus, dass die Zahl der Scheidungen erheblich gestiegen sei und Scheidungen größtenteils nach relativ kurzer Ehe erfolgten. Beide Umstände führten vermehrt zur Gründung von Zweitfamilien mit Kindern. Außerdem habe die Zahl der Kinder zugenommen, deren Eltern in einer nichtehelichen Lebensgemeinschaft lebten oder alleinerziehend seien. Schließlich habe sich die eheliche Rollenverteilung weiter aneinander angeglichen, da immer häufiger beide Eheleute auch mit Kindern berufstätig blieben oder ihre Erwerbstätigkeit nach einer erziehungsbedingten Unterbrechung wieder aufnähmen. Vor diesem Hintergrund bezweckte der Gesetzgeber neben der Vereinfachung des Unterhaltsrechts insbesondere die unterhaltsrechtliche Stärkung des Kindeswohls sowie die wirtschaftliche Entlastung von Zweitfamilien. Dafür nahm er eine Schwächung der unterhaltsrechtlichen Position des geschiedenen Ehegatten in Kauf.[151]

1. Voraussetzungen der Gewährung nachehelichen Unterhalts

Der Gesetzgeber hat insbesondere den Grundsatz der nachehelichen Eigenverantwortung weiter gestärkt. Unterhalt kann nun nicht mehr jeder begehren, der nach der Scheidung nicht für seinen Unterhalt sorgen kann. Stattdessen trifft jeden Ehegatten gemäß § 1569 BGB die Obliegenheit, nach der Scheidung grundsätzlich selbst für seinen Unterhalt zu sorgen. Nur wenn er dazu außerstande ist, hat er in bestimmten Bedürfnislagen Anspruch auf Unterhalt. Die

---

149 Gesetz zur Änderung des Unterhaltsrechts vom 21. Dezember 2007, BGBl. I 2007, 3189 ff.

150 Gesetzentwurf der Bundesregierung eines Gesetzes zur Änderung des Unterhaltsrechts vom 15. Juni 2006, BT-Drucks. 16/1830, 12.

151 Gesetzentwurf der Bundesregierung eines Gesetzes zur Änderung des Unterhaltsrechts vom 15. Juni 2006, BT-Drucks. 16/1830, 1, 12, 14.

Verstärkung der Eigenverantwortung soll Zweitfamilien entlasten und damit die Chancen des Pflichtigen auf einen Neuanfang verbessern.[152]

Zum selben Zweck ist die Gewährung von Unterhalt an strengere Voraussetzungen geknüpft worden. Unterhalt wegen Kinderbetreuung kann nicht mehr immer dann verlangt werden, wenn vom Unterhaltsgläubiger wegen der Kinderbetreuung eine Erwerbstätigkeit nicht erwartet werden kann, § 1570 BGB a.F.[153] In der Vergangenheit hatte diese Regelung in der Rechtsprechung zum sogenannten Altersphasenmodell geführt, wonach bis zum Besuch der dritten Klasse durch das zu betreuende Kind in der Regel keine Erwerbsobliegenheit und danach bis zu dessen 15. Lebensjahr nur eine Obliegenheit zur Ausübung einer Halbtagstätigkeit bestanden hatte.[154] Nach der Neufassung des § 1570 BGB ist Unterhalt wegen Kinderbetreuung nunmehr nur noch in den ersten drei Jahren nach der Geburt zu gewähren und über diesen Zeitraum hinaus nur zu verlängern, wenn dies aus vom Unterhaltsgläubiger vorzutragenden und nachzuweisenden[155] kind- bzw. elternbezogenen Gründen der Billigkeit entspricht.

Die stärkere Betonung der nachehelichen Eigenverantwortung wird auch an den geänderten Anforderungen an die Aufnahme einer Erwerbstätigkeit nach der Scheidung deutlich. Nach altem Recht brauchte der Unterhaltsberechtigte nur eine ihm angemessene Erwerbstätigkeit auszuüben, deren Angemessenheit sich zudem unter anderem nach den ehelichen Lebensverhältnissen beurteilte.[156] Nach der Neufassung des § 1574 BGB bestimmt sich die Angemessenheit der

---

152 Gesetzentwurf der Bundesregierung eines Gesetzes zur Änderung des Unterhaltsrechts vom 15. Juni 2006, BT-Drucks. 16/1830, 13 f.

153 § 1570 BGB in der Fassung vom 14. Juni 1976:
Ein geschiedener Ehegatte kann von dem anderen Unterhalt verlangen, solange und soweit von ihm wegen der Pflege oder Erziehung eines gemeinschaftlichen Kindes eine Erwerbstätigkeit nicht erwartet werden kann.

154 BVerfGE 118, 45 (48); BGH, Urteil vom 21. Dezember 1988 - IVb ZR 18/88, NJW 1989, 1083 (1084); Urteil vom 30. November 1994 - XII ZR 226/93, NJW 1995, 1148 (1149); Urteil vom 16. April 1997 - XII ZR 293/95, FamRZ 1997, 873 (875 f.); BGHZ 148, 368 (381); BGH, Urteil vom 1. März 2006 - XII ZR 157/03, FamRZ 2006, 846 (847); BGHZ 183, 197 (217).

155 BGHZ 177, 272 (304); 180, 170 (177 f.).

156 § 1574 BGB in der Fassung vom 14. Juni 1976:
(1) Der geschiedene Ehegatte braucht nur eine ihm angemessene Erwerbstätigkeit auszuüben.
(2) Angemessen ist eine Erwerbstätigkeit, die der Ausbildung, den Fähigkeiten, dem Lebensalter und dem Gesundheitszustand des geschiedenen Ehegatten sowie den ehelichen Lebensverhältnissen entspricht; bei den ehelichen Lebensverhältnissen

zu erwartenden Tätigkeit nicht mehr nach dem in der Ehe erreichten Status,[157] sondern nach den persönlichen Verhältnissen des Berechtigten. Kriterien sind etwa seine Ausbildung, seine Fähigkeiten, seine frühere Erwerbstätigkeit, sein Lebensalter und sein Gesundheitszustand. Die ehelichen Lebensverhältnisse sind nur noch nach Billigkeit in die Prüfung der Angemessenheit der zu erwartenden Erwerbstätigkeit einzubeziehen.

2. Maß des nachehelichen Unterhalts

Die Bestimmung des Maßes zu gewährenden Unterhalts nach § 1578 Abs. 1 S. 1 BGB ist dagegen nicht verändert worden.[158]

3. Leistungsfähigkeit

Unverändert ist auch die Bestimmung der Leistungsfähigkeit nach § 1581 S. 1 BGB geblieben.

4. Ausgleich konkurrierender Unterhaltsansprüche

Die weitreichendste Änderung stellt die Neuordnung der Rangfolge konkurrierender Unterhaltsansprüche im Mangelfall dar, die in der Neufassung des § 1609 BGB für alle Unterhaltsansprüche einheitlich festgesetzt wurde. Nach § 1609 Nr. 1 BGB stehen Unterhaltsansprüche minderjähriger unverheirateter und ihnen gemäß § 1603 Abs. 2 S. 2 BGB gleichstehender volljähriger Kinder

---

sind die Dauer der Ehe und die Dauer der Pflege oder Erziehung eines gemeinschaftlichen Kindes zu berücksichtigen.

157 Gesetzentwurf der Bundesregierung eines Gesetzes zur Änderung des Unterhaltsrechts vom 15. Juni 2006, BT-Drucks. 16/1830, 17.

158 Gesetzentwurf der Bundesregierung eines Gesetzes zur Änderung des Unterhaltsrechts vom 15. Juni 2006, BT-Drucks. 16/1830, 18; Stellungnahme des Bundesrates vom 19. Mai 2006 zum Gesetzentwurf der Bundesregierung eines Gesetzes zur Änderung des Unterhaltsrechts vom 15. Juni 2006, BT-Drucks. 16/1830, 37; Gegenäußerung der Bundesregierung zur Stellungnahme des Bundesrates zum Gesetzentwurf der Bundesregierung eines Gesetzes zur Änderung des Unterhaltsrechts vom 15. Juni 2006, BT-Drucks. 16/1830, 39; Sachverständigenanhörung vom 16. Oktober 2006, Protokoll 16/28 des Rechtsausschusses (6. Ausschuss) des Deutschen Bundestages vom 16. Oktober 2006; Beschlussempfehlung des Rechtsausschusses des Bundestags vom 7. November 2007, BT-Drucks. 16/6980; Plenarberatung am 9. November 2007, Plenarprotokoll 16/124 vom 9. November 2007, 13017 ff.; Gesetzesbeschluss des Deutschen Bundestages vom 9. November 2007 und Beschluss des Bundesrates vom 30. November 2007, BR-Drucks. 760/07.

nun alleine im ersten Rang. Der zweite Rang nach § 1609 Nr. 2 BGB ist Unterhaltsansprüchen von Elternteilen vorbehalten, die wegen der Betreuung eines Kindes unterhaltsberechtigt sind oder im Falle einer Scheidung wären, sowie Unterhaltsansprüchen von (geschiedenen) Ehegatten nach einer langen Ehe. Im dritten Rang stehen die Unterhaltsansprüche von (geschiedenen) Ehegatten, die nicht in den zweiten Rang fallen. Damit ist der seit 1977 bestehende Vorrang der Unterhaltsansprüche des geschiedenen Ehegatten nach § 1582 Abs. 1 BGB a.F.[159] beendet, wodurch sich seine unterhaltsrechtliche Position erheblich verschlechtert hat. Allerdings hat der Gesetzgeber Ehegatten nach einer langen Ehedauer über die Rangregelung des § 1609 Nr. 2 BGB hinaus einen besonderen Vertrauensschutz eingeräumt, indem er die Abänderung bereits vor der Reform errichteter Unterhaltstitel gemäß § 36 Nr. 1 EGZPO von einer besonderen Zumutbarkeitsprüfung abhängig gemacht hat.[160]

Die Neuordnung des Rangs dient nach der Begründung des Gesetzentwurfs in erster Linie der unterhaltsrechtlichen Stärkung des Kindeswohls.[161] Zur Aufgabe des bis dahin geltenden Rangvorrangs des ersten Ehepartners hat der Gesetzgeber ausgeführt, dass die aus dem zeitlichen Ablauf folgende Privilegierung des ersten Ehegatten unter dem Aspekt des Kindeswohls nicht mehr zu rechtfertigen sei. Angesichts der veränderten gesellschaftlichen Realitäten zähle nicht mehr die zeitliche Priorität der Eheschließung, sondern alleine die Schutzbedürftigkeit der Berechtigten. Er hat weiter hervorgehoben, wegen der geänderten gesellschaftlichen Realitäten könne kein Vertrauensschutz mehr gewährt werden, dass sich der Kreis der Unterhaltsberechtigten infolge einer weiteren Eheschließung oder Familiengründung durch den Unterhaltspflichtigen nicht vergrößere und sich dadurch die Unterhaltsquote verkürze.[162] Im Falle der Konkurrenz von Unterhaltsansprüchen mehrerer aufeinander folgender Ehegatten oder mehrerer, Kinder betreuender Elternteile soll nach den Vorgaben im Gesetzentwurf künftig das Gleiche gelten wie bei der Konkurrenz von Unterhaltsansprüchen

---

159 Vgl. zu § 1582 BGB in der Fassung vom 14. Juni 1976 Fußnote 141.

160 Gesetzentwurf der Bundesregierung eines Gesetzes zur Änderung des Unterhaltsrechts vom 15. Juni 2006, BT-Drucks. 16/1830, 23, 32 f. (noch unter dem Paragraphenvorzeichen § 35 EGZPO).

161 Gesetzentwurf der Bundesregierung eines Gesetzes zur Änderung des Unterhaltsrechts vom 15. Juni 2006, BT-Drucks. 16/1830, 1, 13, 23.

162 Gesetzentwurf der Bundesregierung eines Gesetzes zur Änderung des Unterhaltsrechts vom 15. Juni 2006, BT-Drucks. 16/1830, 24.

mehrerer Kinder, die eine Schmälerung ihres Unterhaltsanteils hinnehmen müssen, sobald weitere unterhaltsberechtigte Kinder hinzutreten.[163]

Im Gesetzentwurf wird hervorgehoben, dass sich das Unterhaltsrecht in weiten Teilen auf konkretisierungsbedürftige Grundaussagen und Generalklauseln beschränke, wodurch den Gerichten bewusst ein relativ breiter Spielraum gewährt werde, um dem konkreten Einzelfall nach Billigkeits- und Zumutbarkeitsgesichtspunkten gerecht zu werden.[164]

5. Befristung und Begrenzung

Eine weitere Verschlechterung der Position unterhaltsberechtigter Ehegatten ergibt sich aus der erweiterten Möglichkeit einer Befristung und Begrenzung des nachehelichen Unterhaltsanspruchs im neu eingefügten § 1578b BGB. Während zuvor eine Befristung des Geschiedenenunterhalts gemäß § 1573 Abs. 5 BGB a.F.[165] nur beim Aufstockungsunterhalt und eine Begrenzung des Unterhaltsanspruchs auf die Höhe des angemessenen Lebensbedarfs nur unter den Voraussetzungen des § 1578 Abs. 1 S. 2 BGB a.F.[166] vorgesehen gewesen war, können nun alle Unterhaltsansprüche befristet und begrenzt werden.

Nach § 1578b BGB in der Fassung vom 21. Dezember 2007 konnte der Unterhaltsanspruch der Höhe nach auf den angemessenen Bedarf herabgesetzt werden, wenn eine an den ehelichen Lebensverhältnissen orientierte Bemessung des Unterhaltsanspruchs unbillig erschien. Dies hing im Wesentlichen vom Vorliegen ehebedingter Nachteile ab. Solche Nachteile sollten sich – wie beispielhaft aufgezählt wurde – vor allem aus der Dauer der Pflege oder Erziehung eines gemeinschaftlichen Kindes, aus der Gestaltung von Haushaltsführung und Erwerbstätigkeit während der Ehe sowie aus der Dauer der Ehe ergeben können.

V. Das Gesetz zur Durchführung des Haager Übereinkommens (2013)

§ 1578b BGB ist als einzige der von der Unterhaltsreform von 2008 betroffenen Bestimmungen nochmals geändert worden.[167] Nach der seit dem 1. März 2013

---

163 Gesetzentwurf der Bundesregierung eines Gesetzes zur Änderung des Unterhaltsrechts vom 15. Juni 2006, BT-Drucks. 16/1830, 23 f.

164 Gesetzentwurf der Bundesregierung eines Gesetzes zur Änderung des Unterhaltsrechts vom 15. Juni 2006, BT-Drucks. 16/1830, 13.

165 Vgl. zu § 1573 BGB in der Fassung vom 20. Februar 1986 Fußnote 144.

166 Vgl. zu § 1578 BGB in der Fassung vom 20. Februar 1986 Fußnote 145.

167 Gesetz zur Durchführung des Haager Übereinkommens vom 23. November 2007 über die internationale Geltendmachung der Unterhaltsansprüche von Kindern

geltenden Fassung des § 1578b BGB ist einerseits zu berücksichtigen, inwieweit durch die Ehe Nachteile im Hinblick auf die Möglichkeit eingetreten sind, für den eigenen Unterhalt zu sorgen. Andererseits ist eigenständig und als „nachteilsunabhängiger Billigkeitsgrund“[168] zu prüfen, ob eine Herabsetzung des Unterhalts unter Berücksichtigung der Dauer der Ehe unbillig wäre. Damit ist die Ehedauer als eigenständiges, gegen die Befristung und Begrenzung des Geschiedenenunterhalts sprechendes Billigkeitskriterium gleichberechtigt neben dasjenige des ehebedingten Nachteils getreten. Hierdurch ist klargestellt, dass das Fehlen „ehebedingter Nachteile“ nicht automatisch zur Beschränkung des nachehelichen Unterhaltsanspruchs führt, sondern zusätzlich die Dauer der geschiedenen Ehe zu berücksichtigen ist.[169]

VI. Zusammenfassung: Voraussetzungen nachehelichen Unterhalts

Die Gewährung nachehelichen Unterhalts hängt nach §§ 1569 ff. BGB von bestimmten Voraussetzungen ab. Diese sollen zum Abschluss zusammengefasst dargestellt werden, da die im Dritten Teil der Arbeit angesiedelte Bewertung der gegenwärtigen Ansätze zum Ausgleich konkurrierender Ehegattenunterhaltsansprüche sich an dieser Prüfungsabfolge ausrichtet.

Nach dem allgemein anerkannten Prüfungsschema sind zunächst die Bedürftigkeit des Berechtigten sowie das Maß des nachehelichen Unterhalts festzustellen. Im Anschluss ist die Leistungsfähigkeit des Unterhaltspflichtigen zu prüfen. Sodann ist auf entsprechende Einwendung des Unterhaltspflichtigen zu untersuchen, ob der Unterhaltsanspruch des Berechtigten zu beschränken oder zu versagen bzw. zu befristen oder zu begrenzen ist. Abschließend sind Rangfolge und Mangelfall zu prüfen.[170]

---

und anderen Familienangehörigen sowie zur Änderung von Vorschriften auf dem Gebiet des internationalen Unterhaltsverfahrensrechts und des materiellen Unterhaltsrechts vom 20. Februar 2013, BGBl. I 2013, 273 ff.

168 So: *Borth*, FamRZ 2013, 165 (165).

169 Beschlussempfehlung und Bericht des Rechtsausschusses zu dem Gesetzentwurf der Bundesregierung - Drucksache 17/10492 - vom 12. Dezember 2012, BT-Drucks. 17/11885, 2.

170 Vgl. zu diesem Prüfungsschema nur: Gesetzentwurf der Bundesregierung eines Gesetzes zur Änderung des Unterhaltsrechts vom 15. Juni 2006, BT-Drucks. 16/1830, 20; BVerfGE 128, 193 (212) sowie BGH, Urteil vom 14. November 2007 - XII ZR 16/07, FamRZ 2008, 134 (135); BGHZ 185, 1 (6); Urteil vom 7. März 2012 - XII ZR 145/09, FamRZ 2012, 951 (954); anderer Ansicht: *Graba*, FF 2012, 341 ff.

1. Bedürftigkeit

Der Anspruch auf Geschiedenenunterhalt setzt zunächst beim Berechtigten Bedürftigkeit im Sinne des § 1577 BGB voraus, für die nun der Grundsatz der wirtschaftlichen Eigenverantwortung nach § 1569 BGB verstärkt gilt. Ist ein Ehegatte nach der Scheidung außerstande, selbst für seinen Unterhalt zu sorgen, und damit unterhaltsbedürftig, ist ihm in bestimmten, in §§ 1570 ff. BGB geregelten Bedürfnislagen nachehelicher Unterhalt zu gewähren. Die Bedürftigkeit muss jeweils in dem Zeitraum bestehen, für den Unterhalt begehrt wird.

2. Maß des nachehelichen Unterhalts (Bedarf)

Ist der Berechtigte bedürftig, ist im nächsten Schritt das Maß des ihm zu gewährenden Unterhalts festzustellen. Anders als beim Verwandtenunterhalt oder beim Unterhalt wegen der Betreuung eines gemeinsamen nichtehelichen Kindes, bei dem sich das Unterhaltsmaß gemäß § 1610 BGB bzw. § 1615l Abs. 3 S. 1 BGB i.V.m. § 1610 BGB von der Lebensstellung des Bedürftigen ableitet, bestimmt sich das Unterhaltsmaß des geschiedenen Ehegatten gemäß § 1578 Abs. 1 S. 1 BGB nach den ehelichen, von den gemeinsamen Einkünften und Belastungen beider Eheleute geprägten Lebensverhältnissen.[171] Die Lebensverhältnisse sind nach einem objektiven Maßstab vom Standpunkt eines vernünftigen Betrachters aus zu ermitteln, wobei besondere Abweichungen sowohl in Richtung eines überaus mäßigen als auch in Richtung eines unangemessen hohen Konsums außer Betracht zu bleiben haben.[172] Da beide Eheleute grundsätzlich gleichermaßen an dem durch die beiderseitigen Leistungen geprägten ehelichen Lebensstandard teilnehmen, bildet die Hälfte des gemeinsamen, jeweils um den Erwerbstätigenbonus bereinigten Einkommens den vollen Bedarf und damit zugleich das Höchstmaß des zu fordernden Unterhalts.[173] Von diesem Betrag sind bedarfsdeckend die eigenen – prägenden und nicht prägenden – Einkünfte des Berechtigten abzusetzen.

---

171 BGH, Urteil vom 20. Januar 1982 – IVb ZR 650/80, FamRZ 1982, 360 (361).

172 BVerfGE 105, 1 (12); BGH, Urteil vom 4. Juli 2007 – XII ZR 141/05, FamRZ 2007, 1532 (1534).

173 BGH, Urteil vom 16. April 1997 – XII ZR 233/95, FamRZ 1997, 806 (807); Urteil vom 25. November 1998 – XII ZR 33/97, FamRZ 1999, 372 (374); BGHZ 148, 105 (112); 192, 45 (47).

3. Leistungsfähigkeit

Zur Zahlung des Unterhalts ist der Pflichtige im Rahmen seiner Leistungsfähigkeit heranzuziehen, § 1581 S. 1 BGB. Diese bestimmt sich nicht alleine nach seinen prägenden Einkünften, die der Bemessung des Unterhaltsbedarfs zugrunde zu legen sind, sondern nach seinem gesamten, also auch erst nachehelich hinzugekommenen Einkommen. Die Leistungsfähigkeit muss in dem Zeitraum vorliegen, für den Unterhalt begehrt wird. Wendet der Pflichtige nach § 1581 S. 1 BGB erfolgreich fehlende Leistungsfähigkeit ein, weil er unter Berücksichtigung seiner sonstigen Verpflichtungen außerstande ist, ohne Gefährdung seines eigenen angemessenen Unterhalts dem Berechtigten Unterhalt zu gewähren, so braucht er nur insoweit Unterhalt zu leisten, wie dies mit Rücksicht auf die Bedürfnisse und die Erwerbs- und Vermögensverhältnisse der geschiedenen Eheleute der Billigkeit entspricht.

4. Beschränkung und Versagung

Nach § 1579 BGB ist nachehelicher Unterhalt zu versagen, herabzusetzen oder zeitlich zu begrenzen, wenn dies aus im Wesentlichen in der Person des Berechtigten liegenden Gründen billig erscheint.

5. Befristung und Begrenzung

Wendet der Unterhaltsschuldner die unterhaltsbegrenzende Norm des § 1578b BGB ein,[174] ist der Unterhaltsanspruch des geschiedenen Ehegatten zu begrenzen oder zu befristen, wenn eine an den ehelichen Lebensverhältnissen orientierte Bemessung des Unterhaltsanspruchs aus im Wesentlichen in der Gestaltung der Ehe liegenden Gründen unbillig wäre.

6. Rangfolge und Mangelfall

Sind mehrere Unterhaltsberechtigte vorhanden und ist der Pflichtige außerstande, allen Unterhalt zu gewähren, so ist den Bedürftigen Unterhalt nach der in § 1609 BGB neu festgelegten Rangfolge zu gewähren. Dabei sind zunächst die Unterhaltsansprüche der im ersten Rang stehenden Unterhaltsgläubiger zu befriedigen; verbleibendes Einkommen steht sodann den Unterhaltsgläubigern zweiten Rangs zur Verfügung. Für die folgenden Rangstufen gilt Entsprechendes.

---

174 Gesetzentwurf der Bundesregierung eines Gesetzes zur Änderung des Unterhaltsrechts vom 15. Juni 2006, BT-Drucks. 16/1830, 20; BGHZ 185, 1 (6).

Reicht das Einkommen nicht aus, im selben Rang stehende Unterhaltsansprüche zu befriedigen, sind diese proportional zu kürzen.

Diese proportionale Kürzung soll an einem Beispiel verdeutlicht werden, welches nach § 1609 Nr. 1 BGB gleichrangige, minderjährige Kinder betrifft: Ist ein Vater seiner dreizehnjährigen Tochter und seinem achtjährigen Sohn zu Unterhalt verpflichtet, verfügt indessen nur über bereinigte Erwerbseinkünfte in Höhe von 1.300 € im Monat, so ist zunächst der Unterhaltsbedarf seiner im gleichen Rang stehenden Kinder zu ermitteln. Dieser beläuft sich nach der Düsseldorfer Tabelle[175] nach der für ihn maßgeblichen Einkommensstufe 1 und entsprechend der jeweiligen Altersstufe der Kinder für die Tochter, Altersstufe 3, auf 334 € (426 € abzüglich bedarfsdeckenden, anteiligen Kindergeldes in Höhe von 92 €) und für den Sohn, Altersstufe 2, auf 272 € (364 € abzüglich bedarfsdeckenden, anteiligen Kindergeldes in Höhe von 92 €). Unter Berücksichtigung des dem Vater zu belassenden Selbstbehalts Erwerbstätiger gegenüber minderjährigen Kindern in Höhe von 1.000 € im Monat[176] steht zur Befriedigung der Bedarfe der Kinder in Höhe von zusammen 606 € lediglich ein Betrag in Höhe von 300 € zur Verfügung. Daher sind ihre Bedarfe proportional zu kürzen. Dies ergibt, dass ihr Bedarf jeweils nur zu 49,50% befriedigt werden kann (300 € geteilt durch 606 €). Danach hat die Tochter einen Unterhaltsanspruch in Höhe von aufgerundet 166 € (49,50% von 334 €), der Sohn in Höhe von aufgerundet 135 € (49,50% von 272 €).

7. Gesetzliche Anknüpfungspunkte für den Ausgleich konkurrierender Ehegattenunterhaltsansprüche

Die gegenwärtige Diskussion um den Ausgleich konkurrierender Ehegattenunterhaltsansprüche konzentriert sich innerhalb dieser Prüfungsfolge auf die Bestimmung des Bedarfs nach § 1578 Abs. 1 S. 1 BGB, die Bestimmung der Leistungsfähigkeit nach § 1581 S. 1 BGB, die Befristung und Begrenzung nachehelichen Unterhalts gemäß § 1578b BGB sowie die Rangfolge nach § 1609 BGB. Sie ist im Wesentlichen durch die Friktionen hervorgerufen worden, die durch die Beibehaltung der Bestimmung des Bedarfs nach § 1578 Abs. 1 S. 1 BGB sowie der Leistungsfähigkeit nach § 1581 S. 1 BGB bei gleichzeitiger Änderung der Rangfolge in § 1609 BGB eingetreten sind.

175 Düsseldorfer Tabelle, Stand 1. Januar 2013, juris.
176 Düsseldorfer Tabelle, Stand 1. Januar 2013, Anmerkung 5, juris.

Zweiter Teil
Die Auslegung der Regelungen zum Geschiedenenunterhaltsrecht, insbesondere zur Bedarfsbestimmung sowie zum Ausgleich konkurrierender Ehegattenunterhaltsansprüche

A. Frühe Entscheidungen zum Unterhaltsmaß

Die Rechtsprechung hat dem gesetzlich nicht näher umschriebenen Begriff des Unterhaltsmaßes nach § 1578 Abs. 1 S. 1 BGB und insbesondere dem zu seiner Bestimmung maßgeblichen Zeitpunkt in den letzten Jahrzehnten immer präzisere Konturen verliehen. Sie hat dabei wiederholt zu neuen Auslegungsansätzen gefunden, um Änderungen der gesellschaftlichen Verhältnisse Rechnung zu tragen.

I. Konkretisierung des Unterhaltsmaßes

Der Bundesgerichtshof beurteilte das Unterhaltsmaß gemäß § 1578 Abs. 1 S. 1 BGB nach der Reform von 1977 zunächst in Anlehnung an die Regelungen der §§ 58, 59 EheG-1946 und unter Berücksichtigung der Intention des Gesetzgebers regelmäßig nach den monetären Verhältnissen zum Zeitpunkt der Rechtskraft der Scheidung.[177] Dieses sogenannte Stichtagsprinzip begründete er damit, dass die eheliche Lebensgemeinschaft bis zur Rechtskraft der Scheidung jederzeit wiederaufgenommen werden könne und daher die Ehe und die unterhaltsrechtliche Verbundenheit der Eheleute bis zur rechtskräftigen Scheidung fortbestünden.[178] Das Stichtagsprinzip verhalf sowohl dem Berechtigten als auch dem Pflichtigen zu einer gewissen Lebensstandardgarantie. Es wurde vom

177 BGH, Urteil vom 31. März 1982 - IVb ZR 661/80, FamRZ 1982, 567 (578); Urteil vom 7. Juni 1989 - IVb ZR 63/88, FamRZ 1990, 258 (259); Urteil vom 25. November 1998 - XII ZR 98/97, FamRZ 1999, 367 (368 f.); jeweils unter Hinweis auf den Gesetzentwurf der Bundesregierung eines Ersten Gesetzes zur Reform des Ehe- und Familienrechts (1. EheRG) vom 1. Juni 1973, BT-Drucks. 7/650, 136.

178 BGH, Urteil vom 20. Januar 1982 - IVb ZR 650/80, FamRZ 1982, 360 (361); Urteil vom 31. März 1982 - IVb ZR 661/80, FamRZ 1982, 567 (577).

Bundesgerichtshof allerdings von Anfang an nicht starr angewendet, sondern nach verschiedenen Kriterien eingeschränkt.

So nahm der Bundesgerichtshof an, dass bestimmte Veränderungen in den Einkommensverhältnissen zwischen der Trennung und der Scheidung nicht mehr als prägend angesehen werden könnten. Diese Nichtberücksichtigung nahm er insbesondere für solche Änderungen an, die auf einer unerwarteten, vom Normalverlauf erheblich abweichenden Entwicklung nach der Trennung, beispielsweise auf einem Karrieresprung beruhten.[179] Andererseits bezog er nach der Rechtskraft der Scheidung eingetretene Veränderungen in die Bestimmung des Maßes des zu gewährenden Unterhalts ein, wenn ihnen eine Entwicklung zugrunde lag, die zum Zeitpunkt der Scheidung bereits mit hoher Wahrscheinlichkeit zu erwarten gewesen war, und deren Erwartung die ehelichen Lebensverhältnisse bereits geprägt hatte, beispielsweise Gehaltserhöhungen infolge einer regulären Beförderung.[180]

Kindesunterhalt setzte der Bundesgerichtshof vom bedarfsprägenden Einkommen des Pflichtigen zunächst nur dann vorweg ab, wenn einem gemeinschaftlichen Kind oder einem anderen vor Rechtskraft der Scheidung geborenen Kind Unterhalt zu leisten war. Den Unterhaltsanspruch eines nach der Scheidung geborenen oder adoptierten Kindes bezog der Bundesgerichtshof dagegen stichtagsorientiert nicht in die Beurteilung der eheprägenden Verhältnisse ein, sondern berücksichtigte ihn erst bei der Prüfung der Leistungsfähigkeit des Pflichtigen gemäß § 1581 S. 1 BGB.[181] Den Entfall der Unterhaltspflicht gegenüber einem Kind nach Rechtskraft der Scheidung berücksichtigte der Bundesgerichtshof zunächst nur, wenn die Eheleute ihm erkennbar im Voraus und noch während der bestehenden Ehe einen prägenden Einfluss auf ihre Lebensverhältnisse

---

179 BGH, Urteil vom 31. März 1982 - IVb ZR 661/80, FamRZ 1982, 576 (578); Urteil vom 23. November 1983 - IVb ZR 15/82, FamRZ 1984, 151 (152); BGHZ 89, 108 (110); BGH, Urteil vom 14. November 1984 - IVb ZR 38/83, FamRZ 1985, 161 (162).

180 BGH, Urteil vom 21. April 1982 - IVb ZR 741/80, FamRZ 1982, 684 (686); BGHZ 89, 108 (112 f.); BGH, Urteil vom 14. November 1984 - IVb ZR 38/83, FamRZ 1985, 161 (162); Urteil vom 3. April 1985 - IVb ZR 15/84, FamRZ 1985, 791 (793); Urteil vom 27. November 1985 - IVb ZR 78/84, FamRZ 1986, 148 (149); Urteil vom 11. Mai 1988 - IVb ZR 42/87, FamRZ 1988, 817 (818 f.).

181 BGH, Urteil vom 25. Februar 1987 - IVb ZR 36/86, FamRZ 1987, 457 (458 f.); Urteil vom 20. Oktober 1993 - XII ZR 89/92, FamRZ 1994, 87 (89); Urteil vom 25. November 1998 - XII ZR 98/97, FamRZ 1999, 367 (368).

eingeräumt hatten.[182] Später erleichterte der Bundesgerichtshof die Berücksichtigung entfallener Unterhaltsverbindlichkeiten. Unter Hinweis darauf, dass die Entwicklung der Kinder bis zu ihrer wirtschaftlichen Selbständigkeit und die damit verbundene Unterhaltslast die Lebensverhältnisse ihrer Eltern bei durchschnittlichen Verhältnissen regelmäßig bereits im Vorhinein präge, bezog er nun durch den Entfall von Kindesunterhaltsverpflichtungen bedingte Einkommenserhöhungen in die Bedarfsermittlung regelmäßig auch dann ein, wenn sie erst nach Rechtskraft der Scheidung eintraten.[183]

Das Bundesverfassungsgericht billigte die Ausrichtung des § 1578 Abs. 1 S. 1 BGB auf die zum Zeitpunkt der Scheidung verfügbaren Mittel. Mit Beschluss vom 7. Oktober 2003[184] stellte es fest, dass sich der Bedarf des geschiedenen Ehegatten alleine nach der Einkommenssituation in der geschiedenen Ehe beurteile, weshalb steuerliche Vorteile, die auf der neuerlichen Eheschließung des Unterhaltspflichtigen beruhten, zur Beurteilung der ehelichen Lebensverhältnisse der aufgelösten Ehe nicht herangezogen werden könnten. Wegen der Dauerhaftigkeit, welche eine Ehe grundsätzlich auszeichne, sei es unzulässig und durch keine Anhaltspunkte in der Wirklichkeit gestützt, wolle man bei der Auslegung des § 1578 Abs. 1 S. 1 BGB unterstellen, mit einer eingegangenen Ehe sei zugleich deren mögliches Scheitern sowie eine darauf folgende neue Ehe mitgedacht und würden nicht nur das Verhalten der Ehegatten, sondern auch deren Einkommensverhältnisse durch diese künftige Erwartung geprägt.[185] Nach der Argumentation dieses Beschlusses hatten nicht nur aus der nachfolgenden Ehe entstehende Vorteile, sondern auch aus ihr entstehende Nachteile bei der Feststellung des nach den ehelichen Lebensverhältnissen der aufgelösten Ehe zu bestimmenden Bedarfs außer Betracht zu bleiben.

II. Die Surrogatsrechtsprechung

Eine erhebliche, teils als Paradigmenwechsel bezeichnete[186] Lockerung des Stichtagsprinzips und damit eine tiefgreifende Wende in der Auslegung des § 1578 Abs. 1 S. 1 BGB leitete die sogenannte Surrogatsrechtsprechung des Bundesgerichtshofs zur Bewertung einer während der Ehe übernommenen

182 BGH, Urteil vom 16. März 1988 – IVb ZR 40/87, FamRZ 1988, 701 (703 f.); Urteil vom 11. Mai 1988 – IVb ZR 42/87, FamRZ 1988, 817 (819).

183 BGH, Urteil vom 20. Juli 1990 – XII ZR 73/89, FamRZ 1990, 1085 (1087).

184 BVerfGE 108, 351 ff.

185 BVerfGE 108, 351 (368).

186 *Dose*, FamRZ 2011, 1341 (1345).

Haushaltsführung und Kindererziehung ein,[187] deren Ergebnis das Bundesverfassungsgericht verfassungsrechtlich billigte.[188] Die Surrogatsrechtsprechung reagierte auf die voranschreitende Ablösung der sogenannten Hausfrauenehe durch ein Ehemodell, bei dem die Ehefrauen bei Eingehen der Ehe und bis zur Geburt ihrer Kinder in aller Regel erwerbstätig waren und auf die Ausübung dieser Erwerbstätigkeit nur vorübergehend zur Kinderbetreuung verzichteten.[189]

Vor diesem geänderten soziofamilialen Hintergrund erachtete der Bundesgerichtshof mit Urteil vom 13. Juni 2001[190] erstmals solche Einkünfte als prägend, die nach Rechtskraft der Scheidung derjenige Ehegatte erzielte, der während der Ehe die Haushaltsführung übernommen und hierdurch die ehelichen Lebensverhältnisse mitbestimmt hatte. Zur Begründung verwies er darauf, dass die ehelichen Lebensverhältnisse nicht nur durch die seitens des erwerbstätigen Ehegatten eingebrachten Barmittel, sondern auch durch den wirtschaftlichen Wert der Leistungen seines Ehepartners im Haushalt bestimmt und verbessert würden. Daraus zog er den Schluss, dass nach der Scheidung erzielte Einkünfte des Berechtigten als Surrogat seiner Haushaltsführung anzusehen seien. Da die Haushaltsführung die ehelichen Lebensverhältnisse geprägt habe, präge auch das an ihrer statt erzielte Einkommen die ehelichen Lebensverhältnisse und erhöhe dadurch den Bedarf des Berechtigten.

Die Surrogatsrechtsprechung führte dazu, dass ein nach Rechtskraft der Scheidung von dem Berechtigten erzieltes Einkommen nicht länger nur seine Bedürftigkeit und damit seinen Unterhaltsanspruch schmälerte und hierdurch lediglich den Unterhaltspflichtigen entlastete (sogenannte Anrechnungsmethode), sondern dass es bereits seinen Bedarf und damit regelmäßig auch seinen Unterhaltsanspruch erhöhte (sogenannte Differenz- oder Additionsmethode).[191]

Das Bundesverfassungsgericht billigte diese Rechtsprechung unter dem Gesichtspunkt der aus Art. 6 Abs. 1 GG i.V.m. Art. 3 Abs. 2 GG folgenden Gleichwertigkeit von Familien- und Erwerbsarbeit und dem daraus abgeleiteten Anspruch auf gleiche Teilhabe am gemeinsam Erwirtschafteten.[192] Solle nicht im Nachhinein der regelmäßig nur vorübergehende Verzicht auf eine Erwerbstätigkeit und der Wert der geleisteten Familienarbeit missachtet werden, so müsse es sich auf die Höhe des nachehelichen Unterhaltsbedarfs auswirken,

187 BGHZ 148, 105 ff.
188 BVerfGE 105, 1 ff.
189 BGHZ 148, 105 (117 f.).
190 BGHZ 148, 105 ff.
191 Berechnungsbeispiel bei BGHZ 148, 105 (112).
192 BVerfGE 105, 1 ff.

wenn die in der Ehe erbrachte, sich nicht in einem Geldwert ausdrückende Haushaltsführungsleistung nach der Scheidung von einer bezahlten Tätigkeit abgelöst werde. Lasse man nacheheliche Einkommenszuwächse infolge der Aufnahme einer Erwerbstätigkeit bei der Feststellung des der Bedarfsbestimmung zugrunde zu legenden Gesamteinkommens unberücksichtigt, entlaste dies einseitig den während der Ehezeit bereits erwerbstätig gewesenen Ehegatten, da das hinzugetretene Einkommen nicht den Bedarf, sondern alleine die Bedürftigkeit und damit den Unterhaltsanspruch des Berechtigten mindere. Dadurch komme der von dem Berechtigten erlangte Einkommenszuwachs nicht beiden, sondern lediglich dem Unterhaltspflichtigen zugute, dem dadurch ein höherer Anteil seines Einkommens belassen werde, als ihm während der Ehe zur Verfügung gestanden habe. Ein solches Ergebnis missachte den Grundsatz der Gleichwertigkeit der Leistung, die der nicht erwerbstätige Ehegatte während der Ehe aufgrund der gemeinsamen Entscheidung der Eheleute erbracht habe.[193] Nicht nur eine Erwerbstätigkeit, sondern auch der vorübergehende Verzicht auf eine Erwerbstätigkeit zugunsten des ehelichen Zusammenlebens sei als bedarfsprägend anzusehen.[194]

Die Surrogatsrechtsprechung beendete die bis dahin bestehende erhebliche Benachteiligung des Unterhaltsberechtigten, der während der Ehe den Haushalt geführt bzw. die Kinder betreut hatte und erst nach der Scheidung (wieder) erwerbstätig geworden war. Sie bewirkte zudem einen erheblichen Arbeitsanreiz, da nacheheliche Einkünfte des Berechtigten nun nicht mehr alleine den Pflichtigen entlasteten, sondern auch seine eigene Lebensstellung verbesserten. Zugleich bereiteten die hiermit für den Pflichtigen verbundenen finanziellen Nachteile den Nährboden für die Änderung der Rechtsprechung des Bundesgerichtshofs zur Befristung und Begrenzung nachehelichen Unterhalts in Abhängigkeit vom Vorliegen sogenannter ehebedingter Nachteile,[195] die wiederum den Gesetzgeber anlässlich der Reform von 2008 zur Schaffung einer umfassenden Befristungs- und Begrenzungsmöglichkeit sämtlicher Geschiedenenunterhaltsansprüche in § 1578b BGB veranlasste.[196]

193 BVerfGE 105, 1 (13 f.).
194 BVerfGE 105, 1 (15).
195 BGH, Urteil vom 12. April 2006 – XII ZR 240/03, FamRZ 2006, 1006 ff.
196 Erster Teil, B.IV.5.

B. Grundlagen der Entwicklung der Dreiteilungsmethode zur Bedarfsbestimmung

Neben der Frage nach der Bestimmung des Bedarfs des Berechtigten im Verhältnis der Eheleute zueinander steht die Frage nach der Bedarfsbestimmung und nach einem angemessenen Ausgleich konkurrierender Unterhaltsinteressen im Verhältnis einander nachfolgender Ehen, wenn der Pflichtige nicht nur seinem geschiedenen Ehegatten unterhaltspflichtig ist, sondern zusätzlich einem weiteren Ehepartner.

I. Frühe wissenschaftliche Ansätze

Vor der Reform von 2008 bestand wenig Anlass für eine nachhaltige Diskussion dieser Fragestellung. Dies lag einerseits daran, dass der Bundesgerichtshof bei der Bedarfsbestimmung von einem relativ starren Stichtagsprinzip ausging, das eine Beeinflussung des Bedarfs des geschiedenen Ehepartners durch später entstandene Unterhaltsansprüche von vornherein ausschloss. Andererseits gebührte den Unterhaltsansprüchen des geschiedenen Ehegatten nach § 1582 Abs. 1 BGB a.F.[197] regelmäßig der Vorrang vor denen des ihm nachfolgenden Ehepartners. Damit kam es nur äußerst selten zur Konkurrenz gleichrangiger Ehegattenunterhaltsansprüche.

Gleichwohl gab es bereits vereinzelte Empfehlungen für den Ausgleich konkurrierender gleichrangiger Ehegattenunterhaltsansprüche. Diese Vorschläge zeigen nicht nur auf, dass die Frage nach einem angemessenen Ausgleich konkurrierender Ehegattenunterhaltsansprüche die Wissenschaft seit langem beschäftigt. Sie stellen auch den Ausgangspunkt der Modelle dar, die gegenwärtig für den Ausgleich konkurrierender Ehegattenunterhaltsansprüche auf der Basis des geltenden Rechts favorisiert werden und deren Zulässigkeit im Dritten Teil der Arbeit untersucht werden soll.

1. Zwickauer Methode

Eine sehr frühe Methode zum Ausgleich konkurrierender gleichrangiger Unterhaltsansprüche stellt die sogenannte Zwickauer Methode dar, die ursprünglich für die Lohnpfändung entwickelt und später zur Unterhaltsberechnung verwendet wurde. Nach ihr wurde das Nettoeinkommen des Unterhaltspflichtigen bei einer nur gegenüber einem Ehepartner bestehenden Unterhaltspflicht durch 6 zuzüglich der Zahl der unterhaltsberechtigten Kinder geteilt, bei zwei

197 Vgl. zu § 1582 BGB in der Fassung vom 14. Juni 1977 Fußnote 141.

unterhaltsberechtigten Ehegatten durch 8 zuzüglich der Zahl der unterhaltsberechtigten Kinder. Der sich durch die Teilung ergebende einfache Betrag wurde jedem Kind zugeteilt, der doppelte Betrag jedem unterhaltsberechtigten Ehegatten, der vierfache Betrag dem Pflichtigen.[198]

2. Modifizierte Dreiteilung der Gesamteinkünfte auf der Bedarfsebene

Ebenfalls auf einer Quotierung beruhte der Vorschlag, den Ausgleich gleichrangiger konkurrierender Ehegattenunterhaltsansprüche grundsätzlich im Wege der Dreiteilung der insgesamt verfügbaren Einkünfte zu suchen. Nur wenn zwar der geschiedene, nicht aber der nachfolgende Ehegatte über Einkommen verfügte, sollte zunächst der Bedarf des nachfolgenden Ehegatten im Wege der Dreiteilung der Einkünfte des Pflichtigen unter Außerachtlassung der Einkünfte des geschiedenen Ehegatten ermittelt werden. Sodann sollte der Unterhaltsanspruch des geschiedenen Ehegatten nach der Differenz seines Einkommens und desjenigen des Pflichtigen ermittelt werden, letzteres reduziert um den Unterhaltsanspruch des nachfolgenden Ehegatten. Hierdurch sollte eine Erhöhung des Unterhaltsanspruchs des nachfolgenden Ehepartners durch die Einkünfte des geschiedenen Ehegatten vermieden werden.[199]

3. Billigkeitsdreiteilung der Gesamteinkünfte auf der Leistungsfähigkeitsebene

1995 entstand ein weiteres Konzept zum Ausgleich konkurrierender gleichrangiger Ehegattenunterhaltsansprüche, auf dessen Grundlagen die spätere Rechtsprechung des Bundesgerichtshofs zur Bedarfsbestimmung nach der Dreiteilungsmethode in leicht modifizierter Form zurückgeht.[200] Die Grundannahme dieses Vorschlags bestand darin, dass gleichrangige Unterhaltsansprüche konkurrierender Ehegatten grundsätzlich gleich zu befriedigen seien.

Anders als später der Bundesgerichtshof trennte der Vorschlag zwischen der Feststellung des Bedarfs des Berechtigten nach § 1578 Abs. 1 S. 1 BGB und der Leistungsfähigkeit des Pflichtigen nach § 1581 S. 1 BGB. Der Bedarf des jeweiligen Berechtigten sollte nach seinen jeweiligen ehelichen Lebensverhältnissen

198 *Brühl/Göppinger/Mutschler*, Unterhaltsrecht Band I, Rn. 309 m.w.N.

199 *Wendl*, in: Wendl/Staudigl, Das Unterhaltsrecht in der familienrichterlichen Praxis, 2. Auflage 1990, 408 f. und Berechnungsbeispiel „i"; so auch: Leitlinien des Oberlandesgerichts Hamm, Stand Juli 1992, Ziff. 42, juris.

200 *Hampel*, FamRZ 1995, 1177 ff.

mit dem Pflichtigen bestimmt werden, so dass zwar die Lebensverhältnisse der zweiten Ehe durch die Unterhaltslast gegenüber dem geschiedenen Ehegatten geprägt werden sollten, nicht aber die Lebensverhältnisse der ersten Ehe durch die Unterhaltslast gegenüber dem nachfolgenden Ehepartner. Erst im Rahmen der Billigkeitsentscheidung nach § 1581 S. 1 BGB sollte die Dreiteilungsmethode zum Zuge kommen. Dabei wurde aus der Gleichrangigkeit der Unterhaltsansprüche der konkurrierenden Ehegatten abgeleitet, dass ihnen nach Billigkeit grundsätzlich derselbe Lebensstandard zu gewähren sei. In diese „Billigkeitsdreiteilung" sollten sämtliche bereinigten Einkünfte aller Beteiligten einbezogen werden. Ergab sich im Wege der Dreiteilung ein unter dem nach § 1578 Abs. 1 S. 1 BGB ermittelten Bedarf liegender Betrag, stellte dieser den – gemäß § 1581 S. 1 BGB nach Billigkeit gekürzten – Unterhaltsanspruch des vorangegangenen Ehegatten dar. Lag der Betrag höher, verblieb es bei dem nach § 1578 Abs. 1 S. 1 BGB bestimmten Bedarf. Für den nachfolgenden Ehegatten ergab sich dieselbe Beteiligung am Gesamteinkommen bereits aus § 1578 Abs. 1 S. 1 BGB, da seine ehelichen Lebensverhältnisse durch die – ihrerseits nach § 1578 Abs. 1 S. 1 BGB bemessene und nach § 1581 S. 1 BGB gekürzte – Unterhaltsverpflichtung gegenüber dem vorangegangenen Ehegatten geprägt waren.

4. Bedarfskürzung auf den sogenannten gleichrangigen Bedarf auf der Leistungsfähigkeitsebene

Ein anderes Modell, das ebenfalls zwischen der Bestimmung des Bedarfs und der Bestimmung der Leistungsfähigkeit differenzierte, leitete aus dem Gleichrang konkurrierender Ehegattenunterhaltsansprüche ab, dass der Bedarf des geschiedenen Ehegatten gemäß § 1581 S. 1 BGB auf den sogenannten gleichrangigen Bedarf zu kürzen und ihm sodann nach Abzug seiner eigenen Einkünfte ein sogenannter gleichrangiger Unterhalt zu gewähren sei.[201]

Dieses Konzept sah vor, den Bedarf der konkurrierenden Unterhaltsberechtigten isoliert nach ihrem jeweiligen Verhältnis zum Pflichtigen zu ermitteln. Dabei sollte zunächst der Bedarf des geschiedenen Ehegatten nach seinen ehelichen Lebensverhältnissen mit dem Pflichtigen ohne Berücksichtigung der gegenüber dem nachfolgenden Ehepartner bestehenden Unterhaltslast bestimmt werden. Sodann sollte der Bedarf des nachfolgenden Ehegatten ebenfalls ohne Berücksichtigung der gegenüber dem vorangegangenen Ehepartner bestehenden Unterhaltslast isoliert ermittelt werden. Dieser Bedarf wurde als „fiktiver Unterhaltsbedarf" des nachfolgenden Ehegatten bezeichnet.

201 *Gutdeutsch*, FamRZ 1995, 327 ff.

Bei unterschiedlichen Einkommen der Berechtigten führte diese Methode zu unterschiedlichen Ausgangsbedarfen und zu unterschiedlichen eheangemessenen Eigenbedarfen des Verpflichteten im Verhältnis zu seinem jeweiligen Partner. Dies erforderte eine Anpassungsberechnung, um die jeweiligen Bedarfe miteinander vergleichbar zu machen. Die Anpassung des fiktiven Bedarfs des nachfolgenden Ehegatten an den Bedarf des vorangegangenen Ehegatten sollte nach dem Verhältnis des Eigenbedarfs des Pflichtigen gegenüber dem ersten Ehegatten zu seinem Eigenbedarf ihm gegenüber angeglichen werden. Im Anschluss sollten die jeweils isoliert ermittelten Bedarfe entsprechend den verfügbaren Einkünften des Pflichtigen gleichmäßig gekürzt werden. Der danach gekürzte Bedarf des ersten Ehegatten ergab seinen „gleichrangigen", vom Pflichtigen zu leistenden Unterhaltsanspruch; der Bedarf und Anspruch des nachfolgenden Ehegatten errechnete sich sodann, indem die gegenüber dem vorangegangenen Ehegatten im Ergebnis bestehende Unterhaltslast gemäß § 1578 Abs. 1 S. 1 BGB als prägende Verbindlichkeit des Pflichtigen berücksichtigt wurde.[202]

II. Die Rechtsprechung der sogenannten wandelbaren ehelichen Lebensverhältnisse

Der wissenschaftliche Diskurs um den Ausgleich konkurrierender Ehegattenunterhaltsansprüche wurde durch die Rechtsprechung des Bundesgerichtshofs zu den sogenannten wandelbaren ehelichen Lebensverhältnissen[203] überlagert. In dem Bestreben, bei der Auslegung des § 1578 Abs. 1 S. 1 BGB den geänderten gesellschaftlichen Verhältnissen gerecht zu werden und insbesondere dem Umstand Rechnung zu tragen, dass immer mehr Ehen geschieden und immer häufiger Zweitfamilien gegründet wurden, gab der Bundesgerichtshof mit Urteil vom 29. Januar 2003[204] bei der Bedarfsbemessung jede Stichtagsbezogenheit und damit die Anbindung an die ehelichen Lebensverhältnisse auf. Hierdurch beendete er die mit der Bedarfsbestimmung bis dahin verbundene Lebensstandardgarantie.

Maßgeblicher Zeitpunkt für die Bestimmung der ehelichen Lebensverhältnisse sollte nicht mehr die Scheidung der Ehe sein. Der Bundesgerichtshof legte § 1578 Abs. 1 S. 1 BGB stattdessen nunmehr dahin aus, dass die für die Höhe des Bedarfs maßgeblichen Lebensverhältnisse sich auch nach Rechtskraft der Scheidung wandeln und Veränderungen unabhängig davon erfahren könnten,

---

202 Berechnungsbeispiele bei *Gutdeutsch*, FamRZ 1995, 327 (330 ff.).

203 Vgl. zu diesem Begriff: BGHZ 171, 206 (215).

204 BGHZ 153, 358 ff.

ob diese in der Ehe angelegt gewesen seien und damit eine Anbindung an die ehemaligen ehelichen Lebensverhältnisse besäßen. Diese Auslegung führte dazu, dass nacheheliche Änderungen der Verhältnisse nicht mehr erst auf der Ebene der Leistungsfähigkeit und damit nur nach Billigkeit zu berücksichtigen waren, sondern unabhängig von Billigkeitserwägungen regelmäßig[205] bereits bei der Bestimmung des Bedarfs des geschiedenen Ehegatten.[206]

Der Bundesgerichtshof begründete die geänderte Auslegung des § 1578 Abs. 1 S. 1 BGB damit, dass das dort bestimmte Unterhaltsmaß die Teilhabe des bedürftigen Ehepartners am Lebensstandard des unterhaltspflichtigen Ehegatten sichern solle, soweit dieser durch eine gemeinsame Leistung erreicht worden sei. Dies bedeute jedoch nicht, dass er von jeglichen Einkommenseinbußen verschont bleiben müsse, die den Pflichtigen nach der Scheidung träfen. Durch einen Einkommensrückgang erzwungene Schmälerungen des Bedarfs müssten vielmehr sachgerecht zwischen den geschiedenen Eheleuten verteilt werden.[207] Der Berechtigte müsse hinnehmen, dass der Bemessungsmaßstab für seinen Unterhaltsanspruch gegenüber den Verhältnissen zum Zeitpunkt der Scheidung absinke, wenn die Einkünfte des Pflichtigen nach Rechtskraft der Scheidung dauerhaft abnähmen und dies nicht auf einem unterhaltsrechtlich vorwerfbaren Verhalten oder auf freiwilligen beruflichen Dispositionen beruhe. Dies müsse selbst dann gelten, wenn der Einkommensrückgang während des Bestehens der Ehe noch nicht vorauszusehen gewesen sei.[208]

Der Bundesgerichtshof vertrat die Auffassung, dass die Bedarfsbestimmung nach § 1578 Abs. 1 S. 1 BGB für den Berechtigten keine die ehelichen Lebensverhältnisse unverändert fortschreibende Lebensstandardgarantie begründe, die nur bei fehlender Leistungsfähigkeit des Pflichtigen korrigiert werden könne. Das nacheheliche Unterhaltsrecht wolle den Berechtigten nicht in dieser Weise absichern, sondern prinzipiell nur die Risiken der mit der Scheidung fehlgeschlagenen Lebensplanung der Eheleute und der von ihnen in der Ehe praktizierten Arbeitsteilung angemessen verteilen. Es wolle den bedürftigen Ehegatten nach der Scheidung wirtschaftlich nicht besser stellen, als er sich ohne die Scheidung stehen würde. Bestehe die Ehe fort, habe ein Ehegatte die negative

205 Fälle eines nachehelichen Karrieresprungs ausgenommen; BGHZ 171, 206 (215); 175, 182 (198).

206 BGHZ 153, 358 (365); 153, 372 ff.; BGH, Urteil vom 23. November 2005 – XII ZR 51/03, FamRZ 2006, 387 (388); BGHZ 166, 351 (361 f.); 171, 206 (215 f.).

207 BGHZ 153, 372 (377).

208 BGHZ 153, 358 (365, 368); 175, 182 (195 ff.).

Einkommensentwicklung des anderen Ehegatten mitzutragen; dieses Risiko brauche ihm im Falle der Scheidung nicht genommen zu werden.[209]

Etwa drei Jahre später führte der Bundesgerichtshof diese Rechtsprechung fort. Mit Urteil vom 15. März 2006 führte er *obiter dictu* aus, dass nachehelich hinzugetretene, vorrangige oder gleichrangige Unterhaltslasten des Pflichtigen sich bereits auf den Bedarf seines geschiedenen Ehegatten auswirken müssten und nicht erst bei der Prüfung seiner Leistungsfähigkeit berücksichtigt werden dürften.[210] Mit Urteil vom 6. Februar 2008 und damit kurz nach Inkrafttreten des reformierten Unterhaltsrechts präzisierte der Bundesgerichtshof diese Feststellung dahin, dass bei der Bestimmung des nachehelichen Unterhaltsmaßes spätere Änderungen des verfügbaren Einkommens grundsätzlich und unabhängig davon zu berücksichtigen seien, wann sie einträten, ob es sich um Minderungen oder Verbesserungen handele und ob die Veränderungen beim Pflichtigen oder beim Berechtigten einträten. Der Bundesgerichtshof bekräftigte in dieser Entscheidung, dass die Anknüpfung der Bedarfsbestimmung an den Stichtag der Rechtskraft der Scheidung überholt sei und nacheheliche Verringerungen des verfügbaren Einkommens bis zur Grenze unsolidarischen, unterhaltsrechtlich leichtfertigen Verhaltens zu berücksichtigen seien. Die Gründung einer neuen Familie stelle kein derartiges Verhalten dar, weshalb in diesem Fall die tatsächlichen Verhältnisse des Pflichtigen maßgeblich und seine neuen Unterhaltspflichten bereits bei der Bedarfsbemessung des nachehelichen Unterhalts zu berücksichtigen seien.[211] In diesem Urteil bezog der Bundesgerichtshof anlässlich der Ermittlung des Bedarfs einer geschiedenen Ehefrau erstmals eine Unterhaltspflicht des Pflichtigen gegenüber einem nach Rechtskraft der Scheidung geborenen Kind ein.[212]

III. Rezeption der Rechtsprechung der sogenannten wandelbaren ehelichen Lebensverhältnisse

Die infolge der geänderten Rechtsprechung zur Auslegung des § 1578 Abs. 1 S. 1 BGB nicht nur mögliche, sondern vom Bundesgerichtshof sogar geforderte Einbeziehung nach Rechtskraft der Scheidung entstandener Unterhaltspflichten in die Ermittlung des Bedarfs des geschiedenen Ehegatten gab der

---

209 BGHZ 153, 358 (368); 153, 372 (377 f.); BGH, Urteil vom 23. November 2005 - XII ZR 51/03, FamRZ 2006, 387 (388); BGHZ 166, 351 (362); 171, 206 (215 f.).

210 BGHZ 166, 351 (362); 175, 182 (196).

211 BGHZ 175, 182 (197 f.).

212 BGHZ 175, 182 (199).

wissenschaftlichen Diskussion eine neue Dimension. Sie verlagerte sie zumindest teilweise auf die Ebene der Bedarfsbestimmung nach § 1578 Abs. 1 S. 1 BGB. Sie warf zudem verstärkt die Frage auf, in welcher Höhe nach Rechtskraft der Scheidung hinzugetretene Unterhaltslasten in die Bestimmung des Bedarfs des vorangegangenen Ehepartners einbezogen werden sollten. Diese Frage stellte sich insbesondere bei Unterhaltspflichten gegenüber späteren Ehegatten, deren Unterhaltsansprüche – anders als die nach § 1609 Nr. 1 BGB stets vorrangigen Unterhaltsansprüche minderjähriger Kinder – zum Unterhaltsanspruch des vorangegangenen Ehepartners gemäß § 1609 Nr. 2 und Nr. 3 BGB vorrangig, gleichrangig oder aber auch nachrangig sein konnten.

1. Dreiteilung der Gesamteinkünfte auf der Ebene des § 1578 BGB mit wechselseitiger Kontrollrechnung

Vor diesem Hintergrund wurden die frühen Erwägungen zu einer „Billigkeitsdreiteilung“ der verfügbaren Einkünfte auf der Ebene der Leistungsfähigkeit aufgegriffen[213] und dahin fortgeführt, dass auf der Grundlage der geänderten Rechtsprechung angenommen werden könne, dass nicht nur der Bedarf des nachfolgenden Ehepartners durch den vorangegangenen Ehegatten geprägt werde, sondern dies wegen der Wandelbarkeit der Lebensverhältnisse umgekehrt ebenfalls gelte, also auch der Bedarf des vorangegangenen Ehegatten durch den des ihm nachfolgenden Ehepartners mitbestimmt werde.[214]

Bei gleichrangigen konkurrierenden Ehegattenunterhaltsansprüchen sollte es dieser Ausgangspunkt erlauben, den Bedarf des vorangegangenen Ehegatten nicht mehr erst auf der Ebene des § 1581 S. 1 BGB auf einen geringeren Unterhaltsanspruch zu ermäßigen, sondern ihn bereits im Wege der Dreiteilung der Einkünfte aller am Unterhaltsverhältnis Beteiligten zu ermitteln. Wegweisend für die spätere Rechtsprechung des Bundesgerichtshofs zur Bedarfsbestimmung nach der Dreiteilungsmethode wurde empfohlen, in das aufzuteilende Gesamteinkommen das bereinigte Erwerbseinkommen aller Beteiligten inklusive aller steuerlichen Vorteile einzustellen und die im Wege der Dreiteilung ermittelten Quoten je nach Ersparnis infolge ehelichen Zusammenlebens in der zweiten Ehe anzupassen.[215] Zudem sollte dem mit dem Pflichtigen zusammenlebenden

---

213 Zweiter Teil, B.I.3.

214 *Gutdeutsch*, FamRZ 2006, 1073 ff.; *Gutdeutsch*, FamRZ 2007, 2033 (2037 f.).

215 *Gutdeutsch*, FamRZ 2006, 1073 (1075); *Gutdeutsch*, in: Wendl/Staudigl (Hrsg.), Das Unterhaltsrecht in der familienrichterlichen Praxis, 7. Auflage 2008, § 4 Rn. 394; *Gerhardt/Gutdeutsch*, FamRZ 2007, 778 (779 ff.); *Gerhardt*, in: Gerhardt/

Ehegatten bei der Bestimmung des in die Dreiteilung einzubeziehenden Gesamteinkommens fiktiv dasjenige Einkommen angerechnet werden, das er im Falle der Trennung vom Pflichtigen selbst zu erzielen verpflichtet sei.[216]

Dieselbe Vorgehensweise wurde bei Vorrang des Unterhaltsanspruchs des nachfolgenden Ehegatten vorgeschlagen. Zwar müsse sich der vorrangige Unterhaltsanspruch des nachfolgenden Ehegatten auf den Bedarf des vorangegangenen Ehepartners auswirken, doch seien seine ehelichen Lebensverhältnisse durch die Unterhaltspflicht gegenüber dem vorangegangenen Ehegatten geprägt. Dies führe auf der Bedarfsebene zur selben Konkurrenz wie bei Gleichrang und erlaube daher ebenfalls eine Bedarfsermittlung im Wege der Dreiteilung. Erst im Mangelfall wirke sich das Rangverhältnis aus.

Die Dreiteilung des Gesamteinkommens bei Gleichrang und Vorrang des nachfolgenden Ehegatten wurde methodisch damit begründet, dass sie die der wechselseitigen Beeinflussung der konkurrierenden Bedarfe geschuldete stufenweise Berechnung des dem jeweiligen Berechtigten geschuldeten Unterhalts vereinfache. Zugleich wahre sie den Grundsatz der Halbteilung, der auch gelte, wenn der Pflichtige zwei konkurrierenden Ehegatten zu Unterhalt verpflichtet sei. Im Wege der stufenweisen Berechnung sei zunächst der Bedarf des vorangegangenen Ehegatten zu ermitteln, sodann der Bedarf des nachfolgenden Ehegatten, der durch den Unterhaltsanspruch des vorangegangenen Ehepartners geprägt sei. Im nächsten Schritt sei der Bedarf des nachfolgenden Ehepartners anlässlich der Billigkeitsentscheidung des § 1581 S. 1 BGB vom Einkommen des Pflichtigen abzusetzen, wodurch sich der Unterhaltsanspruch des vorangegangenen Ehegatten mindere. Im Anschluss sei der Bedarf des nachfolgenden Ehegatten unter Berücksichtigung dieses geminderten Unterhaltsanspruchs des vorangegangenen Ehepartners neu zu ermitteln und in dieser Höhe wiederum zulasten des vorangegangenen Ehepartners in die Billigkeitsentscheidung des § 1581 S. 1 BGB einzubeziehen. Die dadurch eintretende stufenweise Annäherung ihrer Bedarfe werde durch die nur einen Rechenschritt fordernde Dreiteilungsmethode abgekürzt.[217]

---

v. Heintschel-Heinegg/Klein, Handbuch des Fachanwalts Familienrecht, 6. Auflage 2008, § 6 Rn. 253b, 303.

216 *Gerhardt*, in: Gerhardt/v. Heintschel-Heinegg/Klein, Handbuch des Fachanwalts Familienrecht, 6. Auflage 2008, § 6 Rn. 253b; *Gutdeutsch*, in: Wendl/Staudigl (Hrsg.), Das Unterhaltsrecht in der familienrichterlichen Praxis, 7. Auflage 2008, § 4 Rn. 399.

217 *Gerhardt*, FamRB 2006, 210 (211 ff.); *Gerhardt*, in: Gerhardt/v. Heintschel-Heinegg/Klein, Handbuch des Fachanwalts Familienrecht, 6. Auflage 2008, § 6 Rn. 303 ff.;

Allerdings sollte die Dreiteilung des Gesamteinkommens bei Vor- oder Gleichrang des nachfolgenden Ehegatten nicht dazu führen, dass einer der Berechtigten mehr Unterhalt erhielt, als wenn der Pflichtige nur ihm Unterhalt schuldete. Deshalb sollte ihr jeweiliger Unterhaltsanspruch zur Kontrolle nach der herkömmlichen Differenz- bzw. Additionsmethode berechnet werden. War der Unterhalt danach geringer als nach der Dreiteilung, sollte er auf diesen Betrag begrenzt werden.[218]

Der Bedarf des nachrangigen nachfolgenden Ehegatten sollte dagegen keine Auswirkungen auf den Unterhalt des vorangegangenen Ehepartners haben. Bei dieser Rangfolge sollte der Unterhaltsanspruch des vorangegangenen Ehegatten ohne Einbeziehung der gegenüber dem nachfolgenden Ehepartner bestehenden Unterhaltslast ermittelt werden. Dem Unterhaltsanspruch des nachfolgenden Ehegatten wiederum sollte das die zweite Ehe prägende Einkommen des Pflichtigen zugrunde gelegt werden, das um die Unterhaltslast gegenüber dem vorangegangenen Ehegatten reduziert war.[219]

2. Dreiteilung der modifizierten Gesamteinkünfte auf der Ebene des § 1578 BGB

Zur Vermeidung von Nachteilen für den unterhaltsberechtigten Ehegatten mit dem höheren Einkommen wurde alternativ vorgeschlagen, den Bedarf der Beteiligten zwar im Wege der Dreiteilung zu ermitteln, jedoch eine Vergleichsberechnung vorzunehmen, in die bei beiden Berechtigten als Einkommen der von dem geringer verdienenden Berechtigten erzielte Betrag eingesetzt werden sollte. Der sich danach ergebende Betrag sollte für den Unterhalt des Berechtigten mit dem geringeren Einkommen maßgeblich sein. Der Bedarf des anderen Unterhaltsberechtigten sollte sodann um die Hälfte der Differenz, mit welcher der

---

Gerhardt/Gutdeutsch, FamRZ 2007, 778 ff.; *Gutdeutsch*, in: Wendl/Staudigl (Hrsg.), Das Unterhaltsrecht in der familienrichterlichen Praxis, 7. Auflage 2008, § 4 Rn. 390 ff.; *Gutdeutsch*, FamRZ 2006, 1073 (1073 ff.).

218 *Gerhardt/Gutdeutsch*, FamRZ 2007, 778 (781 f.); so auch *Gutdeutsch*, in: Wendl/Staudigl (Hrsg.), Das Unterhaltsrecht in der familienrichterlichen Praxis, 7. Auflage 2008, § 4 Rn. 390, 393, 395 f. Ebenso für Fälle der Nachrangigkeit der Unterhaltsansprüche des vorangegangenen Ehegatten: *Gutdeutsch*, FamRZ 2008, 661 (661 f.); *Gutdeutsch*, in: Wendl/Staudigl (Hrsg.), Das Unterhaltsrecht in der familienrichterlichen Praxis, 7. Auflage 2008, § 4 Rn. 395 f.; *Gerhardt*, in: Gerhardt/v. Heintschel-Heinegg/Klein, Handbuch des Fachanwalts Familienrecht, 6. Auflage 2008, § 6 Rn. 306.

219 *Gutdeutsch*, FamRZ 2008, 661 (661).

Unterhaltsberechtigte mit dem geringsten Einkommen hinter dem ungekürzten Bedarf zurückblieb, auf den zu leistenden Unterhaltsanspruch aufgestockt werden.[220]

3. Dreiteilung der Gesamteinkünfte auf der Ebene des § 1581 BGB

Andernorts wurde bei Gleichrang der konkurrierenden Unterhaltsansprüche zwar ebenfalls eine Dreiteilung der Gesamteinkünfte angeregt, da der Gleichrang zu einer gleichen Unterhaltsberechtigung führen müsse.[221] Allerdings wurde empfohlen, diesen Ausgleich nicht gegen den Wortlaut des § 1578 Abs. 1 S. 1 BGB auf der Bedarfsebene anzusiedeln, sondern auf der Leistungsfähigkeitsebene.[222]

C. Die Rechtsprechung des Bundesgerichtshofs zur Bedarfsbestimmung nach der Dreiteilungsmethode

Um den durch die Unterhaltsreform von 2008 geänderten Wertentscheidungen anlässlich des Ausgleichs konkurrierender Unterhaltsansprüche einander nachfolgender Ehegatten Rechnung zu tragen, übernahm der Bundesgerichtshof im Wesentlichen die von Teilen der Wissenschaft empfohlene Bedarfsbestimmung im Wege der Dreiteilungsmethode.

I. Die Grundentscheidung vom 30. Juli 2008

Mit Urteil vom 30. Juli 2008 bezog der Bundesgerichtshof in die Bemessung des Bedarfs einer geschiedenen Ehefrau erstmals die Unterhaltspflicht gegenüber einer neuen, vorrangigen Ehefrau des Pflichtigen ein.[223] Er ermittelte den Bedarf der geschiedenen Ehefrau – wie in der Folge in insgesamt sechs weiteren Entscheidungen[224] – im Wege der Dreiteilung der Einkünfte der Beteiligten.

Der Bundesgerichtshof ging davon aus, dass das Hinzutreten weiterer Unterhaltsberechtigter sich nach den fortgeschriebenen ehelichen Lebensverhältnissen

---

220 *Schilling*, FF 2008, 279 (287 f.).

221 *Borth*, Unterhaltsänderungsgesetz, Rn. 298 ff.; ebenso: *Reinken*, FPR 2008, 9 (14 ff.).

222 *Borth*, FamRZ 2006, 852 (853); ebenso: *Luthin*, FamRB 2006, 198 (199).

223 BGHZ 177, 356 ff.

224 BGH, Urteil vom 1. Oktober 2008 - XII ZR 62/07, FamRZ 2009, 23 (24 f.); BGHZ 179, 196 ff.; BGH, Urteil vom 28. Januar 2009 - XII ZR 119/07, FamRZ 2009, 579 (582 f.); BGHZ 183, 197 ff.; BGH, Urteil vom 27. Januar 2010 - XII ZR 100/08, FamRZ 2010, 538 (540); Urteil vom 14. April 2010 - XII ZR 89/08, FamRZ 2010, 869 (872).

bereits auf den Bedarf des geschiedenen Ehegatten auswirke. Werde der Bedarf des nachfolgenden Ehegatten bei der Bestimmung des Bedarfs des geschiedenen Ehepartners nicht berücksichtigt, übersteige dessen Unterhaltsanspruch das dem Pflichtigen für seinen eigenen Unterhalt verbleibende Einkommen, was gegen den Grundsatz der Halbteilung verstoße. Nach diesem Grundsatz sei dem Pflichtigen gegenüber dem Unterhaltsberechtigten ein die Hälfte seines verteilungsfähigen Einkommens maßvoll übersteigender Betrag anrechnungsfrei zu belassen.

Der Anspruch der neuen Ehefrau des Pflichtigen auf Familienunterhalt nach § 1360a BGB sei dem Trennungsunterhalt nach § 1361 BGB und dem nachehelichen Unterhalt nach §§ 1569 ff. BGB monetär vergleichbar. Sein Maß bestimme sich ebenfalls nach den ehelichen Lebensverhältnissen, so dass § 1578 Abs. 1 S. 1 BGB als Orientierungshilfe herangezogen werden könne. Da sowohl eine schon bestehende als auch eine neu hinzu getretene Unterhaltspflicht bei der Bemessung des Bedarfs nach den ehelichen Lebensverhältnissen im Sinne des § 1361 BGB sowie des § 1578 Abs. 1 S. 1 BGB zu berücksichtigen seien, beeinflussten die Bedarfe einander nachfolgender Ehegatten sich wechselseitig bis hin zu ihrer vollständigen Angleichung.[225]

Zwar sei ein unterschiedlicher Bedarf der konkurrierenden Ehegatten des Pflichtigen nach ihren jeweiligen ehelichen Lebensverhältnissen denkbar. Wegen der Wandelbarkeit der ehelichen Lebensverhältnisse gleiche sich der höhere Bedarf des früheren Ehegatten jedoch zwangsläufig dem unter Berücksichtigung mehrerer Unterhaltspflichten geringeren Bedarf des neuen Ehegatten an. Dieser mindere das verfügbare Einkommen und damit den Eigenbedarf des Pflichtigen, was wiederum den Bedarf des vorangegangenen Ehegatten reduziere.[226]

Der Grundsatz der Halbteilung fordere nicht, dass dem Pflichtigen bei einer Verpflichtung gegenüber zwei konkurrierenden Ehepartnern die Hälfte seines Einkommens verbleiben müsse und sich seine beiden Ehepartner die andere Hälfte seines Einkommens teilen müssten. Er verlange vielmehr, dass der Bedarf und damit der Unterhaltsanspruch des Berechtigten nicht den Betrag überschritten, welcher dem Pflichtigen selbst verbleibe. Bei zwei unterhaltsbedürftigen Ehepartnern gebiete der Grundsatz der Halbteilung daher, dass der Pflichtige ebenso wie die beiden Berechtigten ein Drittel aller verfügbaren Mittel erhalte. Danach sei der Bedarf des geschiedenen Ehegatten zu ermitteln, indem seine bereinigten Einkünfte mit denen des Pflichtigen und denen des neuen

225 BGHZ 177, 356 (369 f.).
226 BGHZ 177, 356 (369 f.).

Ehepartners zusammengefasst und durch die am Unterhaltsverhältnis Beteiligten geteilt würden.[227]

Ausnahmen von der Dreiteilung seien bei Vor- oder Nachrang eines der konkurrierenden Berechtigten nicht bereits bei der Bedarfsbemessung nach § 1578 Abs. 1 S. 1 BGB, sondern erst auf der Ebene des § 1609 BGB geboten. Im Mangelfall sei dem vorrangigen Ehegatten vorab Unterhalt in Höhe eines Drittels des Gesamteinkommens zuzugestehen. Der den Selbstbehalt des Pflichtigen übersteigende Rest verbleibe dem nachrangigen Ehepartner.[228]

Der Bundesgerichtshof bemaß das in die Berechnung einzubeziehende Gesamteinkommen nach dem tatsächlichen Einkommen der Beteiligten unter Einbeziehung der in der neuen Ehe erzielten steuerlichen Vorteile. Allerdings beließ er es nicht bei einer strikten Dreiteilung der Gesamteinkünfte. Unter Hinweis auf die Rechtsprechung des Bundesverfassungsgerichts zur Berücksichtigung von in einer nachfolgenden Ehe erzielten Steuervorteilen[229] führte er aus, dass der dem geschiedenen Ehegatten nach der Dreiteilungsmethode zufallende Unterhalt nicht über dem Betrag liegen dürfe, der ihm zugefallen wäre, hätte der Pflichtige nicht erneut geheiratet. Dies stellte der Bundesgerichtshof mit einer Kontrollrechnung sicher, bei der er den Unterhaltsanspruch des geschiedenen Ehegatten ohne Berücksichtigung der nachfolgenden Ehe des Pflichtigen ermittelte. Lag der Unterhaltsanspruch danach unter dem nach der Dreiteilungsmethode ermittelten Betrag, wurde er auf diesen Betrag begrenzt.[230]

II. Die Folgeentscheidungen

Mit Urteil vom 17. Dezember 2008 schrieb der Bundesgerichtshof seine Rechtsprechung zur Bedarfsbestimmung nach der Dreiteilungsmethode zugunsten des geschiedenen Ehepartners dahin fort, dass Erhöhungen des Einkommens infolge eines die ehelichen Lebensverhältnisse nicht prägenden nachehelichen Karrieresprungs solange in die Bestimmung seines Bedarfs einzubeziehen seien, wie sie eine nach Rechtskraft der Scheidung hinzugetretene Unterhaltslast kompensierten.[231]

227 BGHZ 177, 356 (370 f.).
228 BGHZ 177, 356 (374 f.).
229 BVerfGE 108, 351 ff.; Zweiter Teil, A.I.
230 BGHZ 177, 356 (376 f.).
231 BGHZ 179, 196 (207 f.); BGH, Urteil vom 28. Januar 2009 - XII ZR 119/07, FamRZ 2009, 579 (583).

Mit Urteil vom 18. November 2009 präzisierte der Bundesgerichtshof anlässlich einer Entscheidung über den Ausgleich konkurrierender gleichrangiger Ehegattenunterhaltsansprüche seine der geänderten Auslegung des § 1578 Abs. 1 S. 1 BGB und der Anwendung der Dreiteilungsmethode zur Bedarfsbemessung zugrunde liegenden Erwägungen.[232]

Die Bemessung des Bedarfs knüpfe an die ehelichen Lebensverhältnisse an, um dem Berechtigten auch nach der Scheidung Teilhabe am ehelichen Lebensstandard zu gewähren. Die Verbesserung seines Lebensstandards, weil der Pflichtige einen höheren Lebensstandard habe, sei allerdings nur solange berechtigt, wie er den höheren Lebensstandard nach der Scheidung tatsächlich noch habe. Deshalb sei eine nacheheliche Einkommensverringerung, insbesondere infolge nachehelich hinzutretender Unterhaltspflichten, bereits bei der Bedarfsbemessung zu berücksichtigen.[233]

Der Gesetzgeber habe den Vorrang des geschiedenen Ehegatten in § 1582 BGB a.F. anlässlich der Unterhaltsreform von 2008 ausdrücklich aufgehoben, da nicht mehr die zeitliche Priorität, sondern alleine die Schutzbedürftigkeit des Berechtigten zähle. Er habe ausgeführt, der geschiedene Ehegatte müsse sich bei Hinzutreten weiterer Unterhaltsberechtigter eine Schmälerung seines Unterhaltsanteils gefallen lassen und genieße keinen Vertrauensschutz, dass sich durch eine neue Eheschließung oder die Gründung einer Zweitfamilie der Kreis der unterhaltsberechtigten Personen nicht vergrößere und seine Unterhaltsquote nicht kürze.[234] Das geltende Recht verlange daher vom Unterhaltspflichtigen nicht mehr, dass er sich bei Eingehung einer weiteren Ehe über die damit ohnehin verbundenen wirtschaftlichen Einbußen hinaus zusätzlich einschränke, um den Unterhalt seines geschiedenen Ehepartners auf einem Stand zu halten, den er selbst nicht mehr habe.[235]

Die Dreiteilungsmethode im Hinblick auf das in die Bedarfsermittlung einzubeziehende Einkommen modifizierend nahm der Bundesgerichtshof in dieser Entscheidung an, für die Bemessung des von dem zweiten Ehepartner erzielten Einkommens könne nicht die in der zweiten Ehe gewählte Rollenverteilung ausschlaggebend sein. Dem nachfolgenden Ehepartner sei bei der Bedarfsermittlung hypothetisch das Einkommen anzurechnen, welches er im Falle der

232 BGHZ 183, 197 ff.

233 BGHZ 183, 197 (204 f.).

234 Gesetzentwurf der Bundesregierung eines Gesetzes zur Änderung des Unterhaltsrechts vom 15. Juni 2006, BT-Drucks. 16/1830, 23 f.

235 BGHZ 183, 197 (208).

Scheidung seiner eigenen Ehe mit dem Pflichtigen im Rahmen seiner Erwerbsobliegenheit nach § 1569 BGB zu erzielen verpflichtet sei.[236]

Mit Urteil vom 14. April 2010 bestimmte der Bundesgerichtshof den Bedarf des geschiedenen Ehegatten letztmals nach der Dreiteilungsmethode.[237]

III. Vergleich der Dreiteilungsmethode mit der Differenz- bzw. Additionsmethode zur Bedarfsbestimmung

Die Auswirkungen der Verwendung der Dreiteilungsmethode zur Bedarfsbestimmung sollen zur besseren Übersicht der um sie geführten Auseinandersetzungen anhand der nachfolgenden Berechnungsbeispiele dargestellt und mit der herkömmlichen Bedarfsbestimmung und Berechnungsweise nach der Differenz- bzw. Additionsmethode verglichen werden.

Den Beispielen sind vier Konstellationen zugrunde gelegt, welche sich an der in der Einleitung beschriebenen Entwicklung der ehelichen Lebenswelt orientieren. Danach sind Ehen inzwischen zwar häufig als sogenannte Doppelverdienerehen ausgestaltet. Doch besitzt die traditionelle Arbeitsverteilung, insbesondere anlässlich der Kinderbetreuung, weiterhin einen hohen Grad an Verbindlichkeit, so dass die Einkommen der (geschiedenen) Ehegatten nach wie vor regelmäßig deutlich im Sinne eines sogenannten Zuverdienermodells voneinander abweichen.[238] Dementsprechend legen die Berechnungsbeispiele eine Unterhaltsverpflichtung des (geschiedenen) Ehemanns zugrunde und weisen den einander nachfolgenden, unterhaltsberechtigten Ehefrauen ein deutlich geringeres Einkommen als dem Ehemann zu.

Durch das Zusammenleben des Pflichtigen mit dem nachfolgenden Ehepartner eintretende Ersparnisse,[239] die sowohl bei einer herkömmlichen Bedarfsbestimmung als auch bei einer Bedarfsbestimmung im Wege der Dreiteilung zu berücksichtigen sind, werden in den Beispielen aus Gründen der Vereinfachung nicht berücksichtigt. Insoweit mag unterstellt werden, dass sich die Ehepartner der nachfolgenden Ehe im Jahr der Trennung befinden, in dem zwar die steuerlichen Vorteile fortdauern, nicht aber die Synergieeffekte des Zusammenlebens.

Zum Erhalt der Übersichtlichkeit wird des Weiteren davon abgesehen, in die Beispielsberechnungen Unterhaltslasten gegenüber minderjährigen, aus einer der betroffenen Beziehungen stammenden Kindern einzubeziehen.

236 BGHZ 183, 197 (212 ff.).

237 BGH, Urteil vom 14. April 2010 – XII ZR 89/08, FamRZ 2010, 869 (872 f.).

238 Einleitung, A.I.

239 BGH, Urteil vom 9. Januar 2008 – XII ZR 170/05, FamRZ 2008, 594 (598).

Unterhaltsverbindlichkeiten gegenüber minderjährigen Kindern reduzieren bei einer Bedarfsbestimmung im Wege der Dreiteilungsmethode grundsätzlich bereits den Bedarf des vorangegangenen Ehegatten, während eine derartige Bedarfsminderung bei Verwendung der Differenz- bzw. Additionsmethode lediglich eintritt, wenn es sich um vor Rechtskraft der Scheidung geborene Kinder handelt. Dagegen mindern Unterhaltslasten gegenüber minderjährigen Kindern, unabhängig davon, aus welcher der betroffenen Beziehungen sie stammen, und unabhängig von der Methode den Bedarf des nachfolgenden Ehepartners und somit seinen Unterhaltsanspruch ebenso wie den Restbehalt des Unterhaltspflichtigen.

Hinsichtlich sämtlicher Beispiele ist zu berücksichtigen, dass ihre Ergebnisse im Einzelfall nach Billigkeit gemäß § 1581 S. 1 BGB korrigierbar sind.

Die Ergebnisse der Beispielsberechnungen sind zur Übersicht in einer Tabelle am Ende des Dritten Teils der Arbeit zusammengestellt.[240]

1. Erstes Beispiel: Einkommen des vorangegangenen Ehegatten, kein Einkommen des nachfolgenden Ehegatten

Dem ersten Beispiel liegt zugrunde, dass der geschiedene Unterhaltsberechtigte zwar berufstätig ist, allerdings deutlich weniger Einkommen als sein geschiedener Ehepartner erzielt, während dessen neuer Ehegatte kein Einkommen erwirtschaftet. Diese Einkommensverteilung ist typisch in Konstellationen, in denen die erste Ehefrau ihre Erwerbstätigkeit zugunsten der Kinderbetreuung und Haushaltsführung eingeschränkt und nach Heranwachsen der Kinder – auf niedrigerem Verdienstniveau – wieder aufgenommen hat, während die zweite Ehefrau wegen der Betreuung gemeinsamer Kinder nicht arbeitet.

a) Dreiteilungsmethode

Erwirtschaftet der unterhaltberechtigte, geschiedene Ehegatte ein bereinigtes Einkommen in Höhe von 1.500 € (Nettoeinkommen in Höhe von 1.750 € abzüglich 1/7 Erwerbstätigenbonus), der wiederverheiratete unterhaltspflichtige Ehegatte ein prägendes Bruttoeinkommen von 5.490 €, das sich nach Veranlagung in Steuerklasse I – unter Außerachtlassung von Steuervorteilen aus dem Realsplitting nach § 10 Abs. 1 Nr. 1 EStG – auf 2.542 € netto (2.966 € netto abzüglich 1/7 Erwerbstätigenbonus) und nach Steuerklasse III auf 3.000 € netto (3.500 € netto abzüglich 1/7 Erwerbstätigenbonus) beläuft, und erzielt der

240 Dritter Teil, F.

nachfolgende Ehegatte kein Einkommen, so ergibt sich bei einer Bedarfsbestimmung im Wege der Dreiteilung für jeden Beteiligten ein Bedarf in Höhe von 1.500 € (3.000 € zuzüglich 1.500 € zuzüglich 0 €; geteilt durch 3). Danach ist dem vorangegangenen Ehegatten kein Unterhalt geschuldet, da sein Bedarf durch eigene Einkünfte gedeckt ist, dem nachfolgenden Ehegatten ist Unterhalt in Höhe von 1.500 € geschuldet, dem Pflichtigen selbst verbleiben 1.500 € (3.000 € abzüglich 1.500 €). Dem ersten Ehegatten und dem Pflichtigen verbleibt zusätzlich ihr Erwerbstätigenbonus.

b) Differenz- bzw. Additionsmethode

Bei einer herkömmlichen Bedarfsbestimmung im Wege der Differenz- bzw. Additionsmethode verbessert sich die unterhaltsrechtliche Position des vorangegangenen Ehegatten. Danach ist auf Seiten des Unterhaltspflichtigen sein fiktiv nach der Steuerklasse I veranlagtes Einkommen in Höhe von 2.542 € einzustellen.[241] Es ergibt sich ein Bedarf des geschiedenen Ehegatten in Höhe von 2.021 € (2.542 € zuzüglich 1.500 €; geteilt durch 2). Geschuldet ist Unterhalt in Höhe von 521 € (2.021 € abzüglich Eigeneinkommen in Höhe von 1.500 €). Der Bedarf des nachfolgenden Ehegatten liegt bei rund 1.240 € (tatsächliches bereinigtes Nettoeinkommen des Pflichtigen in Höhe von 3.000 € abzüglich Ehegattenunterhalt in Höhe von 521 €; geteilt durch 2). Dem Pflichtigen verbleiben 1.239 € (3.000 € abzüglich 521 € abzüglich 1.240 €). Zusätzlich behalten der vorangegangene Ehegatte und der Pflichtige ihren Erwerbstätigenbonus.

2. Zweites Beispiel: Einkommen des vorangegangenen Ehegatten übersteigt Einkommen des nachfolgenden Ehegatten

Das zweite Berechnungsbeispiel geht erneut davon aus, dass der geschiedene Unterhaltsberechtigte berufstätig ist, wiederum mit einem deutlich geringeren Einkommen als sein geschiedener Ehepartner. Abweichend vom ersten Beispiel legt es außerdem zugrunde, dass der neue Ehegatte seinerseits ein geringfügiges Einkommen erwirtschaftet. Diese Situation tritt typischerweise ein, wenn die erste Ehefrau ihre Erwerbstätigkeit nach Heranwachsen der Kinder wieder aufgenommen hat und die zweite Ehefrau wegen der Betreuung kleiner Kinder nur äußerst eingeschränkt arbeitet.

241 BVerfGE 108, 351 (366).

a) Dreiteilungsmethode

Erwirtschaftet der geschiedene Ehegatte wiederum ein bereinigtes Einkommen in Höhe von 1.500 € (Nettoeinkommen in Höhe von 1.750 € abzüglich 1/7 Erwerbstätigenbonus), der wiederverheiratete unterhaltspflichtige Ehegatte wiederum ein prägendes Bruttoeinkommen von 5.490 €, das sich nach Veranlagung in Steuerklasse I – unter Außerachtlassung von Steuervorteilen aus dem Realsplitting nach § 10 Abs. 1 Nr. 1 EStG – auf 2.542 € netto (2.966 € netto abzüglich 1/7 Erwerbstätigenbonus) und nach Steuerklasse III auf 3.000 € netto (3.500 € netto abzüglich 1/7 Erwerbstätigenbonus) beläuft, und erzielt der nachfolgende Ehegatte ein Einkommen in Höhe von 900 € (Nettoeinkommen in Höhe von 1.050 € abzüglich 1/7 Erwerbstätigenbonus), so ergibt sich nach der Dreiteilungsmethode für jeden ein Bedarf in Höhe von 1.800 € (3.000 € zuzüglich 1.500 € zuzüglich 900 €; geteilt durch 3). Danach ist dem geschiedenen Ehegatten Unterhalt in Höhe von 300 € (1.800 € abzüglich 1.500 €) geschuldet, dem nachfolgenden Ehegatten in Höhe von 900 € (1.800 € abzüglich 900 €). Dem Pflichtigen verbleiben 1.800 € (3.000 € abzüglich 300 € abzüglich 900 €). Zusätzlich verbleibt allen drei Beteiligten ihr Erwerbstätigenbonus.

b) Differenz- bzw. Additionsmethode

Auch in dieser Konstellation stellt die Verwendung der herkömmlichen Berechnungsmethode den geschiedenen Ehegatten besser. Nach ihr beläuft sich sein Bedarf wie im vorangegangenen Beispiel auf 2.021 €, geschuldet ist wiederum Unterhalt in Höhe von 521 €. Der Bedarf des nachfolgenden Ehegatten ist wiederum nach den ehelichen Lebensverhältnissen seiner eigenen Ehe mit dem Unterhaltspflichtigen zu bemessen und liegt bei rund 1.690 € (tatsächliches bereinigtes Nettoeinkommen des Pflichtigen in Höhe von 3.000 € abzüglich Ehegattenunterhalt in Höhe von 521 € zuzüglich Einkommen des nachfolgenden Ehegatten in Höhe von 900 €; geteilt durch 2). Geschuldet ist ihm Unterhalt in Höhe von 790 € (1.690 € abzüglich 900 €). Dem Unterhaltspflichtigen verbleiben 1.689 € (3.000 € abzüglich 521 € abzüglich 790 €). Zusätzlich verbleibt allen Beteiligten ihr Erwerbstätigenbonus.

3. Drittes Beispiel: Einkommen des nachfolgenden Ehegatten übersteigt Einkommen des vorangegangenen Ehegatten; Kontrollrechnung

Das dritte Beispiel dreht die Verhältnisse im Hinblick auf die Einkünfte der beteiligten Unterhaltsberechtigten im Vergleich zum zweiten Beispiel um. Dadurch sollen die Auswirkungen der Bedarfsbestimmung nach der Dreiteilungsmethode für die einander nachfolgenden Ehepartner des Unterhaltspflichtigen verdeutlicht werden.

a) Dreiteilungsmethode

Erzielt der vorangegangene Ehegatte 900 € (Nettoeinkommen in Höhe von 1.050 € abzüglich 1/7 Erwerbstätigenbonus), der nachfolgende Ehegatte 1.500 € (Nettoeinkommen in Höhe von 1.750 € abzüglich 1/7 Erwerbstätigenbonus) und der Pflichtige wiederum ein prägendes Bruttoeinkommen von 5.490 €, das sich nach Veranlagung in Steuerklasse I – unter Außerachtlassung von Steuervorteilen aus dem Realsplitting nach § 10 Abs. 1 Nr. 1 EStG – auf 2.542 € netto (2.966 € netto abzüglich 1/7 Erwerbstätigenbonus) und nach Steuerklasse III auf 3.000 € netto (3.500 € netto abzüglich 1/7 Erwerbstätigenbonus) beläuft, so ergibt sich nach der Dreiteilungsmethode wiederum ein Bedarf in Höhe von jeweils 1.800 € (3.000 € zuzüglich 1.500 € zuzüglich 900 €; geteilt durch 3) und damit ein Unterhaltsanspruch des geschiedenen Ehegatten in Höhe von 900 € (1.800 € abzüglich 900 €) sowie des nachfolgenden Ehegatten in Höhe von 300 € (1.800 € abzüglich 1.500 €). Dem Pflichtigen verbleiben 1.800 € (3.000 € abzüglich 900 € abzüglich 300 €). Zusätzlich behält jeder seinen Erwerbstätigenbonus.

b) Differenz- bzw. Additionsmethode

Die herkömmliche Bedarfsbestimmung im Wege der Differenz- bzw. Additionsmethode verschlechtert die unterhaltsrechtliche Position des vorangegangenen Ehegatten. Nach ihr beläuft sich sein Bedarf nur auf 1.721 € (fiktives bereinigtes Nettoeinkommen des Unterhaltspflichtigen nach Steuerklasse I in Höhe von 2.542 € zuzüglich 900 €; geteilt durch 2). Geschuldet ist Unterhalt in Höhe von 821 € (1.721 € abzüglich Eigeneinkommen in Höhe von 900 €). Der Bedarf des nachfolgenden Ehegatten ist wiederum nach den ehelichen Lebensverhältnissen seiner eigenen Ehe mit dem Unterhaltspflichtigen zu bemessen. Er liegt bei rund 1.840 € (tatsächliches bereinigtes Einkommen des Pflichtigen in Höhe von 3.000 € abzüglich Ehegattenunterhalt in Höhe von 821 € zuzüglich Einkommen des nachfolgenden Ehegatten in Höhe von 1.500 €; geteilt durch 2). Ihm ist danach Unterhalt in Höhe von 340 € geschuldet (1.840 € abzüglich 1.500 €). Dem Unterhaltspflichtigen verbleiben 1.839 € (3.000 € abzüglich 821 € abzüglich 340 €). Zusätzlich erhält jeder seinen Erwerbstätigenbonus.

c) Kontrollrechnung des Bundesgerichtshofs

In dieser Konstellation entsteht durch die Bedarfsbestimmung nach der Dreiteilungsmethode infolge des höheren Einkommens des nachfolgenden Ehegatten ein höherer Bedarf und damit ein höherer Unterhaltsanspruch des geschiedenen Ehegatten als nach der herkömmlichen Differenz- bzw. Additionsmethode. In diesem Fall kommt die vom Bundesgerichtshof vorgesehene Kontrollrechnung zur Anwendung, nach welcher der im Wege der Dreiteilung ermittelte – höhere – Bedarf des geschiedenen Ehegatten auf den sich nach der herkömmlichen Berechnungsmethode ergebenden – niedrigeren – Bedarf zu kappen ist. Diese – einseitig zulasten des vorangegangenen Ehegatten vorgesehene – Kontrollrechnung bewirkt, dass sich die Verwendung der Dreiteilungsmethode zur Bedarfsbestimmung nur zu Gunsten des Pflichtigen und des nachfolgenden Ehegatten auswirken kann, nicht jedoch zugunsten des geschiedenen Ehegatten.

4. Viertes Beispiel: Absoluter Mangelfall

Das vierte Beispiel verdeutlicht die finanziellen Auswirkungen im absoluten Mangelfall. Ihm liegen im Übrigen – bei schlechterer finanzieller Ausstattung der Beteiligten – dieselben Lebensverhältnisse wie dem ersten Beispiel zugrunde.

a) Dreiteilungsmethode

Erwirtschaftet der vorangegangene Ehegatte ein bereinigtes Einkommen in Höhe von rund 500 € (Nettoeinkommen in Höhe von 583 € abzüglich 1/7 Erwerbstätigenbonus), der wiederverheiratete unterhaltspflichtige Ehegatte ein prägendes Bruttoeinkommen von 3.416 €, das sich nach Veranlagung in Steuerklasse I – unter Außerachtlassung von Steuervorteilen aus dem Realsplitting nach § 10 Abs. 1 Nr. 1 EStG – auf 1.740 € netto (2.030 € netto abzüglich 1/7 Erwerbstätigenbonus) und nach Steuerklasse III auf rund 2.000 € netto (2.333 € netto abzüglich 1/7 Erwerbstätigenbonus) beläuft, und erzielt der nachfolgende Ehegatte kein Einkommen, so ergibt sich nach der Dreiteilungsmethode für jeden ein Bedarf von rund 833 € (2.000 € zuzüglich 500 € zuzüglich 0 €; geteilt durch 3). Geschuldet ist dem geschiedenen Ehegatten danach Unterhalt in Höhe von 333 € (833 € abzüglich Eigeneinkommen in Höhe von 500 €), dem nachfolgenden Ehegatten in Höhe von 833 €. Es entsteht ein Mangelfall, da der Pflichtige unter Wahrung seines Selbstbehalts in Höhe von 1.100 € im Monat[242] außerstande ist, beiden Unterhaltsberechtigten den errechneten Betrag zu gewähren. Dieser Mangelfall ist nach § 1609 BGB zu lösen.

242 Düsseldorfer Tabelle, Stand 1. Januar 2013, Anmerkung B.IV, juris.

Ist der Unterhaltsanspruch des vorangegangenen Ehegatten vorrangig, erhält er den vollen Betrag in Höhe von 333 €, während für den nachfolgenden Ehegatten 567 € verbleiben (2.000 € abzüglich Selbstbehalt in Höhe von 1.100 € abzüglich Ehegattenunterhalt in Höhe von 333 €), er also eine Kürzung seines Unterhaltsanspruchs hinnehmen muss. Damit steht dem Unterhaltspflichtigen sein Selbstbehalt in Höhe von 1.100 € zur Verfügung, dem vorangegangenen Ehegatten 833 € (500 € zuzüglich 333 €) und dem nachfolgenden Ehegatten 567 € (kein Einkommen, 567 € Unterhalt).

Ist umgekehrt der Anspruch des nachfolgenden Ehegatten vorrangig, erhält er den vollen Unterhalt in Höhe von 833 € und der vorangegangene Ehegatte muss sich mit dem Rest in Höhe von 67 € begnügen (2.000 € abzüglich Selbstbehalt in Höhe von 1.100 € abzüglich Ehegattenunterhalt in Höhe von 833 €). In diesem Fall verbleiben dem Pflichtigen wiederum 1.100 €, der vorangegangene Ehegatte hat 567 € (500 € zuzüglich 67 €) zur Verfügung, der nachfolgende Ehegatte 833 € (kein Einkommen, 833 € Unterhalt).

Stehen die konkurrierenden Unterhaltsansprüche im selben Rang, sind die im Wege der Dreiteilung ermittelten, um das eigene Einkommen reduzierten Beträge proportional zu kürzen.[243] Die Bedarfe können nur in Höhe von 77,19% befriedigt werden (Einkommen des Unterhaltspflichtigen in Höhe von 2.000 € abzüglich Selbstbehalt in Höhe von 1.100 € ergibt 900 €; geteilt durch Bedarf beider Ehegatten in Höhe von 333 € und 833 €, zusammen 1.166 €, ergibt eine Befriedigungsquote von rund 77,19%). Danach hat der geschiedene Ehegatte einen Unterhaltsanspruch in Höhe von rund 257 € (77,19% von 333 €), der nachfolgende Ehegatte in Höhe von rund 643 € (77,19% von 833 €). In diesem Fall verbleibt dem Pflichtigen wiederum sein Selbstbehalt von 1.100 €, der vorangegangene Ehegatte erhält 757 € (500 € zuzüglich 257 €) und der nachfolgende Ehegatte 643 € (kein Eigeneinkommen, 643 € Unterhalt).

Unabhängig vom Rang verbleibt dem Pflichtigen und dem vorangegangenen zusätzlich ihr Erwerbstätigenbonus.

b) Differenz- bzw. Additionsmethode

Die herkömmliche Bedarfsbestimmung verbessert die unterhaltsrechtliche Position des vorangegangenen Ehegatten. Zur Bestimmung seines Bedarfs ist auf Seiten des Pflichtigen wieder nur das fiktiv nach der Steuerklasse I ermittelte, bereinigte Einkommen in Höhe von 1.740 € (2.030 € abzüglich Erwerbstätigenbonus) einzustellen, woraus sich ein Bedarf in Höhe von 1.120 € ergibt

243 Zur proportionalen Kürzung: Erster Teil, B.VI.6.

(1.740 € zuzüglich 500 €; geteilt durch 2). Geschuldet ist Unterhalt in Höhe von 620 € (1.120 € abzüglich Eigeneinkommen in Höhe von 500 €). Der Bedarf des nachfolgenden Ehegatten ist wiederum nach den ehelichen Lebensverhältnissen seiner eigenen Ehe mit dem Pflichtigen zu bemessen. Er liegt bei 690 € (tatsächliches bereinigtes Einkommen des Pflichtigen in Höhe von 2.000 € abzüglich Ehegattenunterhalt in Höhe von 620 €; geteilt durch 2).

In dem sich auch hier ergebenden Mangelfall erhält der geschiedene Ehegatte bei Vorrang den vollen Unterhalt, also 620 €, während der nachfolgende nachrangige Ehegatte sich mit dem Rest in Höhe von 280 € begnügen muss (2.000 € abzüglich Selbstbehalt in Höhe von 1.100 € abzüglich Ehegattenunterhalt in Höhe von 620 €). Damit stehen dem Pflichtigen 1.100 € zur Verfügung, dem vorangegangenen Ehegatten 1.120 € (500 € zuzüglich 620 €) und dem nachfolgenden, einkommenslosen Ehegatten 280 €.

Geht umgekehrt der nachfolgende Ehegatte dem vorangegangenen Ehegatten im Rang vor, erhält er den vollen Unterhalt von 690 € und der vorangegangene Ehegatte muss sich mit dem verbleibenden Rest in Höhe von 210 € begnügen (2.000 € abzüglich Selbstbehalt in Höhe von 1.100 € abzüglich Ehegattenunterhalt in Höhe von 690 €). Hiernach behält der Pflichtige wiederum 1.100 €, der vorangegangene Ehegatte verfügt über 710 € (500 € zuzüglich 210 €) und der nachfolgende, einkommenslose Ehegatte über 690 €.

Bei Gleichrang sind die konkurrierenden Bedarfe wiederum gleichmäßig zu kürzen. Dies führt dazu, dass beide Ansprüche zu 68,70% befriedigt werden können (900 € verteilbares Einkommen; geteilt durch Bedarf beider Ehegatten in Höhe von 620 € und 690 €, zusammen 1.310 €, ergibt eine Befriedigungsquote von 68,70%). Danach erhält der geschiedene Ehegatte Unterhalt von rund 426 € (68,70% von 620 €) und hat 926 € (500 € zuzüglich 426 €) zur Verfügung, der nachfolgende Ehegatte erhält rund 474 € (68,70% von 690 €) und dem Pflichtigen verbleibt wiederum sein Selbstbehalt von 1.100 € im Monat.

Unabhängig vom Rang verbleibt dem Pflichtigen und dem vorangegangenen Ehepartner jeweils ihr Erwerbstätigenbonus.

D. Rezeption der Rechtsprechung des Bundesgerichtshofs zur Bedarfsbestimmung nach der Dreiteilungsmethode

I. Oberlandesgerichte

Auch die Oberlandesgerichte hatten sich nach der Änderung der Rangfolge im Zuge der Unterhaltsreform von 2008 mit der Frage nach dem Ausgleich konkurrierender Ehegattenunterhaltsansprüche auseinander zu setzen.

Vorreiter der Rechtsprechung des Bundesgerichtshofs zur Bedarfsbestimmung nach der Dreiteilungsmethode und ihrer weiteren Ausgestaltung waren im Wesentlichen Familiensenate der Oberlandesgerichte Düsseldorf und Koblenz, die auf der Grundlage der Rechtsprechung zu den sogenannten wandelbaren Lebensverhältnissen kurz nach Inkrafttreten des reformierten Unterhaltsrechts am 1. Januar 2008 und noch vor der ersten Entscheidung des Bundesgerichtshofs zur Bedarfsbestimmung nach der Dreiteilungsmethode in mehreren Fällen konkurrierender gleichrangiger Ehegattenunterhaltsansprüche den Bedarf des geschiedenen Ehegatten im Wege der Dreiteilung der Gesamteinkünfte bestimmten.[244] Bereits mit Urteil vom 18. Dezember 2006,[245] das insoweit durch den Bundesgerichtshof bestätigt wurde,[246] hatte der 7. Familiensenat des Oberlandesgerichts Düsseldorf Einkommenssteigerungen infolge eines nachehelichen Karrieresprungs des Pflichtigen in die Bestimmung des Bedarfs des geschiedenen Ehegatten einbezogen, soweit sie die nachehelich entstandene, in die Bedarfsbestimmung auf der Grundlage der Rechtsprechung zu den sogenannten wandelbaren Lebensverhältnissen ebenfalls einbezogene Unterhaltslast des Pflichtigen gegenüber dem späteren Ehepartner ausglichen.[247]

Die Rechtsprechung zu den sogenannten wandelbaren Lebensverhältnissen, insbesondere in Verbindung mit der Bedarfsbestimmung im Wege der Dreiteilung, stieß bei den Oberlandesgerichten allerdings auch auf Kritik. So lehnte der 15. Familiensenat des Oberlandesgerichts Celle bereits die vor der Reform von 2008 eingeleitete Rechtsprechung zu den sogenannten wandelbaren Lebensverhältnissen ab. Er bezog nach Rechtskraft der Scheidung hinzugetretene Unterhaltspflichten des Pflichtigen nicht in die Bedarfsbestimmung des Berechtigten ein. Zur Begründung verwies er darauf, dass der Wortlaut

---

244 OLG Düsseldorf, Urteil vom 5. Mai 2008 - 2 UF 135/06, FamRZ 2008, 1254 ff.; OLG Koblenz, Urteil vom 5. März 2008 - 9 UF 577/07, juris Rn. 13; so bereits angedeutet von OLG Koblenz, Beschluss vom 10. Oktober 2007 - 7 WF 798/07, FamRZ 2008, 417 (418), für bereits in die Bedarfsermittlung einzubeziehende, gegenüber nachehelich geborenen Kindern bestehende Unterhaltspflichten.

245 OLG Düsseldorf, Urteil vom 18. Dezember 2006 - II-7 UF 154/06, FamRZ 2007, 1815 ff.

246 BGHZ 179, 196 (207 f.).

247 OLG Düsseldorf, Urteil vom 18. Dezember 2006 - II-7 UF 154/06, FamRZ 2007, 1815 (1816).

des § 1578 Abs. 1 S. 1 BGB einen deutlichen Bezug zur tatsächlichen Lebensgemeinschaft der Eheleute aufweise, die nicht durch nachehelich eintretende Belastungen ohne jede Verbindung zu den ehelichen Lebensverhältnissen mitbestimmt werde.[248] Der 4. Familiensenat des Oberlandesgerichts Oldenburg lehnte in der Entscheidung, welche dem Urteil des Bundesgerichtshofs vom 30. Juli 2008[249] voranging, eine Bedarfsbestimmung nach der Dreiteilungsmethode ebenfalls ausdrücklich ab.[250] Der 2. Familiensenat des Oberlandesgerichts Hamm befolgte zwar die geänderte höchstrichterliche Rechtsprechung zur Bedarfsbestimmung im Wege der Dreiteilung.[251] Er gab jedoch mit Urteil vom 12. März 2009[252] zu bedenken, dass die geänderte Rechtsprechung die systematische Unterscheidung zwischen der Bestimmung des Bedarfs nach den ehelichen Lebensverhältnissen und der Leistungsfähigkeit des Pflichtigen weitgehend aufhebe und damit den gesetzlichen Vorgaben des § 1578 Abs. 1 S. 1 BGB sowie des § 1581 S. 1 BGB widerspreche. Die neue Rechtsprechung entferne sich zudem von dem gesellschaftlichen Verständnis der Ehe, die nach wie vor als lebenslange Gemeinschaft im Sinne des § 1353 Abs. 1 BGB eingegangen werde, nicht aber als Lebensabschnittsgemeinschaft, in der Ansprüche zukünftiger Partner bereits angelegt seien.[253]

---

248 OLG Celle, Urteil vom 11. April 2007 – 15 UF 221/06, FamRZ 2007, 1818 (1819) (aufgehoben durch BGH, Urteil vom 1. Oktober 2008 – XII ZR 62/07, FamRZ 2009, 23 ff.); Urteil vom 18. Juli 2007 – 15 UF 236/06, FamRZ 2007, 1821 (1822) (aufgehoben durch BGH, Urteil vom 28. Januar 2009 – XII ZR 119/07, FamRZ 2009, 579 ff.).

249 Zweiter Teil, C.I.

250 OLG Oldenburg, Urteil vom 26. September 2006 – 12 UF 74/06, FamRZ 2006, 1842 (1843).

251 OLG Hamm, Urteil vom 12. März 2009 – II-2 UF 179/08, FamRZ 2009, 1914 ff.; Beschluss vom 28. April 2009 – II WF 1/09, juris Rn. 23; Urteil vom 11. Januar 2010 – II-4 UF 107/09, juris Rn. 22; Urteil vom 11. Mai 2010 – 2 UF 64/08, juris Rn. 173 ff.; Beschluss vom 8. Oktober 2010 – 5 UF 20/10, NJW 2011, 1681 (1683 f.).

252 OLG Hamm, Urteil vom 12. März 2009 – II-2 UF 179/08, FamRZ 2009, 1914 ff.

253 OLG Hamm, Urteil vom 12. März 2009 – II-2 UF 179/08, FamRZ 2009, 1914 (1916).

Zuletzt leisteten die Oberlandesgerichte der geänderten höchstrichterlichen Rechtsprechung Folge[254] und setzten die Dreiteilungsmethode zur Bedarfsbestimmung nahezu vollständig[255] in ihren Leitlinien um.[256]

---

254 OLG Braunschweig, Urteil vom 2. Dezember 2008 - 2 UF 29/08, FamRZ 2009, 977 (979); Brandenburgisches OLG, Beschluss vom 2. Dezember 2008 - 10 WF 227/08, NJW-RR 2009, 437 (439); Urteil vom 3. Juni 2010 - 10 UF 69/09, juris Rn. 104; Hanseatisches OLG in Bremen, Beschluss vom 8. Oktober 2008 - 4 WF 74/08, NJW 2009, 449; Beschluss vom 19. Dezember 2008 - 4 WF 145/08, NJW 2009, 925 (925); Beschluss vom 15. Mai 2009 - 4 WF 50/09, FamRZ 2009, 2012 (2013); OLG Celle, Beschluss vom 10. Oktober 2008 - 10 WF 322/08, FamRZ 2009, 348 f.; Urteil vom 13. März 2009 - 12 UF 156/08, NJW 2009, 1758 (1759); Urteil vom 21. September 2009 - 10 UF 119/09, juris Rn. 16 ff.; Urteil vom 11. März 2010 - 17 UF 154/09, FamRZ 2010, 1673 (1675 f.); OLG Dresden, Urteil vom 25. September 2009 - 24 UF 717/08, FamRZ 2010, 649 (650); OLG Frankfurt am Main, Urteil vom 21. Juli 2010 - 2 UF 63/10, juris Rn. 30 ff.; OLG Hamm, Urteil vom 8. Dezember 2010 - II-8 UF 103/09, FamRZ 2011, 1961 (1961 f.); OLG Karlsruhe, Urteil vom 16. April 2010 - 20 UF 10/09, FamRZ 2010, 1909 (1910); OLG Köln, Urteil vom 22. Dezember 2009 - 4 UF 79/09, FamFR 2010, 131 (131); Saarländisches OLG, Urteil vom 4. März 2010 - 6 UF 86/09, FF 2011, 170 (173 f.); Urteil vom 15. Juli 2010 - 6 UF 4/10, NJW-RR 2011, 290 (291).

255 Ausgenommen die Oberlandesgerichte Naumburg und Rostock; vgl. (alle juris): Unterhaltsrechtliche Leitlinien des OLG Naumburg, Ziffer 15, Stand 1. Januar 2009, 1. Januar 2010 und 1. Januar 2011; Unterhaltsrechtliche Leitlinien der Familiensenate des OLG Rostock, Ziffer 15, Stand 1. Januar 2009, 1. Januar 2010 und 1. Januar 2011.

256 Vgl. (alle juris): Unterhaltsrechtliche Leitlinien des OLG Bamberg, Ziffer 15.5, Stand 1. Januar 2010 und 1. Januar 2011; Unterhaltsrechtliche Leitlinien der Familiensenate des OLG Braunschweig, Ziffer 15.2, Stand 1. Januar 2010 und 1. Januar 2011; Unterhaltsleitlinien des Hanseatischen OLG in Bremen, Ziffer 15.5, Stand 1. Januar 2011; Unterhaltsrechtliche Leitlinien der Familiensenate des OLG Celle, Ziffer 15.5, Stand 1. Januar 2011; Unterhaltsleitlinien des OLG Dresden, Ziffer 15.5, Stand 1. Januar 2011; Unterhaltsrechtliche Leitlinien des OLG Düsseldorf, Ziffer 15.6, Stand 1. September 2010; Unterhaltsgrundsätze des OLG Frankfurt am Main, Ziffer 15.5, Stand 1. Januar 2009 und 1. Januar 2011; Unterhaltsrechtliche Leitlinien des Hanseatischen OLG Hamburg, Ziffer 15.5, Stand 1. Januar 2011; Leitlinien des OLG Hamm zum Unterhaltsrecht, Ziffer 15.6, Stand 1. Januar 2010 und Ziffer 15.5, Stand 1. Januar 2011; Unterhaltsrechtliche Leitlinien des OLG Karlsruhe, Ziffer 15.5, Stand 1. Januar 2010 und 1. Januar 2011; Unterhaltsrechtliche Leitlinien der Familiensenate des OLG Koblenz, Ziffer 15.5, Stand 1. Januar 2009 und 1. Januar 2011; Unterhaltsleitlinien des OLG Köln, Ziffer 15.5, Stand 1. Januar 2010 und 1. Januar 2011; Unterhaltsrechtliche Leitlinien des OLG München, Ziffer 15.5, Stand 1. Januar 2010 und 1. Januar 2011; Unterhaltsrechtliche Leitlinien des OLG Nürnberg, Ziffer 15.5, Stand 1. Januar 2010 und 1. Januar 2011; Unterhaltsrechtliche

II. Wissenschaft

Die Frage nach der Zulässigkeit der Bedarfsbestimmung im Wege der Dreiteilungsmethode spaltete die Wissenschaft.

1. Anerkennung

Die geänderte Bedarfsbestimmung wurde insbesondere vor dem Hintergrund der anlässlich der Reform von 2008 geänderten Rangfolge und der dahinter stehenden Wertentscheidung zugunsten der Unterhaltsinteressen nachfolgender Ehen und Familien von vielen Seiten begrüßt. Dabei wurde positiv vermerkt, dass der Bundesgerichtshof das in die Jahre gekommene Prinzip der Lebensstandardgarantie durch eine realitätsnähere Sicht ersetzt habe, nach welcher Geschiedenenunterhalt nur den – Wandlungen unterworfenen – Lebensstandard zu verwirklichen habe, der dem Pflichtigen selbst nach der Scheidung bleibe.[257] Gleichzeitig wurde der Kritik entgegen getreten, dass die geänderte Rechtsprechung die Grenzen zulässiger richterlicher Auslegung überschreite.

Zum Teil wurde zwar konzediert, dass die ehelichen Lebensverhältnisse der geschiedenen Ehe letztlich nicht durch Unterhaltspflichten gegenüber einem späteren Ehepartner geprägt werden könnten, da deren Entstehen bei Fortbestand der geschiedenen Ehe nicht denkbar sei. Dieses Argument sei jedoch abstrakt dahin zu verstehen, dass ein Unterhaltsberechtigter das Hinzutreten weiterer Berechtigter generell nicht verhindern könne.[258] Anderen zufolge beschränkte sich der Wortlaut des § 1578 Abs. 1 S. 1 BGB nicht darauf, dass nur in der Ehe entstandene Verbindlichkeiten als bedarfsprägend anzusehen seien.[259] Schließlich wurde angeführt, der Wortlaut des § 1578 Abs. 1 S. 1 BGB lasse sich

Leitlinien der Familiensenate des OLG Oldenburg, Ziffer 15.5, Stand 1. Januar 2010 und 1. Januar 2011; Unterhaltsrechtliche Leitlinien des OLG Stuttgart, Ziffer 15.5, Stand 1. Januar 2010 und 1. Januar 2011; Unterhaltsrechtliche Leitlinien der Familiensenate des Thüringer OLG, Ziffer 15.5, Stand 1. Januar 2010 und 1. Januar 2011; Unterhaltsrechtliche Leitlinien des OLG Zweibrücken, Ziffer 15.5, Stand 1. Januar 2010 und 1. Januar 2011.

257 *Gerhardt*, FamRZ 2011, 8 (9); *Schlünder*, FamRZ 2009, 487 (488); *Klinkhammer*, FF 2009, 140 (141).

258 *Gutdeutsch*, in: Wendl/Staudigl (Hrsg.), Das Unterhaltsrecht in der familienrichterlichen Praxis, 7. Auflage 2008, § 4 Rn. 390; *Kemper*, FuR 2009, 372 (373); *Kodal*, in: Göppinger/Wax (Hrsg.), Unterhaltsrecht, Rn. 1761; *Gerhardt*, FamRZ 2007, 945 (946).

259 *Gerhardt*, FamRZ 2011, 8 (11).

nach seinem Wortsinn und nach dem Willen des Gesetzgebers dahin auslegen, dass der Bedarf des späteren Ehegatten den Bedarf des geschiedenen Ehepartners präge.[260]

Nach Ansicht der Befürworter der Bedarfsbestimmung nach der Dreiteilungsmethode ließ sich die geänderte Auslegung des § 1578 Abs. 1 S. 1 BGB zudem mit seiner systematischen Einordnung in den Normenkontext vereinbaren. Die nach dem unterhaltsrechtlichen System vorgesehene Kontrolle des nach § 1578 Abs. 1 S. 1 BGB bestimmten Bedarfs anhand der Leistungsfähigkeit des Pflichtigen gemäß § 1581 S. 1 BGB sei entbehrlich, da dessen Interessen nach der geänderten Rechtsprechung bereits bei der Bedarfsermittlung berücksichtigt würden. Daher könne der Unterhalt in einem einheitlichen, vereinfachenden Vorgang ermittelt werden, der nicht mehr zwischen der Bedarfsbestimmung und der Feststellung der Leistungsfähigkeit differenziere.[261]

Die neue Auslegung des § 1578 Abs. 1 S. 1 BGB und die damit einhergehende Aufwertung der unterhaltsrechtlichen Position des nachfolgenden Ehepartners stand nach Ansicht ihrer Anhänger zudem in Einklang mit dem Ziel der Unterhaltsreform, die Gewährung von (Geschiedenen-) Unterhalt nicht mehr an der zeitlichen Priorität der Ansprüche auszurichten, sondern an der Schutzbedürftigkeit der Berechtigten sowie am Ausgleich der durch die Rollenverteilung in der Ehe erlittenen Nachteile.[262]

Hervorgehoben wurde auch, dass die Bedarfsbestimmung nach § 1578 Abs. 1 S. 1 BGB zwar die Teilhabe des Berechtigten an dem in der Ehe durch den Unterhaltspflichtigen erreichten Status sichern, sie zugleich aber auch auf dieses Niveau begrenzen solle. Der Lebensstandard des Pflichtigen werde nicht nur durch sein Einkommen, sondern auch durch seine Unterhaltspflichten bestimmt. Das Gebot des Gesetzgebers habe nie beinhaltet, dass dem Berechtigten im Laufe der Zeit unter Umständen mehr Geld zur Verfügung stehe als dem Pflichtigen; sein von den besseren Verhältnissen des Pflichtigen abgeleiteter Bedarf und damit sein Unterhaltsanspruch sei daher nur gerechtfertigt, solange dieser selbst in besseren Verhältnissen lebe. Die in § 1578 Abs. 1 S. 1 BGB angeordnete Teilhabe begründe und begrenze daher die Lebensstandardgarantie.[263]

---

260 *Gutdeutsch*, FamRZ 2010, 1874 (1874 f.); *Klinkhammer*, FamRZ 2010, 1777 (1778 f.).

261 *Klinkhammer*, FF 2009, 140 (143); *Klinkhammer*, FamRZ 2010, 1777 (1782).

262 *Klinkhammer*, FF 2009, 140 (148); *Gerhardt*, in: Wendl/Staudigl (Hrsg.), Das Unterhaltsrecht in der familienrichterlichen Praxis, 7. Auflage 2008, § 4 Rn. 175.

263 *Klinkhammer*, FF 2009, 140 (144); *Klinkhammer*, FamRZ 2010, 1777 (1780 f.).

2. Ablehnung

Die geänderte Rechtsprechung sah sich allerdings ebenso massiver Kritik ausgesetzt, wenn auch eingeräumt wurde, dass sie dem Versuch diene, in Zeiten wechselnder Bedarfsgemeinschaften und dadurch bedingter häufigerer Mangelfälle Verteilungsgerechtigkeit zu erzielen.[264] Auf dieser Grundlage wurde der Wunsch nach einer gesetzlichen Änderung des Maßstabs der Bedarfsbestimmung laut. Die Anregungen bezogen sich insbesondere auf eine Einschränkung der sogenannten Lebensstandardgarantie, da sich die Erwartungen an die nacheheliche Solidarität seit Inkrafttreten des 1. EheRG geändert hätten.[265] Vor diesem Hintergrund wurde angeregt, den Bedarf nicht mehr nach den ehelichen, sondern nach den tatsächlichen Lebensverhältnissen der geschiedenen Eheleute zu bestimmen und hierdurch Unterhaltsverbindlichkeiten gegenüber einem späteren Ehepartner bereits auf Bedarfsebene zu berücksichtigen.[266] Alternativ wurde auf die Regelungen der ersten Fassung des Bürgerlichen Gesetzbuchs von 1900 zum Ausgleich konkurrierender Ehegattenunterhaltsansprüche verwiesen. § 1579 BGB a.F.[267] habe bestimmt, dass der Pflichtige nur so viel leisten müsse, wie es mit Rücksicht auf die Erwerbs- und Vermögensverhältnisse des geschiedenen und des neuen Ehegatten der Billigkeit entspreche. Diese Wertung stelle nach wie vor ein angemessenes Ausgleichskonzept dar.[268]

Solange der Gesetzgeber die Bedarfsbestimmung nach § 1578 Abs. 1 S. 1 BGB allerdings aufrechterhalte und zudem in der neu geschaffenen Einwendung des § 1578b BGB auf sie Bezug nehme, gebe er zu erkennen, dass er die Bestimmung des Bedarfs nicht von den ehelichen Lebensverhältnissen des § 1578 Abs. 1 S. 1 BGB abkoppeln wolle. Seine geänderte Auslegung überschreite daher die Grenzen zulässiger richterlicher Rechtsfortbildung.[269]

---

264 *Braeuer*, FamRZ 2006, 1489 (1490), bezeichnete die geänderte Rechtsprechung des Bundesgerichtshofs als „ergebnisorientiert"; *Schürmann*, in: Kaiser/Schnitzler/Friederici (Hrsg.), Kommentar zum Familienrecht, § 1578 Rn. 20.

265 *Brudermüller*, FF 2010, 134 (142); *Graba*, FamRZ 2008, 1217 (1222 f.); so zur Rechtsprechung zu den wandelbaren Lebensverhältnissen auch *Schürmann*, NJW 2006, 2301 (2303).

266 *Schürmann*, NJW 2006, 2301 (2303).

267 Vgl. zu § 1579 BGB in der Fassung vom 18. August 1896 Fußnote 64.

268 *Schürmann*, FamRZ 2008, 313 (325).

269 *Born*, NJW 2008, 1669 (1670); *Born*, NJW 2010, 641 (646); *Brudermüller*, FF 2010, 134 ff.; *Grandel*, NJW 2008, 796 (797); *Hülsmann*, in: Hoppenz, Familiensachen, § 1578 BGB Rn. 5; *Koch*, in: Luthin/Koch, Handbuch des Unterhaltsrechts, Rn. 2180; *Norpoth*, FamRZ 2009, 23 (24, 26); *Schürmann*, NJW 2006, 2301 (2303);

Im Zentrum der Kritik stand, dass der Wortlaut des § 1578 Abs. 1 S. 1 BGB nicht im Sinne „wandelbarer Lebensverhältnisse“ auslegbar sei. Der gesetzliche Terminus der „ehelichen Lebensverhältnisse“ werde über die Verwendung der Begrifflichkeit der „wandelbaren ehelichen Lebensverhältnisse“ durch den Begriff der „tatsächlichen Lebensverhältnisse“ ersetzt.[270] Hierdurch würden die auf verschiedenen Lebensverhältnissen beruhenden Unterhaltsansprüche nivelliert.[271] Nacheheliche Entwicklungen könnten nach dem Wortlaut des § 1578 Abs. 1 S. 1 BGB nur dann in die Bedarfsbestimmung einfließen, wenn sie einen Bezug zu der früheren Ehe aufwiesen, was die Berücksichtigung einer erst durch die Scheidung ermöglichten Entwicklung ausschließe, insbesondere die Berücksichtigung einer Unterhaltspflicht gegenüber einem neuen Ehepartner.[272] Eine derartige Unterhaltspflicht sei nicht ehe-, sondern scheidungsbedingt.[273] Sie präge nicht die für die Bedarfsbestimmung maßgeblichen ehemaligen ehelichen Lebensverhältnisse der Eheleute, sondern die tatsächlichen Lebensverhältnisse des Pflichtigen, die nach dem System des Geschiedenenunterhaltsrechts erst auf der Ebene des § 1581 S. 1 BGB zu beachten seien.[274]

Weber-Monecke, in: Münchner Kommentar zum BGB, 5. Auflage 2010, § 1361 BGB Rn. 15.

270 *Brudermüller*, FF 2010, 134 (142); *Maurer*, FamRZ 2008, 1985 (1987); *Maurer*, FamRZ 2009, 204 (205).

271 *Schürmann*, in: Eschenbruch/Klinkhammer (Hrsg.), Der Unterhaltsprozess, Kapitel 1 Rn. 1128.

272 *Brudermüller*, FF 2010, 134 (141); *Born*, NJW 2008, 3089 (3095); *Griesche*, FPR 2008, 63 (65); *Weber-Monecke*, in: Münchner Kommentar zum BGB, 5. Auflage 2010, § 1361 BGB Rn. 15.

273 *Borth*, FamRZ 2006, 852 (853); *Born*, NJW 2008, 3089 (3091); *Brudermüller*, FF 2010, 134 (137); *Graba*, FPR 2008, 303 (310 f.); *Graba*, FF 2008, 437 (444); *Graba*, FamRZ 2010, 1131 (1134); *Graba*, FamRZ 2010, 1131 (1134); *Grandel*, NJW 2008, 796 (797); *Griesche*, FPR 2008, 63 (65); *Koch*, in: Luthin/Koch, Handbuch des Unterhaltsrechts, Rn. 2180; *Maurer*, FamRZ 2008, 1919 (1919); *Maurer*, FamRZ 2008, 1985 (1989); *Maurer*, in: Münchner Kommentar zum BGB, 5. Auflage 2010, § 1578 BGB Rn. 36; *Schilling*, FF 2008, 279 (285); *Schürmann*, FF 2006, 191 (193 f.); *Schürmann*, in: Eschenbruch/Klinkhammer, Der Unterhaltsprozess, Kapitel 1 Rn. 1128; *Schürmann*, in: Kaiser/Schnitzler/Friederici (Hrsg.), Kommentar zum Familienrecht, § 1578 BGB; Rn. 10; *Soyka*, FuR 2008, 264 (265); *Soyka*, FuR 2010, 305 (306); *Stollenwerk*, FPR 2009, 57 (57 f.).

274 *Born*, NJW 2008, 3089 (3091, 3094); *Born*, NJW 2010, 641 (645); *Brudermüller*, FF 2010, 134 (142); *Büttner/Niepmann*, NJW 2008, 2391 (2394); *Graba*, FF 2008, 437 (444); *Graba*, FPR 2008, 303 (310); *Graba*, FamRZ 2010, 1131 (1134); *Griesche*, FPR 2008, 63 (66); *Maurer*, FamRZ 2008, 1985 (1990); *Maurer*, FamRZ 2009, 204 (205);

Die durch die Dreiteilung erfolgende Gleichstellung der Lebensverhältnisse und damit der Bedarfe der einander nachfolgenden Eheverbände widerspreche der Realität.[275] Tatsächlich und systematisch sei vielmehr ohne weiteres denkbar, dass sich nach den jeweiligen individuellen ehelichen Lebensverhältnissen für den geschiedenen und den nachfolgenden Ehepartner ein unterschiedlicher Bedarf und damit ein unterschiedlicher Unterhaltsanspruch ergebe.[276] Die Bedarfsbestimmung im Wege der Dreiteilung führe zudem zu einem niedrigen Ausgangsbedarf, der den Berechtigten anlässlich der Entscheidung über die Befristung und Begrenzung seines Unterhaltsanspruchs nach § 1578b BGB unangemessen benachteilige.[277] Werde ein bereits durch die Dreiteilung verkürzter Bedarf in die Prüfung der Unbilligkeit eines fortdauernden Unterhaltsanspruchs nach § 1578b BGB eingestellt, sei keine dem Einzelfall gerecht werdende Lösung mehr möglich, bei der nach Billigkeit nachehelich eingetretene Einkommensvorteile berücksichtigt werden könnten.[278] Auch die Änderung der Rangfolge in der Neufassung des § 1609 BGB habe nach dem unterhaltsrechtlichen System keine Auswirkung auf den zuvor zu ermittelnden Bedarf.[279]

Beanstandet wurde weiter, dass die neue Auslegung des § 1578 Abs. 1 S. 1 BGB den legislativen Zwecksetzungen widerspreche. 1977 sei in Anlehnung an die Regelungen des EheG festgelegt worden, dass für das Maß nachehelichen Unterhalts die ehelichen Lebensverhältnisse zum Zeitpunkt der Scheidung bestimmend seien.[280] Diese Regelung sei später nicht mehr geändert worden, auch nicht anlässlich der Reform von 2008. Speziell die Formulierung der „ehelichen Lebensverhältnisse“ in § 1578 Abs. 1 S. 1 BGB sei nicht durch das Wort „Lebensverhältnisse“ ersetzt, sondern beibehalten und in § 1578b BGB ausdrücklich aufgegriffen worden. Die eigenständige Bedeutung, die der Gesetzgeber dem Begriff der „ehelichen Lebensverhältnisse“ danach offensichtlich weiterhin beimesse, binde die Judikative.[281]

Maurer, in: Münchner Kommentar zum BGB, 5. Auflage 2010, § 1578 BGB Rn. 20, 36; *Soyka*, FuR 2010, 305 (306); *Weber-Monecke*, in: Münchner Kommentar zum BGB, 5. Auflage 2010, § 1361 BGB Rn. 15.

275 *Graba*, FamRZ 2010, 1131 (1135); *Schürmann*, FamRZ 2008, 313 (325).

276 *Graba*, FamRZ 2010, 1131 (1135 f.); *Maurer*, FamRZ 2009, 204 (205); *Maurer*, FamRZ 2008, 1985 (1988).

277 *Born*, NJW 2007, 26 (29).

278 *Brudermüller*, FF 2010, 134 (142); *Maurer*, FamRZ 2008, 1919 (1920).

279 *Graba*, FamRZ 2010, 1131 (1135); *Maurer*, FamRZ 2008, 1985 (1988).

280 Erster Teil, B.I.3.

281 *Graba*, FamRZ 2010, 1131 (1134).

Schließlich wurde kritisiert, dass der Gesetzgeber die unterhaltsrechtliche Position des geschiedenen Ehegatten mit der Reform von 2008 nicht weiter habe schwächen wollen, als dies durch die Neufassung des § 1569 BGB und des § 1609 BGB sowie die Einfügung des § 1578b BGB geschehen sei.[282] Die Bedarfsbestimmung nach der Dreiteilungsmethode sei eine „Einbahnstraße",[283] die sich im Regelfall zulasten des ehemaligen Ehepartners auswirke und seine unterhaltsrechtliche Position ohne einleuchtenden Grund gegenüber dem nachfolgenden Ehegatten verschlechtere. Solange sein nach den ehelichen Lebensverhältnissen bestimmter Bedarf über dem nach der Dreiteilungsmethode ermittelten Bedarf liege, werde er gekürzt und erhalte der ehemalige Ehepartner einen reduzierten Unterhalt. Führe umgekehrt das Einkommen des nachfolgenden Ehegatten infolge der Dreiteilung der Einkünfte zu einer Steigerung seines Bedarfs, so werde sein Unterhaltsanspruch durch die vom Bundesgerichtshof vorgesehene Kontrollberechnung[284] auf den Betrag begrenzt, der sich ohne Hinzutreten weiterer Unterhaltsberechtigter ergebe.[285]

E. Die Rechtsprechung des Bundesverfassungsgerichts zur Bedarfsbestimmung nach der Dreiteilungsmethode

Das Bundesverfassungsgericht hat der Diskussion um die Bedarfsbestimmung nach der Dreiteilungsmethode, nicht aber der Kontroverse um einen angemessenen Ausgleich konkurrierender Ehegattenunterhaltsansprüche ein Ende gesetzt. Es hat die Rechtsprechung zur Auslegung des § 1578 Abs. 1 S. 1 BGB im Sinne einer Bedarfsbestimmung nach der Dreiteilungsmethode mit Beschluss vom 25. Januar 2011 für verfassungswidrig erklärt.[286]

Das Bundesverfassungsgericht hat in einem ersten Schritt die Verfassungskonformität des legislativen Konzepts zur Bedarfsbestimmung festgestellt. Es hat sodann konstatiert, dass sich die Rechtsprechung von diesem Konzept gelöst und es durch ein eigenes Konzept ersetzt habe. Geschlossen hat es seine Ausführungen mit der Feststellung, dass das judikative Konzept die Grenzen zulässiger richterlicher Rechtsanwendung überschreite.

---

282 *Born*, NJW 2010, 641 (646); *Graba*, FF 2008, 437 (446).

283 *Maurer*, FamRZ 2008, 1919 (1920); *Weber-Monecke*, in: Münchner Kommentar zum BGB, 5. Auflage 2010, § 1361 BGB Rn. 15.

284 Zweiter Teil, C.I.

285 *Maurer*, FamRZ 2008, 1919 (1920).

286 BVerfGE 128, 193 ff.

I. Ausführungen zum legislativen Konzept

Zum legislativen Konzept hat das Bundesverfassungsgericht festgestellt, dass der Gesetzgeber im Geschiedenenunterhaltsrecht seit Inkrafttreten des Bürgerlichen Gesetzbuches systematisch zwischen der Bedürftigkeit und dem Bedarf des Berechtigten, der Leistungsfähigkeit des Verpflichteten und dem Rangverhältnis zwischen konkurrierenden Unterhaltsansprüchen differenziere. Diese Differenzierung habe er anlässlich der ersten Eherechtsreform von 1977 beibehalten. Die Bestimmung des Bedarfs nach § 1578 Abs. 1 S. 1 BGB habe weiterhin den Ausgangspunkt der Unterhaltsberechnung dargestellt. Dabei habe der Bedarf nach dem aus den Gesetzgebungsmaterialien ersichtlichen Willen des Gesetzgebers nach den individuellen Verhältnissen der Ehe zum Zeitpunkt der Rechtskraft der Scheidung bestimmt werden sollen, um beiden Eheleuten gleichen Anteil am gemeinsam erarbeiteten Lebensstandard zu gewähren.[287] An dieser Struktur habe der Gesetzgeber anlässlich der Reform von 2008 festgehalten. Er habe lediglich einzelne Voraussetzungen des Geschiedenenunterhalts an die seiner Ansicht nach geänderten gesellschaftlichen Verhältnisse angepasst. Am Unterhaltsmaß nach § 1578 Abs. 1 S. 1 BGB habe er jedoch festgehalten und an die dort genannten ehelichen Lebensverhältnisse zudem im neu geschaffenen § 1578b BGB angeknüpft.

Mit der Anpassung einzelner Vorschriften an die geänderten gesellschaftlichen Verhältnisse unter Beibehaltung der übrigen Normen habe er das Geschiedenenunterhaltsrecht schonend an die veränderten Familienwelten anpassen wollen. Er habe nicht nur den geänderten Realitäten gerecht werden, sondern auch bestehendes Vertrauen in den grundsätzlichen Bestand einer Ehe schützen wollen.[288] So habe er zwar einerseits die Anforderungen an die nacheheliche Eigenverantwortung erhöht und in § 1578b BGB die Möglichkeiten der Befristung und Begrenzung des nachehelichen Unterhaltsanspruchs erweitert. Andererseits aber habe er die Bestimmungen des Unterhaltsmaßes in § 1578 Abs. 1 S. 1 BGB sowie der Leistungsfähigkeit in § 1581 S. 1 BGB nicht verändert und über § 1609 Nr. 2 BGB sowie über § 36 EGZPO Ehegatten nach langen Ehen besonderen Vertrauensschutz zugestanden.[289]

Das geltende Geschiedenenunterhaltsrecht werde den Wertentscheidungen des Art. 6 Abs. 1 GG i.V.m. Art. 3 Abs. 1 und Abs. 2 GG gerecht. Die Bedarfsbestimmung nach § 1578 Abs. 1 S. 1 BGB wahre die nach wie vor grundsätzlich

287 BVerfGE 128, 193 (211 f.).
288 BVerfGE 128, 193 (214).
289 BVerfGE 128, 193 (197 f.).

gebotene gleiche Teilhabe geschiedener Ehegatten am gemeinsam Erwirtschafteten und trage der nach der Scheidung fortwirkenden ehelichen Verantwortung Rechnung. Die Schwächung der unterhaltsrechtlichen Position geschiedener Ehegatten, insbesondere infolge der Neugestaltung der Rangfolge nach § 1609 Nr. 2 und Nr. 3 BGB, werde der grundsätzlichen Gleichwertigkeit und Gleichrangigkeit einander nachfolgender Ehen gerecht, da sie durch die gesellschaftliche Entwicklung gerechtfertigt sei, insbesondere die geänderte innereheliche Rollenverteilung, die bessere berufliche Situation der Frauen sowie die gestiegene Zahl von Scheidungen wie neuerlichen Eheschließungen.[290]

II. Ausführungen zum judikativen Konzept

Das Bundesverfassungsgericht hat sodann konstatiert, dass sich die Auslegung des § 1578 Abs. 1 S. 1 BGB im Sinne einer Bedarfsbestimmung nach der Dreiteilungsmethode über dieses Konzept hinwegsetze und es gegen ein eigenes System austausche, das die in § 1578 Abs. 1 S. 1 BGB enthaltene legislative Grundentscheidung durch eigene Gerechtigkeitsvorstellungen ersetze.

Die neue Auslegung des § 1578 Abs. 1 S. 1 BGB ersetze das nach den ehelichen Lebensverhältnissen zu bestimmende Unterhaltsmaß durch ein nach „wandelbaren" Lebensverhältnissen zu bestimmendes Maß. Dies bedeute, dass der Begriff der ehelichen Lebensverhältnisse über die Verwendung des Begriffs der wandelbaren Lebensverhältnisse letztlich durch den Begriff der tatsächlichen Lebensverhältnisse der Geschiedenen ersetzt werde. Damit werde das legislative Unterhaltsmaß gegen einen von der Rechtsprechung geschaffenen neuen Maßstab ausgetauscht.[291] Zudem beziehe die Rechtsprechung im Falle der Wiederverheiratung des Pflichtigen die reale Einkommenssituation zweier Unterhaltsverbände in die Bemessung des Bedarfs des geschiedenen Ehegatten ein und mache hierdurch und durch die Dreiteilung des Gesamteinkommens der beiden Unterhaltsverbände die Höhe des Bedarfs des geschiedenen Berechtigten nicht nur von der realen Einkommenssituation des Pflichtigen, sondern auch davon abhängig, ob und in welcher Höhe dessen nachfolgender Ehegatte Einkommen habe.

Die zur Überprüfung stehende Auslegung hebe die gesetzliche Differenzierung zwischen Bedarf und Leistungsfähigkeit auf. Sie beziehe nachehelich entstandene Unterhaltspflichten gegenüber einem weiteren Ehegatten bereits auf der nach den individuellen Lebensverhältnissen der geschiedenen Ehe zu

290 BVerfGE 128, 193 (208 f.).
291 BVerfGE 128, 193 (215 f.).

bestimmenden Bedarfsebene des § 1578 Abs. 1 S. 1 BGB ein. Deren Berücksichtigung sei vom Gesetzgeber allerdings erst auf der Ebene der nach den gegenwärtigen Verhältnissen des Pflichtigen zu beurteilenden Leistungsfähigkeit nach § 1581 S. 1 BGB vorgesehen.[292] Zudem stehe die judikative Bedarfsermittlung in keinem Bezug mehr zu § 1578b BGB, der durch die bereits den Bedarf des Berechtigten kürzende Berechnungsmethode an Bedeutung verliere.[293]

Ferner wirke sich die Dreiteilungsmethode regelmäßig zulasten des geschiedenen Ehegatten aus. Die Kontrollrechnung stelle sicher, dass der geschiedene Ehegatte nach der Dreiteilungsmethode nicht mehr als nach der herkömmlichen Berechnungsmethode erhalte. Umgekehrt sei diese Kappung weder für den Pflichtigen noch für den nachfolgenden Ehegatten vorgesehen. Damit erhalte der geschiedene Ehegatte nach der neuen Bedarfsbestimmungsmethode regelmäßig weniger, selten dasselbe, nie aber mehr als im Wege einer Bedarfsbestimmung nach den ehelichen Lebensverhältnissen. Umgekehrt verbleibe dem Pflichtigen nach der neuen Methode regelmäßig mehr, selten dasselbe und nie weniger als nach der an den ehelichen Lebensverhältnissen gemäß § 1578 Abs. 1 S. 1 BGB orientierten Berechnungsmethode.[294]

III. Feststellung der fehlenden Rechtfertigung des judikativen Konzepts durch die anerkannten Auslegungsmethoden

Das Bundesverfassungsgericht hat seinen Beschluss mit der Feststellung geschlossen, dass das neue Konzept zur Bedarfsbestimmung durch keine der anerkannten Auslegungsmethoden zu rechtfertigen sei und daher die Grenzen zulässiger richterlicher Rechtsanwendung überschreite.

Die neue Auslegung widerspreche dem Wortlaut des § 1578 Abs. 1 S. 1 BGB. Dieser knüpfe zur Bestimmung des nachehelichen Unterhaltsmaßes zwar an keinen konkreten Zeitpunkt an, erkläre jedoch die „ehelichen Lebensverhältnisse" zum Maßstab und damit diejenigen Verhältnisse, die in der geschiedenen Ehe bestanden hätten oder mit ihr zumindest in einem Zusammenhang stünden. Ein derartiger Bezug fehle bei Veränderungen, die nur und erst dadurch eintreten könnten, dass die Ehe geschieden worden sei, insbesondere bei Unterhaltspflichten gegenüber einem neuen Ehegatten. Die Bedarfsermittlung im Wege der Dreiteilung des in zwei verschiedenen Unterhaltsverbänden insgesamt erzielten Einkommens führe zudem zur völligen Loslösung von den „ehelichen

292 BVerfGE 128, 193 (214 f.).
293 BVerfGE 128, 193 (216).
294 BVerfGE 128, 193 (217).

Lebensverhältnissen", weil danach der Bedarf des geschiedenen Ehegatten auch von der Einkommenssituation des nachfolgenden Ehegatten abhänge und damit Umstände einbeziehe, die nicht ehe-, sondern scheidungsbedingt seien.[295]

Die neue Auslegung lasse sich nicht mit der Systematik des Geschiedenenunterhaltsrechts in Einklang bringen. Sie hebe die gesetzliche Differenzierung zwischen Bedarf und Leistungsfähigkeit auf, womit sie den Anwendungsbereich des § 1581 S. 1 BGB wesentlich einschränke. Sie führe überdies zu einer vom Gesetzgeber an dieser Stelle nicht vorgesehenen Kürzung bereits des Bedarfs des Unterhaltsberechtigten, dem dadurch die richterliche Prüfung versagt bleibe, ob der Pflichtige aufgrund seiner nach § 1581 S. 1 BGB zu beurteilenden gegenwärtigen Verhältnisse, beispielsweise infolge nicht prägender nachehelicher Einkünfte, in der Lage sei, den nach den ehelichen Lebensverhältnissen ermittelten Unterhalt zu gewähren. Insbesondere lasse sich die geänderte Rechtsprechung nicht mit der geänderten Rangfolge nach § 1609 BGB begründen. Der Rang eines Unterhaltsanspruchs werde erst dann bedeutsam, wenn die Höhe des Anspruchs gemessen am Bedarf des Berechtigten und an der Leistungsfähigkeit des Pflichtigen feststehe. Mit der Änderung der Rangfolge habe der Gesetzgeber nicht Einfluss auf die Höhe des Unterhaltsanspruchs genommen, sondern auf seine Realisierung im Mangelfall.[296]

Die Dreiteilungsmethode widerspreche zudem Sinn und Zweck des § 1578 Abs. 1 S. 1 BGB, dem geschiedenen Berechtigten grundsätzlich gleiche Teilhabe an dem zum Zeitpunkt der Rechtskraft der Scheidung erreichten Status zu gewähren. Verbunden mit der Kontrollrechnung belaste ihn die Dreiteilungsmethode einseitig zugunsten des Pflichtigen und dessen nachfolgenden Ehepartners. Sie weise ihre Vorteile dem Pflichtigen und dem nachfolgenden Ehegatten zu, bürde ihre Nachteile dagegen alleine dem geschiedenen Ehegatten auf.[297]

Die Dreiteilungsmethode setze sich schließlich über den Willen des Gesetzgebers hinweg. Dieser habe die Gewährung nachehelichen Unterhalts zwar einschränken wollen, um die Interessen des Pflichtigen und der Zweitfamilien besser zu berücksichtigen. Doch habe er diese Einschränkungen – wie beispielsweise in der neu geschaffenen Einwendung des § 1578b BGB – von der Dauer und Ausgestaltung der geschiedenen Ehe und nicht vom Umstand einer erneuten Eheschließung des Pflichtigen abhängig gemacht, oder sie dann eintreten lassen, wenn er in Anbetracht seiner real vorhandenen Mittel außerstande sei,

295 BVerfGE 128, 193 (219).
296 BVerfGE 128, 193 (219 f.).
297 BVerfGE 128, 193 (220).

alle an ihn herangetragenen Unterhaltsansprüche zu befriedigen. Der Gesetzgeber habe die unterhaltsrechtliche Position des geschiedenen Ehegatten also nicht von vornherein verschlechtern wollen, wie dies die Bedarfsbestimmung im Wege der Dreiteilung vorsehe, sondern nur im Falle der Unbilligkeit einer Ausrichtung des Bedarfs nach den ehelichen Lebensverhältnissen unter den Voraussetzungen des § 1581 S. 1 BGB und des § 1578b BGB sowie im Mangelfall nach § 1609 BGB. Seine Feststellung, der geschiedene Ehepartner habe keinen Vertrauensschutz dahin, dass sich der Kreis der unterhaltsberechtigten Personen nach der Scheidung nicht erweitere, habe sich auf die Verteilung verfügbarer Mittel im Mangelfall nach § 1609 BGB bezogen. Für deren Berechnung habe er unter Verweis auf die Ermittlung konkurrierender Unterhaltsansprüche gleichrangiger Kinder eine proportionale Kürzung ihrer – unabhängig vom Mangelfall nach der Düsseldorfer Tabelle ermittelten – Ansprüche vorgesehen.[298]

Sofern der Gesetzgeber den Unterhaltsbedarf eines geschiedenen Ehegatten nach § 1578 Abs. 1 S. 1 BGB neu bestimmen oder die Art der Unterhaltsberechnung ändern wolle, insbesondere bei aufeinanderfolgenden ehelichen Unterhaltsverbänden, sei es seine Sache, dafür die Kriterien und die Berechnungsmethode gesetzlich vorzugeben.[299]

F. Neue Modelle zum Ausgleich konkurrierender Ehegattenunterhaltsansprüche

Von der Klarstellung des § 1578b BGB abgesehen[300] hat der Gesetzgeber in der Entscheidung des Bundesverfassungsgerichts bislang keinen Anlass für ein neuerliches Tätigwerden gesehen. Auf eine kleine Anfrage der Fraktion Bündnis 90/Die Grünen zu den Konsequenzen der Verfassungswidrigkeit der Dreiteilungsmethode hat die Bundesregierung am 20. April 2011 kein konkretes Reformvorhaben angekündigt, sondern lediglich ausgeführt, dass das Bundesministerium der Justiz Erfordernis und Gebotenheit einer Nachjustierung des reformierten Unterhaltsrechts eingehend prüfe.[301] Im Eröffnungsvortrag des 19. Deutschen Familiengerichtstags am 14. September 2011 hat die ehemalige Bundesministerin der Justiz Leutheusser-Schnarrenberger zudem hervorgehoben, dass zwar

298 BVerfGE 128, 193 (220 f.).
299 BVerfGE 128, 193 (224).
300 Erster Teil, B.V.
301 BT-Drucks. 17/5627; abgedruckt in: FF 2011, 267 ff.

eine genaue Beobachtung und Analyse der seit der Reform ergangenen Rechtsprechung erfolge, eine „Reform der Reform" jedoch nicht stattfinden werde.[302]

Im Gegensatz dazu hat der Beschluss des Bundesverfassungsgerichts den wissenschaftlichen Dialog um einen *de lege lata* zulässigen Ausgleich konkurrierender Ehegattenunterhaltsansprüche neu entfacht. Gegenwärtig werden verschiedene Ansätze verfolgt. In der Diskussion ist insbesondere, den Ausgleich – mit verschiedenen Akzentsetzungen – im Wesentlichen auf der Ebene des § 1581 S. 1 BGB anzusiedeln, ihn auf der Ebene des § 1578b BGB vorzunehmen oder aber zu dem vor der Reform vertretenen Ansatz zurückzukehren und den Ausgleich wieder der Ebene des § 1609 BGB vorzubehalten. Die verschiedenen Ansätze sollen in diesem Abschnitt vorgestellt und jeweils anhand einer Beispielsberechnung verdeutlicht werden. Im Dritten Teil soll sodann untersucht werden, ob sie *de lege lata* angewendet werden können.

I. Die Rechtsprechung der Oberlandesgerichte

Auf den Beschluss des Bundesverfassungsgerichts haben zunächst einzelne Senate der Oberlandesgerichte reagiert.

Sie gehen übereinstimmend davon aus, dass der Bedarf des geschiedenen Ehegatten nach der Entscheidung des Bundesverfassungsgerichts nicht mehr im Wege der Dreiteilung ermittelt werden kann, sondern wieder chronologisch zu bestimmen ist. In den zu ihrer Entscheidung stehenden Verfahren haben sie daher in die Bestimmung des Bedarfs des geschiedenen Ehegatten den Bedarf des nachfolgenden Ehepartners nicht mehr einbezogen. Umgekehrt sind sie davon ausgegangen, dass die Unterhaltslast gegenüber dem geschiedenen Ehegatten die ehelichen Lebensverhältnisse der nachfolgenden Ehe prägt.[303] Ihrer Ansicht nach ist der Bedarf des nachfolgenden Ehegatten erst als „sonstige Verpflichtung" im Sinne des § 1581 S. 1 BGB bei der Prüfung der Leistungsfähigkeit des Pflichtigen nach Billigkeit je nach dem Rangverhältnis der konkurrierenden Ansprüche zu berücksichtigen, nämlich bei Vorrang und Gleichrang des nachfolgenden

302 *Leutheusser-Schnarrenberger*, Brühler Schriften zum Familienrecht, Band 17, 2012, 22 (27).

303 OLG Düsseldorf, Beschluss vom 26. Mai 2011 – 7 UF 1/11, FamRZ 2011, 1953 (1954); OLG Karlsruhe, Urteil vom 5. September 2011 – 16 UF 132/09, FamRZ 2012, 134 (134 f.); OLG Nürnberg, Beschluss vom 11. Januar 2012 – 7 UF 747/11, juris Rn. 119, 146; OLG Zweibrücken, Beschluss vom 28. Oktober 2011 – 2 UF 68/11, juris Rn. 139; OLG Hamm, Beschluss vom 13. Juni 2013 – II-4 UF 9/13, 4 UF 9/13, juris Rn. 90.

Ehegatten, nicht aber bei dessen Nachrang.[304] Letzteres einschränkend haben der 16. Familiensenat des Oberlandesgerichts Karlsruhe und der 7. Familiensenat des Oberlandesgerichts Nürnberg darauf verwiesen, dass auch in dieser Konstellation aus Gründen der Billigkeit gemäß § 1581 S. 1 BGB Abweichungen zulasten des Unterhaltsanspruchs des vorrangigen geschiedenen Ehegatten denkbar seien, von denen sie in den ihnen zur Entscheidung vorliegenden Verfahren allerdings keinen Gebrauch machten.[305]

In ihren Leitlinien haben die Oberlandesgerichte die sich aus dem Beschluss des Bundesverfassungsgerichts ergebenden Folgen für die Bedarfsbestimmung und den Ausgleich konkurrierender Ehegattenunterhaltsansprüche bislang allerdings noch nicht festgelegt.[306] Eine Ausnahme bilden die Oberlandesgerichte Celle, Frankfurt am Main, Hamburg und Hamm, die in ihren Leitlinien vermerkt haben, dass eine Unterhaltspflicht gegenüber einem nachfolgenden Ehegatten keinen Einfluss auf die Bedarfsbestimmung des vorangegangenen Ehepartners habe, jedoch je nach Rang gemäß § 1581 S. 1 BGB zur

---

304 OLG Düsseldorf, Beschluss vom 26. Mai 2011 - 7 UF 1/11, FamRZ 2011, 1953 (1955); OLG Karlsruhe, Urteil vom 5. September 2011 - 16 UF 132/09, FamRZ 2012, 134 (135 f.); OLG Nürnberg, Beschluss vom 11. Januar 2012 - 7 UF 747/11, juris Rn. 133 ff.; OLG Zweibrücken, Beschluss vom 28. Oktober 2011 - 2 UF 68/11, juris Rn. 131 ff.; OLG Hamm, Beschluss vom 13. Juni 2013 - II-4 UF 9/13, 4 UF 9/13, juris Rn. 111.

305 OLG Karlsruhe, Urteil vom 5. September 2011 - 16 UF 132/09, FamRZ 2012, 134 (135 f.); OLG Nürnberg, Beschluss vom 11. Januar 2012 - 7 UF 747/11, juris Rn. 133.

306 Vgl. (alle juris): Unterhaltsrechtliche Leitlinien der Familiengerichte in Süddeutschland (OLG Bamberg, Karlsruhe, München, Nürnberg, Stuttgart und Zweibrücken), Ziffer 15.5, Stand 1. Januar 2013; Unterhaltsrechtliche Leitlinien des OLG Brandenburg, Ziffer 15.5, Stand 1. Januar 2013; Unterhaltsrechtliche Leitlinien des OLG Braunschweig, Ziffer 15.2, Stand 1. Januar 2013; Unterhaltsrechtliche Leitlinien des OLG Bremen, Ziffer 15.5, Stand 1. Januar 2013; Unterhaltsrechtliche Leitlinien des OLG Dresden, Ziffer 15.1, Stand 1. Januar 2013; Unterhaltsrechtliche Leitlinien des OLG Düsseldorf, Ziffer 15.5, Stand 1. Juli 2012; Unterhaltsrechtliche Leitlinien des OLG Jena, Ziffer 15, Stand 1. Januar 2013; Unterhaltsrechtliche Leitlinien der Familiensenate des Kammergerichts, Ziffer 15.5, Stand 1. Januar 2013; Unterhaltsrechtliche Leitlinien des OLG Koblenz, Ziffer 15.5, Stand 1. Januar 2013; Unterhaltsrechtliche Leitlinien des OLG Naumburg, Ziffer 15, Stand 1. Januar 2013; Unterhaltsrechtliche Leitlinien des OLG Oldenburg, Ziffer 15.5, Stand 1. Januar 2013; Unterhaltsrechtliche Leitlinien des OLG Rostock, Ziffer 15, Stand 1. Januar 2013; Unterhaltsrechtliche Leitlinien des OLG Schleswig, Ziffer 15.5, Stand 1. Januar 2013.

Reduzierung seines Unterhaltsanspruchs im Wege der Gleichteilung bzw. Dreiteilung führen könne.[307]

II. Die Rechtsprechung des Bundesgerichtshofs

Der Bundesgerichtshof hat mit Urteil vom 7. Dezember 2011 auf den Beschluss des Bundesverfassungsgerichts reagiert und dessen Trennung zwischen der Ermittlung des Bedarfs des unterhaltsberechtigten Ehegatten nach § 1578 Abs. 1 S. 1 BGB einerseits und der Bestimmung der Leistungsfähigkeit des Pflichtigen nach § 1581 S. 1 BGB andererseits nachvollzogen.[308]

Der Bundesgerichtshof hat diese Entscheidung mit dem Bemerken eingeleitet, dass er aufgrund der Entscheidung des Bundesverfassungsgerichts seine Rechtsprechung zur Bedarfsbestimmung nach den sogenannten wandelbaren Lebensverhältnissen in Verbindung mit der Dreiteilungsmethode aufgebe und zur Bedarfsbemessung nach dem Stichtagsprinzip zurückkehre.

Die ehelichen Lebensverhältnisse sind ihm zufolge grundsätzlich (wieder) nach den Umständen zu bestimmen, die bei Rechtskraft der Scheidung bestehen oder das für Unterhaltszwecke verfügbare Einkommen schon vor Rechtskraft der Scheidung beeinflusst haben. Allerdings können die ehelichen Lebensverhältnisse seiner Auffassung nach auch durch solche Umstände beeinflusst werden, die erst nach Rechtskraft der Scheidung eingetreten sind, wenn sie mit der Ehe in Zusammenhang stehen und einen gewissen Bezug zu den ehelichen Lebensverhältnissen aufweisen. Dies soll bei Entwicklungen der Fall sein, die einen Anknüpfungspunkt in der Ehe finden, also gleichsam in ihr angelegt oder während ihr bereits absehbar gewesen sind, oder die bei Fortbestand der Ehe deren Verhältnisse geprägt hätten. Einkünfte aus einer nachehelich aufgenommenen

---

307 Vgl. (alle juris): Unterhaltsrechtliche Leitlinien des OLG Celle, Ziffer 15.5, Stand 1. Januar 2013; Unterhaltsrechtliche Leitlinien des OLG Frankfurt am Main, Ziffer 15.1 und 15.5, Stand 1. Januar 2013; Unterhaltsrechtliche Leitlinien des OLG Hamburg, Ziffer 15.5, Stand 1. Januar 2013; Unterhaltsrechtliche Leitlinien des OLG Hamm, Ziffer 15.1, 15.5, Stand 1. Januar 2013; Unterhaltsrechtliche Leitlinien des OLG Köln, Ziffer 15.5, Stand 1. Januar 2013.

308 BGHZ 192, 45 ff.; im Anschluss daran: BGH, Urteil vom 7. Dezember 2011 - XII ZR 159/09, FamRZ 2012, 288 ff.; Urteil vom 25. Januar 2012 - XII ZR 139/09, FamRZ 2012, 525 ff.; Urteil vom 7. März 2012 - XII ZR 25/10, FamRZ 2012, 772 ff.; Urteil vom 7. März 2012 - XII ZR 145/09, FamRZ 2012, 951 ff.; Urteil vom 20. März 2013 - XII ZR 72/11, FamRZ 2013, 853 ff.; Beschluss vom 19. März 2014 - XII ZB 19/13, FamRZ 2014, 912 ff.; Beschluss vom 7. Mai 2014 - XII ZB 258/13, FamRZ 2014, 1183 ff.

Erwerbstätigkeit des Berechtigten sollen wieder als Surrogat der Haushaltstätigkeit und Kindererziehung während der Ehe behandelt und somit ebenfalls bei der Bemessung des Bedarfs nach den ehelichen Lebensverhältnissen berücksichtigt werden. Treten weitere Unterhaltsberechtigte hinzu, sollen ihre bis zur Rechtskraft der Scheidung entstandenen Ansprüche unabhängig von ihrem Rang berücksichtigt werden.[309] Ohne Auswirkung auf den Bedarf sollen dagegen nacheheliche Entwicklungen bleiben, die keinen Anknüpfungspunkt in der Ehe finden, also insbesondere Unterhaltspflichten gegenüber einem neuen Ehegatten oder nachehelich geborenen Kindern.[310]

Bei der Prüfung der Leistungsfähigkeit nach § 1581 S. 1 BGB sollen hingegen auch solche Umstände berücksichtigt werden, die keinen Einfluss auf die Bemessung des Unterhaltsbedarfs nach den ehelichen Lebensverhältnissen haben. Dabei sollen insbesondere weitere Unterhaltsverbindlichkeiten des Pflichtigen als sonstige Verpflichtungen im Sinne des § 1581 S. 1 BGB nach Billigkeit berücksichtigt werden können, wobei dem Rang der konkurrierenden Ansprüche ausschlaggebendes Gewicht zukommen soll.[311]

Die Unterhaltsleistung soll den Pflichtigen nicht unverhältnismäßig und unzumutbar belasten. Sein eigener angemessener Unterhalt soll daher laut Bundesgerichtshof nicht niedriger ausfallen als der dem Berechtigten zu leistende Betrag. Übersteigt dieser infolge der Unterhaltsverpflichtung den Betrag, der dem Pflichtigen für den eigenen Unterhalt verbleibt, liegt zwischen ihnen ein relativer Mangelfall vor, der gemäß § 1581 S. 1 BGB zur Kürzung des Unterhalts des Berechtigten wie des individuellen Selbstbehalts des Pflichtigen führen soll. Entsprechend soll wie nach der früheren Rechtsprechung[312] der individuelle Selbstbehalt des Pflichtigen wieder als „Kehrseite“ des Bedarfs des Berechtigten behandelt und diesem betragsmäßig gleichgesetzt werden. Erst wenn für den Pflichtigen in Anbetracht konkurrierender berechtigter Ehegatten die Untergrenze seines eigenen angemessenen Selbstbehalts erreicht wird und somit ein absoluter Mangelfall vorliegt, soll sich dies allein auf den Unterhalt der Berechtigten auswirken, deren Ansprüche in diesem Fall entsprechend ihrer Rangfolge nacheinander erfüllt oder anteilig gekürzt werden sollen.

Sind die Unterhaltsansprüche der konkurrierenden Unterhaltsberechtigten – wie dies in dem Verfahren der Fall war, das dem Bundesgerichtshof zur Entscheidung vorlag – gleichrangig, sollen die später entstandenen Unterhaltslasten

309 BGHZ 192, 45 (51 f.).
310 BGHZ 192, 45 (56).
311 BGHZ 192, 45 (60 f.).
312 BGHZ 109, 72 ff.

als sonstige Verpflichtung nach § 1581 S. 1 BGB berücksichtigt werden. Dabei geht der Bundesgerichtshof von einer wechselseitigen Beeinflussung der konkurrierenden Bedarfe aus. Einerseits wird bei der Bestimmung der Leistungsfähigkeit gegenüber dem geschiedenen Ehegatten nach Billigkeit der Bedarf des nachfolgenden Ehepartners berücksichtigt, andererseits wird dessen nach § 1578 Abs. 1 S. 1 BGB zu bestimmender Bedarf wiederum durch den Unterhaltsanspruch des vorangegangenen Ehegatten geprägt. Der Bedarf des nachfolgenden Ehegatten führt danach zu einer Minderung der Leistungsfähigkeit gegenüber dem vorangegangenen Ehegatten und damit zu einer Minderung seines Unterhaltsanspruchs. Dadurch erhöht sich wiederum der Bedarf des nachfolgenden Ehegatten, der nur noch durch den gekürzten Unterhaltsanspruch des vorangegangenen Ehepartners geprägt wird.[313] Auf der Grundlage dieser wechselseitigen Beeinflussung hält es der Bundesgerichtshof revisions- bzw. rechtsbeschwerderechtlich für nicht zu beanstanden, wenn die Instanzgerichte diese wechselseitige Beeinflussung im Rahmen der nach § 1581 S. 1 BGB gebotenen Billigkeitsentscheidung bei gleichrangigen Berechtigten grundsätzlich im Wege der Dreiteilung des vorhandenen Gesamteinkommens lösen. Dem steht nach Auffassung des Bundesgerichtshofs die Entscheidung des Bundesverfassungsgerichts nicht entgegen, von der lediglich die Bedarfsbestimmung, nicht aber die Bestimmung der Leistungsfähigkeit nach der Dreiteilungsmethode betroffen gewesen sei. In die nach Billigkeit erfolgende Dreiteilung der Einkünfte auf der Ebene der Leistungsfähigkeit soll das Gesamteinkommen aller Beteiligten einbezogen werden, also auch ein infolge eines Karrieresprungs erhöhtes Einkommen oder in der nachfolgenden Ehe erzielte Splittingvorteile.[314]

Ist der Unterhaltsanspruch des nachfolgenden Ehegatten vorrangig, soll es dem Bundesgerichtshof zufolge nach § 1581 S. 1 BGB erst recht geboten sein, diesen bei der Prüfung der Leistungsfähigkeit des Pflichtigen gegenüber dem geschiedenen Ehegatten zu berücksichtigen, wobei der Bundesgerichtshof sich genauerer Angaben zu Art und Weise der Berücksichtigung der gegenüber dem nachfolgenden Ehegatten bestehenden Unterhaltslast für diese nicht streitgegenständliche Rangkonstellation enthalten hat.[315]

Ist dagegen der Unterhaltsanspruch des vorangegangenen Ehegatten vorrangig, soll bei der Prüfung der Leistungsfähigkeit des Pflichtigen ihm gegenüber der Bedarf des nachfolgenden Ehepartners nicht berücksichtigt werden. Dem

313 BGHZ 192, 45 (63 f.).
314 BGHZ 192, 45 (62 ff.).
315 BGHZ 192, 45 (65).

nachfolgenden Ehegatten sollen in diesem Fall grundsätzlich lediglich die in der neuen Familie entstandenen Vorteile verbleiben. Zusätzlich sollen die konkreten Einzelfallumstände nach Billigkeit berücksichtigt werden.[316]

Mit dieser zwischenzeitlich mehrfach bestätigten und hinsichtlich der in die Ermittlung des Gesamteinkommens einzubeziehenden Einzeleinkommen immer weiter präzisierten[317] Entscheidung ist der Bundesgerichtshof hinsichtlich der Bedarfsbestimmung auf den Stand vor seiner Rechtsprechung zu den wandelbaren ehelichen Lebensverhältnissen zurückgekehrt.[318] Zugleich hat er die Verschiebung der Dreiteilungsmethode auf die Ebene der Leistungsfähigkeit jedenfalls bei gleichrangigen konkurrierenden Ehegattenunterhaltsansprüchen revisions- bzw. rechtsbeschwerderechtlich gebilligt.

III. Wissenschaft

Die wissenschaftliche Diskussion hat sich nach der verfassungsgerichtlichen Entscheidung mit neuer Stärke fortgesetzt. Seitens der Begründer und Verfechter der Dreiteilungsmethode zur Bedarfsbestimmung ist ungewöhnlich scharfe Kritik am Richterspruch des Bundesverfassungsgerichts geäußert worden.[319] Es ist aber auch hervorgehoben worden, dass der Beschluss die Bindung der Richter an das Gesetz neu in Erinnerung gerufen habe.[320] Nachdem die Kritiker der Dreiteilungsmethode zur Bedarfsbestimmung vor der Entscheidung des Bundesverfassungsgerichts keine Vorschläge für eine ihrer Ansicht nach dem einfachen Recht und den verfassungsrechtlichen Anforderungen entsprechende Bestimmung nachehelich geschuldeten Unterhalts in Konkurrenzfällen unterbreitet hatten, werden nun diverse Konzepte für die Bemessung des nachehelichen Unterhalts bei Konkurrenz mehrerer unterhaltsberechtigter Ehegatten diskutiert, die im Folgenden vorgestellt werden sollen. Die Methodik der einzelnen Modelle soll dabei jeweils anhand eines Beispiels verdeutlicht werden, in dem der Pflichtige bereinigte Erwerbseinkünfte von monatlich 4.000 €

---

316 BGHZ 192, 45 (65 f.).

317 BGH, Urteil vom 25. Januar 2012 – XII ZR 139/09, FamRZ 2012, 525 ff.; Urteil vom 7. März 2012 – XII ZR 25/10, FamRZ 2012, 772 ff.; Urteil vom 7. März 2012 – XII ZR 145/09, FamRZ 2012, 951 ff.; Urteil vom 20. März 2013 – XII ZR 72/11, FamRZ 2013, 853 ff.; Beschluss vom 19. März 2014 – XII ZB 19/13, FamRZ 2014, 912 ff.; Beschluss vom 7. Mai 2014 – XII ZB 258/13, FamRZ 2014, 1183 ff.

318 Zweiter Teil, A.

319 *Gerhardt*, in: Gerhardt/v. Heintschel-Heinegg/Klein, Sonderheft zum Handbuch des Fachanwalts Familienrecht, 8. Auflage 2010, Rn. 13 ff.

320 *Rüthers*, NJW 2011, 1857 ff.; *Ulber*, EuGRZ 2012, 365 ff.; *Bruns*, JZ 2014, 162 ff.

(4.666 € abzüglich 1/7 Erwerbstätigenbonus) und die von ihm geschiedenen oder länger als ein Jahr getrennt lebenden, konkurrierenden unterhaltsberechtigten Ehegatten kein Einkommen erwirtschaften.

Der Darstellung ist die vielfach geäußerte Mahnung voranzustellen, nicht die Judikative solle nach neuen Rechenmodellen oder „trickreichen Umgehungsversuchen“[321] der Entscheidung des Bundesverfassungsgerichts suchen, sondern die Legislative möge – wie bereits anlässlich der Diskussion um die Rechtsprechung des Bundesgerichtshofs zur Bedarfsbestimmung im Wege der Dreiteilung angeregt – unter Berücksichtigung der herrschenden gesellschaftlichen Realitäten eine strukturelle Vereinfachung oder gar ein grundlegend anderes Verständnis der Bemessung des Geschiedenenunterhalts in Betracht ziehen.[322] Begründet wird dies insbesondere mit den durch die Unterhaltsreform eingetretenen Friktionen,[323] welche nur der Gesetzgeber auflösen könne. An ihm sei es vorzugeben, wie konkurrierende Unterhaltsansprüche der Höhe nach zu gewichten und auszugleichen seien.[324] Dabei wird erneut vorgeschlagen, bei der Bedarfsbestimmung die Differenzierung zwischen prägenden und nicht prägenden Einkünften aufzugeben und den Bedarf stattdessen nach den tatsächlichen, berücksichtigungswürdigen Lebensverhältnissen der Eheleute auszurichten. Dies soll ermöglichen, nachehelich entstandene Unterhaltsverpflichtungen je nach Schutzbedürftigkeit bereits in die Bestimmung des Bedarfs einzubeziehen.[325] Alternativ wird angeregt, das Geschiedenenunterhaltsrecht am Gedanken des Nachteilsausgleichs auszurichten.[326]

Unabhängig von diesem Appell werden verschiedene Auslegungsvarianten der für den Ausgleich konkurrierender Ehegattenunterhaltsansprüche maßgeblichen Bestimmungen vorgeschlagen. Diese lassen sich dahin unterteilen, dass

---

321 *Hauß*, FamRB 2011, 94 (95).

322 *Borth*, FamRZ 2011, 445 (449); *Borth*, FPR 2012, 137 (142); *Dose*, in: Festschrift für Hahne, 211 (228); *Dose*, FF 2012, 227 (239); *Gerhardt*, FamRZ 2012, 589 (595); *Götz/Brudermüller*, NJW 2011, 801 (806); *Gutdeutsch*, FamRZ 2011, 523 (526); *Hauß*, FamRB 2011, 94 (95); *Schwab*, FF 2012, 138 (152); *Schwamb*, FamRB 2011, 120 (123); *Wagner-Kleinkauf*, FPR 2012, 154 (155); *Wellenhofer*, FF 2011, 144 (147).

323 Erster Teil, B.IV.

324 *Borth*, FPR 2012, 137 (141); *Borth*, Praxis des Unterhaltsrechts, Rn. 496c ff.

325 *Dose*, in: Festschrift für Hahne, 211 (228); *Gerhardt*, in: Gerhardt/v. Heintschel-Heinegg/Klein, Handbuch des Fachanwalts Familienrecht, 6. Auflage 2008, § 6 Rn. 277; *Gerhardt*, FamRZ 2012, 589 (595 f.); *Hohmann-Dennhardt*, Brühler Schriften zum Familienrecht, Band 16, 2010, 22 (34).

326 *Hauß*, FamRB 2011, 94 (95); so bereits vor der Unterhaltsreform von 2008 *Willutzki*, in: Festschrift für Schwab, 713 (730).

sie teilweise letztlich eine Verschiebung der Dreiteilungsmethode auf die Ebene der Leistungsfähigkeit anregen, teilweise auf der Ebene der Leistungsfähigkeit die Einbeziehung der Unterhaltslast gegenüber dem nachfolgenden Ehegatten in Höhe seines sogenannten individuellen Bedarfs befürworten, teilweise eine Billigkeitsentscheidung auf der Ebene des § 1578b BGB empfehlen und sich teilweise schließlich für die Rückkehr zur herkömmlichen Bestimmung des Unterhalts im Wege der Differenz- bzw. Additionsmethode aussprechen und den Ausgleich konkurrierender Ehegattenunterhaltsansprüche der Rangregelung des § 1609 BGB vorbehalten.

Trotz aller Abweichungen im Detail ist sämtlichen Empfehlungen eigen, dass sie von einer chronologischen Bestimmung des Bedarfs des vorangegangenen Ehegatten nach § 1578 Abs. 1 S. 1 BGB ausgehen und eine Berücksichtigung der Umstände des konkreten Einzelfalls nach Billigkeit im Sinne des § 1581 S. 1 BGB anmahnen. Letzteres wird insbesondere für die Beurteilung der Fragen gefordert, ob in der nachfolgenden Ehe bestehende Synergieeffekte dem vorangegangenen Ehegatten zugutekommen oder aber der nachfolgenden Ehe verbleiben sollen, und ob der Unterhalt des vorrangigen Berechtigten zu kürzen ist, wenn dem nachrangigen Berechtigten andernfalls weniger als das Existenzminimum verbleibt.[327]

1. Ausgleich auf der Ebene des § 1581 BGB – Dreiteilung oder ihr nahe kommende Angleichungen der Gesamteinkünfte

Teile der Wissenschaft empfehlen letztlich eine Verschiebung der Dreiteilungsmethode auf die Ebene der Leistungsfähigkeit nach § 1581 S. 1 BGB. Sie schlagen vor, konkurrierende Ehegattenunterhaltsansprüche auszugleichen, indem der Bedarf des geschiedenen Ehegatten nach § 1578 Abs. 1 S. 1 BGB chronologisch bestimmt und der Bedarf des nachfolgenden Ehegatten je nach

327 *Borth*, FPR 2012, 137 (141 f.); *Borth*, Praxis des Unterhaltsrechts, Rn. 496p; *Dose*, FF 2012, 227 (236); *Gerhardt/Gutdeutsch*, FamRZ 2011, 597 ff.; *Gerhardt/Gutdeutsch*, FamRZ 2011, 772 (774, 776); *Gerhardt*, in: Gerhardt/v. Heintschel-Heinegg/Klein, Sonderheft zum Handbuch des Fachanwalts Familienrecht, 8. Auflage 2010, Rn. 34; *Götz/Brudermüller*, NJW 2011, 801 (805 ff.); *Götz/Brudermüller*, NJW 2011, 2609 ff.; *Götz*, FamRZ 2011, 871 (871); *Graba*, FF 2011, 102 (104); *Graba*, FF 2012, 341 (344); *Gutdeutsch*, FamRZ 2011, 523 (524); *Gutdeutsch*, FamRB 2011, 148 (150); *Hoppenz*, NJW 2012, 819 (821); *Klein*, in: Kleffmann/Klein, Unterhaltsrecht, § 1578 BGB Rn. 54, 171; *Maier*, FuR 2011, 182 ff.; *Maurer*, FamRZ 2011, 849 (860 f.); *Schwamb*, FamRB 2012, 71 (74); *Schwamb*, MDR 2012, 557 (560); *Soyka*, FK Sonderausgabe 2012, 1 (5).

Rangverhältnis auf der Ebene des § 1581 S. 1 BGB in Höhe eines Drittels der Gesamteinkünfte als sonstige Verpflichtung des Pflichtigen leistungsfähigkeitsmindernd einbezogen wird.

Nach der chronologischen Bedarfsbestimmung beziehen sie den Unterhaltsanspruch des vorangegangenen Ehepartners in die Bedarfsbestimmung des nachfolgenden Ehegatten ein, nicht aber umgekehrt den Bedarf des nachfolgenden Ehepartners in die Bedarfsbestimmung des vorangegangenen Ehegatten.[328] Dabei wird die Erforderlichkeit der Bedarfsbestimmung für den vorangegangenen Ehegatten unterschiedlich beurteilt. Während zum Teil angenommen wird, die Bedarfsermittlung stelle eine letztlich verzichtbare Kontrollrechnung dar,[329] wird andernorts deren Unverzichtbarkeit betont. Diese Notwendigkeit wird wiederum teilweise damit begründet, dass die Bedarfsbestimmung bei späteren Abänderungsbegehren bedeutsam werde, insbesondere wenn nicht prägende, die Leistungsfähigkeit gleichwohl beeinflussende Einkünfte hinzuträten.[330] Teilweise wird darauf hingewiesen, dass die Bedarfsbestimmung zur Kontrolle des dem Berechtigten zuzusprechenden Unterhalts erforderlich sei, um zu verhindern, dass ihm durch die Verwendung der Dreiteilungsmethode auf der Ebene der Leistungsfähigkeit ein seinen Bedarf übersteigender Unterhalt zuerkannt werde.[331]

Die Verwendung der Dreiteilungsmethode oder ihr nahekommender anderer Angleichungsmethoden auf der Ebene der Leistungsfähigkeit nach § 1581 S. 1 BGB wird seitens ihrer Befürworter allerdings unterschiedlich hergeleitet.

a) Annäherung der konkurrierenden Bedarfe

Zum Teil wird eine Annäherung der konkurrierenden Bedarfe auf der Ebene der Leistungsfähigkeit empfohlen. Ausgangspunkt dieses Modells ist die Überlegung, dass in bestimmten Rangkonstellationen der Unterhaltsbedarf des nachfolgenden Ehegatten im relativen Mangelfall, wenn der nach § 1578 Abs. 1 S. 1 BGB ermittelte Bedarf des Unterhaltsberechtigten den Betrag übersteigt,

---

328 *Borth*, FamRZ 2011, 445 (447); *Borth*, FamRZ 2012, 253 (256); *Dose*, FF 2012, 227 (234 ff.); *Gerhardt/Gutdeutsch*, FamRZ 2011, 597 ff.; *Gerhardt/Gutdeutsch*, FamRZ 2011, 772 ff.; *Gutdeutsch*, FamRZ 2011, 523 ff.; *Gutdeutsch*, FamRB 2011, 148 ff.; *Hoppenz*, NJW 2012, 819 (821); *Schwamb*, FamRB 2012, 71 (73); ebenso: *Soyka*, FK Sonderausgabe 2011, 1 (7 ff.); *Soyka*, FK Sonderausgabe 2012, 1 (7, 8).

329 *Gerhardt/Gutdeutsch*, FamRZ 2011, 597 (601).

330 *Schwamb*, FamRB 2012, 71 (73); ebenso: *Soyka*, FK Sonderausgabe 2012, 1 (7).

331 *Hoppenz*, NJW 2012, 819 (821).

der dem Pflichtigen für seinen eigenen Bedarf verbleibt,[332] nur um den an den vorangegangenen Ehegatten tatsächlich gezahlten Betrag gekürzt werden soll. Dieser Betrag soll bei der Prüfung der Leistungsfähigkeit des Pflichtigen gegenüber dem vorangegangenen Ehegatten im Rahmen der Billigkeitsabwägung des § 1581 S. 1 BGB durch eine Annäherungsrechnung ermittelt werden, bei der sich die konkurrierenden Bedarfe letztlich miteinander verschränken.[333]

Die Annäherungsrechnung soll zum einen den gegenüber den konkurrierenden Ehegatten bestehenden, der Höhe nach aufgrund der unterschiedlichen Lebensverhältnisse voneinander abweichenden Halbteilungsgrundsatz, zum anderen den eheangemessenen Selbstbehalt des Unterhaltspflichtigen wahren. Da nach dem Halbteilungsgrundsatz der jeweilige Unterhaltsanspruch der beiden unterhaltsberechtigten Ehegatten dem eheangemessenen Selbstbehalt entsprechen soll, der dem Pflichtigen ihnen gegenüber jeweils zu belassen ist, führt die Annäherungsrechnung zuletzt zu dem Ergebnis, dass das gesamte – prägende wie nicht prägende – Einkommen aller Beteiligten im Wege der Dreiteilung aufzuteilen ist und sich der Unterhaltsanspruch des vorangegangenen Ehegatten gemäß § 1581 S. 1 BGB auf diesen Betrag reduziert.[334]

Nach der Empfehlung ergibt sich für die gewählte Beispielskonstellation (bereinigte Erwerbseinkünfte des Unterhaltspflichtigen: 4.000 €, nämlich 4.666 € abzüglich 1/7 Erwerbstätigenbonus; kein Einkommen der von ihm geschiedenen bzw. länger als ein Jahr getrennt lebenden, unterhaltsberechtigten Ehegatten) für den vorangegangenen Ehegatten zunächst ein Bedarf in Höhe von 2.000 € (4.000 € geteilt durch 2), für den nachfolgenden Ehepartner ein Bedarf von 1.000 € (4.000 € abzüglich 2.000 €; geteilt durch 2). Damit verbleiben dem Pflichtigen 1.000 €, womit sein eheangemessener Selbstbehalt gegenüber dem vorangegangenen Ehegatten nicht gewahrt ist. Deshalb ist der Unterhalt des vorangegangenen Ehegatten nach Billigkeit gemäß § 1581 S. 1 BGB an den Selbstbehalt des Pflichtigen anzupassen, was zu seiner Reduzierung auf 1.500 € und zu einer Erhöhung des eheangemessenen Selbstbehalts des Pflichtigen auf ebenfalls

332 *Hoppenz*, NJW 2012, 819 (821). Ein relativer Mangelfall tritt danach ein, wenn der Unterhaltspflichtige einem weiteren Berechtigten, insbesondere einem weiteren Ehegatten unterhaltspflichtig wird.

333 Vgl. die anschauliche Darstellung bei *Hoppenz*, NJW 2012, 819 (820).

334 *Dose*, FF 2012, 227 (237); *Dose*, in: Festschrift für Hahne, 211 (226); *Gerhardt/Gutdeutsch*, FamRZ 2011, 597 (598); *Gerhardt/Gutdeutsch*, FamRZ 2011, 772 (773 f.); *Gutdeutsch*, FamRB 2011, 148 (149); *Holzhauer*, ZRP 2011, 188 (190); *Klein*, in: Kleffmann/Klein, Unterhaltsrecht, § 1578 BGB Rn. 170 f.; so für Fälle des Gleichrangs der konkurrierenden Ehegatten auch: *Hoppenz*, NJW 2012, 819 (821).

1.500 € führt (2.000 € zuzüglich 1.000 €; geteilt durch 2). Verbleiben dem Pflichtigen danach 1.500 €, ist wiederum der Halbteilungsgrundsatz gegenüber dem nachfolgenden Ehepartner nicht gewahrt, weshalb er an ihn 250 € abzugeben hat, so dass beide über 1.250 € verfügen (1.500 € zuzüglich 1.000 €; geteilt durch 2). Damit ist erneut der eheangemessene Selbstbehalt des Pflichtigen gegenüber dem vorangegangenen Ehegatten nicht gewahrt, weshalb dessen Unterhalt erneut nach Billigkeit an den eheangemessenen Selbstbehalt des Pflichtigen anzupassen ist, indem er auf 1.375 € reduziert wird (1.500 € zuzüglich 1.250 €; geteilt durch 2). Setzt man diese Annäherung fort, führt sie im Ergebnis zur Dreiteilung der Gesamteinkünfte, nach welcher dem vorangegangenen Ehegatten ein – gemäß § 1581 S. 1 BGB gekürzter – Unterhalt von rund 1.334 € zusteht, dem nachfolgenden Ehepartner ein – nach § 1578 Abs. 1 S. 1 BGB ermittelter – Unterhalt in Höhe von rund 1.334 € (4.000 € abzüglich 1.333 €; geteilt durch 2). Dem Pflichtigen verbleiben 1.332 € (4.000 € abzüglich 1.334 € abzüglich 1.334 €) sowie sein Erwerbstätigenbonus.[335]

Die Annäherungsrechnung soll bei gleichrangigen Ehegatten angewendet werden. Auch der Unterhaltsbedarf des nachfolgenden vorrangigen Ehegatten soll nach dieser Methode ermittelt und bei der Bestimmung des dem vorangegangenen Ehepartner zu leistenden Unterhalts im Rahmen des § 1581 S. 1 BGB in dieser Höhe einbezogen werden. Dies wird damit begründet, dass sein Bedarf auch bei Vorrang davon abhänge, wie viel dem Pflichtigen nach Abzug des an den vorangegangenen, nachrangigen Ehegatten tatsächlich gezahlten Unterhalts verbleibe.

Bei Nachrang des nachfolgenden Ehepartners werden verschiedene Ansätze vertreten. Zum Teil wird vorgeschlagen, den Unterhaltsanspruch des vorangegangenen Ehegatten gemäß § 1581 S. 1 BGB trotz seines Vorrangs grundsätzlich im Wege der Dreiteilung anzupassen, dabei allerdings zu prüfen, ob ihm der Unterhalt gemäß § 1581 S. 1 BGB nach Billigkeit ungeschmälert belassen und der nachfolgende Ehepartner auf die Synergieeffekte ehelichen Zusammenlebens und eventuelle Steuervorteile verwiesen werden soll.[336] Zum Teil wird vorgeschlagen, die Unterhaltspflicht gegenüber einem späteren nachrangigen Ehegatten nicht in die Bestimmung der Leistungsfähigkeit einzubeziehen.[337]

335 Vgl. zur Methodik: *Gerhardt/Gutdeutsch*, FamRZ 2011, 597 (598 ff.); *Gerhardt*, FamRZ 2012, 589 (593 ff.); *Gutdeutsch*, FamRB 2011, 148 (151 ff.); *Hauß*, FamRB 2011, 183 ff.

336 So insbesondere *Gerhardt*, FamRZ 2012, 589 (593).

337 *Dose*, FF 2012, 227 (237); *Dose*, in: Festschrift für Hahne, 211 (225).

b) Stufenweise, wechselbezügliche Annäherungsrechnung

Eine leichte Abweichung in der Methode enthält das Modell einer stufenweisen, wechselbezüglichen Annäherungsrechnung auf der Ebene des § 1581 S. 1 BGB, die eine bereits vor der Rechtsprechung zur Bedarfsbestimmung nach der Dreiteilungsmethode abgegebene Anregung fortführt.[338] Diese Empfehlung geht bei gleichrangigen Unterhaltsansprüchen im relativen Mangelfall ebenfalls davon aus, dass eine Wechselwirkung zwischen den konkurrierenden Unterhaltsansprüchen besteht, die im Rahmen der Billigkeitsentscheidung des § 1581 S. 1 BGB mittels einer Annäherungsrechnung zu berücksichtigen ist und die im Ergebnis zu gleich hohen Ansprüchen der konkurrierenden gleichrangigen Berechtigten und damit ebenfalls zu einer Dreiteilung des verfügbaren Gesamteinkommens führt.

Nach diesem Konzept ist zunächst der Bedarf des vorangegangenen Ehegatten ohne Berücksichtigung des Bedarfs des nachfolgenden Ehepartners zu ermitteln. Auf der Ebene des § 1581 S. 1 BGB führt dessen Bedarf allerdings zur Minderung der Leistungsfähigkeit des Pflichtigen gegenüber dem vorangegangenen Ehepartner. Dabei ist der Bedarf des nachfolgenden Ehegatten zunächst in der Höhe abzusetzen, die sich unter Einbeziehung des Bedarfs des vorangegangenen Ehegatten ergibt. Der sich durch den Abzug dieses Bedarfs auf der Ebene des § 1581 S. 1 BGB reduzierende, vorläufige Unterhaltsanspruch des vorangegangenen Ehegatten wird sodann erneut vom Einkommen des Pflichtigen abgesetzt und vom Rest gemäß § 1578 Abs. 1 S. 1 BGB erneut der Bedarf des nachfolgenden Ehegatten ermittelt. Dieser Bedarf wird sodann wiederum gemäß § 1581 S. 1 BGB vom Einkommen des Pflichtigen abgesetzt und führt zu einer weiteren Reduzierung des Anspruchs des vorangegangenen Ehegatten. Infolge der wechselseitigen stufenweisen Annäherung ergibt sich nach dieser Methode in der Fortführung zuletzt ebenfalls für beide konkurrierenden Ehegatten derselbe Betrag.

Bei Vorrang des nachfolgenden Ehegatten wird unter Berücksichtigung des Vertrauensschutzes des ersten Ehegatten und der Kenntnis des nachfolgenden Ehepartners von der bereits bestehenden Unterhaltsverpflichtung des Pflichtigen im Regelfall dieselbe Vorgehensweise als angemessen angesehen.

338 Zweiter Teil, B.III.1.

Der Bedarf des vorangegangenen, vorrangigen Ehepartners soll dagegen nach § 1581 S. 1 BGB grundsätzlich ohne Berücksichtigung des Unterhaltsbedarfs des nachfolgenden Ehegatten befriedigt werden.[339]

Dieses Modell soll ebenfalls an dem bereits vorgestellten Beispiel verdeutlicht werden. Danach ergibt sich zunächst ein nach § 1578 Abs. 1 S. 1 BGB bestimmter Bedarf des vorangegangenen Ehegatten von 2.000 € (4.000 € geteilt durch 2). Auf der Ebene der Leistungsfähigkeit ist der Bedarf des nachfolgenden Ehegatten zu berücksichtigen, der sich gemäß § 1578 Abs. 1 S. 1 BGB wegen des vorläufig festgestellten Unterhaltsanspruchs des vorangegangenen Ehegatten vorläufig auf 1.000 € beläuft (4.000 € abzüglich 2.000 €; geteilt durch 2). Mindert man nun die Leistungsfähigkeit des Pflichtigen gegenüber dem vorangegangenen Ehepartner um diesen Bedarf, so reduziert sich der dem vorangegangenen Ehegatten zu leistende Unterhalt von 2.000 € auf 1.500 € (4.000 € abzüglich 1.000 €; geteilt durch 2). Bestimmt man nun erneut den Bedarf des nachfolgenden Ehegatten unter Berücksichtigung der gegenüber dem vorangegangenen Ehepartner bestehenden geringeren Unterhaltslast, beläuft er sich auf 1.250 € (4.000 € abzüglich 1.500 €; geteilt durch 2). Setzt man diesen Bedarf wiederum gemäß § 1581 S. 1 BGB vom Einkommen des Pflichtigen ab, so reduziert sich der vorläufige Unterhaltsanspruch des vorangegangenen Ehegatten auf nur noch 1.375 € (4.000 € abzüglich 1.250 €; geteilt durch 2). Bestimmt man nun nach demselben Prinzip den Bedarf des nachfolgenden Ehegatten, liegt er bei rund 1.313 € (4.000 € abzüglich 1.375 €; geteilt durch 2), woraus gemäß § 1581 S. 1 BGB für den vorangegangenen Ehegatten ein vorläufiger Unterhaltsanspruch von noch rund 1.344 € folgt (4.000 € abzüglich 1.313 €). Die weitere Annäherung führt wiederum zur Dreiteilung des Gesamteinkommens, wobei dem Pflichtigen wiederum zusätzlich sein Selbstbehalt verbleibt.[340]

c) Dreiteilung der Gesamteinkünfte

Zum Teil wird davon ausgegangen, dass der gegenüber beiden Berechtigten zu wahrende Grundsatz der Halbteilung je nach Rang dazu führen müsse, dass der billige Unterhalt der Berechtigten und der „billige Selbstbehalt" des Pflichtigen im Ergebnis gleich hoch sein müssten.

Bei Gleichrang soll dies zur monetären Gleichsetzung der konkurrierenden Unterhaltsansprüche und damit zur Dreiteilung des zur Verfügung stehenden

339 *Schwamb*, FamRB 2011, 120 (122); *Schwamb*, FamRB 2012, 71 (73); *Schwamb*, MDR 2012, 557 (559 f.).

340 Zur Berechnungsweise: *Schwamb*, MDR 2012, 557 (559 f.).

Einkommens führen, in dessen Folge die Unterhaltslast gegenüber dem nachfolgenden Ehegatten die Leistungsfähigkeit des Pflichtigen gegenüber dem vorangegangenen Ehepartner in entsprechender Höhe mindert. Bei Vorrang des nachfolgenden Ehegatten soll im Wege eines „Erst-Recht-Schlusses" dieselbe Vorgehensweise wie bei Gleichrang gewählt werden, da der Bedarf des nachfolgenden Ehegatten zwar den Vorrang genieße, jedoch durch den Unterhaltsanspruch des vorangegangenen Ehepartners geprägt werde. Der Unterhaltsbedarf des nachfolgenden nachrangigen Ehegatten soll bei der Ermittlung des dem vorangegangenen Ehepartner geschuldeten Unterhalts im Rahmen des § 1581 S. 1 BGB dagegen nicht berücksichtigt werden.[341]

Rechnet man nach dieser Methode mit den Einkommensverhältnissen, die den vorangegangenen Beispielen zugrunde gelegt wurden, liegt der nach § 1578 Abs. 1 S. 1 BGB zu bestimmende Bedarf des vorangegangenen Ehegatten bei 2.000 € (4.000 € geteilt durch 2) und ist bei Gleichrang oder Vorrang des nachfolgenden Ehegatten auf der Ebene des § 1581 S. 1 BGB auf ein Drittel des bereinigten Gesamteinkommens, also auf rund 1.334 € zu reduzieren (4.000 € geteilt durch 3). Der Bedarf des nachfolgenden Ehegatten bestimmt sich sodann nach § 1578 Abs. 1 S. 1 BGB und beläuft sich auf 1.333 € (4.000 € abzüglich 1.334 €; geteilt durch 2). Dem Pflichtigen verbleibt derselbe Betrag zuzüglich seines Erwerbstätigenbonus.

d) Annäherungsrechnung im Wege einer stufenweisen, proportionalen Kürzung der konkurrierenden Bedarfe

Eine weitere Variante sieht ebenfalls vor, die Unterhaltspflicht gegenüber dem nachfolgenden Ehegatten je nach dem zwischen den konkurrierenden Ehegatten bestehenden Rangverhältnis in die Billigkeitsentscheidung des § 1581 S. 1 BGB einzubeziehen.[342]

Bei Gleichrang der konkurrierenden Ehegattenunterhaltsansprüche soll zunächst der Bedarf des vorangegangenen Ehegatten gemäß § 1578 Abs. 1 S. 1 BGB chronologisch ermittelt werden. Zugleich soll der dem Pflichtigen zu belassende eheangemessene Selbstbehalt festgestellt werden. Auf der Ebene der Leistungsfähigkeit des Pflichtigen gegenüber dem vorangegangenen Ehepartner soll sodann die Unterhaltslast gegenüber dem nachfolgenden Ehegatten berücksichtigt

---

341 *Borth*, FamRZ 2011, 445 (450); *Borth*, FamRZ 2012, 253 (255 f.); *Borth*, FPR 2012, 137 (141); *Borth*, Praxis des Unterhaltsrechts, Rn. 496a ff.; *Verschraegen*, in: Staudinger, Kommentar zum BGB, Neubearbeitung 2014, § 1581 BGB Rn. 33 und Rn. 104 f.

342 *Soyka*, FK Sonderausgabe 2011, 1 (7 ff.); *Soyka*, FK Sonderausgabe 2012, 1 (8).

werden. Diese soll in einem ersten Schritt in derjenigen Höhe bemessen werden, die sich unter Berücksichtigung des Unterhaltsanspruchs des vorangegangenen Ehegatten ergibt. Sodann sollen die konkurrierenden gleichrangigen Bedarfe im Verhältnis zu den zur Verfügung stehenden Mitteln proportional gekürzt werden. Diese erste Kürzung führt gleichsam rückwirkend dazu, dass bei der anfänglichen Bestimmung des Bedarfs des nachfolgenden Ehegatten ein zu hoher Unterhaltsanspruch des vorangegangenen Ehegatten als Abzugsposten eingestellt wurde. Deshalb soll sein Bedarf nun unter Berücksichtigung des proportional gekürzten Unterhaltsanspruchs des vorangegangenen Ehepartners neu berechnet und in dieser Höhe wiederum bei der Bestimmung der Leistungsfähigkeit des Pflichtigen gegenüber dem vorangegangenen Ehegatten berücksichtigt werden. Da diese Methode zu ähnlichen Ergebnissen führt wie die Verwendung der Dreiteilungsmethode auf der Ebene der Leistungsfähigkeit, wird allerdings angeraten, letztere der Einfachheit halber vorzuziehen, wenn die Lebensverhältnisse der einander nachfolgenden Eheverbände vergleichbar gestaltet sind. Dieselbe Vorgehensweise soll gewählt werden, wenn der Unterhaltsanspruch des nachfolgenden Ehegatten den Vorrang vor dem vorangegangenen Ehegatten genießt. Unterhaltsansprüche eines späteren, nachrangigen Ehegatten sollen bei der Prüfung der Leistungsfähigkeit des Pflichtigen gegenüber dem vorangegangenen Ehegatten dagegen wiederum nicht berücksichtigt werden.[343]

Berechnet man den geschuldeten Ehegattenunterhalt nach dieser Methode, beläuft sich der Bedarf des vorangegangenen Ehegatten wiederum auf rund 2.000 € (3/7 von 4.666 €). Der eheangemessene Selbstbehalt des Pflichtigen beläuft sich ihm gegenüber auf rund 2.666 € (4/7 von 4.666 €). Der auf der Ebene des § 1581 S. 1 BGB zu berücksichtigende Bedarf des nachfolgenden Ehegatten liegt zunächst bei rund 1.143 € (3/7 von 4.666 € abzüglich 2.000 €). Die Bedarfe der Berechtigten und der Selbstbehalt des Pflichtigen sind nun wegen der zu geringen zur Verfügung stehenden Mittel proportional auf eine Befriedigungsquote von 80,32% zu kürzen (4.666 € geteilt durch den Gesamtbedarf in Höhe von 2.000 €, 2.666 € und 1.143 €; zusammen 5.809 €), wodurch sich der Unterhaltsanspruch des vorangegangenen Ehepartners auf rund 1.607 € (80,32% von 2.000 €) und der eheangemessene Selbstbehalt des Pflichtigen auf rund 2.142 € reduziert (80,32% von 2.666 €).

Wegen des reduzierten Unterhaltsanspruchs des vorangegangenen Ehegatten ist der auf der Ebene des § 1581 S. 1 BGB zu berücksichtigende Bedarf des nachfolgenden Ehegatten neu zu berechnen. Er erhöht sich auf 1.311 € (3/7 von

343 *Soyka*, FK Sonderausgabe 2011, 1 (7 ff.); *Soyka*, FK Sonderausgabe 2012, 1 (7, 9 f., 25).

4.666 € abzüglich 1.607 €). Erneut sind die Bedarfe proportional zu kürzen, diesmal auf eine Quote von 92,21% (4.666 € geteilt durch den Gesamtbedarf in Höhe von 1.607 €, 2.142 € und 1.311 €; zusammen 5.060 €), wodurch sich der Unterhaltsanspruch des vorangegangenen Ehegatten auf rund 1.482 € (92,21% von 1.607 €) und der eheangemessene Selbstbehalt des Pflichtigen auf rund 1.975 € reduziert (92,21% von 2.142 €). Wieder ist wegen des ermäßigten Unterhaltsanspruchs des vorangegangenen Ehepartners eine Neubemessung des Bedarfs des nachfolgenden Ehegatten erforderlich. Dieser erhöht sich auf rund 1.365 € (3/7 von 4.666 € abzüglich 1.482 €). Wieder ist eine Kürzung der Gesamtbedarfe erforderlich, diesmal auf eine Quote von 96,76% (4.666 € geteilt durch den Gesamtbedarf in Höhe von 1.482 €, 1.975 € und 1.365 €; zusammen 4.822 €), wodurch sich der Unterhaltsanspruch des vorangegangenen Ehegatten weiter auf rund 1.434 € (96,76% von 1.482 €) und der Selbstbehalt des Pflichtigen auf rund 1.911 € (96,76% von 1.975 €) ermäßigt, während sich der Bedarf des nachfolgenden Ehegatten auf rund 1.385 € erhöht (3/7 von 4.666 € abzüglich 1.434 €). In der Fortführung diese Methode ergeben sich infolge der wechselseitigen Annäherung für alle Beteiligten wiederum im Wesentlichen dieselben Beträge, wobei dem Pflichtigen zusätzlich sein Erwerbstätigenbonus verbleibt.[344]

2. Ausgleich auf der Ebene des § 1581 BGB – sogenannte individuelle Bedarfsbestimmung

Ein anderes Modell folgert das Erfordernis der Berücksichtigung gegenüber einem späteren Ehegatten entstandener Unterhaltspflichten zwar ebenfalls aus dem seit der Unterhaltsreform von 2008 bestehenden Widerspruch zwischen der Beibehaltung des § 1578 Abs. 1 S. 1 BGB und des § 1581 S. 1 BGB einerseits und der Änderung der Rangfolge nach § 1609 BGB andererseits und siedelt die Berücksichtigung gegenüber nachfolgenden Ehegatten bestehender Unterhaltslasten ebenfalls auf der Ebene des § 1581 S. 1 BGB an.[345] Nach diesem Modell sind bei der Prüfung der Leistungsfähigkeit des Pflichtigen die Einsatzbeträge der Unterhaltsbedarfe der konkurrierenden Ehegatten nach ihren jeweiligen sogenannten individuellen ehelichen Lebensverhältnissen mit dem Pflichtigen unter Außerachtlassung der aus der jeweils anderen Ehe herrührenden Unterhaltslasten zu bestimmen und sodann proportional zu kürzen oder nacheinander zu befriedigen.[346]

---

344 Berechnungsweise nachgebildet nach *Soyka*, FK Sonderausgabe 2012, 1 (8 f.).

345 *Götz/Brudermüller*, NJW 2011, 2609 (2609 f.); *Maier*, FuR 2011, 182 (182).

346 *Götz/Brudermüller*, NJW 2011, 2609 (2611); *Scholz*, in: Wendl/Dose, Das Unterhaltsrecht in der familienrichterlichen Praxis, 8. Auflage 2011, § 3 Rn. 84; für eine

Bei der Ermittlung des geschuldeten Unterhalts soll zunächst der Bedarf des geschiedenen Ehegatten gemäß § 1578 Abs. 1 S. 1 BGB nach seinen ehelichen Lebensverhältnissen mit dem Pflichtigen ohne Berücksichtigung der gegenüber dem nachfolgenden Ehegatten bestehenden Unterhaltslast bestimmt werden. Auf der Ebene der Leistungsfähigkeit soll sodann der Bedarf des nachfolgenden Ehegatten berücksichtigt werden. Um durch die Einbeziehung der gegenüber dem vorangegangenen Ehepartner bestehenden Unterhaltslast in die Bedarfsbestimmung des nachfolgenden Ehegatten dessen „wirtschaftlichen Nachrang" zu vermeiden, soll sein in die Billigkeitsentscheidung nach § 1581 S. 1 BGB einzusetzender Bedarf individuell nach seinen eigenen ehelichen Lebensverhältnissen mit dem Pflichtigen und unter Außerachtlassung der gegenüber dem vorangegangenen Ehegatten bestehenden Unterhaltsverpflichtung bestimmt werden. Letzteres gilt allerdings nur für die Ermittlung des dem vorangegangenen Ehegatten geschuldeten Unterhalts anlässlich der Prüfung der Leistungsfähigkeit des Pflichtigen. Macht der nachfolgende Ehepartner seinerseits Unterhalt geltend, so ist sein Bedarf gemäß § 1578 Abs. 1 S. 1 BGB nach seinen ehelichen Lebensverhältnissen mit dem Pflichtigen zu bestimmen, die durch die gegenüber dem vorangegangenen Ehegatten bestehende – allerdings durch die empfohlene „individuelle" Bedarfsbestimmung gemäß § 1581 S. 1 BGB gekürzte – Unterhaltslast gegenüber dem vorangegangenen Ehegatten geprägt werden.[347]

Die hinsichtlich des vorangegangenen Ehegatten nach § 1578 Abs. 1 S. 1 BGB, hinsichtlich des nachfolgenden Ehegatten nach § 1581 S. 1 BGB bestimmten Bedarfe sollen bei Gleichrang im relativen Mangelfall unter Wahrung des dem Pflichtigen gegenüber dem jeweiligen Berechtigten zustehenden eheangemessenen Selbstbehalts proportional gekürzt werden. Dabei soll zunächst der Betrag verteilt werden, der sich ergibt, wenn man vom verteilbaren Einkommen des Pflichtigen den gegenüber einem der konkurrierenden Ehegatten bestehenden, höheren eheangemessenen Selbstbehalt abzieht. Im Anschluss soll der Ehegatte, dem gegenüber der Pflichtige nur einen geringeren eheangemessenen Selbstbehalt hat, zusätzlich den Differenzbetrag zwischen den beiden eheangemessenen Selbstbehalten erhalten.[348] Ist der zweite Ehepartner vorrangig, soll sein Bedarf die Leistungsfähigkeit des Pflichtigen zulasten des vorangegangenen Ehegatten vorrangig mindern; ist er nachrangig, soll zunächst der Bedarf des vorangegangenen Ehepartners befriedigt werden. Dadurch soll die Individualität der

sogenannte qualifizierte proportionale Kürzung: *Maier*, FuR 2011, 182 ff. (mit weiterführenden Anmerkungen und Berechnungsbeispielen).

347 *Götz/Brudermüller*, NJW 2011, 2609 ff.; *Götz*, FamRZ 2011, 871; *Maier*, FuR 2011, 182.

348 Vgl. dazu die Darstellung bei *Hauß*, FamRB 2011, 183 (187).

Bedarfe erhalten bleiben, die sich nach voneinander abweichenden ehelichen Lebensverhältnissen bestimmen.[349]

In dem bekannten Beispiel ergibt sich für den vorangegangenen Ehegatten ein Bedarf in Höhe von rund 2.000 € (4.000 € geteilt durch 2) und für den nachfolgenden Ehegatten ein für die Prüfung der Leistungsfähigkeit des Pflichtigen gegenüber dem vorangegangenen Ehegatten maßgeblicher, sogenannter individueller Bedarf in Höhe von ebenfalls 2.000 € (4.000 € geteilt durch 2). Diese Bedarfe sind nun auf der Ebene des § 1581 S. 1 BGB auf den zu leistenden Unterhalt anzupassen. Dabei ist der dem Pflichtigen gegenüber den konkurrierenden Ehegatten zustehende sogenannte eheangemessene Selbstbehalt zu beachten, welcher der Höhe nach dem Bedarf seines jeweiligen Ehepartners entspricht und sich in dieser Konstellation gegenüber beiden Ehepartnern auf 2.000 € beläuft.

Der Bedarf des vorangegangenen vorrangigen Ehegatten ist in voller Höhe zu befriedigen, also in Höhe von 2.000 €. Der nachrangige nachfolgende Ehegatte erhält keinen Unterhalt mehr, da dem Pflichtigen unter Berücksichtigung seines ihm gegenüber zustehenden eheangemessenen Selbstbehalts von 2.000 € kein Einkommen mehr verbleibt. Umgekehrt ist der vorrangige Bedarf des nachfolgenden Ehegatten vollständig zu befriedigen, also in Höhe von 2.000 €. Der nachrangige vorangegangene Ehegatte erhält hier ebenfalls keinen Unterhalt mehr, da ihm gegenüber der eheangemessene Selbstbehalt des Pflichtigen durch die Unterhaltsleistung an den nachfolgenden Ehegatten ebenfalls unterschritten ist.

Bei Gleichrang ist zunächst das den höheren eheangemessenen Selbstbehalt des Pflichtigen übersteigende Resteinkommen gleichmäßig beiden Berechtigten zuzuteilen. Da danach nur ein Betrag in Höhe von 2.000 € (4.000 € abzüglich 2.000 €) zur Verteilung steht, können die Bedarfe jeweils nur zu 50% als Unterhalt geleistet werden (2.000 € verteilbares Einkommen; geteilt durch Bedarfe beider Ehegatten in Höhe von jeweils 2.000 €, zusammen 4.000 €; ergibt eine Befriedigungsquote von 50%). Danach erhalten beide Ehegatten 1.000 €. Unabhängig vom Rangverhältnis verbleibt dem Pflichtigen sein Erwerbstätigenbonus.[350]

3. Ausgleich auf der Ebene des § 1578b BGB

Im Hinblick auf die Grenzen des Wortlauts des § 1578 Abs. 1 S. 1 BGB wird zudem vorgeschlagen, den Ausgleich konkurrierender gleichrangiger Ehegattenunterhaltsansprüche auf der Ebene des § 1578b BGB bei der Befristung und

---

349 *Götz/Brudermüller*, NJW 2011, 801 (807 f.); so in Fällen des Vorrangs und des Nachrangs des nachfolgenden Ehegatten auch: *Hoppenz*, NJW 2012, 819 (821).

350 Zur Berechnungsweise: *Götz/Brudermüller*, NJW 2011, 801 (806 f.).

Begrenzung des nachehelichen Unterhaltsanspruchs anzusiedeln und je nach Billigkeit jenseits einer konkreten Berechnungsempfehlung im Einzelfall über eine Befristung oder Begrenzung des Unterhaltsanspruchs des geschiedenen Berechtigten zu entscheiden.[351] Nach dem verwendeten Beispiel ist danach der Bedarf des vorangegangenen Ehegatten von rund 2.000 € (3/7 von 4.666 €) auf der Ebene des § 1578b BGB nach Billigkeit einzelfallbezogen auf einen geringeren Unterhaltsanspruch zu kürzen.

4. Ausgleich auf der Ebene des § 1609 BGB

Schließlich wird eine Rückkehr zur Berechnung des Unterhalts nach dem herkömmlichen System mit einer chronologischen Bedarfsbestimmung und einem im Wesentlichen der Ebene des § 1609 BGB vorbehaltenem Ausgleich konkurrierender Ehegattenunterhaltsansprüche befürwortet. Dies wird damit begründet, dass der aus Art. 6 Abs. 1 GG i.V.m. Art. 3 Abs. 1 GG folgende Grundsatz der Gleichwertigkeit und Gleichrangigkeit einander nachfolgender Ehen Modifikationen des Grundsatzes gleicher Teilhabe zulasse und daher nicht stets zu einer wirtschaftlichen Gleichheit der einander nachfolgenden Ehen führen müsse.

Die Befürworter dieses Vorschlags gehen davon aus, dass die Umstände des Einzelfalls unterschiedliche Behandlungen rechtfertigen können. Deshalb scheidet für sie eine Verschiebung der Dreiteilungsmethode von der Ebene der Bedarfsermittlung auf die Ebene der Leistungsfähigkeit aus, die nach ihrem Dafürhalten erneut der gesetzlichen Differenzierung zwischen Bedarf und Leistungsfähigkeit und damit der vom Bundesverfassungsgericht angemahnten Einhaltung der unterhaltsrechtlichen Systematik widerspricht.[352]

Der Pflichtige gehe in eine weitere Ehe mit einer wirtschaftlichen Verpflichtung, nämlich der gegenüber seinem geschiedenen Ehepartner bestehenden Unterhaltsverbindlichkeit, die seine spätere Ehe als „wirtschaftliche Hypothek" belaste.[353] Wie er kenne auch der nachfolgende Ehegatte diese Unterhaltspflicht,

---

351 So *Grandel* bereits in Reaktion auf die Rechtsprechung des Bundesgerichtshofs zu den sogenannten wandelbaren Lebensverhältnissen, FF 2008, 221 (221).

352 *Maurer*, FamRZ 2011, 849 (858); *Schmidt*, Familienrecht, Rn. 343 ff.; *Spangenberg*, FF 2012, 257 (257).

353 So auch *Andersen*, Streit 2011, 111 (112), die darauf hinweist, dass der Unterhaltspflichtige an den Folgen der in der aufgelösten Ehe gemeinsam gewählten und gelebten Rollenverteilung beteiligt werde, selbst wenn dies seine finanzielle Ausgangslage zur Gründung weiterer Familien schwäche; ähnlich *Born*, FF 2012, 118 (123); *Pauling*, NJW 2012, 194 (195); so auch *Graba*, FamFR 2012, 49 (52); *Graba*, FF 2012, 341 (341 ff.); *Graba*, FPR 2013, 138 (142).

weshalb es ihnen zuzumuten sei, sich mit einem entsprechend geringeren Betrag zu begnügen. Die Gleichwertigkeit und Gleichrangigkeit einander nachfolgender Ehen bedeute nicht, dass alle Beteiligten finanziell gleich ausgestattet werden müssten. Sie forderten im Gegenteil grundsätzlich eine unterschiedliche Behandlung der unterschiedlichen Verhältnisse. Gleichrangige Ansprüche sollen nach diesem Ansatz daher anteilig, nicht aber gleich berücksichtigt werden.[354]

Von diesen Erwägungen ausgehend soll der Bedarf der Berechtigten nach ihren jeweiligen ehelichen Lebensverhältnissen mit dem Pflichtigen chronologisch bestimmt und in die Bedarfsbemessung des nachfolgenden Ehepartners die Belastung durch die Unterhaltsverpflichtung gegenüber dem geschiedenen Ehegatten einbezogen werden. Der sich auf diese Weise ergebende, im Regelfall geringere Bedarf des nachfolgenden Ehegatten erklärt und rechtfertigt sich diesem Modell zufolge aus der wirtschaftlichen Vorbelastung des Unterhaltspflichtigen und dem daraus folgenden niedrigeren Standard der nachfolgenden Ehe. Er soll – von Einzelfallentscheidungen nach § 1581 S. 1 BGB abgesehen – den Einsatzbetrag darstellen, der in die Verteilung verfügbarer Mittel des Pflichtigen nach § 1609 BGB einzustellen ist.[355]

Bei Gleichrang sollen die chronologisch ermittelten Bedarfe im Mangelfall auf der Ebene des § 1609 BGB anteilig gekürzt werden. Der Bedarf des vorrangigen nachfolgenden Ehegatten soll im Mangelfall vorweg und gemäß § 1581 S. 1 BGB nach Billigkeit wenigstens in Höhe des Mindestbedarfs zugestanden werden. Der Bedarf des vorrangigen vorangegangenen Ehepartners soll im Mangelfall – von einzelfallbezogenen Billigkeitserwägungen des § 1581 S. 1 BGB wiederum abgesehen – ohne weitere Korrekturen befriedigt werden.[356]

Danach steht unter Fortsetzung des Beispiels dem vorangegangenen Ehegatten Unterhalt von 2.000 € zu (3/7 von 4.666 €), dem nachfolgenden Ehegatten Unterhalt von rund 1.143 € (3/7 von 4.666 € abzüglich 2.000 €). Dem Pflichtigen verbleiben inklusive Erwerbstätigenbonus 1.523 €.[357]

---

354 *Maurer*, FamRZ 2011, 849 (859); so auch: *Born*, FF 2012, 118 (124).

355 *Maurer*, in: Münchner Kommentar zum BGB, 6. Auflage 2013, § 1578 BGB Rn. 43; *Maurer*, FamRZ 2011, 849 (860 f.); *Pauling*, NJW 2012, 194 (196); *Graba*, FPR 2013, 138 (142).

356 *Maurer*, in: Münchner Kommentar zum BGB, 6. Auflage 2013, § 1578 BGB Rn. 43; *Maurer*, FamRZ 2011, 849 (860); so auch *Graba*, FamFR 2012, 49 (52); *Graba*, FF 2012, 341 (341 ff.).

357 Vgl. zusätzlich die Beispiele im Zweiten Teil, C.III.

Dritter Teil
Bewertung der neuen Modelle zum Ausgleich konkurrierender Ehegattenunterhaltsansprüche

Bislang ist nicht analysiert worden, ob die gegenwärtig diskutierten Modelle zum Ausgleich konkurrierender Ehegattenunterhaltsansprüche *de lege lata* zulässig sind. Es soll daher nun untersucht werden, ob die Empfehlungen sich mit den anerkannten Methoden der Auslegung einfachrechtlich rechtfertigen lassen. Zudem sollen die Empfehlungen einer verfassungsrechtlichen Prüfung unterzogen werden. Da die Fachgerichte gemäß den vom Bundesverfassungsgericht vorgegebenen verfassungsrechtlichen Maßstäben zu entscheiden haben, sollen der Prüfung die Maßstäbe zugrunde gelegt werden, welche das Bundesverfassungsgericht gegenwärtig anlegt. Dieser Teil der Untersuchung beinhaltet zunächst die Analyse, ob die Modelle gemäß § 31 Abs. 1 BVerfGG die Bindungswirkung des Beschlusses des Bundesverfassungsgerichts vom 25. Januar 2011 wahren. Sodann soll untersucht werden, ob sie die aus Art. 2 Abs. 1 GG i.V.m. dem Rechtsstaatsprinzip (Art. 20 Abs. 3 GG) folgenden Grenzen richterlicher Rechtsanwendung achten. Am Ende steht die Analyse, ob sie in Einklang mit den Wertentscheidungen stehen, die aus Art. 6 Abs. 1 GG i.V.m. Art. 3 Abs. 1 und Abs. 2 GG folgen.

A. Grundlagen der Bewertung

I. Einfachrechtliche Maßstäbe

Anerkannte Auslegungsmethoden sind die Auslegung aus dem Wortlaut der Norm (grammatische Auslegung), aus ihrem Zusammenhang (systematische Auslegung), aus ihrem Zweck (teleologische Auslegung) und aus ihrer Entstehungsgeschichte (historische Auslegung).[358] Diese Auslegungsmethoden greifen ineinander und ergänzen sich gegenseitig.[359]

358 BVerfGE 11, 126 (130); 35, 263 (279); 69, 1 (55); 88, 145 (166); 93, 37 (81); 102, 176 (185); 109, 190 (212); 111, 54 (86); 113, 88 (104); 123, 39 (78); 128, 193 (218); *Jarass*, in: Jarass/Pieroth, Grundgesetz für die Bundesrepublik Deutschland, Kommentar, Art. 20 Rn. 34.

359 BVerfGE 11, 126 (130); 82, 6 (11); *Ulber*, EuGRZ 2012, 365 (369); *Larenz*, Methodenlehre der Rechtswissenschaft, 328; *Sachs*, in: Sachs (Hrsg.), Grundgesetz Kommentar, Einführung Rn. 39.

1. Grammatische Auslegung

Die Auslegung eines Gesetzestextes beginnt grundsätzlich bei dessen Wortlaut.[360] Darunter ist die Bedeutung eines Ausdrucks oder einer Wortverbindung im allgemeinen Sprachgebrauch oder aber im besonderen Sprachgebrauch des Gesetzgebers zu verstehen.[361] Allerdings erschöpft sich eine Auslegung regelmäßig nicht in der Feststellung des allgemeinen Sprachgebrauchs der gewählten Formulierung. Der Nuancenreichtum und die Anpassungsfähigkeit der Sprache bewirken regelmäßig, dass einem einzelnen Wort eine Vielzahl von Bedeutungen zukommen kann. Daher haben die weiteren Auslegungsmethoden ergänzend zur Anwendung zu kommen.[362] Der Wortlaut einer Bestimmung steckt allerdings regelmäßig die Grenzen, in denen die gesuchte Bedeutung – mittels der weiteren Auslegungsmethoden – zu finden ist.[363] Er setzt dabei keine gänzlich unübersteigbare Grenze,[364] doch ist ein eindeutiger Wortlaut nur durch gewichtige Gegenargumente – und nur im Wege der Rechtsfortbildung[365] – zu überwinden.[366]

2. Systematische Auslegung

Nach welcher von mehreren möglichen Bedeutungsvarianten des Wortlauts eine Regelung auszulegen ist, kann sich aus ihrer systematischen Stellung

---

360 BVerfGE 122, 248 (283) (Sondervotum); *Larenz*, Methodenlehre der Rechtswissenschaft, 320; *Rüthers/Fischer/Birk*, Rechtstheorie mit Juristischer Methodenlehre, Rn. 731; *Zippelius*, Juristische Methodenlehre, 45.

361 *Bydlinski*, Juristische Methodenlehre und Rechtsbegriff, 438 f.; *Engisch*, Einführung in das juristische Denken, 138 ff.; *Larenz*, Methodenlehre der Rechtswissenschaft, 320; *Rüthers/Fischer/Birk*, Rechtstheorie mit Juristischer Methodenlehre, Rn. 738 ff.; *Sachs*, in: Sachs (Hrsg.), Grundgesetz Kommentar, Einführung Rn. 40; *Zippelius*, Juristische Methodenlehre, 42 f.

362 *Larenz*, Methodenlehre der Rechtswissenschaft, 320 f.

363 BVerfGE 71, 108 (115); 85, 69 (73); 87, 209 (224); *Bydlinski*, Juristische Methodenlehre und Rechtsbegriff, 440 f.; *Larenz*, Methodenlehre der Rechtswissenschaft, 321 ff.; *Zippelius*, Juristische Methodenlehre, 47; *Jarass*, in: Jarass/Pieroth, Grundgesetz für die Bundesrepublik Deutschland, Kommentar, Art. 20 Rn. 34.

364 BVerfGE 35, 263 (278 f.); 97, 186 (196); 102, 176 (185); *Larenz*, Methodenlehre der Rechtswissenschaft, 321 f.; *Schulze-Fielitz*, in: Dreier (Hrsg.), Grundgesetz Kommentar, Art. 20 Rn. 103.

365 *Larenz*, Methodenlehre der Rechtswissenschaft, 322 f.; *Zippelius*, Juristische Methodenlehre, 63.

366 BVerfGE 97, 186 (196); 118, 212 (243).

ergeben, also aus dem Kontext, in dem sie gebraucht wird.[367] Dabei ist nicht nur der unmittelbare Rahmen der Bestimmung, etwa innerhalb der Norm oder des Gesetzes, zu untersuchen, sondern auch der systematische Gesetzeszusammenhang, in welchem die auszulegende Regelung sich in der Gesamtheit des Regelungswerkes und der Rechtsordnung befindet.[368] Bei der systematischen Auslegung ist davon auszugehen, dass der Gesetzgeber sachliche Zusammenhänge so geregelt hat, dass das Regelwerk in seiner Gesamtheit einen durchgehenden, verständlichen Sinn ergibt.[369] Einzelne Rechtssätze, die der Gesetzgeber in einen sachlichen Zusammenhang gestellt hat, sind möglichst so zu interpretieren, dass sie sich logisch miteinander vereinbaren lassen.[370] Die systematische Auslegung legt zudem die Annahme nahe, dass das Gesetz sich eines einheitlichen Sprachgebrauchs bedient und dasselbe Wort in verschiedenen, miteinander zusammenhängenden Bestimmungen dieselbe Bedeutung haben soll.[371]

3. Teleologische Auslegung

Die teleologische Auslegung fragt nach den erkennbaren Zwecken und dem Grundgedanken des auszulegenden Gesetzes.[372] Diese hat der Richter zu respektieren und bei gewandelten Bedingungen möglichst zuverlässig zur Geltung

367 BVerfGE 128, 193 (219); *Bydlinski*, Juristische Methodenlehre und Rechtsbegriff, 443 f.; *Larenz*, Methodenlehre der Rechtswissenschaft, 324 ff.; *Zippelius*, Juristische Methodenlehre, 43.

368 BVerfGE 109, 190 (215 ff.); *Bydlinski*, Juristische Methodenlehre und Rechtsbegriff, 438 f.; *Engisch*, Einführung in das juristische Denken, 140 ff.; *Rüthers/Fischer/Birk*, Rechtstheorie mit Juristischer Methodenlehre, Rn. 762a; *Sachs*, in: Sachs (Hrsg.), Grundgesetz Kommentar, Einleitung Rn. 42; *Zippelius*, Juristische Methodenlehre, 52.

369 BVerfGE 48, 246 (257); 124, 25 (40); *Larenz*, Methodenlehre der Rechtswissenschaft, 325 ff.

370 BVerfGE 48, 246 (257); 124, 25 (40); *Bydlinski*, Juristische Methodenlehre und Rechtsbegriff, 444; *Zippelius*, Juristische Methodenlehre, 52; *Jarass*, in: Jarass/Pieroth, Grundgesetz für die Bundesrepublik Deutschland, Kommentar, Einleitung Rn. 7.

371 *Zippelius*, Juristische Methodenlehre, 53.

372 BVerfGE 110, 226 (250); *Bydlinski*, Juristische Methodenlehre und Rechtsbegriff, 454; *Engisch*, Einführung in das juristische Denken, 141 f.; *Sachs*, in: Sachs (Hrsg.), Grundgesetz Kommentar, Einführung Rn. 43; *Hopfauf*, in: Schmidt-Bleibtreu/Hofmann/Hopfauf, Grundgesetz Kommentar, Vorbemerkung zu Art. 92 Rn. 13; *Zippelius*, Juristische Methodenlehre, 50.

zu bringen.[373] Die einzelne Bestimmung ist danach im Rahmen ihres möglichen Wortsinns und in Übereinstimmung mit dem Bedeutungszusammenhang des Gesetzes in dem Sinne auszulegen, der den Zwecken der gesetzlichen Regelung, den Zweckmäßigkeitsvorstellungen des Gesetzgebers und dem Rangverhältnis dieser Zwecke am besten entspricht.[374] Zur Ermittlung von Sinn und Zweck des auszulegenden Gesetzes sind neben den sich aus dem Gesetzestext selbst ergebenden Angaben ergänzend die Gesetzgebungsmaterialien heranzuziehen.[375] Der Wille des Gesetzgebers kann bei der teleologischen Auslegung allerdings nur insoweit berücksichtigt werden, als er in dem Gesetz selbst einen hinreichend bestimmten Ausdruck gefunden hat.[376]

4. Historische Auslegung

Die historische Auslegung sucht den Gehalt und die Zielsetzungen der auszulegenden Gesetze aus ihrer Entstehungsgeschichte und anhand der Normvorstellung des Gesetzgebers verständlich und in diesem Sinne anwendbar zu machen.[377] Für die historische Auslegung sind in erster Linie die Gesetzgebungsmaterialien von Bedeutung.[378] Einzubeziehen sind aber auch die geschichtlichen Rahmenbedingungen der Entstehung der Norm, deren Anlass sowie die Fortwirkung der Einflüsse früherer Epochen.[379]

Das Bundesverfassungsgericht hat der historischen Auslegung im Kanon der anerkannten Auslegungsmethoden in der Vergangenheit gegenüber den anderen Auslegungsmethoden regelmäßig nur eine untergeordnete Bedeutung zugewiesen. Die „Vorarbeiten" eines Gesetzes seien für dessen Auslegung regelmäßig

---

373 BVerfGE 96, 375 (394); 122, 248 (283) (Sondervotum); 128, 193 (210).

374 *Larenz*, Methodenlehre der Rechtswissenschaft, 332; *Zippelius*, Juristische Methodenlehre, 50.

375 BVerfGE 59, 336 (352); *Larenz*, Methodenlehre der Rechtswissenschaft, 330.

376 BVerfGE 11, 126 (130); 59, 128 (153).

377 *Bydlinski*, Juristische Methodenlehre und Rechtsbegriff, 451; *Engisch*, Einführung in das juristische Denken, 144 f.; *Larenz*, Methodenlehre der Rechtswissenschaft, 328 f.; *Rüthers/Fischer/Birk*, Rechtstheorie mit Juristischer Methodenlehre, Rn. 780, 790; *Sachs*, in: Sachs (Hrsg.), Grundgesetz Kommentar, Einführung Rn. 41.

378 BVerfGE 1, 299 (312 f.); 11, 126 (130); 51, 97 (108 ff.); 57, 250 (263 ff.); 62, 1 (45); 88, 40 (56 f.); 102, 176 (185); *Larenz*, Methodenlehre der Rechtswissenschaft, 330; *Zippelius*, Juristische Methodenlehre, 51; *Sachs*, in: Sachs (Hrsg.), Grundgesetz Kommentar, Einleitung Rn. 41.

379 *Bydlinski*, Juristische Methodenlehre und Rechtsbegriff, 449; *Sachs*, in: Sachs (Hrsg.), Grundgesetz Kommentar, Einleitung Rn. 41.

nicht ausschlaggebend, sondern immer nur mit einer gewissen Zurückhaltung, in der Regel bloß unterstützend, zu verwerten.[380] Sie dürften nicht dazu verleiten, die (subjektiven) Vorstellungen der gesetzgebenden Instanzen dem objektiven Gesetzesinhalt gleichzusetzen.[381] Der Wille des Gesetzgebers und der am Gesetzgebungsverfahren Beteiligten solle bei der Interpretation der Normen nur insoweit berücksichtigt werden, als er im Gesetzestext einen gewissen Niederschlag gefunden habe.[382]

In der Entscheidung zur Bedarfsbestimmung nach der Dreiteilungsmethode hat das Bundesverfassungsgericht der historischen Auslegungsmethode allerdings nicht nur lediglich unterstützende Eigenschaft beigemessen, sondern eine gegenüber den anderen Auslegungsmethoden gleichrangige Bedeutung.[383] Dem soll die nachfolgende Bewertung der Vorschläge zur Auslegung des geltenden Rechts folgen und die Regelungsabsicht des Gesetzgebers, seine Gerechtigkeitsvorstellungen und rechtspolitischen Ziele sowie die von ihm in Verfolgung dieser Absicht erkennbar getroffenen Wertentscheidungen[384] als gleichermaßen verbindliche Richtschnur verwenden.

II. Verfassungsrechtliche Maßstäbe

1. Bindungswirkung nach § 31 Abs. 1 BVerfGG

a) Gegenstand der Bindungswirkung

Jede Sachentscheidung des Bundesverfassungsgerichts entfaltet Bindungswirkung im Sinne des § 31 Abs. 1 BVerfGG,[385] die sich auf alle staatlichen Gerichte erstreckt.[386] Dabei bindet nach der ständigen Rechtsprechung des Bundesverfassungsgerichts,[387] der sich die Fachgerichte[388] und im Wesentlichen

380 BVerfGE 1, 299 (312); 11, 126 (130); 36, 342 (367); 41, 291 (309); 45, 187 (227); 48, 246 (260); 59, 128 (153); 62, 1 (45); 111, 54 (91).

381 BVerfGE 11, 126 (130); 54, 277 (298 f.); 62, 1 (45).

382 BVerfGE 11, 126 (130); 54, 277 (298 f.); 62, 1 (45).

383 BVerfGE 128, 193 (220 f.).

384 *Bydlinski*, Juristische Methodenlehre und Rechtsbegriff, 449 f.; *Larenz*, Methodenlehre der Rechtswissenschaft, 328 f.; *Rüthers/Fischer/Birk*, Rechtstheorie mit Juristischer Methodenlehre, Rn. 794; *Zippelius*, Juristische Methodenlehre, 51.

385 BVerfGE 78, 320 (328); 92, 91 (107); 107, 339 (360).

386 BVerfGE 19, 377 (391 f.); 40, 88 (93); 42, 258 (260).

387 BVerfGE 1, 14 (37); 19, 377 (392); 20, 56 (87); 24, 289 (297); 40, 88 (93f.); 79, 256 (264); 112, 268 (277).

388 BVerwGE 73, 263 (267 f.); 77, 258 (261); 108, 355 (361); BFHE 189, 413 (416); 198, 545 (550 f.); BGH, Urteil vom 7. Juli 1986 – II ZR 238/85, ZIP 1986, 1211 (1212).

die Lehre[389] angeschlossen haben, nicht nur die Entscheidungsformel als solche die Adressaten des § 31 Abs. 1 BVerfGG, sondern auch die tragenden Gründe der Entscheidung entfalten Bindungswirkung. Tragend sind die Rechtssätze, die nicht hinweggedacht werden können, ohne dass das konkrete Entscheidungsergebnis nach dem in der Entscheidung zum Ausdruck gekommenen Gedankengang entfiele (*ratio decidendi*). Nicht tragend sind dagegen lediglich bei Gelegenheit einer Entscheidung erfolgte Rechtsausführungen, die außerhalb des Begründungszusammenhangs zwischen genereller Rechtsregel und konkreter Entscheidung stehen (*obiter dicta*). Welche Erwägungen die Entscheidung des Bundesverfassungsgerichts tragen, ist aus objektiver Sicht zu ermitteln.[390] Dabei kommt den vom Gericht selbst formulierten und veröffentlichten Leitsätzen der Entscheidung besondere Bedeutung zu. Sie sind als erster Anhaltspunkt zur Ermittlung dessen heranzuziehen, was das Gericht als Kern seiner Entscheidung ansieht und mit bindender Wirkung ausstatten will.[391]

Die Bindungswirkung umfasst grundsätzlich nur die Auslegung der Verfassung, nicht aber die Auslegung einfachrechtlicher Normen. Deren verbindliche Anwendung und Auslegung ist entsprechend der grundgesetzlichen Aufgabenverteilung Sache der hierzu berufenen Fachgerichte.[392] Allerdings hat das Bundesverfassungsgericht die sich aus der Verfassung ergebenden Maßstäbe und Grenzen für die Auslegung des einfachen Rechts verbindlich zu bestimmen. Spricht das Bundesverfassungsgericht aus, dass eine bestimmte Auslegung einer Norm mit dem Grundgesetz nicht vereinbar ist, sind alle Gerichte nach § 31

389 *Bethge*, in: Maunz/Schmidt-Bleibtreu/Klein/Bethge, BVerfGG, § 31 Rn. 96 ff.; *Heusch*, in: Umbach/Clemens/Dollinger (Hrsg.), Kommentar zum BVerfGG, § 31 Rn. 59; *Klein*, in: Benda/Klein, Verfassungsprozessrecht, Rn. 1452 ff.; *Lenz/Hansel*, BVerfGG, § 31 Rn. 26; *Zuck*, in: Lechner/Zuck, BVerfGG, § 31 Rn. 30 f.; vgl. zur Kritik an dieser Annahme die Darstellungen bei *Heusch*, in: Umbach/Clemens/Dollinger (Hrsg.), Kommentar zum BVerfGG, § 31 Rn. 58; *Klein*, in: Benda/Klein, Verfassungsprozessrecht, Rn. 1451 ff.; *Korioth*, in: Schlaich/Korioth, Das Bundesverfassungsgericht, Rn. 487 ff.; *Pestalozza*, Verfassungsprozessrecht, 325 ff.; jeweils m.w.N.

390 BVerfGE 96, 375 (404); *Bethge*, in: Maunz/Schmidt-Bleibtreu/Klein/Bethge, BVerfGG, § 31 Rn. 102; *Heusch*, in: Umbach/Clemens/Dollinger (Hrsg.), Kommentar zum BVerfGG, § 31 Rn. 61; *Klein*, in: Benda/Klein, Verfassungsprozessrecht, Rn. 1452.

391 BVerwGE 73, 263 (268); *Heusch*, in: Umbach/Clemens/Dollinger (Hrsg.), Kommentar zum BVerfGG, § 31 Rn. 61; *Klein*, in: Benda/Klein, Verfassungsprozessrecht, Rn. 1452.

392 BVerfGE 19, 377 (392); 40, 88 (93 f.).

Abs. 1 BVerfGG an diese Entscheidung gebunden.[393] Die Fachgerichte haben in Wiederholungs- und Parallelfällen gemäß den vom Bundesverfassungsgericht vorgegebenen verfassungsrechtlichen Maßstäben zu entscheiden. Handeln sie dem zuwider, verstoßen sie gegen die in Art. 20 Abs. 3 GG statuierte Bindung der Rechtsprechung an Gesetz und Recht.[394]

b) Bindungswirkung des Beschlusses des Bundesverfassungsgerichts vom 25. Januar 2011

Anlässlich der Prüfung, ob die Modelle sich im Rahmen der Bindungswirkung der Entscheidungen des Bundesverfassungsgerichts bewegen, kommt dem Beschluss vom 25. Januar 2011 maßgebendes Gewicht zu, der alleine das seit 2008 geltende Unterhaltsrecht betrifft.[395]

Dessen Tenor erlaubt allerdings keine Rückschlüsse auf den Streitgegenstand der Entscheidung, da er lediglich eine Verletzung der Beschwerdeführerin in ihrem Grundrecht aus Art. 2 Abs. 1 GG i.V.m. dem Rechtsstaatsprinzip (Art. 20 Abs. 3 GG) feststellt.[396] Ein wesentlicher Anhaltspunkt für den Gehalt der Entscheidung ergibt sich dagegen aus den Leitsätzen des Beschlusses. Nach ihnen löst sich die zur Auslegung des § 1578 Abs. 1 S. 1 BGB entwickelte Rechtsprechung zur Bedarfsbestimmung nach den „wandelbaren" ehelichen Lebensverhältnissen unter Anwendung der sogenannten Dreiteilungsmethode von dem Konzept des Gesetzgebers zur Berechnung des nachehelichen Unterhalts und ersetzt es durch ein eigenes Modell. Mit diesem Systemwechsel überschreitet die Rechtsprechung, so der Leitsatz weiter, die Grenzen richterlicher Rechtsfortbildung und verletzt Art. 2 Abs. 1 GG i.V.m. dem Rechtsstaatsprinzip (Art. 20 Abs. 3 GG).[397] Die Entscheidung wird danach von der Feststellung getragen, dass der Gesetzgeber zur Ermittlung nachehelich geschuldeten Unterhalts ein bestimmtes Konzept vorgegeben hat, welches die Rechtsprechung durch ein eigenes Modell ersetzt hat, das sich durch keine der anerkannten Auslegungsmethoden rechtfertigen lässt.

---

393 BVerfGE 40, 88 (94); 42, 258 (260); 72, 119 (121); *Heusch*, in: Umbach/Clemens/Dollinger (Hrsg.), Kommentar zum BVerfGG, § 31 Rn. 60; *Klein*, in: Benda/Klein, Verfassungsprozessrecht, Rn. 1453 ff.; *Lenz/Hansel*, BVerfGG, § 31 Rn. 35.

394 BVerfGE 40, 88 (94); 42, 258 (260).

395 So auch: *Borth*, FamRZ 2011, 445 (445); *Gutdeutsch*, FamRB 2011, 148 (148).

396 BVerfGE 128, 193 (194).

397 BVerfGE 128, 193 (193).

aa) Ausführungen zum legislativen Konzept

Das Bundesverfassungsgericht hat festgestellt, dass der Gesetzgeber ein bestimmtes System zur Ermittlung nachehelich geschuldeten Unterhalts vorgegeben habe, nach dem bei Bedürftigkeit des Berechtigten zunächst gemäß § 1578 Abs. 1 S. 1 BGB der an den ehelichen Lebensverhältnissen der geschiedenen Ehe ausgerichtete Unterhaltsbedarf zu ermitteln sei und erst im Anschluss eine Prüfung der Leistungsfähigkeit des Pflichtigen gemäß § 1581 S. 1 BGB zu erfolgen habe. An diese Prüfung schlössen sich sodann die weiteren Prüfungspunkte der Befristung und Begrenzung des Unterhaltsanspruchs nach § 1578b BGB und § 1579 BGB sowie der Verteilung verfügbarer Geldmittel im Mangelfall gemäß § 1609 BGB an.[398]

Außerdem hat das Bundesverfassungsgericht festgestellt, dass das Unterhaltsmaß nach dem Wortlaut des § 1578 Abs. 1 S. 1 BGB sowie dem dahinter stehenden Willen des Gesetzgebers in der Weise zu ermitteln sei, dass es sich an den individuellen ehelichen Lebensverhältnissen der aufgelösten Ehe zum Zeitpunkt der Rechtskraft der Scheidung ausrichte.[399] Mit dieser Ausrichtung entspreche das Unterhaltsmaß zum einen dem verfassungsrechtlichen Gebot gleicher Teilhabe geschiedener Ehegatten am gemeinsam Erwirtschafteten sowie der nach der Scheidung fortwirkenden Verantwortung der Eheleute füreinander. Zum anderen genüge es dem Grundsatz der Gleichwertigkeit und Gleichrangigkeit einander nachfolgender Ehen.[400]

bb) Ausführungen zum judikativen Konzept

Die Entscheidung baut im nächsten Schritt auf der Feststellung auf, dass die Rechtsprechung zu den sogenannten wandelbaren ehelichen Lebensverhältnissen in Verbindung mit der Dreiteilungsmethode ein eigenes Konzept geschaffen habe, das einen neuen Maßstab für das Unterhaltsmaß aufstelle. Die Rechtsprechung ersetze die Bestimmung des Bedarfs nach den ehelichen Lebensverhältnissen der geschiedenen Ehe durch den Maßstab der „wandelbaren“ ehelichen Lebensverhältnisse. Damit bestimme sie das Unterhaltsmaß letztlich nach den tatsächlichen Lebensverhältnissen und finanziellen Ausstattungen wie Belastungen der Geschiedenen zum Zeitpunkt der Geltendmachung des Unterhalts.[401] Dieses Konzept hebe die vom Gesetzgeber vorgesehene systematische Differenzierung zwischen Bedarf und Leistungsfähigkeit auf.

---

398 BVerfGE 128, 193 (211 ff.).
399 BVerfGE 128, 193 (211 ff.).
400 BVerfGE 128, 193 (208).
401 BVerfGE 128, 193 (214 ff.).

cc) Feststellungen zur fehlenden Rechtfertigung des judikativen Konzepts durch die anerkannten Auslegungsmethoden

Das Bundesverfassungsgericht sieht das neue judikative Konzept durch keine der anerkannten Auslegungsmethoden gerechtfertigt. Es widerspreche dem Wortlaut des § 1578 Abs. 1 S. 1 BGB und seiner systematischen Einbindung in den Normenkontext ebenso wie dem objektiven Zweck der Norm und dem ihr zugrunde liegenden legislativen Willen.[402]

c) Schlussfolgerung

Aus dem Umfang der Bindungswirkung des Beschlusses vom 25. Januar 2011 ergeben sich damit zwar Einschränkungen für *de lege lata* zulässige Auslegungsvarianten des geltenden Unterhaltsrechts. Zugleich eröffnet die Entscheidung aber auch Freiräume, da das Bundesverfassungsgericht seine Feststellungen auf die Bedarfsbestimmung nach § 1578 Abs. 1 S. 1 BGB beschränkt und nicht vorgegeben hat, auf welche Weise konkurrierende Ehegattenunterhaltsansprüche auszugleichen sind.[403]

2. Art. 2 Abs. 1 GG i.V.m. dem Rechtsstaatsprinzip (Art. 20 Abs. 3 GG)

a) Prinzip der Gewaltenteilung

Ausgangspunkt für die verfassungsrechtliche Beurteilung der Anwendung und Auslegung einfachen Rechts ist das aus Art. 20 Abs. 2 S. 2 GG folgende Prinzip der Gewaltenteilung. Nach ihm ist die Gesetzgebung Sache des Gesetzgebers, die Gesetzesanwendung Sache der Gerichte.[404] Dabei unterliegen nicht nur die Gesetze einer gerichtlichen Überprüfung auf ihre Vereinbarkeit mit der Verfassung; Art. 20 Abs. 3 GG bindet auch die Rechtsprechung an Gesetz und Recht.[405]

---

402 BVerfGE 128, 193 (218 ff.); Zweiter Teil, E.III.

403 So auch *Borth*, FamRZ 2011, 445 (449).

404 BVerfGE 4, 219 (233 f.); 122, 248 (282) (Sondervotum); *Schulze-Fielitz*, in: Dreier (Hrsg.), Grundgesetz Kommentar, Art. 20 Rn. 102; *Jarass*, in: Jarass/Pieroth, Grundgesetz für die Bundesrepublik Deutschland, Kommentar, Art. 20 Rn. 24.

405 BVerfGE 34, 269 (286 f.); 35, 263 (280); 74, 129 (152); 96, 375 (394); *Robbers*, in: Kahl/Waldhoff/Walter (Hrsg.), Bonner Kommentar zum Grundgesetz, Art. 20 Rn. 2107; *Antoni*, in: Hömig (Hrsg.), Grundgesetz für die Bundesrepublik Deutschland, Art. 20 Rn. 10; *Sommermann*, in: v. Mangoldt/Klein/Starck (Hrsg.), Kommentar zum Grundgesetz, Art. 20 Rn. 227; *Grzeszick*, in: Maunz/Dürig (Hrsg.), Grundgesetz-Kommentar, Art. 20 Rn. 247; *Sachs*, in: Sachs (Hrsg.), Grundgesetz Kommentar, Art. 20 Rn. 119; *Schulze-Fielitz*, in: Dreier (Hrsg.), Grundgesetz Kommentar, Art. 20 Rn. 101.

Die Rechtsprechung der Fachgerichte unterliegt danach der verfassungsgerichtlichen Kontrolle, ob sie sich in den aus der Verfassung folgenden Grenzen zulässiger richterlicher Rechtsanwendung und Rechtsfortbildung bewegt.[406]

Nach dem Gewaltenteilungsprinzip ist die Auslegung des einfachen Rechts, die Wahl der hierbei anzuwendenden Methoden sowie seine Anwendung auf den Einzelfall Sache der Fachgerichte und vom Bundesverfassungsgericht grundsätzlich nicht auf ihre Richtigkeit zu untersuchen.[407] Der Aufgabe und Befugnis zur „schöpferischen Rechtsfindung" sind jedoch mit Rücksicht auf den aus Gründen der Rechtsstaatlichkeit unverzichtbaren Grundsatz der Gesetzesbindung der Rechtsprechung Grenzen gesetzt.[408] Zwar ist das Gewaltenteilungsprinzip im Grundgesetz nicht im Sinne einer strikten Trennung der Funktionen und einer Monopolisierung jeder einzelnen bei einem bestimmten Organ ausgestaltet, doch schließt es aus, dass die Gerichte Befugnisse beanspruchen, die von der Verfassung dem Gesetzgeber übertragen worden sind.[409]

Die Fachgerichte haben den vom Gesetzgeber festgelegten Sinn und Zweck der Gesetze zu beachten und ihn unter gewandelten Bedingungen möglichst zuverlässig zur Geltung zu bringen.[410] Eindeutige Entscheidungen des Gesetzgebers dürfen grundsätzlich nicht korrigiert werden. Etwas anderes gilt nur, wenn eine Änderung der Verhältnisse, der gesellschaftspolitischen Anschauungen und rechtlichen Rahmenbedingungen in Anbetracht der begrenzten

---

406 BVerfGE 49, 304 (314); 65, 182 (191).

407 BVerfGE 1, 418 (420); 18, 85 (92 f.); 49, 304 (314); 78, 20 (24); 81, 242 (253); 82, 6 (11); 96, 375 (394); 98, 49 (59); 111, 54 (84); 113, 88 (103); 128, 193 (209); *Sommermann*, in: v. Mangoldt/Klein/Starck (Hrsg.), Kommentar zum Grundgesetz, Art. 20 Rn. 286; *Hofmann*, in: Schmidt-Bleibtreu/Hofmann/Hopfauf, Kommentar zum Grundgesetz, Art. 20 Rn. 94.

408 BVerfGE 34, 269 (288); 49, 304 (318); 65, 182 (191); 74, 129 (152).

409 BVerfGE 4, 219 (234); 87, 273 (280); 96, 375 (394); 109, 190 (252); 128, 193 (209); *Jarass*, in: Jarass/Pieroth, Grundgesetz für die Bundesrepublik Deutschland, Kommentar, Art. 20 Rn. 25; *Sommermann*, in: v. Mangoldt/Klein/Starck (Hrsg.), Kommentar zum Grundgesetz, Art. 20 Rn. 210 ff.; *Hofmann*, in: Schmidt-Bleibtreu/Hofmann/Hopfauf, Kommentar zum Grundgesetz, Art. 20 Rn. 55; *Leisner*, in: Sodan (Hrsg.), Grundgesetz, Art. 20 Rn. 29a.

410 BVerfGE 96, 375 (394); 128, 193 (210); 132, 99 (127 f.); *Robbers*, in: Kahl/Waldhoff/Walter (Hrsg.), Bonner Kommentar zum Grundgesetz, Art. 20 Rn. 2117; *Jarass*, in: Jarass/Pieroth, Grundgesetz für die Bundesrepublik Deutschland, Kommentar, Art. 20 Rn. 34; *Sommermann*, in: v. Mangoldt/Klein/Starck (Hrsg.), Kommentar zum Grundgesetz, Art. 20 Rn. 286; *Hofmann*, in: Schmidt-Bleibtreu/Hofmann/Hopfauf, Kommentar zum Grundgesetz, Art. 20 Rn. 96.

Reaktionsmöglichkeiten des Gesetzgebers die Anpassung einer Norm erfordert.[411] Die Aufgabe und Pflicht zur Anpassung an veränderte Verhältnisse stellt sich damit insbesondere bei zunehmendem – für das 2008 reformierte Unterhaltsrecht allerdings nicht gegebenem – zeitlichen Abstand zwischen Gesetzesbefehl und richterlicher Einzelfallentscheidung.[412]

Durch die Auslegung darf das legislative Ziel der Norm nicht in einem wesentlichen Punkt verfehlt oder verfälscht werden. Es darf nicht an die Stelle der Gesetzesvorschrift inhaltlich eine andere gesetzt oder ein bestimmter Regelungsgehalt erstmals geschaffen werden.[413] Die Gerichte dürfen sich nicht aus der Rolle des Normanwenders in die einer normsetzenden Instanz begeben und sich damit der Bindung an Recht und Gesetz entziehen.[414] Sie dürfen ihre eigenen materiellen Gerechtigkeitsvorstellungen nicht an die Stelle derjenigen des Gesetzgebers setzen[415] oder dessen Konzept durch ein eigenes Modell ersetzen.[416] Eine Interpretation, die als richterliche Rechtsfortbildung den klaren Wortlaut des Gesetzes hintanstellt, keinen Widerhall im Gesetz findet und vom Gesetzgeber nicht ausdrücklich oder stillschweigend gebilligt wird, greift unzulässig in die Kompetenzen des demokratisch legitimierten Gesetzgebers ein.[417]

---

411 BVerfGE 3, 225 (243 f.); 34, 269 (288); 82, 6 (12); 96, 375 (394); 98, 49 (59 f.); 122, 248 (267); 128, 193 (210); *Jarass*, in: Jarass/Pieroth, Grundgesetz für die Bundesrepublik Deutschland, Kommentar, Art. 20 Rn. 42.

412 BVerfGE 34, 269 (288 f.); 96, 375 (394); *Schulze-Fielitz*, in: Dreier (Hrsg.), Grundgesetz Kommentar, Art. 20 Rn. 102; *Hofmann*, in: Schmidt-Bleibtreu/Hofmann/Hopfauf, Kommentar zum Grundgesetz, Art. 20 Rn. 96.

413 BVerfGE 8, 28 (34); 9, 83 (87); 33, 52 (69); 34, 165 (200); 35, 263 (280); 48, 40 (47); 54, 277 (299); 78, 20 (24); *Jarass*, in: Jarass/Pieroth, Grundgesetz für die Bundesrepublik Deutschland, Kommentar, Art. 20 Rn. 34.

414 BVerfGE 87, 273 (280); 96, 375 (394); 109, 190 (252); 113, 88 (103 f.); 122, 248 (282 ff.) (Sondervotum); 128, 193 (210); *Robbers*, in: Kahl/Waldhoff/Walter (Hrsg.), Bonner Kommentar zum Grundgesetz, Art. 20 Rn. 2117; *Schulze-Fielitz*, in: Dreier (Hrsg.), Grundgesetz Kommentar, Art. 20 Rn. 103; *Jarass*, in: Jarass/Pieroth, Grundgesetz für die Bundesrepublik Deutschland, Kommentar, Art. 20 Rn. 42; *Sommermann*, in: v. Mangoldt/Klein/Starck (Hrsg.), Kommentar zum Grundgesetz, Art. 20 Rn. 286.

415 BVerfGE 69, 315 (372); 82, 6 (12); 128, 193 (209); 132, 99 (127); *Robbers*, in: Kahl/Waldhoff/Walter (Hrsg.), Bonner Kommentar zum Grundgesetz, Art. 20 Rn. 2104; *Hofmann*, in: Schmidt-Bleibtreu/Hofmann/Hopfauf, Kommentar zum Grundgesetz, Art. 20 Rn. 96.

416 BVerfGE 78, 20 (24); 122, 248 (283) (Sondervotum); 128, 193 (211).

417 BVerfGE 35, 263 (280); 118, 212 (243); 128, 193 (210); 132, 99 (128).

b) Prüfungsumfang des Bundesverfassungsgerichts

Da die Rechtsanwendung und Rechtsauslegung das einfache Recht betrifft, obliegt die Beantwortung der Frage, ob und in welchem Umfang gewandelte Verhältnisse neue rechtliche Antworten erfordern, den Fachgerichten. Das Bundesverfassungsgericht darf deren Würdigung aufgrund seiner eingeschränkten Kontrollbefugnis hinsichtlich des einfachen Rechts daher grundsätzlich nicht durch seine eigene ersetzen.[418] Seine Kontrolle beschränkt sich gemäß dem nach seiner ständigen, zuletzt mit Beschluss vom 11. Juli 2012 bestätigten Rechtsprechung anzuwendenden Maßstab[419] unter dem Gesichtspunkt des Art. 20 Abs. 3 GG darauf, ob die Auslegung durch die Fachgerichte die gesetzgeberische Grundentscheidung und dessen Ziele respektiert und den rechtsdogmatisch anerkannten Methoden der Gesetzesauslegung[420] in vertretbarer Weise folgt.[421] Dabei geht das Bundesverfassungsgericht davon aus, dass die Verfassung den Fachgerichten keine bestimmte Auslegungsmethode vorschreibt,[422] also keiner Methode ein unbedingter Vorrang zukommt.[423] Es kommt zudem nicht darauf an, ob das judikative Modell zweckmäßiger oder sachgerechter als das gesetzliche Modell erscheint.[424]

c) Schlussfolgerung

Vor diesem Hintergrund fokussiert sich die nachfolgende Bewertung der Modelle zum Ausgleich konkurrierender Ehegattenunterhaltsansprüche darauf, ob sie sich in den aus der Verfassung folgenden Grenzen zulässiger richterlicher Rechtsanwendung und Rechtsfortbildung bewegen, nicht aber auf ihre Zweckmäßigkeit.

3. Art. 6 Abs. 1 i.V.m. Art. 3 Abs. 1 und Abs. 2 GG

Die richterliche Rechtsanwendung unterliegt jenseits der Kompetenzfrage denselben inhaltlichen Verfassungsvorgaben, an die der Gesetzgeber gebunden

---

418 BVerfGE 82, 6 (13); 96, 375 (395); 128, 193 (209); 132, 99 (128).

419 BVerfGE 132, 99 (127 ff.); zur Kritik an diesem Maßstab: *Schönberger*, VVDSTRL 71, 298 (325 ff. m.w.N.).

420 Dritter Teil, A.I.

421 BVerfGE 96, 375 (395); 113, 88 (104); 122, 248 (258); 128, 193 (211); 132, 99 (128).

422 BVerfGE 82, 6 (11); 88, 145 (166 f.).

423 BVerfGE 35, 263 (278 f.); 88, 145 (166 f.); 97, 186 (196); 105, 135 (157).

424 BVerfGE 122, 248 (285) (Sondervotum).

ist.[425] Deshalb sind die gegenwärtig diskutierten Modelle zum Ausgleich konkurrierender Ehegattenunterhaltsansprüche zuletzt auf ihre Vereinbarkeit mit Art. 6 Abs. 1 GG i.V.m. Art. 3 Abs. 1 und Abs. 2 GG zu prüfen.

a) Schutzbereich

Art. 6 Abs. 1 GG stellt Ehe und Familie unter den besonderen Schutz der staatlichen Ordnung; er enthält neben dem Grundrecht als Abwehrrecht im klassischen Sinne eine Institutsgarantie sowie eine wertentscheidende Grundsatznorm.[426]

Als Institutsgarantie sichert Art. 6 Abs. 1 GG den Kern der das Familienrecht bildenden Vorschriften vor einer Aufhebung oder wesentlichen Umgestaltung und schützt vor staatlichen Maßnahmen, die das der Verfassung zugrunde liegende Bild von Ehe und Familie beeinträchtigen.[427] Das Institut der Ehe wird durch die Anwendung und Auslegung des geltenden Geschiedenenunterhaltsrechts nicht in Frage gestellt, das in seiner gegenwärtigen Ausgestaltung zu keinen Konsequenzen führt, welche die Ehe als mögliche Form partnerschaftlichen Zusammenlebens grundsätzlich in Zweifel ziehen.

---

425 BVerfGE 18, 85 (92); 59, 231 (256); 84, 212 (228 f.); 96, 375 (396 ff.); 108, 150 (160); 108, 351 (365); 111, 54 (82); 122, 248 (286) (Sondervotum).

426 BVerfGE 6, 55 (71 ff.); 24, 119 (135); 31, 58 (67); 51, 386 (396); 62, 323 (329); 76, 1 (41); 80, 81 (92); 105, 313 (342); *Uhle*, in: Epping/Hillgruber (Hrsg.), Beck'scher Online-Kommentar GG, Art. 6 Rn. 20; *Robbers*, in: v. Mangoldt/Klein/Starck (Hrsg.), Kommentar zum Grundgesetz, Art. 6 Rn. 8; *Badura*, in: Maunz/Dürig (Hrsg.), Grundgesetz-Kommentar, Art. 6 Rn. 6; *Coester-Waltjen*, in: v. Münch/Kunig (Hrsg.), Grundgesetz Kommentar, Art. 6 Rn. 1; *v. Coelln*, in: Sachs (Hrsg.), Grundgesetz Kommentar, Art. 6 Rn. 21; *Hofmann*, in: Schmidt-Bleibtreu/Hofmann/Hopfauf, Kommentar zum Grundgesetz, Art. 6 Rn. 3; *Sodan*, in: Sodan (Hrsg.), Grundgesetz, Art. 6 Rn. 1.

427 BVerfGE 6, 55 (72); 31, 58 (69); 53, 224 (250); 76, 1 (49); 80, 81 (92); 105, 313 (344); *Burgi*, in: Friauf/Höfling (Hrsg.), Berliner Kommentar zum Grundgesetz, Art. 6 Rn. 29; *Brosius-Gersdorf*, in: Dreier (Hrsg.), Grundgesetz Kommentar, Band I, Art. 6 Rn. 76; *Uhle*, in: Epping/Hillgruber (Hrsg.), Beck'scher Online-Kommentar GG, Art. 6 Rn. 29; *Antoni*, in: Hömig (Hrsg.), Grundgesetz für die Bundesrepublik Deutschland, Art. 6 Rn. 10; *Jarass*, in: Jarass/Pieroth, Grundgesetz für die Bundesrepublik Deutschland, Kommentar, Art. 6 Rn. 2; *Badura*, in: Maunz/Dürig (Hrsg.), Grundgesetz-Kommentar, Art. 6 Rn. 69; *v. Coelln*, in: Sachs (Hrsg.), Grundgesetz Kommentar, Art. 6 Rn. 31; *Hofmann*, in: Schmidt-Bleibtreu/Hofmann/Hopfauf, Kommentar zum Grundgesetz, Art. 6 Rn. 3; *Sodan*, in: Sodan (Hrsg.), Grundgesetz, Art. 6 Rn. 12.

Als Freiheitsrecht garantiert Art. 6 Abs. 1 GG eine Sphäre privater Lebensgestaltung, die staatlicher Einwirkung entzogen ist. Damit gewährt er ein Abwehrrecht gegen staatliche Eingriffe, welche die Ehe und Familie im materiellen oder persönlichen Bereich beeinträchtigen.[428] Hierzu gehören insbesondere die Eheschließungsfreiheit, die freie Bestimmung des Ehenamens, die Wahl des räumlichen und sozialen Mittelpunkts des gemeinsamen Lebens sowie die innerfamiliäre Verteilung der Aufgaben im ehelichen Zusammenleben.[429] Diese Rechte werden durch die hier zu bewertenden Modelle für einen angemessenen Ausgleich konkurrierender Ehegattenunterhaltsansprüche gleichfalls nicht in einem grundrechtsrelevanten Maß tangiert. Zwar mag sich die Ausformung des nachehelichen Unterhaltsrechts reflexhaft auf die innere Gestaltung einer Ehe auswirken, insbesondere auf die Entscheidung über die Verteilung von Erwerbstätigkeit und Haushaltsführung. Dies mag auch für das 2008 reformierte Unterhaltsrecht gelten, das den Trend zur Erwerbstätigkeit von Frauen verstärken wird. Doch bleibt diese Beeinflussung rein mittelbar. Sie belässt die Entscheidung über die Aufgabenverteilung den Eheleuten, die hierbei allerdings die Vor- und Nachteile der angestrebten bzw. ausgeübten Rollenverteilung für den jeweiligen Ehepartner unter Berücksichtigung des geltenden Rechts zu erwägen und gegebenenfalls auszugleichen haben.

---

428 BVerfGE 6, 55 (71 ff.); 66, 84 (94); 80, 81 (92); 87, 1 (35); *Burgi*, in: Friauf/Höfling (Hrsg.), Berliner Kommentar zum Grundgesetz, Art. 6 Rn. 24; *Uhle*, in: Epping/Hillgruber (Hrsg.), Beck'scher Online-Kommentar GG, Art. 6 Rn. 21; *Antoni*, in: Hömig (Hrsg.), Grundgesetz für die Bundesrepublik Deutschland, Art. 6 Rn. 7; *Badura*, in: Maunz/Dürig (Hrsg.), Grundgesetz-Kommentar, Art. 6 Rn. 73; *Coester-Waltjen*, in: v. Münch/Kunig (Hrsg.), Grundgesetz Kommentar, Art. 6 Rn. 19; *v. Coelln*, in: Sachs (Hrsg.), Grundgesetz Kommentar, Art. 6 Rn. 22; *Hofmann*, in: Schmidt-Bleibtreu/Hofmann/Hopfauf, Kommentar zum Grundgesetz, Art. 6 Rn. 3; *Sodan*, in: Sodan (Hrsg.), Grundgesetz, Art. 6 Rn. 5.

429 BVerfGE 31, 58 (68 f.); 39, 169 (183); 48, 327 (338); 51, 386 (397); 53, 257 (296 f.); 60, 329 (339); 61, 319 (347); 66, 84 (94); 68, 256 (268); 76, 1 (42); 87, 234 (258 f.); 99, 216 (231); 104, 373 (387); 105, 313 (342); 107, 27 (53); 133, 59 (84); *Brosius-Gersdorf*, in: Dreier (Hrsg.), Grundgesetz Kommentar, Band I, Art. 6 Rn. 61 ff; *Uhle*, in: Epping/Hillgruber (Hrsg.), Beck'scher Online-Kommentar GG, Art. 6 Rn. 23 ff.; *Antoni*, in: Hömig (Hrsg.), Grundgesetz für die Bundesrepublik Deutschland, Art. 6 Rn. 8; *Jarass*, in: Jarass/Pieroth, Grundgesetz für die Bundesrepublik Deutschland, Kommentar, Art. 6 Rn. 6 f.; *Coester-Waltjen*, in: v. Münch/Kunig (Hrsg.), Grundgesetz Kommentar, Art. 6 Rn. 20 ff.; *v. Coelln*, in: Sachs (Hrsg.), Grundgesetz Kommentar, Art. 6 Rn. 22 ff.

Maßgeblich für die nachfolgende Bewertung der Modelle ist Art. 6 Abs. 1 GG in seiner Eigenschaft als wertentscheidende Grundsatznorm.[430] Als solche verpflichtet Art. 6 Abs. 1 GG den Staat, die Familie zu schützen und zu fördern.[431] Diese Grundsatznorm erreicht zwar nicht das Maß an Verbindlichkeit, das der Institutsgarantie oder dem Freiheitsrecht des Art. 6 Abs. 1 GG eigen ist.[432] Der zur Berücksichtigung familiärer Bindungen verpflichtende Schutzauftrag des Staates wirkt jedoch auf die gesamte die Familie betreffende Rechtsordnung ein. Dies gilt unabhängig davon, ob einzelne Normen zu Eingriffen ermächtigen, zu Leistung und Teilhabe berechtigen oder zu einem Handeln, Dulden oder Unterlassen verpflichten.[433]

Art. 6 Abs. 1 GG i.V.m. Art. 3 Abs. 1 und Abs. 2 GG schützt dabei nicht nur die Ehegatten im Verhältnis zueinander, sondern ebenso einander nachfolgende Ehen. Demzufolge sind die Modelle zum Ausgleich konkurrierender Ehegattenunterhaltsansprüche zum einen gemäß Art. 6 Abs. 1 GG i.V.m. Art. 3 Abs. 2 GG auf ihre Verfassungskonformität im Verhältnis der Eheleute zueinander, zum anderen gemäß Art. 6 Abs. 1 GG i.V.m. Art. 3 Abs. 1 GG auf ihre Verfassungskonformität im Verhältnis der einander nachfolgenden Ehen zueinander zu prüfen.

aa) Art. 6 Abs. 1 GG i.V.m. Art. 3 Abs. 2 GG

Art. 6 Abs. 1 GG i.V.m. Art. 3 Abs. 2 GG schützt die Ehe als Lebensgemeinschaft gleichberechtigter Partner, in der die Ehegatten ihre persönliche und

---

430 BVerfGE 6, 55 (72); 24, 119 (135); 31, 58 (67); 39, 316 (326); 51, 386 (396 f.); 62, 323 (329); 68, 256 (267 f.); 76, 1 (49); 80, 81 (92 f.); 128, 193 (207); *Burgi*, in: Friauf/Höfling (Hrsg.), Berliner Kommentar zum Grundgesetz, Art. 6 Rn. 34; *Uhle*, in: Epping/Hillgruber (Hrsg.), Beck'scher Online-Kommentar GG, Art. 6 Rn. 33; *Badura*, in: Maunz/Dürig (Hrsg.), Grundgesetz-Kommentar, Art. 6 Rn. 67; *Coester-Waltjen*, in: v. Münch/Kunig (Hrsg.), Grundgesetz Kommentar, Art. 6 Rn. 35; *v. Coelln*, in: Sachs (Hrsg.), Grundgesetz Kommentar, Art. 6 Rn. 34; *Hofmann*, in: Schmidt-Bleibtreu/Hofmann/Hopfauf, Kommentar zum Grundgesetz, Art. 6 Rn. 10; *Sodan*, in: Sodan (Hrsg.), Grundgesetz, Art. 6 Rn. 13.

431 BVerfGE 6, 55 (76); 21, 1 (6); 28, 104 (113); 48, 346 (366); 53, 224 (248); 55, 114 (126); 76, 1 (49); 80, 81 (92 f.); 82, 60 (81); 87, 1 (35); 104, 373 (385); 105, 313 (346); 108, 351 (363); *Uhle*, in: Epping/Hillgruber (Hrsg.), Beck'scher Online-Kommentar GG, Art. 6 Rn. 33; *Antoni*, in: Hömig (Hrsg.), Grundgesetz für die Bundesrepublik Deutschland, Art. 6 Rn. 12; *Jarass*, in: Jarass/Pieroth, Grundgesetz für die Bundesrepublik Deutschland, Kommentar, Art. 6 Rn. 19 f.; *Badura*, in: Maunz/Dürig (Hrsg.), Grundgesetz-Kommentar, Art. 6 Rn. 8.

432 BVerfGE 80, 81 (93).

433 BVerfGE 80, 81 (92 f.).

wirtschaftliche Lebensführung in gemeinsamer Verantwortung bestimmen. Zur selbstverantwortlichen Lebensgestaltung gehört insbesondere die innerfamiliäre Arbeitsaufteilung. Da den Ehepartnern gleiches Recht und gleiche Verantwortung bei der Ausgestaltung des Ehe- und Familienlebens zukommt, sind die Leistungen, die sie im Rahmen der von ihnen in gemeinsamer Entscheidung getroffenen Arbeits- und Aufgabenzuweisung im gemeinsamen Unterhaltsverband jeweils erbringen, als gleichwertig anzusehen. Erwerbseinkommen, Haushaltsführung und Kinderbetreuung prägen die ehelichen Lebensverhältnisse in gleicher Weise und tragen zum Unterhalt der Familie gleichermaßen bei. Daher haben beide Eheleute während des ehelichen Zusammenlebens grundsätzlich Anspruch auf gleiche Teilhabe am gemeinsam Erwirtschafteten, das ihnen grundsätzlich zu gleichen Teilen zuzuordnen ist.[434]

Das eheliche Pflichtenverhältnis wird durch Trennung und Scheidung zwar verändert, nicht aber vollständig beendet. Daher wird nicht nur die bestehende Ehe, sondern werden gleichermaßen auch die Folgewirkungen einer geschiedenen Ehe durch Art. 6 Abs. 1 GG geschützt.[435] Das Prinzip gleicher Teilhabe gilt nicht nur für die Zeit des Bestehens der Ehe, sondern auch nach Trennung und Scheidung. Diese Nachwirkung gilt namentlich für die unterhaltsrechtliche Beziehung der geschiedenen Eheleute.[436] Bei der nachehelichen Unterhaltsbemessung ist das Einkommen, das den Lebensstandard der Ehe geprägt hat, den Ehegatten grundsätzlich hälftig zuzuordnen.[437] Seine Höhe ergibt sich regelmäßig aus der Summe der Einkünfte, die den Eheleuten zur gemeinsamen Lebensführung zur Verfügung gestanden haben. Es ist dabei gleichgültig, ob diese Einkünfte nur von einem oder von beiden Ehegatten erzielt worden sind. Grundsätzlich stellt die Hälfte des gemeinsamen Einkommens den Teil dar, den es – sofern die sonstigen unterhaltsrechtlichen Voraussetzungen

---

434 BVerfGE 37, 217 (251); 47, 85 (100); 53, 257 (296); 66, 84 (94 f.); 79, 106 (126); 105, 1 (10 ff.); 128, 193 (207); *Uhle*, in: Epping/Hillgruber (Hrsg.), Beck'scher Online-Kommentar GG, Art. 6 Rn. 7; *Badura*, in: Maunz/Dürig (Hrsg.), Grundgesetz-Kommentar, Art. 6 Rn. 27; *Hofmann*, in: Schmidt-Bleibtreu/Hofmann/Hopfauf, Kommentar zum Grundgesetz, Art. 6 Rn. 14.

435 BVerfGE 53, 224 (250); 53, 257 (296 f.); 62, 323 (330); 63, 88 (109); 66, 84 (93); 108, 351 (364); *Jarass*, in: Jarass/Pieroth, Grundgesetz für die Bundesrepublik Deutschland, Kommentar, Art. 6 Rn. 6; *v. Coelln*, in: Sachs (Hrsg.), Grundgesetz Kommentar, Art. 6 Rn. 51; *Hofmann*, in: Schmidt-Bleibtreu/Hofmann/Hopfauf, Kommentar zum Grundgesetz, Art. 6 Rn. 14.

436 BVerfGE 22, 93 (96 f.); 47, 85 (100); 63, 88 (109); 105, 1 (12); 128, 193 (207); *Hofmann*, in: Schmidt-Bleibtreu/Hofmann/Hopfauf, Kommentar zum Grundgesetz, Art. 6 Rn. 37.

437 BVerfGE 105, 1 (12); 128, 193 (207).

vorliegen – für denjenigen Ehegatten zu sichern gilt, der nach der Scheidung nicht über ein eigenes Einkommen in entsprechender Höhe verfügt.[438]

bb) Art. 6 Abs. 1 GG i.V.m. Art. 3 Abs. 1 GG

Geschiedene und nachfolgende Ehen werden von Art. 6 Abs. 1 GG gleichrangig und gleichwertig geschützt.[439] Aufeinander folgende Ehen stellen zwei auf der Gewährleistung des Art. 6 Abs. 1 GG beruhende Grundrechtspositionen mit unterschiedlichen, regelmäßig widerstreitenden Interessenlagen dar, die es gleichermaßen zu schützen gilt. Es lässt sich daher nicht isoliert am Maßstab des Art. 6 Abs. 1 GG prüfen, ob gesetzliche Regelungen und deren Anwendung und Auslegung eine verfassungswidrige Benachteiligung eines der aufeinander folgenden Eheverbände darstellen.[440] Deshalb ist als Prüfungsmaßstab ergänzend der allgemeine Gleichheitssatz nach Art. 3 Abs. 1 GG heranzuziehen.[441]

b) Prüfungsumfang des Bundesverfassungsgerichts

aa) Ausgestaltungsrecht und Ausgestaltungspflicht des Gesetzgebers

Da die Institutionen der Ehe und Familie rechtliche Gebilde sind, die wie einleitend dargestellt einem steten gesellschaftlichen Wandel unterliegen,[442] obliegt es dem Gesetzgeber, den verfassungsrechtlichen Begriff der Ehe durch einfachrechtliche Normen zu definieren und auszugestalten.[443] Das Grundgesetz gewährleistet das Institut der Ehe und Familie nicht abstrakt, sondern in der gesetzlichen Ausgestaltung, wie sie den jeweils herrschenden, in den gesetzlichen Regelungen zum Ausdruck kommenden Anschauungen entspricht.[444]

Der Gesetzgeber kann danach grundsätzlich selbst und innerhalb eines erheblichen Gestaltungsspielraums bestimmen, auf welche Weise er den ihm

---

438 BVerfGE 66, 84 (94 f.); 105, 1 (12).

439 BVerfGE 55, 114 (128 f.); 66, 84 (94 f.); 68, 256 (268); 108, 351 (364); 128, 193 (207).

440 BVerfGE 66, 84 (94 f.); 108, 351 (363 f.).

441 BVerfGE 66, 84 (93).

442 Einleitung, A.I und A.II.

443 BVerfGE 31, 58 (67); 53, 224 (245); 62, 323 (330); 81, 1 (7); 89, 276 (285 f.); 105, 313 (345); 133, 59 (85); *Brosius-Gersdorf*, in: Dreier (Hrsg.), Grundgesetz Kommentar, Band I, Art. 6 Rn. 74; *Jarass*, in: Jarass/Pieroth, Grundgesetz für die Bundesrepublik Deutschland, Kommentar, Art. 6 Rn. 18; *Badura*, in: Maunz/Dürig (Hrsg.), Grundgesetz-Kommentar, Art. 6 Rn. 4.

444 BVerfGE 31, 58 (82 f.); 105, 313 (345); *Antoni*, in: Hömig (Hrsg.), Grundgesetz für die Bundesrepublik Deutschland, Art. 6 Rn. 5; *Badura*, in: Maunz/Dürig (Hrsg.), Grundgesetz-Kommentar, Art. 6 Rn. 4.

aufgetragenen Schutz der Ehe unter Berücksichtigung der unterschiedlichen Ehekonstellationen verwirklichen will.[445] Differenziert er im Verhältnis der Eheleute zueinander oder im Verhältnis einander nachfolgender Ehen zueinander, überprüft das Bundesverfassungsgericht lediglich, ob er für diese Unterscheidung hinreichende Gründe hat. Es entscheidet dagegen nicht, ob der Gesetzgeber die gerechteste oder zweckmäßigste Regelung getroffen hat. Seiner Kontrolle unterliegt alleine, ob der Gesetzgeber die äußersten Grenzen seiner Gestaltungsfreiheit gewahrt hat, die mit dem Grundsatz der Gleichwertigkeit der ehelichen Unterhaltsbeiträge sowie der Gleichwertigkeit und Gleichrangigkeit einander nachfolgender Ehen durch Art. 6 Abs. 1 GG gesetzt sind.[446]

Unterhaltsrechtliche Regelungen, die (geschiedene) Eheleute betreffen, sind danach gemäß Art. 6 Abs. 1 GG i.V.m. Art. 3 Abs. 2 GG nicht zu beanstanden, wenn sie den aus der Gleichwertigkeit der ehelichen Unterhaltsbeiträge erwachsenden Anspruch beider Eheleute auf Sicherung eines gleichen Lebensstandards im Prinzip wahren. Dadurch sind Modifikationen des Grundsatzes gleicher Teilhabe nicht ausgeschlossen.[447] Im Verhältnis einander nachfolgender Ehen zueinander ist es dem Gesetzgeber überlassen, wie er deren aus Art. 6 Abs. 1 GG i.V.m. Art. 3 Abs. 1 GG folgende, grundsätzliche Gleichwertigkeit und Gleichrangigkeit umsetzen und ausgestalten will. Aus Art. 6 Abs. 1 GG lassen sich aus den unterschiedlichen, zum Teil widerstreitenden Interessenlagen für die legislative Ausgestaltung der jeweiligen Rechtspositionen keine besonderen Anforderungen herleiten.[448] Der Gesetzgeber kann danach insbesondere der bestehenden Ehe Vorteile gewähren, die er der geschiedenen Ehe vorenthält und umgekehrt der geschiedenen Ehe Vorteile einräumen, welche er der nachfolgenden Ehe verwehrt.[449]

---

445 BVerfGE 21, 1 (6); 31, 58 (70); 39, 316 (326); 43, 108 (123 f.); 48, 346 (366); 52, 277 (281); 53, 224 (245); 55, 114 (126); 62, 323 (333); 82, 60 (81); 87, 1 (36); 105, 313 (345); 108, 351 (364); 133, 59 (85); *Brosius-Gersdorf*, in: Dreier (Hrsg.), Grundgesetz Kommentar, Band I, Art. 6 Rn. 74; *Jarass*, in: Jarass/Pieroth, Grundgesetz für die Bundesrepublik Deutschland, Kommentar, Art. 6 Rn. 18; *Coester-Waltjen*, in: v. Münch/Kunig (Hrsg.), Grundgesetz Kommentar, Art. 6 Rn. 56; *v. Coelln*, in: Sachs (Hrsg.), Grundgesetz Kommentar, Art. 6 Rn. 35; *Sodan*, in: Sodan (Hrsg.), Grundgesetz, Art. 6 Rn. 8.

446 BVerfGE 52, 277 (281); 66, 84 (95); 105, 1 (12 f.); 108, 351 (364).

447 BVerfGE 105, 1 (12 f.); 128, 193 (207).

448 BVerfGE 66, 84 (94 f.); 108, 351 (364).

449 BVerfGE 108, 351 (364 f.).

bb) Verfassungskonformität des Unterhaltsrechts

Das Bundesverfassungsgericht hat den vom Gesetzgeber vorgesehenen systematischen Aufbau der Prüfung eines Anspruchs auf Geschiedenenunterhalt gebilligt. Dieser wird den aus Art. 6 Abs. 1 GG i.V.m. Art. 3 Abs. 1 und Abs. 2 GG folgenden Anforderungen gerecht, da er die Gewährung des Unterhalts von der Bedürftigkeit des Berechtigten und der Leistungsfähigkeit des Pflichtigen abhängig macht.[450]

Ferner hat es die Festlegung des geltenden Unterhaltsmaßes in § 1578 Abs. 1 S. 1 BGB anlässlich der Eherechtsreform von 1977 ebenso gebilligt wie dessen Beibehaltung anlässlich der Unterhaltsreform von 2008. Ihm zufolge begegnete es keinen verfassungsrechtlichen Bedenken, dass das Unterhaltsmaß 1977 an den ehelichen Lebensverhältnissen zum Zeitpunkt der Rechtskraft der Scheidung ausgerichtet wurde.[451] Dies entsprach dem aus Art. 6 Abs. 1 GG i.V.m. Art. 3 Abs. 2 GG folgenden Gebot gleicher Teilhabe geschiedener Ehegatten am gemeinsam Erwirtschafteten[452] sowie der nach der Scheidung fortwirkenden Verantwortung der Eheleute füreinander, durch die der bedürftige Ehegatte vor einem sozialen Abstieg geschützt wurde.[453] Ebenfalls trug die Ausrichtung des Unterhaltsmaßes an den ehelichen Lebensverhältnissen nach seiner Feststellung den Anforderungen aus Art. 6 Abs. 1 GG i.V.m. Art. 3 Abs. 1 GG Rechnung, da sie auf der Annahme beruhte, dass die Eheleute einer nachfolgenden Ehe sich auf die bereits existierende und bekannte wirtschaftliche Last aus der ersten Ehe einrichten könnten.[454] Die Beibehaltung des Unterhaltsmaßes anlässlich der Reform von 2008 und die Anknüpfung des § 1578b BGB an diesen Maßstab hat das Bundesverfassungsgericht schließlich als Beitrag des Gesetzgebers zur schonenden Anpassung des Unterhaltsrechts ausdrücklich anerkannt.[455]

Das Bundesverfassungsgericht hat auch die wechselnde – den in der Einleitung aufgezeigten,[456] geänderten gesellschaftlichen Rahmenbedingungen geschuldete – Differenzierung bei der Berücksichtigung und Gewichtung konkurrierender Unterhaltsinteressen gebilligt. Es hat anerkannt, dass der durch die Eherechtsreform 1977 grundsätzlich dem vorangegangenen Ehegatten eingeräumte Vorrang mit den Vorgaben des Art. 6 Abs. 1 GG i.V.m. Art. 3 Abs. 1 und

---

450 BVerfGE 128, 193 (208, 211 f.).

451 BVerfGE 128, 193 (211 f.); Zweiter Teil, A.I.

452 BVerfGE 37, 217 (251); 63, 88 (109); 105, 1 (12); 128, 193 (207 f.).

453 BVerfGE 57, 361 (380, 389); 128, 193 (212).

454 BVerfGE 66, 84 (98); 108, 351 (364); 128, 193 (208).

455 BVerfGE 128, 193 (213 f., 215).

456 Einleitung, A.I und A.II.

Abs. 2 GG in Einklang zu bringen war. Ebenso hat es später die einschneidenden Änderungen in der Rangzuweisung anlässlich der Unterhaltsreform von 2008 verfassungsrechtlich gebilligt.

Die nach der Eherechtsreform von 1977 in § 1582 BGB a.F.[457] vorgesehene, grundsätzlich den vorangegangenen Ehegatten im Rang vorziehende Auflösung der Unterhaltskonkurrenz einander nachfolgender Ehepartner ließ sich seiner Auffassung nach mit den verfassungsrechtlichen Anforderungen des Art. 6 Abs. 1 GG i.V.m. Art. 3 Abs. 1 und Abs. 2 GG vereinbaren, da sie auf der hinreichend begründeten Annahme des Gesetzgebers beruhte, dass Ehen überwiegend als sogenannte Hausfrauenehen geführt würden und Ehefrauen nach einer Scheidung deshalb oftmals nicht in der Lage seien, selbst für ihren Unterhalt zu sorgen. Danach sei es nicht zu beanstanden, den Pflichtigen darauf zu verweisen, neue Pflichten nur im Rahmen seiner finanziellen Verhältnisse zu übernehmen, die wegen der aus der vorangegangenen Ehe herrührenden Verpflichtungen beschränkt seien. Auf diese finanziellen Einschränkungen könne er sich – wie sein späterer Ehegatte – bei Eingehen der nächsten Ehe einstellen.[458]

Auch die gut 30 Jahre später erfolgte Änderung der Rangfolge zulasten des vorangegangenen Ehegatten anlässlich der Unterhaltsreform von 2008 hat die Billigung des Bundesverfassungsgerichts gefunden, da sie sich mit den geänderten gesellschaftlichen Realitäten hinreichend begründen ließ. Dabei hat das Bundesverfassungsgericht darauf abgestellt, dass der Gesetzgeber mit der Änderung der Rangfolge in § 1609 BGB – ebenso wie mit der Anpassung des § 1569 BGB und der Einfügung des § 1578b BGB – der verfassungsrechtlichen Gleichrangigkeit einander nachfolgender Ehen unter geänderten gesellschaftlichen Vorzeichen[459] hinreichend Rechnung getragen habe. Hierbei hat es die legislative Erwägung gebilligt, dass wegen der geänderten ehelichen Rollenverteilung, der besseren beruflichen Situierung der Frauen und der gestiegenen Scheidungs- und Wiederverheiratungsraten nicht mehr die zeitliche Priorität der Unterhaltsansprüche zähle, sondern die Schutzbedürftigkeit der konkurrierenden Berechtigten maßgebend sei. Außerdem hat das Bundesverfassungsgericht als hinreichenden Grund anerkannt, dass der Schutzbedürftigkeit der vorangegangenen Ehe durch die Beibehaltung der Bedarfsbestimmung und der Bemessung der Leistungsfähigkeit sowie durch den besonderen Schutz lang andauernder Ehen in § 1609 Nr. 2 BGB sowie in § 36 EGZPO hinreichend Rechnung getragen worden sei.[460]

457 Vgl. zu § 1582 BGB in der Fassung vom 1. Juni 1976 Fußnote 141.
458 BVerfGE 66, 84 (97 f.); 108, 351 (364), 128, 193 (208).
459 Einleitung, A.I und A.II.
460 BVerfGE 128, 193 (198, 208 f., 212 f.).

c) Schlussfolgerung

Für die Bewertung der Modelle gilt danach, dass die Anwendung und Auslegung gesetzlicher Vorschriften grundsätzlich Sache der Fachgerichte ist.[461] Die Empfehlungen sind daher lediglich darauf zu untersuchen, ob sie Auslegungsvarianten des einfachen Rechts darstellen, die den Einfluss und Schutzzweck der Grundrechte nicht grundlegend verkennen.[462]

Diese Kontrolldichte gilt auch und gerade für die Auslegung von Normen, die der Gesetzgeber zur Ausgestaltung des Grundrechtsschutzes erlassen hat.[463] Art. 6 Abs. 1 GG gebietet mithin, jedem Ehepartner und jeder Ehe den Schutz zukommen zu lassen, der in der jeweiligen gesetzlichen Ausformung seine Konkretisierung findet. Differenziert der Gesetzgeber in Erfüllung und Ausgestaltung seiner Verpflichtung aus Art. 6 Abs. 1 GG im einfachen Recht zwischen den Eheleuten oder den einander nachfolgenden Eheverbänden und gewährt ihnen unterschiedliche Vorteile, mit denen er ihrer jeweiligen Bedarfslage gerecht werden will, so ist dieser einfachgesetzlich konkretisierte Grundrechtsschutz bei der Auslegung der maßgeblichen Bestimmungen zu beachten und zu respektieren.[464] Modelle zur Auslegung des geltenden Unterhaltsrechts sind danach nicht zu beanstanden, wenn sie den aus der Gleichwertigkeit der ehelichen Unterhaltsbeiträge erwachsenden Anspruch beider Eheleute auf Sicherung eines gleichen Lebensstandards auch nach der Ehe bei der Ermittlung des nachehelichen Unterhalts im Prinzip wahren, ebenso wie die grundsätzliche Gleichwertigkeit und Gleichrangigkeit einander nachfolgender Ehen.[465]

III. Prüfungsfolge

Die Empfehlungen sollen nach den soeben festgestellten Maßstäben in der Reihenfolge untersucht werden, in der ein Unterhaltsanspruch nach dem allgemein anerkannten,[466] im Ersten Teil eingehend dargestellten unterhaltsrechtlichen Schema geprüft wird.[467] Da nach dem Beschluss des Bundesverfassungsgerichts

461 Dritter Teil, A.II.2.b).

462 BVerfGE 1, 418 (420); 18, 85 (92 f.); 79, 106 (126); 89, 276 (285 f.); 108, 351 (365).

463 BVerfGE 53, 30 (57 f.); 108, 351 (365).

464 BVerfGE 108, 351 (365 f.).

465 BVerfGE 105, 1 (12 f.).

466 Gesetzentwurf der Bundesregierung eines Gesetzes zur Änderung des Unterhaltsrechts vom 15. Juni 2006, BT-Drucks. 16/1830, 20; BVerfGE 128, 193 (212); BGH, Urteil vom 14. November 2007 – XII ZR 16/07, FamRZ 2008, 134 (135); BGHZ 185, 1 (6); Urteil vom 7. März 2012 – XII ZR 145/09, FamRZ 2012, 951 (954).

467 Erster Teil, B.VI.

konsequenterweise nicht mehr empfohlen wird, konkurrierende Ehegattenunterhaltsansprüche auf der Ebene der Bedarfsbestimmung nach § 1578 Abs. 1 S. 1 BGB auszugleichen, sind zunächst die Ansätze näher zu betrachten, die den Ausgleich im Wesentlichen auf der Ebene der Leistungsfähigkeit nach § 1581 S. 1 BGB ansiedeln. Im Anschluss soll geprüft werden, ob die konkurrierenden Ansprüche anlässlich der Prüfung der Einwendung der Befristung und Begrenzung nachehelichen Unterhalts wegen Unbilligkeit einer fortdauernden Unterhaltspflicht nach § 1578b BGB ausgeglichen werden können. Zuletzt soll der Vorschlag analysiert werden, den Ausgleich im Wesentlichen der Ebene der Rangfolge nach § 1609 BGB vorzubehalten.

B. Ausgleich auf der Ebene des § 1581 BGB – Dreiteilung oder ihr nahe kommende Angleichungen der Gesamteinkünfte

Einige Auslegungsansätze – insbesondere des Bundesgerichtshofs,[468] der Oberlandesgerichte[469] sowie einiger Vertreter der Wissenschaft[470] – bestimmen die Unterhaltsbedarfe einander nachfolgender Ehegatten chronologisch nach ihren jeweiligen ehelichen Lebensverhältnissen mit dem Pflichtigen. Sie beziehen in die Bedarfsbestimmung des nachfolgenden Ehegatten den Unterhaltsanspruch des vorangegangenen Ehepartners ein, nicht aber umgekehrt die Unterhaltslast gegenüber dem nachfolgenden Ehepartner in die Bedarfsbestimmung des vorangegangenen Ehegatten. Konkurrierende Ehegattenunterhaltsansprüche sollen je nach Rangverhältnis regelmäßig bereits auf der Ebene des § 1581 S. 1 BGB ausgeglichen werden. Der Bedarf des vor- oder gleichrangigen nachfolgenden Ehegatten soll in aller Regel als gleichsam rangabhängiges Billigkeitskriterium bei der Prüfung der Leistungsfähigkeit des Pflichtigen gegenüber dem vorangegangenen Ehepartner berücksichtigt werden, nicht aber der Bedarf des nachrangigen, nachfolgenden Ehegatten. Unabhängig vom Rangverhältnis sollen stets die besonderen Einzelfallumstände zu würdigen sein.

Nach allen Varianten dieses Ansatzes nähern sich die konkurrierenden Unterhaltsansprüche bei Vor- und Gleichrang des nachfolgenden Ehegatten in einer Weise aneinander an, die letztlich auf eine Dreiteilung der Gesamteinkünfte aller Beteiligten auf der Ebene der Leistungsfähigkeit hinausläuft. Zu diesem Ergebnis

468 Zweiter Teil, F.II.
469 Zweiter Teil, F.I.
470 Zweiter Teil, F.III.1.

gelangen die einzelnen Modelle vermittels erheblich voneinander abweichender Rechenwege und Formeln. Diese reichen von Annäherungsberechnungen,[471] stufenweisen wechselbezüglichen Annäherungsrechnungen[472] und Annäherungsrechnungen vermittels mehrfacher proportionaler Kürzungen der konkurrierenden Bedarfe,[473] die im Ergebnis der Dreiteilung der Gesamteinkünfte der Beteiligten auf der Ebene des § 1581 S. 1 BGB nahekommen oder ihr entsprechen, bis hin zur direkten Verwendung der Dreiteilungsmethode auf der Ebene der Leistungsfähigkeit[474] und ihrer revisions- bzw. rechtsbeschwerderechtlichen Billigung durch den Bundesgerichtshof.[475]

Die Verfassungskonformität dieser Modelle hängt nicht von ihrem jeweiligen Rechenweg ab, der bei allen Modellen trotz der unterschiedlichen mathematischen Formeln im Wesentlichen zu denselben Ergebnissen führt. Da die Modelle den Ausgleich der konkurrierenden Ehegattenunterhaltsansprüche sämtlich auf der Ebene der Leistungsfähigkeit ansiedeln und sich ihre Ergebnisse trotz der abweichenden Rechenwege im Wesentlichen gleichen, kann in einer einheitlichen Prüfung untersucht werden, ob ihnen *de lege lata* gefolgt werden kann.

I. Einfachrechtliche Bewertung

1. Grammatische Auslegung

Der Wortlaut des § 1578 Abs. 1 S. 1 BGB stellt zur Bedarfsbestimmung auf die „ehelichen Lebensverhältnisse" der jeweiligen Ehe ab. Nach dem allgemeinen Sprachgebrauch dieses nicht legal definierten Begriffs sind für eine Ehe die Verhältnisse prägend, welche sie von ihrer Eingehung bis zur Rechtskraft ihrer Auflösung bestimmen.[476] Die Verhältnisse, die eine Ehe prägen, bestimmen sich nicht nur nach den Einkünften der Ehepartner, sondern auch nach den von einem oder beiden zu tragenden Belastungen.[477] Eine bei Eheschließung bestehende Unterhaltslast gegenüber einem früheren Ehepartner bestimmt nach diesem Sprachgebrauch die ehelichen Lebensverhältnisse der späteren Ehe, nicht aber umgekehrt eine gegenüber einem nachfolgenden Ehegatten bestehende Unterhaltslast die ehelichen Lebensverhältnisse des vorangegangenen Ehepartners.

471 Zweiter Teil, F.III.1.a).
472 Zweiter Teil, F.III.1.b).
473 Zweiter Teil, F.III.1.d).
474 Zweiter Teil, B.III.3. und F.III.1.c).
475 Zweiter Teil, F.II.
476 BVerfGE 108, 351 (366); 128, 193 (218).
477 Erster Teil, B.VI.2.

Danach lässt sich die für die einander nachfolgenden unterhaltsberechtigten Ehegatten vorgeschlagene, chronologische Bedarfsbestimmung mit dem Wortlaut des § 1578 Abs. 1 S. 1 BGB rechtfertigen.

Nach dem Wortlaut des § 1581 S. 1 BGB sind bei der Prüfung der Leistungsfähigkeit des Pflichtigen dessen sonstige Verpflichtungen nach Billigkeit zu berücksichtigen und ist ihm der eigene angemessene Unterhalt zu belassen. Der Begriff der Verpflichtungen umfasst nach allgemeinem Sprachgebrauch auch Unterhaltsverpflichtungen gegenüber einem späteren Ehegatten.[478] Die Berücksichtigung sonstiger Verpflichtungen nach Billigkeit stellt keinen konkreten Maßstab für die Berücksichtigung nachehelich hinzugetretener Unterhaltsverpflichtungen zur Verfügung. Vielmehr eröffnet er begrifflich die Möglichkeit, weitere Unterhaltslasten des Pflichtigen alleine nach dem Kriterium der Billigkeit zu berücksichtigen. Der Wortlaut des § 1581 S. 1 BGB lässt es dabei nicht nur zu, den Geschiedenenunterhalt je nach den individuellen Einzelfallumständen nach Billigkeit anzupassen, sondern auch, hierfür typisierende Fallgruppen zu bilden. Danach trägt es das Tatbestandsmerkmal der Billigkeit, dass die Empfehlungen Fallgruppen bilden, in denen es in Abhängigkeit von den der Rangfolge zugrunde liegenden Wertungen – neben ausdrücklich gleichfalls zu prüfenden individuellen Einzelfallumständen – regelmäßig der Billigkeit entsprechen soll, den Bedarf des nachfolgenden Ehegatten nach § 1581 S. 1 BGB als Abzugsposten zu berücksichtigen oder aber dies zu unterlassen.

§ 1581 S. 1 BGB gibt seinem Wortlaut nach zudem nicht vor, in welcher Höhe Verpflichtungen zu berücksichtigen sind, die dem Grunde nach in die Feststellung der Leistungsfähigkeit einbezogen werden sollen. Auch zur Beurteilung dieser Frage steht nach seinem Wortlaut lediglich das Kriterium der Billigkeit zur Verfügung. Hinter der Bestimmung des für den nachfolgenden Ehepartner einzubeziehenden Bedarfs im Wege der Dreiteilung oder Angleichung der konkurrierenden Bedarfe steht die Erwägung, dass der nach § 1581 S. 1 BGB zu berücksichtigende Bedarf des nachfolgenden Ehepartners gemäß § 1578 Abs. 1 S. 1 BGB zu bestimmen ist. Hierdurch ergibt sich eine Wechselwirkung zwischen den konkurrierenden Bedarfen. Der nach § 1578 Abs. 1 S. 1 BGB bestimmte und nach § 1581 S. 1 BGB berücksichtigte Bedarf des nachfolgenden Ehepartners schmälert den Unterhaltsanspruch des vorangegangenen Ehegatten, wodurch wiederum der Bedarf des nachfolgenden Ehegatten steigt.[479] Die Vereinfachung dieser Wechselwirkung im Wege der Dreiteilung oder Angleichung der Einkünfte lässt sich mit

478 BVerfGE 128, 193 (214 f.).
479 BGHZ 192, 45 (63 f.).

dem Wortlaut des § 1581 S. 1 BGB vereinbaren, der jede an Billigkeitskriterien ausgerichtete, auch typisierende Angemessenheitsprüfung für die Bewertung der nach Billigkeit zu berücksichtigenden Unterhaltsverpflichtungen des Pflichtigen und des ihm zu belassenden angemessenen Unterhalts zulässt.

2. Systematische Auslegung

§ 1578 Abs. 1 S. 1 BGB und § 1581 S. 1 BGB sind systematisch in die Regelungen der §§ 1569 ff. BGB einzuordnen. Ob und in welcher Höhe Geschiedenenunterhalt zu gewähren ist, hängt nach diesen Bestimmungen von einer mehrstufigen Prüfung ab. Dieser Prüfungsfolge werden die Empfehlungen gerecht. Sie ermitteln zunächst den Bedarf des geschiedenen Ehegatten und prüfen erst im Anschluss, ob der Pflichtige imstande ist, diesen Bedarf nach seinen zur Zeit der Geltendmachung des Unterhalts vorhandenen Mitteln als Unterhalt zu gewähren.

Anders als die Verwendung der Dreiteilungsmethode zur Bedarfsbestimmung entheben die Vorschläge die Bedarfsbestimmung nach § 1578 Abs. 1 S. 1 BGB nicht ihrer eigenständigen, systematischen Bedeutung. Trotz der bei Vor- und Gleichrang des nachfolgenden Ehepartners empfohlenen Angleichung der konkurrierenden Bedarfe auf der Ebene der Leistungsfähigkeit halten die Empfehlungen die Bedeutung der vorangestellten Bedarfsbestimmung nach § 1578 Abs. 1 S. 1 BGB als Ausgangspunkt der Feststellung des geschuldeten Ehegattenunterhalts aufrecht. Die chronologische Bedarfsbestimmung eröffnet die Prüfung, ob der Pflichtige aufgrund seiner nach § 1581 S. 1 BGB zu beurteilenden gegenwärtigen Verhältnisse, beispielsweise infolge nicht prägender nachehelicher Einkünfte, in der Lage ist, seinem geschiedenen Ehegatten Unterhalt in Höhe seines nach seinen ehelichen Lebensverhältnissen mit dem Pflichtigen bestimmten Bedarfs zu gewähren.[480] Diese Prüfung war durch die Verwendung der Dreiteilungsmethode zur Bedarfsbestimmung von vornherein ausgeschlossen. Gleichzeitig ergibt sich aus der Bedarfsbestimmung nach § 1578 Abs. 1 S. 1 BGB die Grenze des dem vorangegangenen Ehepartner im Rahmen der Leistungsfähigkeit des Pflichtigen zu leistenden Unterhalts. Verfügt der neue Ehegatte des Pflichtigen über hohe Einkünfte und führt dies durch die auf der Ebene des § 1581 S. 1 BGB empfohlene Dreiteilung oder Angleichung des Gesamteinkommens zu einer Erhöhung der Leistungsfähigkeit des Pflichtigen, so bleibt der Unterhaltsanspruch des vorangegangenen Ehepartners gleichwohl auf seinen gemäß § 1578 Abs. 1 S. 1 BGB bestimmten Bedarf beschränkt.

480 BVerfGE 128, 193 (219).

Zudem behält die Bedarfsbestimmung für die Einsatzzeitpunkte der Gewährung nachehelichen Unterhalts aufgrund verschiedener, aufeinander folgender Bedürfnislagen[481] sowie für die Abänderung bereits geschaffener Unterhaltstitel die ihr systematisch zugewiesene Bedeutung. Anlässlich der Abänderung eines Unterhaltstitels eröffnet sie neuerlich die Prüfung, ob der Pflichtige aufgrund seiner nach § 1581 S. 1 BGB zu beurteilenden gegenwärtigen Verhältnisse in der Lage ist, dem Berechtigten nun Unterhalt in Höhe des nach den ehelichen Lebensverhältnissen bestimmten Bedarfs zu gewähren.[482] Durch die Dreiteilung oder Angleichung der Bedarfe auf der Ebene der Leistungsfähigkeit wird also nicht bereits der Unterhaltsbedarf des geschiedenen Ehegatten nach § 1578 Abs. 1 S. 1 BGB verkürzt und damit die Gewährung eines am ehelichen Standard ausgerichteten Unterhalts dauerhaft ausgeschlossen. Stattdessen bleibt die Gewährung von Unterhalt in Höhe des ungekürzten Bedarfs möglich, wenn sich die Verhältnisse des Pflichtigen nachehelich bessern.

Die Empfehlungen siedeln die Berücksichtigung konkurrierender Ehegattenunterhaltsansprüche zudem an einer Stelle an, an welcher dies nach dem System des Unterhaltsrechts zugelassen ist.[483] § 1581 S. 1 BGB verlangt die Einbeziehung nachehelicher Unterhaltsverbindlichkeiten bei der Prüfung der Leistungsfähigkeit des Pflichtigen zwar nicht, doch lässt er deren Berücksichtigung nach Billigkeit zu. Dies erlaubt es, dem unterhaltsberechtigten Ehegatten bereits auf der Ebene des § 1581 S. 1 BGB konkurrierende Unterhaltsansprüche eines nachfolgenden Ehepartners entgegenzuhalten und seinen Unterhalt entsprechend zu ermäßigen, statt ausschließlich eine Konkurrenzentscheidung nach § 1609 BGB zu treffen, bei der keine Billigkeitserwägungen vorgesehen sind.

Zugleich wird der Anwendungsbereich des § 1581 S. 1 BGB nicht unzulässig zulasten des § 1609 BGB überdehnt. Dessen Anwendungsbereich reduziert sich zwar durch die auf der Ebene des § 1581 S. 1 BGB erfolgende Anpassung der konkurrierenden Ansprüche, behält aber gleichwohl im absoluten Mangelfall seine eigenständige Bedeutung. In diesem Fall ist der gemäß § 1578 Abs. 1 S. 1 BGB festgestellte und gemäß § 1581 S. 1 BGB nach Billigkeit angepasste Bedarf bzw. Unterhaltsanspruch des geschiedenen Ehegatten je nach Rangfolge entsprechend den verteilbaren Mitteln vorab zu befriedigen, gleichmäßig zu kürzen oder hintan zu stellen.[484]

---

481 Erster Teil, B.I.2.

482 BVerfGE 128, 193 (219).

483 BVerfGE 128, 193 (214 f.); *Borth*, FPR 2012, 137 (139).

484 So etwa, wenn die Billigkeitsentscheidung nach § 1581 S. 1 BGB aufgrund der nach den Empfehlungen zu würdigenden Umstände des individuellen Einzelfalls

Die auf der Ebene der Leistungsfähigkeit je nach Rangverhältnis empfohlene Annäherung oder Dreiteilung aller Einkommen verkürzt zudem nicht unangemessen den Anwendungsbereich des § 1578b BGB. Das Bundesverfassungsgericht hat die Verwendung der Dreiteilungsmethode zur Bedarfsbestimmung aus systematischen Erwägungen nicht nur deswegen beanstandet, weil hierdurch die Prüfung entfalle, ob der Pflichtige nach seinen gemäß § 1581 S. 1 BGB maßgeblichen gegenwärtigen Mitteln in der Lage sei, die an ihn herangetragenen Unterhaltsansprüche zu befriedigen. Maßgebend war zudem, dass dieses Konzept dem erst geschaffenen § 1578b BGB kaum Anwendungsmöglichkeit belasse. Werde durch die Dreiteilungsmethode bereits der Bedarf gekürzt, könne § 1578b BGB nur noch Anwendung finden und zu einer weiteren Kürzung des Bedarfs führen, wenn der „angemessene Lebensbedarf" nach § 1578b Abs. 1 S. 1 BGB noch niedriger anzusetzen sei als der im Wege der Dreiteilung errechnete Bedarf.[485]

Diese Folge könnte auch der Verwendung der Dreiteilungsmethode zur Feststellung der Leistungsfähigkeit des Pflichtigen entgegengehalten werden. Hierdurch wird zwar nicht der Anwendungsbereich des § 1581 S. 1 BGB verkürzt, sondern eine Prüfung der Leistungsfähigkeit des Pflichtigen nach seinen gegenwärtigen Verhältnissen gerade eröffnet. Doch verkürzt die Verwendung der Dreiteilungsmethode auf der Ebene des § 1581 S. 1 BGB ebenfalls den Anwendungsbereich der systematisch erst nach der Feststellung der Leistungsfähigkeit vorgesehenen Prüfung der Einwendung des § 1578b BGB.[486]

Dies begründet allerdings keine systematischen Bedenken gegen den Ausgleich konkurrierender Unterhaltsansprüche auf der Ebene des § 1581 S. 1 BGB. Anders als bei § 1578 Abs. 1 S. 1 BGB, der zur Bedarfsbestimmung alleine auf die tatsächlichen Verhältnisse der aufgelösten Ehe abstellt und keine Billigkeitserwägungen zulässt, ist bei § 1581 S. 1 BGB die Kürzung des Unterhalts aufgrund der dort festgeschriebenen Berücksichtigung sonstiger Unterhaltsverpflichtungen nach Billigkeit ausdrücklich angeordnet.[487] Zudem verbleibt für eine Beschränkung des gemäß § 1581 S. 1 BGB gegebenenfalls bereits ermäßigten Unterhaltsanspruchs nach § 1578b BGB unter Würdigung der dort zu

nicht zu einer klaren Dreiteilung der Gesamteinkommen geführt hat, oder aber der dem vorangegangenen Ehegatten zu belassende Unterhaltsbedarf gemäß § 36 Nr. 1 EGZPO aus Gründen des Vertrauensschutzes nicht auf ein Drittel der Gesamteinkünfte reduziert wird und daher die Mittel des Pflichtigen zur Befriedigung aller an ihn herangetragener Unterhaltsforderungen nicht ausreichen.

485 BVerfGE 128, 193 (216).

486 Erster Teil, B.VI.5.

487 BVerfGE 128, 193 (219).

berücksichtigenden Umstände weiterhin Raum. Dies gilt ebenso im Falle eines Abänderungsbegehrens, wenn die Leistungsfähigkeit des Pflichtigen durch nicht prägende Einkünfte gestiegen ist und sich die Frage der Befristung und Begrenzung neuerlich stellt.

3. Teleologische Auslegung

a) Zwecksetzungen des § 1578 BGB sowie des § 1581 BGB

Das geltende Unterhaltsrecht sieht vor, zunächst den Bedarf des Berechtigten nach seinen ehelichen Lebensverhältnissen mit dem Pflichtigen zu ermitteln und von diesem Bedarf sodann je nach Leistungsfähigkeit, Billigkeit und Rang seinen endgültigen Unterhaltsanspruch abzuleiten.

Das 1977 anlässlich der Ersten Eherechtsreform in § 1578 Abs. 1 S. 1 BGB neu bestimmte Unterhaltsmaß sollte beiden Ehegatten eine gleiche Teilhabe an dem in der Ehe erwirtschafteten Lebensstandard zugestehen.[488] An dieser Bedarfsbestimmung hat der Gesetzgeber anlässlich der Unterhaltsreform von 2008 festgehalten. Die Ausrichtung an der gemeinsamen Lebensstellung beider Eheleute statt alleine an der Lebensstellung des Bedürftigen – wie dies nach § 1578 Abs. 1 BGB a.F.[489] vorgesehen gewesen war – wurde damit begründet, dass die Eheleute nach der Heirat alsbald in die ehelichen Lebensverhältnisse hineinwüchsen und eine Verbesserung oder Verschlechterung ihrer Lebensverhältnisse während der Ehe einverständlich anstrebten bzw. hinnähmen. Zusätzlich wurde darauf verwiesen, dass ein höherer sozialer Status in der Ehe regelmäßig durch die gemeinsame Leistung der Eheleute erreicht werde, so dass an ihm nicht nur der berufstätige, sondern auch der nicht erwerbstätig gewesene Ehegatte partizipieren solle.[490] Durch die Formulierung, die Eheleute „wüchsen" alsbald in die von beiden geprägten ehelichen Lebensverhältnisse hinein, selbst wenn sie unterschiedlichen wirtschaftlichen Verhältnissen entstammten, hat der Gesetzgeber zu verstehen gegeben, dass die bei Eheschließung bestehenden tatsächlichen wirtschaftlichen Verhältnisse beider Eheleute zu ihren gemeinsamen ehelichen Lebensverhältnissen zusammenwachsen. Diese Verhältnisse werden nicht nur durch die Einkünfte bestimmt, die bei Eheschließung vorhanden waren oder während der Ehe bis zur Rechtskraft der Scheidung erzielt worden sind. Die ehelichen Lebensverhältnisse werden auch durch die Belastungen gestaltet, zu denen insbesondere Verpflichtungen gegenüber einem früheren Ehepartner

488 BVerfGE 128, 193 (220).

489 Vgl. zu § 1578 BGB in der Fassung vom 18. August 1896 Fußnote 57.

490 Erster Teil, B.I.3.

zählen. Dies bestätigt die Anmerkung im Entwurf zum 1. EheRG, der Grundsatz gleichmäßiger Teilhabe beinhalte, Einbußen im ehelichen Standard gemeinsam „hinzunehmen“.[491]

Im Entwurf zur Regelung der Leistungsfähigkeit des Pflichtigen gegenüber dem vorangegangenen Ehepartner hatte der Gesetzgeber der Ersten Eherechtsreform die Berücksichtigung von Unterhaltslasten gegenüber einem späteren Ehegatten ausdrücklich vorgesehen.[492] Diesen ausdrücklichen Hinweis hat er im weiteren Gesetzgebungsverfahren zwar gestrichen, hierzu jedoch vermerkt, die Streichung erfolge aus redaktionellen Gründen und solle mit keiner sachlichen Änderung der Norm verbunden sein.[493] Zusätzlich hat er bei der Gesetz gewordenen Rangregelung konkurrierender Ehegattenunterhaltsansprüche in § 1582 Abs. 1 BGB a.F.[494] auf die Regelung der Leistungsfähigkeit nach § 1581 S. 1 BGB verwiesen. Er hat damit zum Ausdruck gebracht, dass Unterhaltsverbindlichkeiten gegenüber einem späteren Ehegatten auf der Ebene der Leistungsfähigkeit Berücksichtigung finden können.

Nach der Gesetz gewordenen, seit der Ersten Eherechtsreform nicht mehr veränderten Fassung des § 1581 S. 1 BGB sind bei der Prüfung der Leistungsfähigkeit des Pflichtigen dessen nicht legal definierte Verpflichtungen zu berücksichtigen. § 1581 S. 1 BGB soll die Einbeziehung konkreter Verpflichtungen also zwar nicht verbindlich anordnen, gleichwohl aber zulassen, dass der nach den ehelichen Lebensverhältnissen festgestellte und grundsätzlich zu gleicher Teilhabe berechtigende Bedarf des Berechtigten bei fehlender Leistungsfähigkeit des Pflichtigen auf einen nach Billigkeit reduzierten Unterhaltsanspruch herabgesetzt wird. Das allein entscheidende Kriterium für die Berücksichtigung ist die Billigkeit. Dieses Kriterium hat der Gesetzgeber in § 1581 S. 1 BGB – anders als in § 1578b BGB – nicht durch die Anführung einzelner Beispiele näher definiert. Damit hat er dem Gesetzesanwender einen weiten Auslegungsspielraum eröffnen wollen.[495]

491 Entwurf der Bundesregierung eines Ersten Gesetzes zur Reform des Ehe- und Familienrechts (1. EheRG) vom 28. Mai 1971, BR-Drucks. 266/71, 79.

492 Vgl. zu § 1582 BGB-E Fußnote 131.

493 Erster Teil, B.I.4.

494 Vgl. zu § 1582 BGB in der Fassung vom 1. Juni 1976 Fußnote 141.

495 Gesetzentwurf der Bundesregierung eines Gesetzes zur Änderung des Unterhaltsrechts vom 15. Juni 2006, BT-Drucks. 16/1830, 13.

b) Prüfung an diesen Zwecksetzungen

Die empfohlene Bedarfsbestimmung entspricht der Zwecksetzung des § 1578 Abs. 1 S. 1 BGB. Sie erreicht den mit der Bedarfsbestimmung verfolgten Zweck, dem Berechtigten im Ausgangspunkt der unterhaltsrechtlichen Prüfung eine gleiche Teilhabe am ehelichen Standard zuzugestehen.

Ebenfalls lässt es sich mit dem Gesetzeszweck vereinen, nachehelich hinzugetretene Ehegattenunterhaltspflichten auf der Ebene des § 1581 S. 1 BGB zu berücksichtigen. Diese Zwecksetzung ergibt sich bereits aus der Gesetz gewordenen Ausgestaltung des § 1581 S. 1 BGB, welcher allgemein die Berücksichtigung von Verpflichtungen ermöglicht, also auch solchen gegenüber nachfolgenden Ehepartnern. Sie wird zudem durch die Gesetzgebungsmaterialien bestätigt, aus denen hervorgeht, dass die zunächst ausdrücklich im Gesetzestext vorgesehene Berücksichtigung nachehelich entstandener Unterhaltspflichten auf der Ebene der Leistungsfähigkeit zwar aus redaktionellen Gründen gestrichen wurde, hiermit jedoch keine sachliche Änderung der Norm verbunden sein sollte.

Auch die von den Auslegungsmodellen gewählte Voraussetzung für die regelmäßige Berücksichtigung bestimmter nachehelich hinzugetretener ehelicher Unterhaltspflichten lässt sich mit der nach § 1581 S. 1 BGB bezweckten Billigkeitsentscheidung in Einklang bringen.

Die Empfehlungen machen die Einbeziehung von Unterhaltslasten gegenüber einem späteren Ehepartner bei der Bemessung der Leistungsfähigkeit des Pflichtigen gegenüber dem vorangegangenen Ehegatten von dem zwischen den konkurrierenden Ehegatten bestehenden Rangverhältnis abhängig. Sie sehen vor, gleich- und vorrangige Unterhaltspflichten gegenüber einem späteren Ehegatten regelmäßig gemäß § 1581 S. 1 BGB zu berücksichtigen. Damit machen sie die Einbeziehung nachehelich entstandener Unterhaltsverbindlichkeiten von bestimmten, den Rangregelungen zugrunde liegenden familiären Konstellationen abhängig.

Der Unterhaltsanspruch des nachfolgenden Ehegatten steht mit demjenigen des vorangegangenen Ehepartners gemäß § 1609 Nr. 2 BGB im selben Rang, wenn beide Kinder des Pflichtigen betreuen, oder aber dies nur für den nachfolgenden Ehegatten gilt, der vorangegangene Ehegatte jedoch auf eine Ehe von langer Dauer zurückblickt.[496] Ebenfalls steht sein Unterhaltsanspruch im selben Rang, wenn diese Voraussetzungen bei keinem von ihnen gegeben sind, § 1609

496 Umgekehrt ist dies kaum denkbar, da eine nach § 1609 BGB (noch) relevante Kinderbetreuung durch den vorangegangenen Ehegatten ausscheiden dürfte, wenn der nachfolgende Ehegatte bereits auf eine Ehe von langer Dauer zurückblickt.

Nr. 3 BGB. Dagegen genießt sein Anspruch den Vorrang, wenn er Kinder des Pflichtigen betreut, während dies beim geschiedenen Ehegatten nicht (mehr) der Fall ist und letzterer zudem nicht auf eine Ehe von langer Dauer zurückblickt. In den Nachrang gerät sein Unterhaltsanspruch dagegen, wenn er (noch) keine Kinder betreut und damit regelmäßig in der Lage ist, einer Arbeit nachzugehen, während der vorangegangene Ehegatte (noch) Kinder betreut oder auf eine Ehe von langer Dauer zurückblickt.

Die regelmäßige Differenzierung nach der zwischen den konkurrierenden Ehegatten bestehenden Rangfolge, deren Regelung Ausdruck einer am Grad der Schutzbedürftigkeit der Beteiligten Maß nehmenden Billigkeitserwägung ist, stellt damit eine die jeweilige Schutzbedürftigkeit der konkurrierenden Ehegatten wertende, am Gesetz orientierte Fallgruppenbildung dar. Die Differenzierung nach der Rangfolge ist damit eine nachvollziehbare Schematisierung nach Billigkeit zu berücksichtigender Unterhaltslasten. Sie ist von dem Spielraum gedeckt, den der Gesetzgeber in § 1581 S. 1 BGB eröffnet hat.

Der Gesetzgeber hat nicht nur keine Fallgestaltungen vorgegeben, in denen Verpflichtungen des Pflichtigen nach § 1581 S. 1 BGB dem Grunde nach berücksichtigt werden können. Ebenso wenig hat er vorgegeben, auf welche Weise dem Grunde nach für berücksichtigungswürdig erachtete Verbindlichkeiten einbezogen werden sollen. Es widerspricht daher nicht seinen Zweckmäßigkeitserwägungen, auch hierfür jedwede, an der Billigkeit ausgerichtete Erwägungen anzuerkennen.

Diese Vorgabe erlaubt es, dass die Unterhaltslast gegenüber einem nachfolgenden, vor- oder gleichrangigen Ehegatten dadurch in die Bewertung der Leistungsfähigkeit des Pflichtigen gegenüber dem vorangegangenen Ehepartner einbezogen wird, dass das allen Beteiligten zur Verfügung stehende Einkommen im Wege der Dreiteilung oder Angleichung geteilt und sodann der auf den nachfolgenden Ehegatten entfallende Betrag von den dem Pflichtigen nach § 1581 S. 1 BGB zur Verfügung stehenden Mitteln abgesetzt wird. Zwar führt dies bei Vorrang und Gleichrang des nachfolgenden Ehegatten von absoluten Mangelfällen abgesehen zu einer hohen Angleichung und damit Vereinheitlichung der konkurrierenden Unterhaltsansprüche.[497] Eine derartige Angleichung findet an sich keine Grundlage in den gemäß § 1578 Abs. 1 S. 1 BGB unterschiedlichen ehelichen Lebensverhältnissen der konkurrierenden Berechtigten. Zudem führt sie zu einer Aufwertung der unterhaltsrechtlichen Position des nachfolgenden vor- oder gleichrangigen Ehegatten, dessen Bedarf im Falle der Geltendmachung

497 Vgl. die tabellarische Übersicht im Dritten Teil, F.

eigener Unterhaltsansprüche gegen den Pflichtigen von der gegenüber dem vorangegangenen Ehegatten bestehenden Unterhaltslast geprägt wird. Doch lässt der Gesetzgeber durch die Verwendung des nicht eingegrenzten Begriffs der Billigkeit in § 1581 S. 1 BGB ebendiese Angleichung auf der Ebene der Leistungsfähigkeit als mögliche Auslegungsvariante zu.

4. Historische Auslegung

a) Zielsetzungen der Unterhaltsreform von 2008

30 Jahre nach der grundlegenden Reform des Familienrechts von 1977 wollte der Gesetzgeber das Unterhaltsrecht nicht nur vereinfachen, sondern auch und insbesondere an die geänderten gesellschaftlichen Verhältnisse anpassen. Dazu sollte das Kindeswohl stärker zur Geltung gebracht und Zweitfamilien entlastet werden. Im Gegenzug wollte der Gesetzgeber den Grundsatz der nachehelichen Eigenverantwortung betonen und nahm dafür die Schwächung der unterhaltsrechtlichen Position geschiedener Ehegatten in Kauf.[498]

Zur besseren Berücksichtigung der unterhaltsrechtlichen Interessen der minderjährigen Kinder und Zweitfamilien setzte der Gesetzgeber an mehreren Stellen an. Er stärkte die nacheheliche Eigenverantwortung nach § 1569 BGB und erschwerte die Voraussetzungen der Gewährung nachehelichen Unterhalts. Zudem erweiterte er die Möglichkeiten einer Befristung und Begrenzung nachehelichen Unterhalts nach § 1578b BGB und ordnete die Rangfolge konkurrierender Unterhaltsansprüche im Mangelfall nach § 1609 BGB neu. Dabei diente insbesondere die Einräumung des Vorrangs der Unterhaltsansprüche minderjähriger Kinder in § 1609 Nr. 1 BGB und damit des Rechts der ersten Deckung im Mangelfall der erstrebten Stärkung des Kindeswohls. Demselben Zweck diente die Aufnahme der Unterhaltsansprüche Kinder betreuender Elternteile in den zweiten Rang nach § 1609 Nr. 2 BGB. Die damit einhergehende einschneidende Verschlechterung der Unterhaltsposition des geschiedenen Ehegatten, der nicht nur seines nach § 1609 Abs. 2 BGB a.F.[499] bestehenden Gleichrangs mit den Unterhaltsansprüchen der minderjährigen Kinder verlustig ging, sondern auch seines nach § 1582 BGB a.F.[500] grundsätzlichen Vorrangs vor späteren Ehegatten, begründete der Gesetzgeber damit, dass seine Privilegierung aus Gründen des Kindeswohls nicht mehr zu rechtfertigen sei. Es solle nicht mehr die zeitliche

---

498 Gesetzentwurf der Bundesregierung eines Gesetzes zur Änderung des Unterhaltsrechts vom 15. Juni 2006, BT-Drucks. 16/1830, 1 f.

499 Vgl. zu § 1609 BGB in der Fassung vom 19. August 1969 Fußnote 140.

500 Vgl. zu § 1582 BGB in der Fassung vom 1. Juni 1976 Fußnote 141.

Priorität der Eheschließung, sondern allein die Schutzbedürftigkeit des Berechtigten zählen.[501]

Zugleich ließ der Gesetzgeber allerdings die Bedarfsbestimmung nach § 1578 Abs. 1 S. 1 BGB und die Bestimmung der Leistungsfähigkeit nach § 1581 S. 1 BGB unverändert. Dadurch wollte er einen schonenden Übergang in das geänderte Geschiedenenunterhaltsrecht gewährleisten. Dem diente zusätzlich die Einfügung einzelner Regelungen zum Vertrauensschutz des geschiedenen Ehegatten, etwa des § 1609 Nr. 2 BGB und des § 36 Nr. 1 EGZPO,[502] deren Bedeutung der Gesetzgeber 2013 durch die Aufwertung des Vertrauensschutzes nach langer Ehedauer mit der Änderung des § 1578b BGB nochmals hervorgehoben hat.[503]

Mit der Beibehaltung der Bedarfsbestimmung hat der Gesetzgeber aufgezeigt, dass er den Unterhaltsschuldner nur bedingt von nachehelichen Unterhaltspflichten entlasten will. Der geschiedene Ehegatte soll bei Hinzutreten weiterer Unterhaltsberechtigter nicht von vornherein und unabhängig von den beim Pflichtigen real vorhandenen Mitteln eine Kürzung seines Unterhaltsanspruchs hinnehmen. Nur wenn der Pflichtige außerstande ist, unter Einsatz seines für die Bestimmung der Leistungsfähigkeit maßgeblichen, aktuellen Einkommens sämtliche Unterhaltsansprüche zu befriedigen, soll bei Unbilligkeit einer Ausrichtung des Bedarfs des vorangegangenen Ehegatten nach den ehelichen Lebensverhältnissen die Höhe seines Unterhaltsanspruchs nach § 1581 S. 1 BGB überprüft werden und soll sein Unterhaltsanspruch nach § 1609 BGB im Rang zurücktreten oder diesen teilen.[504]

Im Gesetzentwurf ist zudem ausgeführt, dass das Unterhaltsrecht sich in weiten Teilen auf konkretisierungsbedürftige Grundaussagen und Generalklauseln beschränke. Damit werde den Gerichten bewusst ein relativ breiter Spielraum gegeben, um dem konkreten Einzelfall nach Billigkeits- und Zumutbarkeitsgesichtspunkten gerecht zu werden.[505]

---

501 Gesetzentwurf der Bundesregierung eines Gesetzes zur Änderung des Unterhaltsrechts vom 15. Juni 2006, BT-Drucks. 16/1830, 23.

502 Gesetzentwurf der Bundesregierung eines Gesetzes zur Änderung des Unterhaltsrechts vom 15. Juni 2006, BT-Drucks. 16/1830, 33 f.

503 Erster Teil, B.V.

504 BVerfGE 128, 193 (221).

505 Gesetzentwurf der Bundesregierung eines Gesetzes zur Änderung des Unterhaltsrechts vom 15. Juni 2006, BT-Drucks. 16/1830, 13.

b) Prüfung an diesen Zielsetzungen

Die Bildung von typisierten Billigkeitskriterien für die Berücksichtigung nachehelich entstandener Unterhaltslasten dient der mit der Reform angestrebten Vereinfachung und schafft eine gewisse Vorhersehbarkeit für die Einbeziehung nachehelich entstandener Unterhaltslasten. Zudem führen die Empfehlungen, jedenfalls soweit sie für den Ausgleich im Wesentlichen eine Dreiteilung der realen Einkommen der Beteiligten empfehlen bzw. billigen, zu einer Vereinfachung der Berechnung. Soweit das Bundesverfassungsgericht die Verwerfung der Dreiteilungsmethode zur Bedarfsbestimmung unter anderem damit begründet hat, diese diene nicht der mit der Reform angestrebten Vereinfachung, erstreckte sich seine Feststellung nicht auf die Verwendung der Dreiteilungsmethode als solche, sondern auf die mit ihr verbundenen Kontrollrechnungen.[506] Diese sind bei der Verwendung der Dreiteilungsmethode (erst) zur Feststellung der Leistungsfähigkeit des Pflichtigen nicht erforderlich.

Die Empfehlungen lassen sich zudem mit dem weiteren Ziel der Reform von 2008 in Einklang bringen, das Kindeswohl im Unterhaltsrecht zu stärken, Zweitfamilien zu entlasten und den Grundsatz nachehelicher Eigenverantwortung zu betonen. Der Gesetzgeber wollte die Einbeziehung der Interessen der Zweitfamilie zwar auf der Ebene der Bedarfsbestimmung, nicht aber auf der Ebene der Leistungsfähigkeit ausschließen. Anders als § 1578 Abs. 1 S. 1 BGB hat er § 1581 S. 1 BGB 1977 bewusst als Generalklausel ausgestaltet und diese Ausgestaltung 2008 unverändert beibehalten. Ob überhaupt, auf welche Art und insbesondere in welcher Höhe der Bedarf des nachfolgenden Ehegatten gemäß § 1581 S. 1 BGB berücksichtigt werden soll, hat er nicht vorgeben wollen. Er hat dies alleine von Billigkeitsgesichtspunkten abhängig gemacht und damit der Konkretisierung durch den Gesetzesanwender vorbehalten.[507]

In diesen weiten Spielraum lässt sich die Verwendung der Dreiteilungsmethode oder einer ihr nahekommenden anderen Methode auf der Ebene des § 1581 S. 1 BGB einordnen. Sie sieht eine Entlastung des Pflichtigen und damit eine Schwächung der unterhaltsrechtlichen Position des vorangegangenen Ehegatten nicht bereits bei der Bedarfsbestimmung vor, sondern erst, wenn die dem Pflichtigen zur Verfügung stehenden Mittel zur Deckung des Bedarfs nicht reichen. Damit verbleibt dem vorangegangenen Ehegatten durch die Verschiebung der Dreiteilungsmethode von der Ebene der Bedarfsbestimmung auf die Ebene der

506 BVerfGE 128, 193 (221).

507 Gesetzentwurf der Bundesregierung eines Gesetzes zur Änderung des Unterhaltsrechts vom 15. Juni 2006, BT-Drucks. 16/1830, 13.

Leistungsfähigkeit die vom Gesetzgeber gewünschte Prüfung, ob der Pflichtige aufgrund seiner nach § 1581 S. 1 BGB zu beurteilenden gegenwärtigen Verhältnisse in der Lage ist, Unterhalt in Höhe des nach § 1578 Abs. 1 S. 1 BGB ermittelten Bedarfs zu gewähren.[508] Die Verschiebung der Dreiteilungsmethode auf die Ebene der Leistungsfähigkeit wird damit dem Willen des Gesetzgebers gerecht, Kürzungen bei der Gewährung von Geschiedenenunterhalt zwar hinzunehmen, hierfür aber nicht auf der Bedarfsebene anzusetzen.

Wird der Bedarf des späteren Ehegatten auf der Ebene des § 1581 S. 1 BGB berücksichtigt und mindert die Leistungsfähigkeit des Pflichtigen gegenüber dem vorangegangenen Ehepartner, so führt dies zu einer unterhaltsrechtlichen Verschlechterung der Position des vorangegangenen Ehegatten, mit der eine Verbesserung der Position des nachfolgenden Ehegatten einhergeht. Dies gilt umso mehr, als die Empfehlungen den Bedarf des nachfolgenden Ehegatten in bestimmten Konkurrenzverhältnissen nicht nur berücksichtigen, sondern durch die Dreiteilung oder Angleichung der konkurrierenden Bedarfe seinen nach § 1578 Abs. 1 S. 1 BGB chronologisch bestimmten, regelmäßig unter dem Bedarf des vorangegangenen Ehegatten liegenden Bedarf aufwerten und damit zugleich den Unterhaltsanspruch des vorangegangenen Ehegatten abwerten.

Diese Ab- bzw. Aufwertung der konkurrierenden Ehegattenunterhaltsansprüche auf der Ebene des § 1581 S. 1 BGB lässt sich mit der vom Gesetzgeber beabsichtigten Verbesserung der unterhaltsrechtlichen Position der minderjährigen Kinder und Zweitfamilien rechtfertigen. Sie kommt regelmäßig nachfolgenden Ehegatten zugute, die in einer vom Gesetzgeber als besonders schützenswert angesehenen Zweitfamilie mit betreuungsbedürftigen minderjährigen Kindern leben. Die Empfehlungen sehen eine Dreiteilung oder Angleichung der Gesamteinkünfte auf der Ebene des § 1581 S. 1 BGB nur vor, wenn der nachfolgende Ehepartner den Vorrang oder Gleichrang zum vorangegangenen Ehegatten genießt. Einen derartigen Rang hat er allerdings nur, wenn er wegen der Betreuung minderjähriger Kinder unterhaltsberechtigt ist, § 1609 Nr. 2 BGB.[509] Dagegen ist eine Aufwertung seiner Position nicht vorgesehen, wenn er gegenuber dem vorangegangenen Ehegatten nachrangig ist. Eine solche Nachrangigkeit liegt

508 BVerfGE 128, 193 (219).

509 Daneben ist es zudem theoretisch denkbar, dass Gleichrang besteht, weil beide Ehegatten auf Ehen von langer Dauer zurückblicken und keine minderjährigen Kinder betreuen, § 1609 Nr. 2 BGB, oder aber der nachfolgende Ehegatte Vorrang genießt, weil nur er auf eine Ehe von langer Dauer zurückblickt. Rein tatsächlich nicht denkbar erscheint dagegen ein Gleichrang, weil er auf eine Ehe von langer Dauer zurückblickt, während der vorangegangene Ehegatte minderjährige Kinder betreut.

insbesondere vor, wenn er (noch) keine minderjährigen Kinder betreut und damit keinen besonderen Schutz braucht.

Zuletzt entspricht es dem Willen des Gesetzgebers,[510] dass neben den typisierten Billigkeitskriterien die Umstände des konkreten Einzelfalls gewürdigt werden sollen.

II. Verfassungsrechtliche Bewertung

1. Bindungswirkung nach § 31 Abs. 1 BVerfGG

Die Empfehlungen achten die Bindungswirkung des Beschlusses des Bundesverfassungsgerichts vom 25. Januar 2011. Sie respektieren die Differenzierung zwischen der Feststellung des Bedarfs und der erst im Anschluss vorgesehenen Prüfung der Leistungsfähigkeit.[511] Sie achten zudem die bindende Feststellung des Bundesverfassungsgerichts, dass die ehelichen Lebensverhältnisse einer geschiedenen Ehe nicht durch den Bedarf eines späteren Ehepartners des Pflichtigen geprägt werden können, indem sie den Bedarf des vorangegangenen Ehegatten nach dessen ehelichen Lebensverhältnissen mit dem Pflichtigen zur Zeit der Rechtskraft der Scheidung ohne Berücksichtigung von Unterhaltslasten gegenüber einem späteren Ehegatten bestimmen.[512]

Zwar wird die Dreiteilungsmethode letztlich von der Ebene der Bedarfsbestimmung auf die Ebene der Leistungsfähigkeit verschoben, was in bestimmten Konstellationen rechnerisch zu denselben Ergebnissen wie bei ihrer Verwendung auf der Ebene der Bedarfsbestimmung führt.[513] Anders als zur Bedarfsbestimmung hat das Bundesverfassungsgericht zur Billigkeitsentscheidung des § 1581 S. 1 BGB jedoch keine, seine Entscheidung tragenden und damit bindenden Vorgaben gemacht. Insbesondere hat es sich nicht zu der Frage geäußert, ob die Dreiteilung der Gesamteinkünfte der Beteiligten im „rangabhängigen“ Einzelfall nach § 1581 S. 1 BGB der Billigkeit entsprechen kann. Aus den Leitsätzen des Beschlusses vom 25. Januar 2011 geht vielmehr ebenso wie aus seiner weiteren Begründung hervor, dass das Bundesverfassungsgericht die Verwendung der Dreiteilungsmethode lediglich zur Bedarfsbestimmung für verfassungswidrig erklärt hat.[514] Zur Verwendung der Dreiteilungsmethode anlässlich der – nicht

510 Gesetzentwurf der Bundesregierung eines Gesetzes zur Änderung des Unterhaltsrechts vom 15. Juni 2006, BT-Drucks. 16/1830, 24.

511 BVerfGE 128, 193 (211 ff.).

512 BVerfGE 128, 193 (211 f.).

513 Vgl. die tabellarische Übersicht im Dritten Teil, F.

514 BVerfGE 128, 193 (193, 207).

verfahrensgegenständlichen – Billigkeitsentscheidung des § 1581 S. 1 BGB hat es sich dagegen nicht geäußert.

2. Art. 2 Abs. 1 GG i.V.m. dem Rechtsstaatsprinzip (Art. 20 Abs. 3 GG)

Die Empfehlungen folgen den anerkannten Auslegungsmethoden und respektieren die gesetzgeberische Grundentscheidung. Daher bestehen gegen sie unter dem Gesichtspunkt des Art. 2 Abs. 1 GG i.V.m. dem Rechtsstaatsprinzip (Art. 20 Abs. 3 GG) keine verfassungsrechtlichen Bedenken.

3. Art. 6 Abs. 1 i.V.m. Art. 3 Abs. 1 und Abs. 2 GG

Näher ist zu prüfen, ob die Auslegungsmodelle in Einklang mit der vom Bundesverfassungsgericht als verfassungskonform bestätigten[515] legislativen Ausgestaltung der aus Art. 6 Abs. 1 GG i.V.m. Art. 3 Abs. 1 und Abs. 2 GG folgenden Wertentscheidungen in den hier maßgeblichen Bestimmungen des § 1578 Abs. 1 S. 1 BGB sowie des § 1581 S. 1 BGB und der damit verbundenen Grundentscheidung des Gesetzgebers hinsichtlich des verfassungsrechtlich gebotenen Schutzes der Eheleute im Verhältnis zueinander sowie der einander nachfolgenden Ehen im Verhältnis zueinander stehen.

a) Art. 6 Abs. 1 GG i.V.m. Art. 3 Abs. 2 GG

Im Verhältnis der geschiedenen Eheleute zueinander hat der Gesetzgeber die Wertentscheidungen des Art. 6 Abs. 1 GG i.V.m. Art. 3 Abs. 2 GG dahin ausgestaltet, dass er im Ausgangspunkt der Prüfung des zu gewährenden Unterhalts bei der Bedarfsbestimmung zugunsten des Berechtigten den Grundsatz gleicher Teilhabe vollständig umgesetzt hat, indem er das Unterhaltsmaß an den ehelichen Lebensverhältnissen der geschiedenen Ehe zum Zeitpunkt der Rechtskraft der Scheidung orientiert. Diese zunächst vollständige Umsetzung des Grundsatzes gleicher Teilhabe auf der Bedarfsebene hat er allerdings modifiziert. Er hat nach Billigkeit Ausnahmen vorgesehen, wenn der Pflichtige nach seinen zum Zeitpunkt der Geltendmachung des Unterhalts bestehenden Verhältnissen außerstande ist, gleiche Teilhabe zu gewähren, § 1581 S. 1 BGB.[516]

Die empfohlene Bedarfsbestimmung achtet das in § 1578 Abs. 1 S. 1 BGB umgesetzte verfassungsrechtliche Gebot gleicher Teilhabe am gemeinsam Erwirtschafteten. Sie bestimmt den Bedarf des Berechtigten alleine nach seinen

515 Dritter Teil, A.II.3.b)bb).
516 BVerfGE 128, 193 (213).

ehelichen Lebensverhältnissen mit dem Pflichtigen und sieht zwar vorehelich entstandene, nicht aber nachehelich hinzugetretene Unterhaltslasten als prägend an.

Näherer Betrachtung bedarf dagegen die Frage, ob die rangabhängige, regelmäßige Berücksichtigung von Unterhaltsverbindlichkeiten des Pflichtigen gegenüber einem späteren Ehegatten auf der Ebene des § 1581 S. 1 BGB im Verhältnis der Eheleute zueinander der legislativen Ausgestaltung des Grundsatzes gleicher Teilhabe noch entspricht.

aa) Anknüpfung des Ausgleichs an die Ebene des § 1581 BGB

§ 1581 S. 1 BGB erlaubt in Ausgestaltung der aus Art. 6 Abs. 1 GG i.V.m. Art. 3 Abs. 2 GG folgenden Wertentscheidungen eine Modifizierung des Grundsatzes der gleichen Teilhabe bei fehlender Leistungsfähigkeit des Pflichtigen bereits auf der Ebene der Leistungsfähigkeit und nicht erst auf der Ebene der Rangvorschriften.[517]

bb) Ausrichtung des Ausgleichs an der Schutzbedürftigkeit der Beteiligten

Die Berücksichtigung von Unterhaltsverbindlichkeiten gegenüber einem späteren Ehegatten bei der Feststellung der Leistungsfähigkeit des Pflichtigen gegenüber dem vorangegangenen Ehepartner ist nach der Ausgestaltung des § 1581 S. 1 BGB dem Grunde nach möglich. Nachehelich hinzugetretene Unterhaltslasten stellen Verpflichtungen im Sinne des § 1581 S. 1 BGB dar.[518]

Die Berücksichtigung derartiger Verpflichtungen hängt gemäß § 1581 S. 1 BGB alleine von der Billigkeit ihrer Einbeziehung ab. Da der Gesetzgeber dieses Kriterium nicht näher konkretisiert oder eingegrenzt hat, lässt dies jede Erwägung zu, die eine Ausrichtung an Billigkeitserwägungen erkennen lässt. Diesen weiten Beurteilungsspielraum hat der Gesetzgeber anlässlich der ersten Eherechtsreform von 1977 zur Ausgestaltung der aus Art. 6 Abs. 1 GG i.V.m. Art. 3 Abs. 2 GG folgenden Wertentscheidungen ausdrücklich vorgesehen und ihn anlässlich der Unterhaltsreform von 2008 ebenso ausdrücklich beibehalten. Anlässlich dieser Reform hat er nochmals betont, dass sich das Unterhaltsrecht in weiten Teilen auf konkretisierungsbedürftige Grundaussagen und Generalklauseln beschränke und damit dem Gesetzesanwender bewusst einen relativ breiten

517 BVerfGE 128, 193 (207, 221).
518 BVerfGE 128, 193 (214 f.).

Spielraum gebe, um dem konkreten Einzelfall nach Billigkeits- und Zumutbarkeitsgesichtspunkten gerecht zu werden.[519]

Den aus Art. 6 Abs. 1 GG i.V.m. Art. 3 Abs. 2 GG folgenden, im Unterhaltsrecht ausgestalteten Wertentscheidungen steht es nicht entgegen, Fallgruppen zu bilden, in denen es regelmäßig der Billigkeit entsprechen soll, dem Pflichtigen gegenüber seinem früheren Ehepartner die Minderung seiner Leistungsfähigkeit wegen einer gegenüber dem späteren Ehegatten bestehenden Unterhaltslast zuzugestehen. Soweit bei diesen Fallgruppen nach der zwischen den konkurrierenden Ehegatten bestehenden Rangfolge differenziert und die Berücksichtigung der Unterhaltslast gegenüber dem späteren Ehegatten letztlich von dessen Schutzbedürftigkeit abhängig gemacht wird, stellt dies eine nach § 1581 S. 1 BGB anzuerkennende Billigkeitserwägung dar. Sie lässt sich mit der dem reformierten Unterhaltsrecht zugrunde liegenden Erwägung rechtfertigen, den Schutz von Zweitfamilien stärker zu betonen.[520]

Danach erscheint es mit dem Kriterium der Billigkeit vereinbar, dass die Auslegungsmodelle dem Pflichtigen zulasten des vorangegangenen Ehegatten einen höheren Anteil an den im Sinne des § 1578 Abs. 1 S. 1 BGB gemeinsam erwirtschafteten Mitteln belassen, wenn er hiervon nicht nur für sich selbst zu sorgen hat, sondern zusätzlich für einen weiteren Ehepartner, der im Sinne des § 1609 Nr. 2 BGB schutzbedürftig, also gleichrangig oder vorrangig zum vorangegangenen Ehegatten ist. Gleichzeitig ist in diesen Konstellationen eine Modifizierung des Grundsatzes gleicher Teilhabe zulasten des vorangegangenen Ehepartners vertretbar. Es lässt sich nach Billigkeit rechtfertigen, ihm Einbußen bei der Realisierung seines Unterhaltsanspruchs zuzumuten, wenn er nicht in besonderem Maße schutzbedürftig, also gleich- oder nachrangig ist.

Umgekehrt lässt es sich mit den § 1581 S. 1 BGB zugrundeliegenden Wertvorstellungen vereinbaren, den Pflichtigen gegenüber dem vorangegangenen Ehepartner regelmäßig nicht zu entlasten, und dem Berechtigten regelmäßig keine Kürzung seines Unterhaltsanspruchs nach § 1581 S. 1 BGB zuzumuten, wenn er vorrangig und damit schutzbedürftiger als der nachfolgende Ehegatte ist. In dieser Konstellation lässt es sich nach Billigkeit zudem rechtfertigen, dem Pflichtigen im Falle der Leistung von Unterhalt (auch) an den nachfolgenden, weniger schutzbedürftigen Ehepartner im Ergebnis weniger Mittel als dem vorangegangenen, besonders schutzbedürftigen Ehegatten zu belassen.

---

519 Gesetzentwurf der Bundesregierung eines Gesetzes zur Änderung des Unterhaltsrechts vom 15. Juni 2006, BT-Drucks. 16/1830, 13.

520 BVerfGE 128, 193 (209).

cc) Gewichtung des Bedarfs des nachfolgenden Ehegatten im Falle seiner Berücksichtigungswürdigkeit

Das Tatbestandsmerkmal der Billigkeit erlaubt nicht nur die Bildung verallgemeinerter Kriterien, nach denen Unterhaltsverpflichtungen gegenüber dem nachfolgenden Ehepartner dem Grunde nach in die Bewertung der Leistungsfähigkeit des Pflichtigen einbezogen werden können. Ebenso lässt es Vorgaben zur Höhe in bestimmten Rangkonstellationen nach Billigkeit zu berücksichtigender Unterhaltslasten gegenüber dem nachfolgenden Ehegatten zu.

Zwar entfernen sich die Empfehlungen bei der Bestimmung der Leistungsfähigkeit von der vorgeschalteten individuellen Bestimmung des Bedarfs des vorangegangenen Ehegatten, da sie dessen Unterhaltsanspruch in bestimmten Rangkonstellationen auf eine Teilhabe an dem reduzieren, was dem Pflichtigen unter Berücksichtigung seiner gegenüber dem nachfolgenden Ehegatten bestehenden Unterhaltspflicht verbleibt. Gleiches gilt für die Gewichtung des Bedarfs des nachfolgenden Ehepartners als Einsatzbetrag bei der Bestimmung der Leistungsfähigkeit des Pflichtigen gegenüber dem vorangegangenen Ehepartner. Diese Gewichtung löst sich von der Bestimmung seines eigenen Bedarfs nach § 1578 Abs. 1 S. 1 BGB, da sie den Bedarf mit einem Drittel des Gesamteinkommens gewichtet und nicht von seinen eigenen ehelichen Lebensverhältnissen mit dem Pflichtigen abhängig macht.

Doch findet die Angleichung des Unterhaltsanspruchs des vorangegangenen Ehegatten an die Mittel, welche dem Pflichtigen im Ergebnis unter Berücksichtigung seiner gegenüber dem nachfolgenden Ehepartner bestehenden Unterhaltspflicht verbleiben, wiederum in dem nicht näher konkretisierten Kriterium der Billigkeit nach § 1581 S. 1 BGB Grundlage und Rechtfertigung. Dieses nicht eingegrenzte Kriterium erlaubt jede an Billigkeitserwägungen ausgerichtete Gewichtung der einzubeziehenden Verpflichtung gegenüber dem nachfolgenden Ehepartner, also auch die in bestimmten Rangkonstellationen empfohlene Dreiteilung oder Angleichung des zur Verfügung stehenden Gesamteinkommens der Beteiligten.[521] Diese verschafft dem Berechtigten und dem Pflichtigen im Ergebnis zwar nicht mehr eine gleiche Teilhabe an dem in ihrer eigenen Ehe gemeinsam Erreichten. Doch gewährt sie ihnen durch die Gleichsetzung des Unterhaltsanspruchs des Berechtigten mit dem individuellen Selbstbehalt des Unterhaltspflichtigen gleichen Anteil an dem insgesamt zur Verfügung stehenden Einkommen,[522] wenn dies deshalb billig erscheint, weil der Pflichtige einem

521 BGHZ 192, 45 (63 f.).
522 BGHZ 192, 45 (58 f.).

weiteren, in gleichem oder höherem Maße schutzbedürftigen Ehepartner unterhaltspflichtig ist.

Die Anpassung des Unterhaltsanspruchs des vorangegangenen Ehegatten an die dem Pflichtigen im Hinblick auf seine weitere vor- oder gleichrangige Unterhaltsverpflichtung verbleibenden Mittel lässt sich also mit dem billigenswerten Bestreben rechtfertigen, dem Pflichtigen im Verhältnis zum vorangegangenen Ehegatten einen im Wesentlichen gleichen Anteil an den zur Versorgung im Ergebnis zur Verfügung stehenden Mitteln zu belassen, wenn der vorangegangene Ehegatte keines höheren Schutzes als der nachfolgende Ehepartner bedarf.

b) Art. 6 Abs. 1 GG i.V.m. Art. 3 Abs. 1 GG

Im Verhältnis der nachfolgenden Ehen zueinander hat der Gesetzgeber den aus Art. 6 Abs. 1 GG i.V.m. Art. 3 Abs. 1 GG folgenden Schutzauftrag gegenüber beiden Eheverbänden, insbesondere deren verfassungsrechtlich verbürgte Gleichwertigkeit und Gleichrangigkeit, verfassungskonform dahin umgesetzt, dass er einerseits der vorangegangenen Ehe, andererseits der nachfolgenden Ehe bestimmte Vorteile eingeräumt bzw. bestimmte Nachteile zugewiesen hat.

Durch die Ausrichtung des Unterhaltsmaßes an den ehelichen Lebensverhältnissen hat der Gesetzgeber dem vorangegangenen Ehegatten einen Vorteil zugewiesen.[523] Dieser Vorteil bewirkt zugleich einen Nachteil für den späteren Ehegatten, dessen Bedarf von der Unterhaltslast gegenüber dem vorangegangenen Ehegatten geprägt wird. Damit hat der Gesetzgeber dem Umstand Rechnung getragen, dass der Unterhaltsanspruch des geschiedenen Ehegatten bei Eingehung der weiteren Ehe bereits existiert und sich die Eheleute der späteren Ehe hierauf einrichten können.[524] Diesen dem vorangegangenen Ehegatten zugewiesenen Vorteil hat der Gesetzgeber in § 1581 S. 1 BGB nicht nur unmittelbar zugunsten des Pflichtigen modifiziert, sondern mittelbar auch zugunsten des nachfolgenden unterhaltsberechtigten Ehegatten. Dessen Position gestaltet sich umso besser, je weniger der Pflichtige für den vorangegangenen Ehepartner aufwenden muss und je mehr er dadurch für sich und für den Unterhalt des nachfolgenden Ehegatten behält.

Die Bedarfsbestimmung nach den jeweiligen ehelichen Lebensverhältnissen mit dem Pflichtigen unter Berücksichtigung vorehelich, nicht aber nachehelich entstandener Unterhaltspflichten gewährt beiden einander nachfolgenden

523 BVerfGE 128, 193 (198, 213).

524 *Bundesministerium der Justiz (Hrsg.)*, Vorschläge der Eherechtskommission zur Reform des Ehescheidungsrechts und des Unterhaltsrechts nach der Ehescheidung, 112.

Ehegatten auf der Ebene des § 1578 Abs. 1 S. 1 BGB grundsätzlich die nach Art. 6 Abs. 1 GG i.V.m. Art. 3 Abs. 2 GG zu eröffnende gleiche Teilhabe am gemeinsam Erwirtschafteten,[525] statt sie für den vorangegangenen Ehegatten wie anlässlich der Bedarfsbestimmung im Wege der Dreiteilung bereits auf der Bedarfsebene auszuschließen.

Die Ausrichtung des Bedarfs an den ehelichen Lebensverhältnissen bewirkt für den vorangegangenen Ehegatten, dass sein Bedarf durch nachehelich entstandene Unterhaltslasten ebenso wenig reduziert wird, wie er sich durch nachehelich entstandene Vorteile, etwa infolge eines Steuerklassenwechsels[526] nicht erhöht. Umgekehrt führt diese Ausrichtung für den nachfolgenden Ehegatten dazu, dass vor seiner Ehe mit dem Pflichtigen entstandene Unterhaltslasten seinen Bedarf unabhängig vom Rangverhältnis mindern, ihm also die Folgen der – wenn auch gegebenenfalls nach § 1581 S. 1 BGB gekürzten – Unterhaltslast gegenüber dem vorangegangenen Ehegatten aufgebürdet werden. Gleichzeitig steigern nach der Auflösung der vorangegangenen Ehe eingetretene Einkommensverbesserungen alleine seinen Bedarf. Soweit sich die empfohlene Bedarfsbestimmung regelmäßig zugunsten des vorangegangenen Ehegatten auswirkt, entspricht dies der in der Beibehaltung der Bestimmung des Unterhaltsmaßes zum Ausdruck kommenden legislativen Zielsetzung, dem vorangegangenen Ehegatten einen gewissen Ausgleich für die für ihn mit der Unterhaltsreform verbundenen Nachteile zu belassen.

Fraglich ist allerdings, ob die regelmäßige, rangabhängige Berücksichtigung von Unterhaltslasten gegenüber einem späteren Ehegatten auf der Ebene des § 1581 S. 1 BGB und die damit einhergehende Minderung der Leistungsfähigkeit des Pflichtigen gegenüber dem vorangegangenen Ehegatten der grundsätzlichen Gleichwertigkeit und Gleichrangigkeit einander nachfolgender Ehen entspricht. Dadurch wird nicht nur unmittelbar dem Pflichtigen, sondern mittelbar auch dem nachfolgenden Ehepartner zulasten des früheren Ehegatten ein Vorteil zugewiesen.

aa) Ausrichtung des Ausgleichs an der Schutzbedürftigkeit der Beteiligten

Die Prüfung der Leistungsfähigkeit des Pflichtigen eröffnet grundsätzlich die Einbeziehung nachehelicher Unterhaltslasten nach Billigkeit[527] und erlaubt damit eine Ausrichtung der Einbeziehung nachehelicher Unterhaltslasten

---

525 BVerfGE 105, 1 (12); 128, 193 (208).
526 BVerfGE 108, 351 ff.
527 BVerfGE 128, 193 (221).

zugunsten des Pflichtigen und des nachfolgenden Ehepartners sowie zulasten des vorangegangenen Berechtigten an dem zwischen den konkurrierenden Ehegatten bestehenden Rangverhältnis und damit in Abhängigkeit von ihrer jeweiligen Schutzbedürftigkeit.[528] Dies gilt im Besonderen vor dem Leitgedanken der Reform von 2008, dass angesichts der geänderten gesellschaftlichen Realitäten nicht mehr die zeitliche Priorität der Eheschließung zähle, sondern die Schutzbedürftigkeit der Berechtigten.[529]

bb) Gewichtung des Bedarfs des nachfolgenden Ehegatten im Falle seiner Berücksichtigungswürdigkeit

Die grundsätzlich volle Erfüllung des Bedarfs des vorrangigen, vorangegangenen Ehegatten ohne Berücksichtigung der gegenüber dem nachfolgenden Ehegatten bestehenden Unterhaltslast des Pflichtigen ist durch die im Kriterium der Billigkeit zum Ausdruck gebrachten Wertentscheidungen des Gesetzgebers gedeckt, da sie sich an der den Rangregelungen zugrunde liegenden Schutzbedürftigkeit des vorangegangenen Ehepartners ausrichtet.

Die Dreiteilung oder Angleichung des insgesamt zur Verfügung stehenden Einkommens der Beteiligten in Fällen des Gleichrangs der konkurrierenden Ehegatten weist dem vorangegangenen Ehegatten bis zur Grenze seines nach § 1578 Abs. 1 S. 1 BGB bestimmten Bedarfs auch an solchen Vorteilen einen Anteil zu, die erst nach der Auflösung seiner Ehe mit dem Pflichtigen entstanden sind, indem sie auch solche Einkommensteile des Pflichtigen einbezieht, welche die aufgelöste Ehe nicht geprägt haben.[530] Andererseits bürdet sie ihm den Nachteil auf, dass in die Beurteilung der Leistungsfähigkeit des Pflichtigen die Unterhaltslast gegenüber dem nachfolgenden Ehegatten einbezogen und mit einem Drittel des Gesamteinkommens veranschlagt wird.

Durch die Gleichstellung der gleichrangigen Bedarfe führt sein Bedarf auf der Ebene des § 1581 S. 1 BGB allerdings regelmäßig zu einem geschmälerten Unterhaltsanspruch. Damit wird von dem allgemeinen Verständnis abgewichen, dass aus einem höheren Bedarf ein höherer Anspruch folgen sollte, insbesondere wenn er auf einem eigenen Beitrag des Berechtigten zu den ehelichen Lebensverhältnissen beruht. Doch gilt nicht nur im Verhältnis der Eheleute zueinander, sondern auch im Verhältnis der einander nachfolgenden Ehen zueinander, dass

528 Dritter Teil, B.II.3.a)bb).

529 Gesetzentwurf der Bundesregierung eines Gesetzes zur Änderung des Unterhaltsrechts vom 15. Juni 2006, BT-Drucks. 16/1830, 23.

530 BVerfGE 128, 193 (219).

die Einbeziehung der Unterhaltslast gegenüber dem nachfolgenden Ehepartner keinen verfassungsrechtlichen Bedenken begegnet, soweit sie sich an der den Rangregelungen zugrundeliegenden, bei Gleichrang gleichen Schutzbedürftigkeit der Beteiligten und damit an einem an der Billigkeit ausgerichteten Maßstab orientiert. Sie wird dem Erfordernis der grundsätzlichen Gleichwertigkeit und Gleichrangigkeit einander nachfolgender Ehen gerecht. Zwar muss die Gleichwertigkeit und Gleichrangigkeit einander nachfolgender Ehen nicht stets zu wirtschaftlicher Gleichheit der Unterhaltsansprüche der konkurrierenden Ehegatten führen, doch erlaubt sie deren Angleichung in nach Billigkeit typisierten Einzelfällen.

Legt man alleine das Kriterium der Schutzbedürftigkeit zugrunde, erscheint es auf den ersten Blick überraschend, dass die Empfehlungen dem vorrangigen nachfolgenden Ehegatten nicht ebenfalls nach Billigkeit einen Bedarf zugestehen, der nicht durch die Unterhaltslast gegenüber dem vorangegangenen Ehegatten geschmälert wird, sondern seinen Bedarf stattdessen wie bei Gleichrang im Wege der Dreiteilung aller zur Verfügung stehender Einkünfte gewichten. Auch diese Gewichtung lässt sich indessen mit den § 1578 Abs. 1 S. 1 BGB und § 1581 S. 1 BGB zugrundeliegenden Wertentscheidungen in Einklang bringen.

Die abweichende Behandlung des Nachrangs des vorangegangenen Ehegatten lässt sich nach Billigkeit unter dem Gesichtspunkt des Vertrauensschutzes rechtfertigen. Da die Unterhaltslast ihm gegenüber bei Hinzutreten des nachfolgenden Ehepartners bereits bestanden hat, besitzt sie – wenn auch keine sonstige[531] – so doch eine aus dem zeitlichen Ablauf folgende Priorität. Sie prägt den nach § 1578 Abs. 1 S. 1 BGB zu bestimmenden Bedarf des nachfolgenden Ehegatten, der seine Ehe mit dem Pflichtigen in Kenntnis der gegenüber dem vorangegangenen Ehepartner bestehenden Unterhaltsverpflichtung eingegangen ist. Aus diesem Grund hat der Gesetzgeber dem vorangegangenen Ehegatten einen gewissen Vorteil belassen wollen, den er in der Beibehaltung der Ausrichtung des Unterhaltsmaßes an den jeweiligen ehelichen Lebensverhältnissen zum Ausdruck gebracht hat.

Es lässt sich danach gemäß § 1581 S. 1 BGB nach Billigkeit rechtfertigen, den Ausgleich zwischen dem bereits vor der Ehe des nachfolgenden Ehegatten mit dem Pflichtigen entstandenen Bedarf des vorangegangenen Ehepartners einerseits und der aus dem Vorrang des nachfolgenden Ehepartners folgenden höheren Schutzbedürftigkeit andererseits durch eine gleichmäßige Verteilung der zur Verfügung stehenden Mittel zu suchen. Dies trägt nicht nur dem vom

531 Gesetzentwurf der Bundesregierung eines Gesetzes zur Änderung des Unterhaltsrechts vom 15. Juni 2006, BT-Drucks. 16/1830, 23.

Gesetzgeber bezweckten Schutz von Zweitfamilien hinreichend Rechnung.[532] Es dient auch seiner aus der Beibehaltung der Bedarfsbestimmung abzulesenden Zielsetzung, dem vorangegangenen Ehegatten regelmäßig noch einen Vorteil gegenüber dem nachfolgenden Ehegatten zu belassen.

III. Ergebnis

Es ist nicht zu beanstanden, den die Leistungsfähigkeit des Pflichtigen gegenüber dem vorangegangenen Ehegatten mindernden Bedarf des nachfolgenden Ehegatten auf der Ebene des § 1581 S. 1 BGB im Wege der Dreiteilung oder ihr nahekommender Angleichungen der Gesamteinkünfte zu bestimmen.

IV. Abgrenzung zur Bedarfsbestimmung nach der Dreiteilungsmethode

Zwar mag die Verwendung der Dreiteilungsmethode auf der Ebene der Leistungsfähigkeit bei der erstmaligen Bestimmung des dem geschiedenen Ehepartner geschuldeten Unterhalts zu Ergebnissen führen, die denen bei einer Verwendung der Dreiteilungsmethode zur Bedarfsbestimmung entsprechen.[533] Gleichwohl folgen aus der Verschiebung der Dreiteilungsmethode auf die Ebene der Leistungsfähigkeit erhebliche Unterschiede.

Die Bedarfsbestimmung im Wege der Dreiteilung beschränkte die gleiche Teilhabe des berechtigten Ehegatten am gemeinsam Erreichten von vornherein, indem sein Bedarf auf ein Drittel des Gesamteinkommens verkürzt wurde. Damit verlor die Bedarfsbestimmung ihre eigenständige Bedeutung. Demgegenüber führt die hier diskutierte, ausschließlich an den ehelichen Lebensverhältnissen mit dem Pflichtigen ausgerichtete Bedarfsbestimmung zur Umsetzung des Gebots gleicher Teilhabe auf der Ebene des § 1578 Abs. 1 S. 1 BGB, da sie nachehelich entstandene Unterhaltspflichten nicht einbezieht.[534]

Zudem schließt eine Bedarfsbestimmung im Wege der Dreiteilung die Befriedigung des nach den ehelichen Lebensverhältnissen bestimmten Bedarfs von vornherein aus, da in die Prüfung der Leistungsfähigkeit regelmäßig ein bereits verkürzter Bedarf gelangt. Dagegen ist nach den hier zu bewertenden Auslegungsansätzen eine volle Befriedigung des an den ehelichen Lebensverhältnissen ausgerichteten Bedarfs nicht von vornherein ausgeschlossen. Diese ist nach

532 Gesetzentwurf der Bundesregierung eines Gesetzes zur Änderung des Unterhaltsrechts vom 15. Juni 2006, BT-Drucks. 16/1830, 23.

533 Vgl. die tabellarische Übersicht im Dritten Teil, F.

534 BVerfGE 128, 193 (213).

den Empfehlungen nicht nur regelmäßig vorgesehen, wenn der vorangegangene Ehegatte den Vorrang genießt. Sie ist außerdem möglich, wenn der Pflichtige nach seinen gegenwärtigen, d.h. auch nicht prägenden Verhältnissen zur Leistung des vollen Bedarfs trotz weiterer vor- oder gleichrangiger Unterhaltslasten in der Lage ist.[535] Zugleich wahren die Empfehlungen zugunsten des Pflichtigen die Obergrenze des dem vorangegangenen Ehegatten zuzugestehenden Unterhalts. Sie bestimmen den Bedarf – anders als bei einer Verwendung der Dreiteilungsmethode zur Bedarfsbestimmung[536] – alleine nach den Verhältnissen des vorangegangenen Ehegatten mit dem Pflichtigen und beschränken ihn hierauf.

Wird bereits der Bedarf im Wege der Dreiteilung ermittelt und hierdurch regelmäßig verkürzt, führt dies zudem früher als bei einer Bedarfsbestimmung nach den ehelichen Lebensverhältnissen zu seinem gänzlichen Entfall und damit – mangels Bedarfs zu einem bestimmten Einsatzzeitpunkt – auch zum endgültigen Fortfall jeglicher Unterhaltsberechtigung.[537]

Die Verschiebung der Dreiteilungsmethode auf die Ebene der Leistungsfähigkeit eröffnet zudem eine gleiche Teilhabe in Abänderungsverfahren, bei denen die Erhöhung des Unterhalts auf den nach § 1578 Abs. 1 S. 1 BGB festgestellten Bedarf begrenzt ist. Wird bereits der Bedarf durch eine Dreiteilung gekürzt, ist die Höhe des Unterhalts dauerhaft auf diesen verkürzten Betrag begrenzt. Wird dagegen der Bedarf nach den ehelichen Lebensverhältnissen bemessen und lediglich der Unterhaltsanspruch aufgrund der zum Zeitpunkt der Geltendmachung des Unterhalts bestehenden Verhältnisse des Pflichtigen im Wege der Dreiteilung angepasst, so bleibt die Erfüllung des vollen, nach den ehelichen Lebensverhältnissen bestimmten Bedarfs bei einer Verbesserung der wirtschaftlichen Verhältnisse des Pflichtigen oder des nachfolgenden Ehegatten möglich. Gleiches gilt, wenn sich das Rangverhältnis zwischen den konkurrierenden Ehegatten ändert, etwa wenn der Vorrang des nachfolgenden Ehepartners nach Beendigung der Kinderbetreuung gemäß § 1609 Nr. 2 BGB entfällt.

Die durch die Dreiteilung erfolgende Vermengung des in verschiedenen Unterhaltsverbänden erwirtschafteten Einkommens und die daraus resultierende Angleichung der Bedarfe bzw. Unterhaltsansprüche ist auf der Ebene der Bestimmung der Leistungsfähigkeit zudem anders als auf der Ebene der Bedarfsbestimmung statthaft. Während die Dreiteilungsmethode zur Bedarfsbestimmung einen neuen Maßstab geschaffen hat, der sich mit den Vorgaben des § 1578

---

535 BVerfGE 128, 193 (219).

536 Aus diesem Grunde war bei der Verwendung der Dreiteilungsmethode zur Bedarfsbestimmung eine Kontrollrechnung vorgesehen; Zweiter Teil, C.III.3.c).

537 Zweiter Teil, C.III.1.

Abs. 1 S. 1 BGB nicht in Einklang bringen ließ,[538] ermöglicht § 1581 S. 1 BGB aufgrund seiner Ausrichtung am Maßstab der Billigkeit die Verwendung der Dreiteilungsmethode zur Anpassung des Unterhaltsanspruchs des vorangegangenen Ehegatten an die Leistungsfähigkeit des Pflichtigen.

V. Berechnungsbeispiele

Die Auswirkungen dieser *de lege lata* zulässigen Empfehlungen sollen anhand der Beispiele dargestellt werden, mit denen im Zweiten Teil die Bedarfsbestimmung im Wege der Dreiteilungsmethode mit der Bedarfsbestimmung im Wege der Differenz- bzw. Additionsmethode verglichen wurde.[539] Die Ergebnisse der Berechnungen sind zum Vergleich mit den Resultaten der anderen Modelle am Ende dieses Teils in einer Tabelle zusammengestellt.[540]

1. Erstes Beispiel: Einkommen des vorangegangenen Ehegatten, kein Einkommen des nachfolgenden Ehegatten

Erwirtschaftet der geschiedene Berechtigte ein bereinigtes Einkommen in Höhe von 1.500 € (Nettoeinkommen in Höhe von 1.750 € abzüglich 1/7 Erwerbstätigenbonus), der wiederverheiratete Unterhaltspflichtige ein prägendes Bruttoeinkommen von 5.490 €, das sich nach Veranlagung in Steuerklasse I – unter Außerachtlassung von Steuervorteilen aus dem Realsplitting nach § 10 Abs. 1 Nr. 1 EStG – auf 2.542 € netto (2.966 € netto abzüglich 1/7 Erwerbstätigenbonus) und nach Steuerklasse III auf 3.000 € netto (3.500 € netto abzüglich 1/7 Erwerbstätigenbonus) beläuft, und der nachfolgende Ehegatte kein Einkommen, so hat der geschiedene Ehegatte einen Bedarf von 2.021 € (2.542 €[541] zuzüglich 1.500 €; geteilt durch 2).

Auf der Ebene der Leistungsfähigkeit ist nun zu differenzieren. Bei Vorrang oder Gleichrang des nachfolgenden Ehegatten ist sein Bedarf nach Billigkeit auf einen Anteil in Höhe eines Drittels des tatsächlichen Gesamteinkommens der Beteiligten zu ermäßigen und beläuft sich auf 1.500 € (3.000 € zuzüglich 1.500 €;

538 BVerfGE 128, 193 (215 f.).

539 Zweiter Teil, C.III.

540 Dritter Teil, F.

541 Für den Bedarf des vorangegangenen Ehegatten ist nur das Einkommen prägend, das sich bei einer Veranlagung in der Steuerklasse I ergibt, da die durch die Veranlagung in der Steuerklasse III infolge der zweiten Eheschließung erzielten Mehreinkünfte die vorangegangene Ehe nicht prägen; BVerfGE 108, 351 ff. (Zweiter Teil, A.I).

geteilt durch 3). Ihm ist danach kein Unterhalt zu gewähren. Der Bedarf des nachfolgenden Ehegatten, der sich nach § 1578 Abs. 1 S. 1 BGB bestimmt, beläuft sich in diesen Fällen ebenfalls auf 1.500 € (3.000 € abzüglich 0 €; geteilt durch 2). Dem Pflichtigen verbleiben 1.500 € (3.000 € abzüglich 1.500 €).

Der vorrangige vorangegangene Ehegatte hat dagegen auf der Ebene des § 1581 S. 1 BGB keine Kürzung seines Bedarfs auf einen niedrigeren Unterhaltsanspruch hinzunehmen. Sein durch eigenes Einkommen nicht gedeckter Bedarf in Höhe von 521 € (2.021 € abzüglich 1.500 €) ist voll zu befriedigen. Der Bedarf des nachfolgenden Ehegatten beläuft sich auf die Hälfte des vom Pflichtigen in der nachfolgenden Ehe erwirtschafteten Einkommens abzüglich des prägenden Geschiedenenunterhalts und damit auf rund 1.240 € (3.000 € abzüglich 521 €; geteilt durch 2). Dem Pflichtigen selbst verbleiben 1.239 €. Soweit der vorrangige vorangegangene Ehegatte hiernach im Ergebnis einen Betrag zur Verfügung hat, der den dem Pflichtigen verbleibenden Restbetrag übersteigt, erklärt sich dies nach den Empfehlungen aus seiner nach Billigkeit gemäß § 1581 S. 1 BGB zu berücksichtigenden, besonderen Schutzbedürftigkeit im Sinne des § 1609 Nr. 2 BGB.

Unabhängig vom Rangverhältnis verbleibt dem erstem Ehegatten und dem Pflichtigen zusätzlich ihr jeweiliger Erwerbstätigenbonus.

2. Zweites Beispiel: Einkommen des vorangegangenen Ehegatten übersteigt Einkommen des nachfolgenden Ehegatten

Erwirtschaftet der geschiedene Ehegatte wiederum ein bereinigtes Einkommen in Höhe von 1.500 € (Nettoeinkommen in Höhe von 1.750 € abzüglich 1/7 Erwerbstätigenbonus), der wiederverheiratete unterhaltspflichtige Ehegatte wiederum ein prägendes Bruttoeinkommen von 5.490 €, das sich nach Veranlagung in Steuerklasse I – unter Außerachtlassung von Steuervorteilen aus dem Realsplitting nach § 10 Abs. 1 Nr. 1 EStG – auf 2.542 € netto (2.966 € netto abzüglich 1/7 Erwerbstätigenbonus) und nach Steuerklasse III auf 3.000 € netto (3.500 € netto abzüglich 1/7 Erwerbstätigenbonus) beläuft, und der nachfolgende Ehegatte ein Einkommen in Höhe von 900 € (Nettoeinkommen in Höhe von 1.050 € abzüglich 1/7 Erwerbstätigenbonus), so ergibt sich nach den Empfehlungen wiederum ein Bedarf des geschiedenen Ehegatten in Höhe von 2.021 € (2.542 € zuzüglich 1.500 €; geteilt durch 2).

Bei Vor- oder Gleichrang des nachfolgenden Ehegatten ist der Bedarf des vorangegangenen Ehegatten gemäß § 1581 S. 1 BGB nach Billigkeit auf einen Unterhaltsanspruch in Höhe eines Drittels des tatsächlichen Gesamteinkommens der Beteiligten zu ermäßigen und beläuft sich auf 1.800 € (3.000 € zuzüglich 1.500 €

zuzüglich 900 €; geteilt durch 3). Ihm ist danach Unterhalt in Höhe von 300 € zu gewähren (1.800 € abzüglich 1.500 €). Der Bedarf des nachfolgenden Ehegatten, der sich wiederum nach § 1578 Abs. 1 S. 1 BGB bestimmt, beläuft sich ebenfalls auf 1.800 € (3.000 € abzüglich 300 € zuzüglich 900 €; geteilt durch 2). Ihm sind danach 900 € zuzugestehen (1.800 € abzüglich 900 €), dem Pflichtigen verbleiben 1.800 € (3.000 € abzüglich 300 € abzüglich 900 €).

Der vorrangige vorangegangene Ehegatte hat auf der Ebene des § 1581 S. 1 BGB wiederum keine Kürzung seines Bedarfs auf einen niedrigeren Unterhaltsanspruch hinzunehmen. Sein nicht durch eigenes Einkommen gedeckter Bedarf in Höhe von 521 € (2.021 € abzüglich 1.500 €) ist voll zu befriedigen. Der Bedarf des nachfolgenden Ehegatten beläuft sich auf rund 1.690 € (3.000 € abzüglich 521 € zuzüglich 900 €; geteilt durch 2), wovon der Pflichtige als Unterhalt 790 € zu leisten hat (1.690 € abzüglich 900 €). Dem Pflichtigen verbleiben 1.689 € (3.000 € abzüglich 521 € abzüglich 790 €). Der dem vorrangigen vorangegangenen Ehegatten zugestandene Betrag, der den Rest übersteigt, welcher dem Pflichtigen verbleibt, erklärt sich wiederum aus dessen nach Billigkeit gemäß § 1581 S. 1 BGB zu berücksichtigender besonderer Schutzbedürftigkeit im Sinne des § 1609 Nr. 2 BGB.

Unabhängig vom Rangverhältnis verbleibt allen Beteiligten zusätzlich ihr Erwerbstätigenbonus.

3. Drittes Beispiel: Einkommen des nachfolgenden Ehegatten übersteigt Einkommen des vorangegangenen Ehegatten

Nimmt man umgekehrt an, dass der vorangegangene Ehegatte 900 € (Nettoeinkommen in Höhe von 1.050 € abzüglich 1/7 Erwerbstätigenbonus), der nachfolgende Ehegatte 1.500 € (Nettoeinkommen in Höhe von 1.750 € abzüglich 1/7 Erwerbstätigenbonus) und der Pflichtige wiederum ein prägendes Bruttoeinkommen von 5.490 € erzielt, das sich nach Veranlagung in Steuerklasse I – unter Außerachtlassung von Steuervorteilen aus dem Realsplitting nach § 10 Abs. 1 Nr. 1 EStG – auf 2.542 € netto (2.966 € netto abzüglich 1/7 Erwerbstätigenbonus) und nach Steuerklasse III auf 3.000 € netto (3.500 € netto abzüglich 1/7 Erwerbstätigenbonus) beläuft, so liegt der Bedarf des geschiedenen Ehegatten bei 1.721 € (2.542 € zuzüglich 900 €; geteilt durch 2).

Bei Vorrang und Gleichrang des nachfolgenden Ehegatten ist sein Bedarf auf der Ebene der Leistungsfähigkeit nach Billigkeit wiederum auf einen Unterhaltsanspruch in Höhe eines Drittels des tatsächlichen Gesamteinkommens der Beteiligten zu ermäßigen. Danach ergibt sich ein Betrag von 1.800 € (3.000 € zuzüglich 1.500 € zuzüglich 900 €; geteilt durch 3). Da dieser Betrag seinen Bedarf in Höhe von nur 1.721 € übersteigt, erübrigt sich dessen Kürzung nach § 1581 S. 1 BGB. Vielmehr verbleibt es bei dem nach § 1578 Abs. 1 S. 1 BGB festgestellten Bedarf, der unter Wahrung des Grundsatzes gleicher Teilhabe am gemeinsam Erreichten ermittelt wurde, und der die Obergrenze des ihm zuzugestehenden Unterhalts darstellt. Hier zeigt sich, dass durch die Verschiebung der Dreiteilungsmethode auf die Ebene der Leistungsfähigkeit das Erfordernis einer Kontrollrechnung entfällt, welche der Bundesgerichtshof vorgenommen[542] und welche das Bundesverfassungsgericht beanstandet hat.[543] Dem vorangegangenen Ehegatten ist danach Unterhalt in Höhe von 821 € zuzugestehen (1.721 € abzüglich 900 €). Der nach § 1578 Abs. 1 S. 1 BGB zu bestimmende Bedarf des nachfolgenden Ehegatten beläuft sich auf rund 1.840 € (3.000 € abzüglich 821 € zuzüglich 1.500 €; geteilt durch 2). Ihm sind danach 340 € zuzugestehen (1.840 € abzüglich 1.500 €). Dem Pflichtigen verbleiben 1.839 € (3.000 € abzüglich 821 € abzüglich 340 €).

Da in dieser Konstellation der volle Bedarf des vorangegangenen Ehegatten selbst bei Vor- oder Gleichrang des nachfolgenden Ehepartners befriedigt werden kann, verbleibt es bei diesem Ergebnis auch bei Nachrang des nachfolgenden Ehegatten.

Sämtlichen Beteiligten verbleibt unabhängig vom Rangverhältnis zusätzlich wiederum ihr Erwerbstätigenbonus.

4. Viertes Beispiel: Absoluter Mangelfall

Erwirtschaftet der vorangegangene Ehegatte ein bereinigtes Einkommen in Höhe von 500 € (583 € netto abzüglich 1/7 Erwerbstätigenbonus), der wiederverheiratete unterhaltspflichtige Ehegatte ein prägendes Bruttoeinkommen von 3.416 €, das sich nach Veranlagung in Steuerklasse I – unter Außerachtlassung von Steuervorteilen aus dem Realsplitting nach § 10 Abs. 1 Nr. 1 EStG – auf 1.740 € netto (2.030 € netto abzüglich 1/7 Erwerbstätigenbonus) und nach Steuerklasse III auf rund 2.000 € netto (2.333 € netto abzüglich 1/7 Erwerbstätigenbonus auf) beläuft, der nachfolgende Ehegatte dagegen kein Einkommen, so hat der geschiedene Ehegatte einen Bedarf in Höhe von 1.120 € (1.740 € zuzüglich 500 €; geteilt durch 2).

Bei Vorrang oder Gleichrang des nachfolgenden Ehegatten ist der Bedarf des vorangegangenen Ehegatten wiederum auf der Ebene der Leistungsfähigkeit nach Billigkeit auf einen Unterhaltsanspruch in Höhe eines Drittels des tatsächlichen Gesamteinkommens der Beteiligten zu ermäßigen und beläuft sich auf rund 833 € (2.000 € zuzüglich 500 €; geteilt durch 3), weshalb ihm Unterhalt in

542 BGHZ 177, 356 ff.
543 BVerfGE 128, 193 ff.

Höhe von 333 € zusteht (833 € abzüglich 500 €). Der nach § 1578 Abs. 1 S. 1 BGB bestimmte Bedarf des nachfolgenden Ehegatten beläuft sich ebenfalls auf rund 833 € (2.000 € abzüglich 333 €; geteilt durch 2), dem mangels eigener Einkünfte sein Restbedarf entspricht. Dem Pflichtigen verbleiben 834 € (2.000 € abzüglich 333 € abzüglich 833 €). Damit liegt ein Mangelfall vor, da sein Selbstbehalt in Höhe von 1.100 € im Monat[544] nicht gewahrt bleibt. Dieser Mangelfall ist nun je nach Rangfolge nach § 1609 BGB zu lösen, was aufzeigt, dass die Ausgleichsmodelle die eigenständige Bedeutung des § 1609 BGB aufrechterhalten.

Bei Gleichrang sind die jeweiligen – beim ersten Ehegatten nach § 1581 S. 1 BGB angepassten – Restbedarfe der konkurrierenden Ehegatten proportional zu kürzen. Ihre Bedarfe können zu 77,19% befriedigt werden (2.000 € abzüglich Selbstbehalt in Höhe von 1.100 € = 900 € verteilbares Einkommen; geteilt durch Bedarf beider Ehegatten in Höhe von 333 € und 833 €, zusammen 1.166 €; ergibt eine Befriedigungsquote von 77,19%). Danach erhält der geschiedene Ehegatte Unterhalt von rund 257 € (77,19% von 333 €), der nachfolgende Ehegatte von rund 643 € im Monat (77,19% von 833 €).

Der Unterhaltsanspruch des vorrangigen nachfolgenden Ehegatten in Höhe von 833 € ist vorweg zu befriedigen, während der vorangegangene Ehegatte den Restbetrag in Höhe von 67 € (900 € abzüglich 833 €) erhält.

Der vorrangige vorangegangene Ehegatte hat wiederum bereits auf der Ebene des § 1581 S. 1 BGB keine Kürzung seines Bedarfs auf einen niedrigeren Unterhaltsanspruch hinzunehmen. Sein nicht durch eigenes Einkommen gedeckter, nach § 1578 Abs. 1 S. 1 BGB ermittelter Bedarf in Höhe von 620 € (1.121 € abzüglich 500 €) ist voll zu befriedigen. Der Bedarf des nachfolgenden Ehegatten beläuft sich auf rund 690 € (2.000 € abzüglich 620 €; geteilt durch 2). Diesen kann der Pflichtige im Hinblick auf seinen Selbstbehalt in Höhe von 1.100 € nicht leisten, so dass dem nachfolgenden Ehegatten lediglich ein Betrag von 280 € zufällt (2.000 € abzüglich Selbstbehalt in Höhe von 1.100 € abzüglich 620 €).

Dem Pflichtigen und dem vorangegangenen Ehegatten verbleibt wiederum zusätzlich ihr jeweiliger Erwerbstätigenbonus.

C. Ausgleich auf der Ebene des § 1581 BGB – sogenannte individuelle Bedarfsbestimmung

Das Modell einer sogenannten individuellen Bedarfsbestimmung sieht ebenfalls vor, konkurrierende Ehegattenunterhaltsansprüche auf der Ebene des

544 Düsseldorfer Tabelle, Stand 1. Januar 2013, Anmerkung B.IV, juris.

§ 1581 S. 1 BGB auszugleichen. Die konkurrierenden Bedarfe sollen nach den in der jeweiligen Ehe bestehenden Verhältnissen jeweils unter Außerachtlassung der gegenüber dem anderen Ehegatten bestehenden Unterhaltspflicht individuell bestimmt und sodann in die Prüfung der Leistungsfähigkeit des Pflichtigen einbezogen werden.[545] Auf diese Weise wird für den nachfolgenden Ehegatten in die Prüfung der Leistungsfähigkeit des Pflichtigen gegenüber dem vorangegangenen Ehegatten ein höherer Bedarf eingestellt als der Bedarf, der sich bei einer Bedarfsermittlung nach § 1578 Abs. 1 S. 1 BGB ergeben würde, bei der die Unterhaltslast gegenüber dem vorangegangenen Ehepartner einzubeziehen wäre.

Wie die vorstehend geprüften Empfehlungen sieht dieser Vorschlag vor, zunächst den Bedarf des vorangegangenen Ehepartners chronologisch zu ermitteln, auf der Ebene der Leistungsfähigkeit des Pflichtigen Unterhaltslasten gegenüber einem späteren Ehegatten dem Grunde nach als Verpflichtung im Sinne des § 1581 S. 1 BGB zu behandeln und sie in Abhängigkeit vom Rangverhältnis zwischen den konkurrierenden Ehegatten als Minderung der Leistungsfähigkeit des Pflichtigen gegenüber dem vorangegangenen Ehegatten anzuerkennen. Hinsichtlich dieser Bestandteile der Auslegungsmodelle wird daher auf die Ausführungen zu den vorstehenden Empfehlungen verwiesen.[546] Eine Abweichung ergibt sich hinsichtlich der konkreten Gewichtung als berücksichtigungswürdig erachteter Unterhaltslasten gegenüber einem nachfolgenden Ehegatten sowie hinsichtlich der aus dem jeweiligen Rangverhältnis abgeleiteten Konsequenzen. Auf diese beiden Gesichtspunkte konzentriert sich die nachfolgende Bewertung.

I. Einfachrechtliche Bewertung

1. Grammatische Auslegung

Die für den vorangegangenen Ehepartner empfohlene Bedarfsbestimmung lässt sich mit dem Wortlaut des § 1578 Abs. 1 S. 1 BGB vereinbaren, da sie sich an den Lebensverhältnissen seiner Ehe mit dem Pflichtigen ausrichtet.[547] Umgekehrt scheint die für den nachfolgenden Ehegatten vorgeschlagene, sogenannte individuelle Bedarfsbestimmung unter Außerachtlassung der gegenüber dem vorangegangenen Ehegatten bestehenden Unterhaltslast dem Wortlaut des § 1578 Abs. 1 S. 1 BGB zu widersprechen. Dessen Wortlaut deckt es nicht, in die Bedarfsbestimmung des vorangegangenen Ehegatten die

545 Zweiter Teil, F.III.2.

546 Dritter Teil, B.

547 Dritter Teil, B.I.1.

Unterhaltslast gegenüber einem bei Beendigung der Ehe nicht vorhandenen nachfolgenden Ehepartner einzubeziehen, da dessen Bedarf keinen Bezug zu der aufgelösten Ehe aufweist.[548] Ebenso wenig kann nach seinem Wortlaut ein vorangegangener Ehegatte, dessen Bedarf die Einkünfte des Pflichtigen mindert und damit seine ehelichen Lebensverhältnisse in der nachfolgenden Ehe prägt, aus der Bedarfsbestimmung des nachfolgenden Ehepartners ausgeklammert werden.

Doch bezieht sich die für den nachfolgenden Ehepartner vorgeschlagene „individuelle" Bedarfsbestimmung – trotz der insoweit missverständlichen Bezeichnung – nicht auf die Bestimmung seines Bedarfs nach § 1578 Abs. 1 S. 1 BGB anlässlich der Ermittlung seines eigenen Unterhaltsanspruchs gegen den Pflichtigen. Sie bezieht sich vielmehr auf die Gewichtung der ihm gegenüber bestehenden Unterhaltsverpflichtung anlässlich der Bestimmung der Leistungsfähigkeit des Pflichtigen gegenüber dem vorangegangenen Ehegatten. Für diese Gewichtung sind nicht die ehelichen Lebensverhältnisse im Sinne des § 1578 Abs. 1 S. 1 BGB ausschlaggebend, sondern alleine das Kriterium der Billigkeit. Soll dagegen der eigene Unterhaltsanspruch des nachfolgenden Ehepartners ermittelt werden, so ist auch sein Bedarf gemäß § 1578 Abs. 1 S. 1 BGB nach seinen tatsächlichen ehelichen Lebensverhältnissen mit dem Pflichtigen zu bestimmen. Diese werden durch die – allerdings gemäß § 1581 S. 1 BGB unter Berücksichtigung seines „individuellen" Bedarfs angepasste – Unterhaltsverpflichtung gegenüber dem vorangegangenen Ehegatten geprägt. Damit steht der Wortlaut des § 1578 Abs. 1 S. 1 BGB der für die Bestimmung der Leistungsfähigkeit nach § 1581 S. 1 BGB empfohlenen Bedarfsgewichtung des nachfolgenden Ehepartners nicht entgegen.

Der Wortlaut des § 1581 S. 1 BGB lässt dem Grunde nach nicht nur die Einbeziehung nachehelich eingetretener Unterhaltslasten zu, sondern erlaubt es auch, für deren Berücksichtigung typisierende Kriterien – wie das Rangverhältnis zwischen den konkurrierenden Ehegatten – vorzugeben. Die nach § 1581 S. 1 BGB für die Einbeziehung derartiger Verpflichtungen allein maßgebliche Billigkeit wiederum erlaubt die empfohlene Gewichtung der Unterhaltslast gegenüber dem nachfolgenden Ehegatten in Höhe seines sogenannten individuellen Bedarfs. Die empfohlene Gewichtung hält sich daher in den von dessen Wortlaut gesetzten – weiten – Grenzen, die hierdurch allerdings auch ausgeschöpft werden.

548 BVerfGE 108, 351 (366); 128, 193 (219).

2. Systematische Auslegung

Die Differenzierung zwischen der Bedarfsbestimmung und der Prüfung der Leistungsfähigkeit bei der Ermittlung des geschuldeten Unterhalts wird der Systematik des Geschiedenenunterhaltsrechts gerecht.[549]

Der Vorschlag belässt zudem der Bestimmung des Bedarfs des vorangegangenen Ehegatten seine eigenständige Bedeutung im unterhaltsrechtlichen System. Er hält dessen Auswirkungen auf der Ebene des § 1581 S. 1 BGB im Hinblick auf die nach den gegenwärtigen Verhältnissen zu beurteilende Leistungsfähigkeit des Pflichtigen ebenso aufrecht wie anlässlich der Feststellung der für die Fortdauer des Unterhaltsanspruchs maßgeblichen Einsatzzeitpunkte sowie anlässlich späterer Abänderungen bereits geschaffener Unterhaltstitel.[550]

Die Feststellung des „individuellen" Bedarfs des nachfolgenden Ehepartners führt allerdings letztlich zu einer Verschiebung der Bedarfsbestimmung von der Regelung des § 1578 Abs. 1 S. 1 BGB auf die Billigkeitsvorschrift des § 1581 S. 1 BGB. Zwar soll der Bedarf des nachfolgenden Ehepartners anlässlich der Bestimmung des ihm selbst nach §§ 1569 ff. BGB zu leistenden Unterhalts gemäß § 1578 Abs. 1 S. 1 BGB nach seinen tatsächlichen ehelichen Lebensverhältnissen mit dem Pflichtigen bestimmt werden. Die „individuelle" Bedarfsbestimmung soll nur zur Feststellung der Leistungsfähigkeit des Pflichtigen gegenüber dem früheren Ehepartner herangezogen werden.

Wird aber der „individuell" ermittelte Bedarf als Unterhaltslast bei der Feststellung der Leistungsfähigkeit des Pflichtigen gegenüber dem vorangegangenen Ehepartner berücksichtigt und muss der Pflichtige dementsprechend weniger Unterhalt an den vorangegangenen Ehepartner leisten, so verbleiben ihm mehr Mittel, die den nach § 1578 Abs. 1 S. 1 BGB zu bestimmenden, tatsächlichen Bedarf des nachfolgenden Ehepartners prägen. Die Einbeziehung des „individuellen" Bedarfs des nachfolgenden Ehegatten bei der Bestimmung der Leistungsfähigkeit des Pflichtigen gegenüber dem vorangegangenen Ehegatten wirkt sich also auf seinen tatsächlichen Bedarf nach § 1578 Abs. 1 S. 1 BGB aus. Im Ergebnis kann dies zu einem Bedarf nach § 1578 Abs. 1 S. 1 BGB führen, der dem zuvor ermittelten „individuellen" Bedarf nahekommt oder sogar entspricht. Doch ist diese Auswirkung vom System des Unterhaltsrechts gedeckt. § 1581 S. 1 BGB lässt die Einbeziehung nachehelicher Unterhaltslasten zu, definiert jedoch die Voraussetzungen für deren Gewichtung weder dem Grunde, noch der Höhe

549 Dritter Teil, B.I.2.

550 Dritter Teil, B.I.2.

nach. Er stellt zu deren Beurteilung lediglich das Kriterium der Billigkeit zur Verfügung.

Die Ansiedlung des Ausgleichs konkurrierender Ehegattenunterhaltsansprüche auf der Ebene des § 1581 S. 1 BGB – und nicht erst auf der Ebene des § 1609 BGB – begegnet ebenfalls keinen Bedenken. Sie führt zuletzt nicht zu einer systemwidrigen Überdehnung des Anwendungsbereichs des § 1581 S. 1 BGB zulasten des § 1578b BGB.[551]

3. Teleologische Auslegung

Es entspricht der legislativen Zwecksetzung, den Bedarf des Berechtigten gemäß § 1578 Abs. 1 S. 1 BGB nach den ehelichen Lebensverhältnissen der aufgelösten Ehe zum Zeitpunkt der Rechtskraft der Scheidung zu bestimmen und damit im Ausgangspunkt der unterhaltsrechtlichen Prüfung den Grundsatz gleicher Teilhabe am gemeinsam erreichten Lebensstandard zu wahren.[552] Ebenfalls lässt sich unter teleologischen Aspekten rechtfertigen, den Ausgleich konkurrierender Ehegattenunterhaltsansprüche im Wesentlichen auf der Ebene des § 1581 S. 1 BGB anzusiedeln, indem nachehelich hinzutretende Unterhaltslasten als Verpflichtung im Sinne des § 1581 S. 1 BGB angesehen werden.[553]

Die Beurteilung der Frage, ob nachehelich hinzugetretene Unterhaltslasten bei der Bemessung der Leistungsfähigkeit des Pflichtigen gegenüber dem vorangegangenen Ehepartner Berücksichtigung finden sollen, nach dem zwischen den konkurrierenden Ehegatten bestehendem Rangverhältnis und damit nach der den Rangregelungen zugrunde liegende Schutzbedürftigkeit richtet sich an nachvollziehbaren Kriterien für die Einbeziehung nachehelich hinzugetretener Unterhaltsverbindlichkeiten aus. Sie hält sich damit in dem Rahmen, den die Billigkeitsentscheidung des § 1581 S. 1 BGB eröffnen soll.[554]

Der Gesetzgeber hat nicht nur nicht vorgegeben, in welchen Konstellationen nachehelich hinzugetretene Unterhaltsverbindlichkeiten nach § 1581 S. 1 BGB dem Grunde nach berücksichtigt werden können. Er hat zudem nicht geregelt, auf welche Weise für berücksichtigungswürdig erachtete Verpflichtungen einbezogen werden sollen. Anlässlich der Gewichtung der einzubeziehenden Verpflichtungen muss der Ausgleich also an der Billigkeit ausgerichtete Erwägungen

551 Dritter Teil, B.I.2.
552 Dritter Teil, B.I.3.
553 Dritter Teil, B.I.3.
554 Dritter Teil, B.I.3.b).

erkennen lassen, um den Zweckmäßigkeitserwägungen des § 1581 S. 1 BGB zu entsprechen.

Derartige Erwägungen erlauben es nicht nur, in bestimmten Rangkonstellationen das allen Beteiligten zur Verfügung stehende Einkommen im Wege der Dreiteilung oder Angleichung zu verteilen und damit die den einzelnen Beteiligten im Ergebnis zugewiesenen Mittel bei Vor- oder Gleichrang des nachfolgenden Ehepartners im Wesentlichen aneinander anzugleichen.[555] Ebenso kann in die Bemessung der Leistungsfähigkeit des Pflichtigen gegenüber dem vorangegangenen Ehepartner nicht nur der nach den ehelichen Lebensverhältnissen bestimmte, individuelle Bedarf des vorangegangenen Ehegatten gemäß § 1578 Abs. 1 S. 1 BGB einbezogen werden, sondern auch der – unter Außerachtlassung der früheren Ehe des Pflichtigen – nach § 1581 S. 1 BGB bestimmte „individuelle" Bedarf des nachfolgenden Ehegatten.

Hierdurch erhöht sich der auf der Ebene des § 1581 S. 1 BGB „individuell" gewichtete Bedarf des nachfolgenden Ehegatten im Vergleich zu einer Bestimmung seines Bedarfs nach § 1578 Abs. 1 S. 1 BGB, der durch die Unterhaltsverbindlichkeit gegenüber dem vorangegangenen Ehegatten geprägt und geschmälert würde. Dies verursacht bei Vorrang und Gleichrang des nachfolgenden Ehepartners eine deutliche Entwertung der unterhaltsrechtlichen Position des vorangegangenen Ehepartners. Genießt der Unterhaltsanspruch des nachfolgenden Ehepartners den Vorrang, so reduziert sich die Leistungsfähigkeit des Pflichtigen gegenüber dem vorangegangenen Ehegatten nach der Empfehlung um seinen vollen „individuell" bestimmten Bedarf. Hierdurch erhält der vorangegangene Ehegatte weniger Unterhalt und verbleiben dem Pflichtigen für sich und zur Erfüllung seiner Unterhaltspflicht gegenüber dem nachfolgenden Ehegatten mehr Mittel. Abgeschwächt ergibt sich diese Entwertung auch bei Gleichrang der konkurrierenden Ansprüche. In diesem Fall sieht die Empfehlung die Ermäßigung der Leistungsfähigkeit des Pflichtigen um den proportional gekürzten „individuellen" Bedarf des nachfolgenden Ehepartners vor. Dies führt infolge des im Vergleich zu seinem tatsächlichen Bedarf höheren „individuellen" Bedarfs ebenfalls zu einer stärkeren Verkürzung der Leistungsfähigkeit des Pflichtigen gegenüber dem vorangegangenen Ehegatten und damit zu einer Verbesserung seiner Lage sowie mittelbar auch der unterhaltsrechtlichen Position des nachfolgenden Ehegatten. In Fällen des Nachrangs des nachfolgenden Ehegatten bleibt die empfohlene „individuelle" Bedarfsbestimmung auf der Ebene des § 1581 S. 1 BGB dagegen ohne Auswirkung. Sein Bedarf soll in diesem Fall keinen Einfluss

555 Dritter Teil, B.I.3.

auf die Leistungsfähigkeit des Pflichtigen gegenüber dem vorangegangenen Ehepartner haben.

Diese Folgen lassen sich mit dem nach § 1581 S. 1 BGB allein ausschlaggebenden Kriterium der Billigkeit vereinbaren. So wie es von dem vom Gesetzgeber eröffneten weiten Spielraum des § 1581 S. 1 BGB gedeckt ist, in bestimmten Rangkonstellationen konkurrierende Bedarfe im Wesentlichen aneinander anzugleichen und sich damit im Wesentlichen an der vergleichbaren Schutzbedürftigkeit der konkurrierenden Beteiligten zu orientieren, so erlaubt es dieser Spielraum ebenfalls, die individuellen Einkommensverhältnisse der Berechtigten stärker zu würdigen und bei der Gewichtung der den einzelnen Beteiligten im Ergebnis zuzugestehenden Mittel durchzusetzen.[556]

4. Historische Auslegung

Die „individuelle" Bedarfsbestimmung verlangt die Beurteilung zweier verschiedener Unterhaltsverbände nach deren jeweils prägenden, regelmäßig voneinander abweichenden Verhältnissen. Dies trägt nicht zur Vereinfachung der Berechnung bei. Doch dient es zumindest insoweit der angestrebten Vereinfachung, als Fallgruppen gebildet werden, in denen die Unterhaltslast gegenüber dem nachfolgenden Ehegatten bei der Prüfung der Leistungsfähigkeit des Pflichtigen gegenüber dem vorangegangenen Ehegatten regelmäßig berücksichtigt werden soll.

Die Einbeziehung nachehelicher Unterhaltsverbindlichkeiten dient sowohl dem Grunde als auch der Höhe nach der mit der Unterhaltsreform beabsichtigten stärkeren Berücksichtigung schutzwürdiger Interessen im Unterhaltsrecht und lässt sich in den durch § 1581 S. 1 BGB eröffneten weiten Spielraum einordnen.[557] Sie bewirkt zwar ebenfalls eine Verschlechterung der unterhaltsrechtlichen Position des vorangegangenen Ehepartners, soweit der nachfolgende Ehegatte ihm gegenüber vor- oder gleichrangig ist, da sie in diesen Fällen dessen vollen oder proportional gekürzten Bedarf leistungsfähigkeitsmindernd anerkennt. Die für den nachfolgenden Ehegatten empfohlene „individuelle" Bedarfsbestimmung auf der Ebene des § 1581 S. 1 BGB führt zu einer zusätzlichen Abwertung seiner unterhaltsrechtlichen Position, da sie die an sich prägende Unterhaltslast gegenüber dem vorangegangenen Ehegatten nicht bedarfsmindernd einbezieht. Andererseits aber lässt sie den Bedarf des nachfolgenden Ehepartners gegenüber dem vorrangigen vorangegangenen Ehegatten unberücksichtigt.

556 Vgl. die tabellarische Übersicht im Dritten Teil, F.
557 Dritter Teil, B.I.4.b).

Damit richtet sich das Ausgleichsmodell an dem hinter der Reform stehenden Bestreben aus, unterhaltsrechtliche Entscheidungen stärker an der den Rangvorschriften zugrunde liegenden Schutzbedürftigkeit der Beteiligten und weniger an der zeitlichen Priorität der Unterhaltsansprüche zu orientieren. Zudem erfährt die in bestimmten Rangkonstellationen eintretende Schwächung der unterhaltsrechtlichen Position des vorangegangenen Ehegatten dadurch einen Ausgleich, dass sein Bedarf gemäß § 1578 Abs. 1 S. 1 BGB nach seinen ehelichen Lebensverhältnissen bestimmt und damit ungekürzt in die Prüfung der Leistungsfähigkeit des Pflichtigen nach dessen real verfügbaren Mitteln einbezogen wird. Dies entspricht dem mit der Reform beabsichtigten schonenden Übergang zu den dem geltenden Unterhaltsrecht zugrunde liegenden geänderten Wertvorstellungen.

Zuletzt entspricht es dem Willen des Gesetzgebers,[558] dass neben den typisierten Billigkeitskriterien die Umstände des konkreten Einzelfalls gewürdigt werden sollen.

II. Verfassungsrechtliche Bewertung

1. Bindungswirkung nach § 31 Abs. 1 BVerfGG

Die empfohlene Bedarfsbestimmung sowie die systematische Differenzierung zwischen der Bedarfsbestimmung und der Bestimmung der Leistungsfähigkeit anlässlich der Feststellung des geschuldeten Ehegattenunterhalts wahren die Bindungswirkung des Beschlusses des Bundesverfassungsgerichts vom 25. Januar 2011. Zur Gewichtung des Bedarfs des nachfolgenden Ehegatten anlässlich der Beurteilung der Leistungsfähigkeit des Pflichtigen gegenüber dem vorangegangenen Ehepartner gemäß § 1581 S. 1 BGB hat der Beschluss des Bundesverfassungsgerichts vom 25. Januar 2011 keine die Entscheidung tragenden und damit bindenden Feststellungen getroffen.[559]

2. Art. 2 Abs. 1 GG i.V.m. dem Rechtsstaatsprinzip (Art. 20 Abs. 3 GG)

Das Auslegungsmodell lässt sich mit den anerkannten Auslegungsmethoden in Einklang bringen und begegnet daher keinen verfassungsrechtlichen Bedenken.

---

558 Gesetzentwurf der Bundesregierung eines Gesetzes zur Änderung des Unterhaltsrechts vom 15. Juni 2006, BT-Drucks. 16/1830, 24.

559 Dritter Teil, B.II.1.

3. Art. 6 Abs. 1 i.V.m. Art. 3 Abs. 1 und Abs. 2 GG

a) Art. 6 Abs. 1 GG i.V.m. Art. 3 Abs. 2 GG

Die Bedarfsbestimmung achtet das in § 1578 Abs. 1 S. 1 BGB umgesetzte verfassungsrechtliche Gebot gleicher Teilhabe am gemeinsam Erwirtschafteten.[560] Näherer Betrachtung bedarf die Frage, ob es im Verhältnis der Eheleute zueinander der legislativen Ausgestaltung des Grundsatzes gleicher Teilhabe noch entspricht, dass Unterhaltsverbindlichkeiten gegenüber einem späteren Ehegatten je nach Rangverhältnis in Höhe eines sogenannten individuellen Bedarfs auf der Ebene des § 1581 S. 1 BGB regelmäßig als Minderung der Leistungsfähigkeit anerkannt werden und damit der Pflichtige regelmäßig zulasten seines geschiedenen Ehepartners entlastet wird.

aa) Anknüpfung des Ausgleichs an die Ebene des § 1581 BGB

Es begegnet keinen Bedenken, nachehelich hinzugetretene Unterhaltslasten als „sonstige Verpflichtung" des Pflichtigen auf der Ebene des § 1581 S. 1 BGB und nicht erst auf der Ebene des § 1609 BGB zu berücksichtigen.[561]

bb) Ausrichtung des Ausgleichs an der Schutzbedürftigkeit der Beteiligten

§ 1581 S. 1 BGB lässt bei der Entscheidung über die Berücksichtigung weiterer Verpflichtungen jede am Maßstab der Billigkeit ausgerichtete Erwägung zu. Er eröffnet nicht nur konkrete Einzelfallentscheidungen, sondern ebenso die Bildung typisierender Fallgruppen, in denen die Einbeziehung nachehelicher Unterhaltslasten regelmäßig der Billigkeit entsprechen oder aber nicht entsprechen soll. Dabei begegnet es keinen Bedenken, nachehelich hinzugetretene Unterhaltspflichten grundsätzlich in Abhängigkeit von dem zwischen den konkurrierenden Berechtigten bestehenden Rangverhältnis und damit in Abhängigkeit von ihrer Schutzbedürftigkeit anzuerkennen.[562]

Die Leistungsfähigkeit des Pflichtigen wegen nachehelich hinzugetretener Unterhaltsverbindlichkeiten soll regelmäßig nicht gemindert werden, wenn der vorangegangene Ehegatte den Vorrang genießt. Bei Gleichrang soll die Leistungsfähigkeit des Pflichtigen und damit auch der Unterhaltsanspruch des vorangegangenen Ehegatten um den im Hinblick auf die verfügbaren Mittel proportional gekürzten Bedarf des nachfolgenden Ehepartners gekürzt werden. Der vorrangige Bedarf des nachfolgenden Ehepartners wiederum soll die

560 Dritter Teil, B.II.3.a).

561 Dritter Teil, B.II.3.a)aa).

562 Dritter Teil, B.II.3.a)bb).

Leistungsfähigkeit des Pflichtigen gegenüber dem vorangegangenen Ehegatten in voller Höhe mindern. Dies weicht von den zuvor geprüften Auslegungsvarianten insoweit ab, als letztere nicht zwischen Fällen des Gleichrangs bzw. des Vorrangs des nachfolgenden Ehegatten differenzieren.[563]

Doch lässt sich die Empfehlung gleichwohl ebenso mit der Ausgestaltung der aus Art. 6 Abs. 1 GG i.V.m. Art. 3 Abs. 2 GG folgenden Wertentscheidungen in § 1581 S. 1 BGB in Einklang bringen, da ihr zum Teil zwar andere, jedoch gleichermaßen billigenswerte Erwägungen zugrunde liegen.

Nach Billigkeit begegnet es keinen Bedenken, dem vorangegangenen vorrangigen Ehegatten auf der Ebene der Leistungsfähigkeit keine Minderung seines Unterhaltsanspruchs durch nachehelich entstandene Unterhaltslasten aufzubürden. Aufgrund seiner den Vorrang begründenden besonderen Schutzbedürftigkeit erscheint es vertretbar, dem Pflichtigen keine Minderung seiner Leistungsfähigkeit und damit keine Modifizierung des Grundsatzes gleicher Teilhabe zuzugestehen.

Ist der vorangegangene Ehepartner dagegen weniger schutzbedürftig als der ihm nachfolgende Ehegatte und sein Unterhaltsanspruch dementsprechend nachrangig, lässt es sich nach Billigkeit umgekehrt rechtfertigen, die gegenüber dem nachfolgenden Ehegatten bestehende Unterhaltspflicht als Minderung der Leistungsfähigkeit des Pflichtigen anzuerkennen und diesem seinen eheangemessenen Selbstbehalt gegenüber dem vorangegangenen Ehegatten nach Abzug der gegenüber dem nachfolgenden Ehepartner bestehenden Unterhaltsverbindlichkeit im Ergebnis zu belassen. Es stellt eine an der Billigkeit Maß nehmende Erwägung dar, den Pflichtigen in dieser Konstellation als schutzbedürftiger als den vorangegangenen Ehepartner anzusehen. Der Pflichtige muss von den ihm nach Abzug des Geschiedenenunterhalts verbleibenden Mitteln in dieser Konstellation nicht nur für sich selbst sorgen, sondern zudem für seinen in besonderem Maße schutzbedürftigen weiteren Ehegatten. Danach erscheint es zulässig, dem vorangegangenen Ehepartner in diesen Fällen eine Schmälerung seines Unterhaltsanspruchs aufzubürden. Die Ausgestaltung des § 1581 S. 1 BGB lässt es bei Vorrang des nachfolgenden Ehegatten also nicht nur zu, die konkurrierenden Ehegatten auf der Ebene der Leistungsfähigkeit gleichzustellen,[564] sondern auch, dem Pflichtigen in dieser Konstellation bevorzugt Mittel zu belassen.

Die proportionale Kürzung der Bedarfe gleich schutzbedürftiger und daher gleichrangiger konkurrierender Ehegatten und damit die Kürzung der

563 Dritter Teil, B.II.3.a)bb).
564 Dritter Teil, B.II.3.a)bb).

Leistungsfähigkeit des Pflichtigen gegenüber dem vorangegangenen Ehegatten um den proportional gekürzten Bedarf des nachfolgenden Ehepartners lässt sich als Modifizierung des Grundsatzes gleicher Teilhabe zulasten des vorangegangenen Ehepartners dem Grunde nach mit dem Kriterium der Billigkeit rechtfertigen. Mit dem Kriterium der Billigkeit lässt es sich vereinbaren, dem Pflichtigen zulasten des vorangegangenen Ehegatten mehr Mittel zu belassen, wenn er hiervon nicht nur für sich zu sorgen hat, sondern zusätzlich für einen weiteren Ehepartner, der in gleicher Weise schutzbedürftig ist wie der vorangegangene Ehegatte. Durch die proportionale Kürzung der konkurrierenden Bedarfe werden die aus der Aufeinanderfolge mehrerer Ehen des Pflichtigen herrührenden Nachteile im Verhältnis der Eheleute zueinander gleichmäßig zwischen dem Berechtigten und dem Pflichtigen verteilt. Dieses Ergebnis ist im Hinblick auf die in diesen Konstellationen gleich ausgeprägte Schutzbedürftigkeit der Eheleute nach Billigkeit zu rechtfertigen.

cc) Gewichtung des Bedarfs des nachfolgenden Ehegatten im Falle seiner Berücksichtigungswürdigkeit

Das Kriterium der Billigkeit öffnet den vom Gesetzgeber vorgesehenen Spielraum auch für die konkrete Gestaltung des Ausgleichs. Der Ausgleich kann danach nicht nur vorgenommen werden, indem die konkurrierenden Bedarfe aneinander angeglichen werden. Ebenfalls ist ein Ausgleich zulässig, bei dem für den vorangegangenen Ehegatten ein individuell nach § 1578 Abs. 1 S. 1 BGB und für den nachfolgenden Ehegatten ein „individuell" nach § 1581 S. 1 BGB ermittelter Bedarf berücksichtigt werden.

Diese Gewichtung bewirkt eine stärkere Anbindung der Leistungsfähigkeit an den aus § 1578 Abs. 1 S. 1 BGB folgenden Gedanken einer gleichen Teilhabe am gemeinsam erreichten Standard. Sie passt auf der Ebene des § 1581 S. 1 BGB die für berücksichtigungswürdig erachteten Bedarfe unter Einbeziehung der von den Beteiligten jeweils selbst erwirtschafteten Einkünfte an. Dadurch erhöhen höhere eigene Einkünfte eines der konkurrierenden Ehegatten seinen Bedarf und wird dieser höhere Bedarf zu seinen Gunsten in die Billigkeitsentscheidung des § 1581 S. 1 BGB bei der Feststellung des geschuldeten Unterhalts einbezogen. Fällt der nach § 1581 S. 1 BGB „individuell" ermittelte Bedarf des nachfolgenden Ehepartners aufgrund geringerer eigener Einkünfte niedriger aus als der nach § 1578 Abs. 1 S. 1 BGB ermittelte Bedarf des vorangegangenen Ehegatten, so mindert nur dieser Bedarf die Leistungsfähigkeit des Pflichtigen gegenüber dem vorangegangenen Ehegatten. Folge ist eine maßvollere Reduzierung des Unterhaltsanspruchs des vorangegangenen Ehegatten nach § 1581 S. 1

BGB. Liegt der „individuelle" Bedarf des nachfolgenden Ehegatten dagegen über seinem Bedarf, so mindert er die Leistungsfähigkeit des Pflichtigen in stärkerem Maße und wirkt sich damit zugunsten des Pflichtigen und zu Lasten des vorangegangenen Ehepartners aus.[565]

Allerdings stellt die für den nachfolgenden Ehegatten empfohlene „individuelle" Bedarfsbestimmung zu seinen Gunsten ebenso wie zugunsten des Pflichtigen eine Abweichung von der nach § 1578 Abs. 1 S. 1 BGB eigentlich vorgegebenen Bedarfsbestimmung dar. Bei dieser wäre die Unterhaltslast gegenüber dem vorangegangenen Ehegatten prägend zu berücksichtigen. Doch bezieht sich die Empfehlung hinsichtlich des nachfolgenden Ehegatten nicht auf die Bestimmung seines Bedarfs anlässlich der Geltendmachung eigener Unterhaltsansprüche gegen den Pflichtigen, sondern auf die Beurteilung der Leistungsfähigkeit des Pflichtigen im Verhältnis zum vorangegangenen Ehegatten, über die nach Billigkeit zu entscheiden ist. Mit dieser Billigkeit lässt es sich wiederum vereinbaren, bei der Verteilung der Mittel dem individuellen Anteil der Beteiligten an der Höhe dieser Mittel Rechnung zu tragen. Dies gilt umso mehr, als nach den Wertungen der Reform die individuelle Schutzbedürftigkeit der Beteiligten stärker zu betonen ist, wogegen der Gedanke der „wirtschaftlichen Hypothek" der Unterhaltslast gegenüber dem vorangegangenen Ehepartner an Bedeutung verloren hat.[566]

b) Art. 6 Abs. 1 GG i.V.m. Art. 3 Abs. 1 GG

Die empfohlene Bestimmung des Bedarfs der unterhaltsberechtigten Ehepartner sowie die auf der Ebene des § 1581 S. 1 BGB angesiedelte Berücksichtigung bestimmter nachehelich hinzugetretener Unterhaltsverbindlichkeiten lassen sich im Verhältnis der einander nachfolgenden Ehen mit der Ausgestaltung der Wertentscheidungen des Art. 6 Abs. 1 GG i.V.m. Art. 3 Abs. 1 GG in § 1581 S. 1 BGB in Einklang bringen.[567] Fraglich ist indes, ob die regelmäßige, rangabhängige Berücksichtigung von Unterhaltslasten gegenüber einem späteren Ehegatten auf der Ebene des § 1581 S. 1 BGB und die damit einhergehende Minderung der Leistungsfähigkeit des Pflichtigen gegenüber dem vorangegangenen Ehegatten der grundsätzlichen Gleichwertigkeit und Gleichrangigkeit einander nachfolgender Ehen entspricht.

565 Vgl. Berechnungsbeispiele, Dritter Teil, C.IV.

566 Gesetzentwurf der Bundesregierung eines Gesetzes zur Änderung des Unterhaltsrechts vom 15. Juni 2006, BT-Drucks. 16/1830, 24.

567 Dritter Teil, B.II.3.b).

aa) Ausrichtung des Ausgleichs an der Schutzbedürftigkeit der Beteiligten

Die Bestimmung der Leistungsfähigkeit nach den gegenwärtigen Verhältnissen des Pflichtigen weist dem vorangegangenen Ehegatten bis zur Grenze seines nach § 1578 Abs. 1 S. 1 BGB bestimmten Bedarfs einen Anteil auch an solchen Vorteilen zu, die erst nach der Auflösung seiner Ehe mit dem Pflichtigen entstanden sind.[568] Andererseits bürdet sie ihm den Nachteil auf, dass in die Beurteilung der Leistungsfähigkeit die Unterhaltslast gegenüber dem nachfolgenden Ehegatten einbezogen werden kann, wodurch sich sein Unterhaltsanspruch regelmäßig schmälert.

Die Erwägungen, die der Ausgestaltung der Einbeziehung nachehelich entstandener Unterhaltspflichten in Abhängigkeit vom Rangverhältnis zugrunde liegen, lassen sich unter dem Gesichtspunkt der grundsätzlichen Gleichwertigkeit und Gleichrangigkeit einander nachfolgender Ehen nach Billigkeit ebenso rechtfertigen wie die Überlegungen, welche den vorstehend geprüften Auslegungsansätzen zugrunde liegen.[569] Auch sie richten sich an der den Rangvorschriften zugrundeliegenden Schutzbedürftigkeit der Berechtigten und damit an einem Kriterium aus, dessen Berücksichtigung nicht nur billigenswert erscheint, sondern welches zudem eines der tragenden Elemente der Unterhaltsreform darstellt.[570]

bb) Gewichtung des Bedarfs des nachfolgenden Ehegatten im Falle seiner Berücksichtigungswürdigkeit

Die grundsätzlich volle Erfüllung des Bedarfs des vorrangigen vorangegangenen Ehegatten ohne Berücksichtigung der gegenüber dem nachfolgenden Ehegatten bestehenden Unterhaltslast des Pflichtigen ist durch die im Kriterium der Billigkeit zum Ausdruck gebrachten Wertentscheidungen des Gesetzgebers gedeckt. Sie orientiert sich an der den Rangregelungen zugrunde liegenden höheren Schutzbedürftigkeit des vorangegangenen Ehegatten. Angesichts dieser ist nicht nur unmittelbar dem Pflichtigen, sondern mittelbar auch dem nachfolgenden, weniger schutzbedürftigen Ehepartner zuzumuten, sich mit den geringeren Mitteln zu begnügen, die dem Pflichtigen mangels Minderung seiner Leistungsfähigkeit gegenüber dem vorangegangenen Ehegatten verbleiben.

568 BVerfGE 128, 193 (219).

569 Dritter Teil, B.II.3.b)aa).

570 Gesetzentwurf der Bundesregierung eines Gesetzes zur Änderung des Unterhaltsrechts vom 15. Juni 2006, BT-Drucks. 16/1830, 23.

In gleicher Weise richtet sich die grundsätzlich volle Anerkennung der gegenüber dem nachfolgenden vorrangigen Ehegatten bestehenden Unterhaltslast als Minderung der Leistungsfähigkeit des Pflichtigen gegenüber dem vorangegangenen Ehegatten an der im Kriterium der Billigkeit zum Ausdruck gebrachten Wertentscheidung des Gesetzgebers aus. Sie trägt ihrerseits der besonderen Schutzbedürftigkeit des nachfolgenden Ehepartners Rechnung. Angesichts dieser ist es mit den aus Art. 6 Abs. 1 GG i.V.m. Art. 3 Abs. 1 GG folgenden Wertentscheidungen vereinbar, dem vorangegangenen Ehegatten die aus der Aufeinanderfolge der Ehen resultierenden Nachteile aufzuerlegen, indem die gegenüber dem nachfolgenden Ehepartner bestehende Unterhaltslast nicht nur unmittelbar zugunsten des Pflichtigen, sondern mittelbar auch zugunsten des nachfolgenden Ehepartners als Minderung seiner Leistungsfähigkeit gegenüber dem vorangegangenen Ehegatten anerkannt wird.

Danach trägt es das Kriterium der Billigkeit ebenso, den Bedarf des nachfolgenden Ehegatten in diesen Konstellationen in voller Höhe leistungsfähigkeitsmindernd anzuerkennen und damit ausschließlich auf seine Schutzbedürftigkeit abzustellen, wie es der Billigkeit entspricht, bei der Bestimmung der Leistungsfähigkeit zusätzlich die Zeitfolge der konkurrierenden Unterhaltsansprüche einzubeziehen.[571]

Ebenfalls ist es nach Billigkeit vertretbar, den auf der Ebene des § 1581 S. 1 BGB einzubeziehenden Bedarf des nachfolgenden vorrangigen Ehepartners nicht im Sinne des § 1578 Abs. 1 S. 1 BGB chronologisch zu bestimmen, sondern gemäß § 1581 S. 1 BGB nach Billigkeit „individuell" und damit nicht nur der Individualität der jeweiligen ehelichen Lebensverhältnisse in besonderem Maße Geltung zu verschaffen, sondern zudem den Schutz des zweiten Ehegatten zu verstärken. Dessen nach § 1581 S. 1 BGB „individuell" bestimmter Bedarf hat keine Kürzungen durch die seine ehelichen Lebensverhältnisse eigentlich prägende Unterhaltslast gegenüber dem vorangegangenen Ehepartner hinzunehmen. Diese den nachfolgenden Ehegatten zusätzlich begünstigende Bedarfsgewichtung lässt sich mit dem Ziel der Unterhaltsreform rechtfertigen, Schutzbedürftige stärker zu schützen und Zweitfamilien zu entlasten.[572]

Schließlich folgt auch die empfohlene Gleichbehandlung konkurrierender gleichrangiger Ehegattenunterhaltsansprüche durch Berücksichtigung des proportional gekürzten Bedarfs des gleichrangigen nachfolgenden Ehegatten

571 Dritter Teil, B.II.3.b)bb).

572 Gesetzentwurf der Bundesregierung eines Gesetzes zur Änderung des Unterhaltsrechts vom 15. Juni 2006, BT-Drucks. 16/1830, 23.

bei der Bemessung der Leistungsfähigkeit des Pflichtigen gegenüber dem vorangegangenen Ehegatten billigenswerten Erwägungen. Ihr liegt die bei beiden Ehegatten gleichermaßen ausgeprägte Schutzbedürftigkeit zugrunde, dem die proportionale Kürzung ihrer konkurrierenden Bedarfe Rechnung trägt. Dabei ist es wiederum nach Billigkeit zu rechtfertigen, den Bedarf des nachfolgenden Ehepartners auf der Ebene des § 1581 S. 1 BGB „individuell" zu ermitteln.

III. Ergebnis

Auch diese Empfehlung lässt sich *de lege lata* umsetzen.

IV. Berechnungsbeispiele

Die Auswirkungen dieser Auslegungsvariante sollen ebenfalls anhand der bereits bekannten Berechnungsbeispiele verdeutlicht werden. Die Ergebnisse sind in der Tabelle am Ende dieses Teils zusammengestellt.[573]

1. Erstes Beispiel: Einkommen des vorangegangenen Ehegatten, kein Einkommen des nachfolgenden Ehegatten

Erwirtschaftet der Unterhalt begehrende, geschiedene Ehegatte ein bereinigtes Einkommen in Höhe von 1.500 € (Nettoeinkommen in Höhe von 1.750 € abzüglich 1/7 Erwerbstätigenbonus), der wiederverheiratete unterhaltspflichtige Ehegatte ein prägendes Bruttoeinkommen von 5.490 €, das sich nach Veranlagung in Steuerklasse I – unter Außerachtlassung von Steuervorteilen aus dem Realsplitting nach § 10 Abs. 1 Nr. 1 EStG – auf 2.542 € netto (2.966 € netto abzüglich 1/7 Erwerbstätigenbonus) und nach Steuerklasse III auf 3.000 € netto (3.500 € netto abzüglich 1/7 Erwerbstätigenbonus) beläuft, und der nachfolgende Ehegatte kein Einkommen, so ergibt sich für den vorangegangenen Ehegatten ein Bedarf in Höhe von 2.021 € (2.542 € zuzüglich 1.500 €; geteilt durch 2) und für den nachfolgenden Ehegatten ein sogenannter individueller Bedarf in Höhe von 1.500 € (3.000 € geteilt durch 2). Diese Bedarfe sind nun auf der Ebene des § 1581 S. 1 BGB zur Bestimmung des geschuldeten Unterhalts anzupassen. Dabei ist der dem Pflichtigen gegenüber den konkurrierenden Ehegatten zustehende sogenannte eheangemessene Selbstbehalt zu beachten, welcher der Höhe nach dem Bedarf seines jeweiligen Ehepartners entspricht und sich gegenüber dem ersten Ehepartner auf 2.021 €, gegenüber dem nachfolgenden Ehepartner auf 1.500 € beläuft.

---

573 Dritter Teil, F.

Der Restbedarf des vorangegangenen vorrangigen Ehegatten ist in voller Höhe zu befriedigen, also in Höhe von 521 € (2.021 € abzüglich 1.500 €). Der nachrangige nachfolgende Ehegatte ist auf den Betrag zu verweisen, der dem Pflichtigen unter Berücksichtigung seines ihm gegenüber zustehenden, (niedrigeren) eheangemessenen Selbstbehalts verbleibt, und damit auf 979 € (3.000 € abzüglich eheangemessener Selbstbehalt der nachfolgenden Ehe in Höhe von 1.500 € abzüglich 521 €). Dem Pflichtigen verbleiben 1.500 €.

Umgekehrt ist der vorrangige Bedarf des nachfolgenden Ehegatten in voller Höhe zu befriedigen, also in Höhe von 1.500 €. Der nachrangige vorangegangene Ehegatte erhält keinen Unterhalt, da ihm gegenüber der eheangemessene Selbstbehalt des Pflichtigen (2.021 €) durch die Leistung des Unterhalts an den nachfolgenden Ehegatten unterschritten ist (3.000 € abzüglich 1.500 €). Dem Pflichtigen verbleiben wiederum 1.500 €.

Bei Gleichrang ist zunächst das den – höheren – eheangemessenen Selbstbehalt des Pflichtigen übersteigende Resteinkommen gleichmäßig beiden Berechtigten zuzuteilen. Da danach nur ein Betrag in Höhe von 979 € (3.000 € abzüglich 2.021 €) zur Verteilung steht, können die Bedarfe jeweils nur zu 48,44% als Unterhalt geleistet werden (979 € verteilbares Einkommen; geteilt durch Bedarfe beider Ehegatten in Höhe von 521 € und 1.500 €, zusammen 2.021 €; ergibt eine Befriedigungsquote von 48,44%). Danach erhält der vorangegangene Ehegatte rund 252 € (48,44% von 521 €), der nachfolgende Ehegatte rund 727 € (48,44% von 1.500 €). Für den nachfolgenden Ehepartner stehen zusätzlich wegen des ihm gegenüber bestehenden niedrigeren eheangemessenen Selbstbehalts des Pflichtigen weitere 521 € zur Verfügung (2.021 € abzüglich 1.500 €), so dass er insgesamt 1.248 € (521 € zuzüglich 727 €) erhält. Dem Pflichtigen verbleiben wiederum 1.500 €.

Unabhängig vom Rangverhältnis verbleibt dem Pflichtigen und dem vorangegangenen Ehegatten zusätzlich ihr jeweiliger Erwerbstätigenbonus.

2. Zweites Beispiel: Einkommen des vorangegangenen Ehegatten übersteigt Einkommen des nachfolgenden Ehegatten

Erwirtschaftet der geschiedene Ehegatte wiederum ein bereinigtes Einkommen in Höhe von 1.500 € (Nettoeinkommen in Höhe von 1.750 € abzüglich 1/7 Erwerbstätigenbonus), der wiederverheiratete unterhaltspflichtige Ehegatte wiederum ein prägendes Bruttoeinkommen von 5.490 €, das sich nach Veranlagung in Steuerklasse I – unter Außerachtlassung von Steuervorteilen aus dem Realsplitting nach § 10 Abs. 1 Nr. 1 EStG – auf 2.542 € netto (2.966 € netto abzüglich 1/7 Erwerbstätigenbonus) und nach Steuerklasse III auf 3.000 € netto (3.500 € netto abzüglich 1/7 Erwerbstätigenbonus) beläuft, und der nachfolgende Ehegatte ein Einkommen in Höhe von 900 € (Nettoeinkommen in Höhe von 1.050 € abzüglich 1/7 Erwerbstätigenbonus), so ergibt sich wiederum ein Bedarf des geschiedenen Ehegatten in Höhe von 2.021 € (2.542 € zuzüglich 1.500 €; geteilt durch 2), für den nachfolgenden Ehegatten ein sogenannter individueller Bedarf in Höhe von 1.950 € (3.000 € zuzüglich 900 €; geteilt durch 2). Diese Bedarfe sind auf der Ebene des § 1581 S. 1 BGB wiederum zur Ermittlung des geschuldeten Unterhalts anzupassen. Dabei ist wiederum der dem Pflichtigen gegenüber den konkurrierenden Ehegatten zustehende, sogenannte eheangemessene Selbstbehalt zu beachten, der sich gegenüber dem ersten Ehepartner auf 2.021 €, gegenüber dem nachfolgenden Ehepartner auf 1.950 € beläuft.

Der Restbedarf des vorrangigen vorangegangenen Ehegatten ist wiederum in voller Höhe zu befriedigen, also in Höhe von 521 € (2.021 € abzüglich 1.500 €). Der nachrangige nachfolgende Ehegatte ist auf den Betrag zu verweisen, der dem Pflichtigen unter Berücksichtigung seines ihm gegenüber bestehenden, (niedrigeren) eheangemessenen Selbstbehalts verbleibt, und damit auf 529 € (3.000 € abzüglich eheangemessener Selbstbehalt in Höhe von 1.950 € abzüglich 521 €).

Umgekehrt ist der Bedarf des vorrangigen nachfolgenden Ehegatten in voller Höhe zu befriedigen, also in Höhe von 1.050 € (1.950 € abzüglich 900 €). Der nachrangige vorangegangene Ehegatte erhält keinen Unterhalt, da ihm gegenüber der eheangemessene Selbstbehalt des Pflichtigen (2.021 €) durch die Leistung des Unterhalts an den nachfolgenden Ehegatten unterschritten ist (3.000 € abzüglich 1.050 €).

Bei Gleichrang ist wiederum zunächst das den – höheren – eheangemessenen Selbstbehalt übersteigende Resteinkommen des Pflichtigen gleichmäßig beiden Berechtigten zuzuteilen. Da nur ein Betrag in Höhe von 979 € (3.000 € abzüglich 2.021 €) zur Verteilung steht, können die Bedarfe jeweils nur zu 62,32% befriedigt werden (979 € verteilbares Einkommen; geteilt durch Bedarfe beider Ehegatten in Höhe von 521 € und 1.050 €, zusammen 1.571 €; ergibt eine Befriedigungsquote von 62,32%). Danach erhält der vorangegangene Ehegatte rund 325 € (62,32% von 521 €), der nachfolgende Ehegatte rund 654 € (62,32% von 1.050 €). Für den nachfolgenden Ehepartner stehen wiederum wegen des ihm gegenüber niedrigeren eheangemessenen Selbstbehalts des Pflichtigen weitere 71 € zur Verfügung (2.021 € abzüglich 1.950 €), so dass er insgesamt 725 € erhält (654 € zuzüglich 71 €).

Unabhängig vom Rangverhältnis verbleibt den Beteiligten zusätzlich ihr jeweiliger Erwerbstätigenbonus.

3. Drittes Beispiel: Einkommen des nachfolgenden Ehegatten übersteigt Einkommen des vorangegangenen Ehegatten

Nimmt man umgekehrt an, dass der vorangegangene Ehegatte 900 € (Nettoeinkommen in Höhe von 1.050 € abzüglich 1/7 Erwerbstätigenbonus), der nachfolgende Ehegatte 1.500 € (Nettoeinkommen in Höhe von 1.750 € abzüglich 1/7 Erwerbstätigenbonus) und der Pflichtige wiederum ein prägendes Bruttoeinkommen von 5.490 € erzielt, das sich nach Veranlagung in Steuerklasse I – unter Außerachtlassung von Steuervorteilen aus dem Realsplitting nach § 10 Abs. 1 Nr. 1 EStG – auf 2.542 € netto (2.966 € netto abzüglich 1/7 Erwerbstätigenbonus) und nach Steuerklasse III auf 3.000 € netto (3.500 € netto abzüglich 1/7 Erwerbstätigenbonus) beläuft, so ergibt sich ein Bedarf des geschiedenen Ehegatten in Höhe von 1.721 € (2.542 € zuzüglich 900 €; geteilt durch 2), für den nachfolgenden Ehegatten ein sogenannter individueller Bedarf in Höhe von 2.250 € (3.000 € zuzüglich 1.500 €; geteilt durch 2). Diese Bedarfe sind auf der Ebene des § 1581 S. 1 BGB zur Ermittlung des geschuldeten Unterhalts wiederum anzupassen. Dabei ist der dem Pflichtigen gegenüber den konkurrierenden Ehegatten zustehende, eheangemessene Selbstbehalt zu beachten, der sich gegenüber dem ersten Ehepartner auf 1.721 €, gegenüber dem nachfolgenden Ehepartner auf 2.250 € beläuft.

Der Restbedarf des vorrangigen vorangegangenen Ehegatten ist in voller Höhe zu befriedigen, also in Höhe von 821 € (1.721 € abzüglich 900 €). Der nachrangige nachfolgende Ehegatte ist auf den Betrag zu verweisen, der dem Pflichtigen unter Berücksichtigung des ihm gegenüber bestehenden, eheangemessenen Selbstbehalts verbleibt. Er erhält keinen Unterhalt mehr (3.000 € abzüglich eheangemessener Selbstbehalt in Höhe von 2.250 € abzüglich 821 €).

Der Bedarf des vorrangigen nachfolgenden Ehegatten ist in voller Höhe zu befriedigen, also in Höhe von 750 € (2.250 € abzüglich 1.500 €). Der nachrangige vorangegangene Ehegatte erhält hiernach noch Unterhalt in Höhe von 529 € (3.000 € abzüglich 750 € abzüglich ihm gegenüber bestehender, eheangemessener Selbstbehalt des Pflichtigen von 1.721 €).

Bei Gleichrang ist zunächst wiederum das den – höheren – eheangemessenen Selbstbehalt des Pflichtigen übersteigende Resteinkommen gleichmäßig beiden Unterhaltsberechtigten zuzuteilen. Da nur ein Betrag in Höhe von 750 € (3.000 € abzüglich 2.250 €) zur Verteilung steht, können die Bedarfe jeweils nur zu 47,74% befriedigt werden (750 € verteilbares Einkommen; geteilt durch Bedarfe beider Ehegatten in Höhe von 821 € und 750 €, zusammen 1.571 €; ergibt eine Befriedigungsquote von 47,74%). Danach erhält der vorangegangene Ehegatte rund 392 € (47,74% von 820 €), der nachfolgende Ehegatte rund 358 €

(47,74% von 750 €). Für den vorangegangenen Ehepartner stehen sodann wegen des ihm gegenüber bestehenden niedrigeren eheangemessenen Selbstbehalts von nur 1.721 € weitere 529 € zur Verfügung (2.250 € abzüglich 1.721 €), so dass sein Bedarf in Höhe von 821 € in Gänze gedeckt werden kann (821 € abzüglich 392 € ergibt 429 €). Nach Abzug des Unterhaltsanspruchs des vorangegangenen Ehegatten in Höhe von 821 € und des Unterhaltsanspruchs des nachfolgenden Ehegatten in Höhe von 358 € verbleiben dem Unterhaltspflichtigen 1.821 €, so dass er im Hinblick auf seinen gegenüber dem nachfolgenden Ehepartner bestehenden Selbstbehalt von 2.250 € keinen weiteren Unterhalt an den nachfolgenden Ehegatten zu leisten hat.

4. Viertes Beispiel: Absoluter Mangelfall

Erwirtschaftet der vorangegangene Ehegatte ein bereinigtes Einkommen in Höhe von 500 € (583 € netto abzüglich 1/7 Erwerbstätigenbonus), der wiederverheiratete Unterhaltspflichtige ein prägendes Bruttoeinkommen von 3.416 €, das sich nach Veranlagung in Steuerklasse I – unter Außerachtlassung von Steuervorteilen aus dem Realsplitting nach § 10 Abs. 1 Nr. 1 EStG – auf 1.740 € netto (2.030 € netto abzüglich 1/7 Erwerbstätigenbonus) und nach Steuerklasse III auf rund 2.000 € netto (2.333 € netto abzüglich 1/7 Erwerbstätigenbonus auf) beläuft, der nachfolgende Ehegatte dagegen kein Einkommen, so ergibt sich für den geschiedenen Ehegatten ein Bedarf von 1.120 € (1.740 € zuzüglich 500 €; geteilt durch 2), für den nachfolgenden Ehegatten ein sogenannter individueller Bedarf in Höhe von 1.000 € (2.000 € geteilt durch 2).

Der Restbedarf des vorrangigen vorangegangenen Ehegatten ist wiederum in voller Höhe zu befriedigen, also in Höhe von 620 € (1.120 € abzüglich 500 €). Der nachrangige nachfolgende Ehegatte ist auf den Betrag zu verweisen, der dem Pflichtigen unter Berücksichtigung seines ihm gegenüber zustehenden, (niedrigeren) eheangemessenen Selbstbehalts verbleibt. Da dieser sich auf 1.000 € beläuft und damit unter seinem Mindestselbstbehalt in Höhe von 1.100 €[574] liegt, ist ihm letzterer zuzugestehen, so dass dem nachfolgenden Ehepartner 280 € verbleiben (2.000 € abzüglich Mindestselbstbehalt in Höhe von 1.100 € abzüglich 620 €).

Bei Vorrang des nachfolgenden Ehegatten ist umgekehrt sein Bedarf in voller Höhe zu befriedigen, also in Höhe von 1.000 €. Er ist im Hinblick auf den notwendigen Selbstbehalt des Pflichtigen in Höhe von 1.100 € allerdings

574 Düsseldorfer Tabelle, Stand 1. Januar 2013, Anmerkung B.IV., juris.

auf 900 € zu kürzen. Der nachrangige vorangegangene Ehegatte erhält keinen Unterhalt mehr.

Bei Gleichrang ist zunächst das den – höheren – eheangemessenen Selbstbehalt des Pflichtigen übersteigende Resteinkommen gleichmäßig zwischen beiden Berechtigten aufzuteilen. Da nur ein Betrag von 880 € (2.000 € abzüglich 1.120 €) zur Verteilung steht, können die Bedarfe jeweils nur zu 54,32% befriedigt werden (880 € verteilbares Einkommen; geteilt durch Bedarfe beider Ehegatten in Höhe von 620 € und 1.000 €, zusammen 1.620 €; ergibt eine Befriedigungsquote von 54,32%). Danach erhält der vorangegangene Ehegatte rund 337 € (54,32% von 620 €), der nachfolgende Ehegatte rund 543 € (54,32% von 1.000 €). Für den nachfolgenden Ehepartner stehen wegen des ihm gegenüber bestehenden niedrigeren Mindestselbstbehalts des Pflichtigen zusätzlich 20 € zur Verfügung (1.120 € abzüglich 1.100 €), so dass er insgesamt 563 € erhält (543 € zuzüglich 20 €).

Dem Pflichtigen und dem vorangegangenen Ehegatten verbleibt wiederum unabhängig von dem zwischen den konkurrierenden Ehegatten bestehenden Rangverhältnis zusätzlich ihr Erwerbstätigenbonus.

D. Ausgleich auf der Ebene des § 1578b BGB

Die Empfehlung, den Ausgleich konkurrierender Ehegattenunterhaltsansprüche auf der Ebene der Einwendung der Befristung und Begrenzung anzusiedeln, sieht vor, den Bedarf des vorangegangenen Ehepartners nach § 1578 Abs. 1 S. 1 BGB chronologisch ermitteln und ihn bei Hinzutreten eines weiteren Ehegatten gemäß § 1578b BGB auf einen niedrigeren Unterhaltsanspruch zu beschränken.[575] Da die vorgeschlagene chronologische Bedarfsbestimmung keinen Bedenken begegnet,[576] bedarf lediglich die hier speziell empfohlene Ansiedlung des Ausgleichs auf der Ebene des § 1578b BGB näherer Prüfung.

I. Einfachrechtliche Bewertung

1. Grammatische Auslegung

Nach § 1578b BGB ist der Unterhaltsanspruch des geschiedenen Ehegatten der Höhe nach auf den angemessenen Lebensbedarf herabzusetzen oder zeitlich zu begrenzen, wenn der Pflichtige erfolgreich einwendet, dass eine gemäß § 1578 Abs. 1 S. 1 BGB an den ehelichen Lebensverhältnissen orientierte Bemessung

575 Zweiter Teil, F.III.3.
576 Dritter Teil, B.

des Unterhalts unbillig wäre. Nach seiner weiteren Formulierung hängt die Beschränkung des nachehelichen Unterhaltsanspruchs insbesondere von der Dauer der Ehe sowie vom Vorliegen ehebedingter Nachteile ab, als welche beispielhaft die Gestaltung von Haushaltsführung und Erwerbstätigkeit während der Ehe und die Betreuung gemeinsamer Kinder genannt werden.

Betrachtet man den ersten Halbsatz isoliert, mag § 1578b Abs. 1 S. 1 BGB seinem Wortlaut nach dahin ausgelegt werden können, dass er eine Beschränkung des Unterhaltsanspruchs aus jeglichen Billigkeitserwägungen eröffnet, anlässlich der auch nachehelich entstandene Unterhaltslasten berücksichtigt werden können. Doch knüpft § 1578b Abs. 1 S. 1 BGB im zweiten Halbsatz an die ehelichen Lebensverhältnisse des § 1578 Abs. 1 S. 1 BGB an. Damit stellt er nach seinem Wortlaut zu der aufgelösten Ehe einen Bezug her, nicht aber zu einer späteren Ehe des Pflichtigen, so dass die Berücksichtigung nachehelicher Unterhaltsverbindlichkeiten im Rahmen des § 1578b Abs. 1 S. 1 BGB, berücksichtigt man den ersten Satz als Einheit, nach dessen Wortlaut nicht eröffnet ist.

Auch die Kriterien für eine Beschränkung des nach den ehelichen Lebensverhältnissen bemessenen Unterhalts orientieren sich gemäß § 1578b Abs. 1 S. 2 und S. 3 BGB ausschließlich an den individuellen Lebensverhältnissen der geschiedenen Ehe. Nicht nur die in § 1578b BGB abstrakt vorgegebenen Kriterien der Dauer der Ehe und des Vorliegens ehebedingter Nachteile stellen alleine auf die geschiedene Ehe ab, sondern auch die beispielhaft genannten Kriterien der Gestaltung von Haushaltsführung und Erwerbstätigkeit während der Ehe sowie der Betreuung gemeinsamer Kinder. § 1578b BGB knüpft dagegen weder abstrakt noch konkret an scheidungsbedingte Umstände an, insbesondere nicht an neue Unterhaltspflichten infolge einer erneuten Eheschließung des Pflichtigen.

Danach kann die Einwendung einer Befristung oder Begrenzung des Ehegattenunterhalts nach dem Wortlaut des § 1578b BGB auf die Ausgestaltung der aufgelösten Ehe und damit auf ehebezogene Gründe[577] gestützt werden, nicht aber auf den Umstand, dass der Pflichtige nach der Scheidung eine weitere Ehe mit daraus herrührenden Unterhaltslasten eingegangen ist.

2. Systematische Auslegung

§ 1578b BGB steht wie § 1581 S. 1 BGB und § 1609 BGB im Kontext mit den Regelungen der §§ 1569 ff. BGB, die zur Ermittlung des nachehelich geschuldeten Unterhalts eine mehrstufige Prüfung vorsehen.

577 BVerfGE 128, 193 (216).

Dieser Systematik wird die Empfehlung zwar insoweit gerecht, als sie zwischen der Feststellung des Bedarfs und der späteren Prüfung einer Befristung und Begrenzung des Unterhaltsanspruchs differenziert. Doch siedelt sie die Berücksichtigung einer gegenüber einem späteren Ehepartner bestehenden Unterhaltslast an einer Stelle an, an der dies nach dem System des Unterhaltsrechts nicht vorgesehen ist. Aus der Ausgestaltung des Geschiedenenunterhaltsrechts folgt, dass zunächst der Bedarf festzustellen und sodann die Leistungsfähigkeit zu prüfen ist, bevor auf entsprechende Einwendung des Pflichtigen über eine Beschränkung des Unterhaltsanspruchs nach § 1578b BGB entschieden wird.[578]

Billigkeitserwägungen im Hinblick auf eine reduzierte Leistungsfähigkeit des Pflichtigen, die sich insbesondere aus neuen Unterhaltsverbindlichkeiten ergeben kann, sind danach bereits auf der Ebene des § 1581 S. 1 BGB anzusiedeln. Nach § 1581 S. 1 BGB ist die Leistungsfähigkeit des Pflichtigen nach seinen gegenwärtigen, d.h. von den Gegebenheiten der aufgelösten Ehe unabhängigen Verhältnissen zu beurteilen. Diese werden durch neu eingegangene Unterhaltslasten bestimmt.

Dagegen ist eine Beschränkung des Unterhaltsanspruchs auf der Ebene des § 1578b BGB vorgesehen, wenn eine an den ehelichen Lebensverhältnissen orientierte Bemessung des Unterhaltsanspruchs trotz Leistungsfähigkeit des Pflichtigen unbillig wäre. Aus der Anknüpfung des § 1578b BGB an den gemäß § 1578 Abs. 1 S. 1 BGB nach den ehelichen Lebensverhältnissen bestimmten Bedarf folgt dabei, dass im Rahmen des § 1578b BGB die ehelichen Verhältnisse zwischen den geschiedenen Ehegatten zu würdigen sind. Aus diesem Grunde orientieren sich auch die abstrakten und konkreten Kriterien für die Herabsetzung des Unterhalts ausschließlich an den individuellen ehelichen Lebensverhältnissen der geschiedenen Ehe, indem sie auf ehebezogene Umstände, insbesondere die Dauer der Ehe und das Vorliegen ehebedingter Nachteile abstellen. Von § 1578b BGB nicht umfasst sind dagegen außerhalb der aufgelösten Ehe liegende Umstände, insbesondere solche, die sich auf die Leistungsfähigkeit des Pflichtigen auswirken, wie nach Rechtskraft der Scheidung entstandene Unterhaltsverbindlichkeiten.[579]

Dieser Systematik folgt der Vorschlag nicht und hebt damit die gesetzlich vorgesehene Differenzierung zwischen § 1581 S. 1 BGB und § 1578b BGB auf.

3. Teleologische Auslegung

Aus den Gesetzgebungsmaterialien zur Unterhaltsreform von 2008 geht hervor, dass mit der Neueinfügung des § 1578b BGB die bis dahin in § 1573

578 Erster Teil, B.VI.
579 BVerfGE 128, 193 (213).

Abs. 5 BGB a.F.[580] und in § 1578 Abs. 1 S. 2 BGB a.F.[581] nur für bestimmte Unterhaltsansprüche vorgesehene Möglichkeit einer Befristung und Begrenzung auf sämtliche Unterhaltstatbestände erweitert werden sollte. Erklärtes Ziel dieser Erweiterung war, „im Spannungsverhältnis zwischen der fortwirkenden Verantwortung und dem Grundsatz der Eigenverantwortung" zwischen den geschiedenen Eheleuten „in jedem Einzelfall eine angemessene und für beide Seiten gerechte Lösung zu finden".[582] Der Gesetzgeber hat zudem betont, dass § 1578b BGB „bewusst nicht als allgemeine Generalklausel für eine Befristung und Begrenzung nachehelichen Unterhalts aus Billigkeitserwägungen ausgestaltet" sei, sondern den Gerichten „klare gesetzliche Vorgaben für die vorzunehmenden Billigkeitserwägungen" mache.[583] Die Beschränkung von Unterhaltsansprüchen sollte nach Maßgabe der in der Regelung aufgeführten objektiven Billigkeitskriterien, insbesondere anhand des Kriteriums der „ehebedingten Nachteile" geprüft werden.[584] Als Beispiel für einen derartigen, aus nachehelich fortwirkender Solidarität auszugleichenden Nachteil nannte der Gesetzentwurf, dass der Unterhaltsberechtigte wegen der Aufgabenverteilung in der Ehe, insbesondere der Kinderbetreuung, nach der Scheidung nicht oder nicht ausreichend für seinen eigenen Unterhalt sorgen könne. Zudem führte er die Dauer der aufgelösten Ehe als wesentliches Kriterium für die Billigkeit einer unbegrenzten nachehelichen Unterhaltsleistung an.[585]

Diese Vorgaben machen deutlich, dass die Möglichkeit einer Befristung und Begrenzung des Unterhaltsanspruchs gemäß § 1578b BGB ausschließlich von in der aufgelösten Ehe begründeten, eheinternen Umständen abhängig gemacht werden sollte. Die Beschränkung des nachehelichen Unterhalts sollte in Konstellationen erleichtert werden, in denen die (nach-) eheliche Solidarität keinen an den ehelichen Lebensverhältnissen bemessenen Unterhaltsanspruch fordert,

---

580 Vgl. zu § 1573 BGB in der Fassung vom 20. Februar 1986 Fußnote 144.

581 Vgl. zu § 1578 BGB in der Fassung vom 20. Februar 1986 Fußnote 145.

582 Gesetzentwurf der Bundesregierung eines Gesetzes zur Änderung des Unterhaltsrechts vom 15. Juni 2006, BT-Drucks. 16/1830, 19.

583 Gesetzentwurf der Bundesregierung eines Gesetzes zur Änderung des Unterhaltsrechts vom 15. Juni 2006, BT-Drucks. 16/1830, 19 f.

584 Gesetzentwurf der Bundesregierung eines Gesetzes zur Änderung des Unterhaltsrechts vom 15. Juni 2006, BT-Drucks. 16/1830, 18.

585 Stellungnahme des Bundesrates zum Entwurf eines Gesetzes zur Änderung des Unterhaltsrechts vom 19. Mai 2006, BR-Drucks. 253/06, 29 f.; Gesetzentwurf der Bundesregierung eines Gesetzes zur Änderung des Unterhaltsrechts vom 15. Juni 2006, BT-Drucks. 16/1830, 18 f.

sondern vielmehr nacheheliche Eigenverantwortung zu erwarten ist. Aus diesem Grund hat der Gesetzgeber das Kriterium der „ehebedingten Nachteile“ ausdrücklich in den Gesetzestext aufgenommen und zudem bestimmte, ehebezogene Umstände konkretisiert, die einen solchen Nachteil begründen können. Maßstab für den Gesetzgeber sind damit ausschließlich ehebedingte, d.h. in der aufgelösten Ehe begründete Nachteile. Nicht in der Gesetzesbegründung erwähnt[586] und vom Willen des Gesetzgebers nicht umfasst sind dagegen nach Rechtskraft der Scheidung eingetretene Änderungen der Lebensverhältnisse des Pflichtigen ohne Bezug zu der aufgelösten Ehe, insbesondere das Hinzutreten weiterer Unterhaltsberechtigter nach der Scheidung.[587]

Hieran hat sich anlässlich der geringfügigen, Sinn und Zweck der Regelung lediglich klarstellenden Abänderung des § 1578b BGB durch das Gesetz zur Änderung des Unterhaltsrechts 2013 keine Änderung ergeben. Durch die Gesetzesänderung wurde lediglich die Dauer der Ehe als der Befristung und Begrenzung entgegenstehendes Kriterium stärker hervorgehoben.[588]

Mit dieser klaren Regelungsabsicht lässt sich ein Ausgleich konkurrierender Ehegattenunterhaltsansprüche auf der Ebene des § 1578b BGB nicht in Einklang bringen. Er betrifft nicht interne, ehebedingte Umstände, die nach § 1578b BGB gewertet werden sollen, sondern nach Rechtskraft der Scheidung hinzugetretene Verpflichtungen. Deren Bewertung ist an anderer Stelle vorgesehen, insbesondere auf der Ebene des § 1581 S. 1 BGB, der die Berücksichtigung nachehelich hinzugetretener Unterhaltslasten als sonstige Verpflichtungen des Pflichtigen nach Billigkeit eröffnet.

4. Historische Auslegung

Hinter der Reform von 2008 stand nicht nur der Wunsch nach Vereinfachung, sondern insbesondere auch das Bestreben, das Unterhaltsrecht stärker an der Schutzbedürftigkeit der Berechtigten auszurichten. Diesem Zweck diente unter anderem die Erweiterung der Befristungs- und Begrenzungsmöglichkeiten nachehelichen Unterhalts in § 1578b BGB.[589] Für die nach § 1578b BGB zu treffende Billigkeitsentscheidung sollten nach dem ausdrücklichen Willen des

586 Gesetzentwurf der Bundesregierung eines Gesetzes zur Änderung des Unterhaltsrechts vom 15. Juni 2006, BT-Drucks. 16/1830, 18 f.

587 BVerfGE 128, 193 (213).

588 Erster Teil, B.V.

589 Gesetzentwurf der Bundesregierung eines Gesetzes zur Änderung des Unterhaltsrechts vom 15. Juni 2006, BT-Drucks. 16/1830, 18.

Gesetzgebers allerdings nur das Ausmaß der nachehelichen Solidarität sowie die in § 1578b BGB angeführten ehebedingten Nachteile maßgeblich sein.[590] Deswegen hat er in § 1578b BGB anders als in § 1581 S. 1 BGB bewusst keine Generalklausel für Billigkeitsentscheidungen vorgesehen, sondern abstrakt und konkret am Vorliegen ehebedingter Nachteile orientierte Vorgaben für die zu treffende Billigkeitsentscheidung festgesetzt.[591] Hieran hat er anlässlich der Änderung des § 1578b BGB im Jahre 2013 festgehalten.

Mit diesen Zielen steht die Empfehlung nicht in Einklang. Sie mag zwar Zweitfamilien entlasten, indem sie nach der Scheidung hinzugetretene Unterhaltsansprüche in die Billigkeitsentscheidung des § 1578b BGB einbezieht und gegebenenfalls unterhaltsmindernd berücksichtigt. Doch hat der Gesetzgeber durch die Einfügung des § 1578b BGB diese Form der Entlastung von Zweitfamilien nicht angestrebt. Er wollte die Stellung des nachfolgenden Ehepartners durch die Einfügung des § 1578b BGB zwar mittelbar verbessern, indem dem vorangegangenen Ehegatten nur ein beschränkter Unterhalt zuerkannt werden sollte, wenn dies nach Dauer und Ausgestaltung seiner Ehe mit dem Pflichtigen angemessen erschien.[592] Dagegen hat er eine unmittelbare Verbesserung der Position des nachfolgenden Ehepartners in § 1578b BGB nicht vorgesehen, insbesondere nicht durch die Berücksichtigung seines Bedarfs als Kriterium für die Beschränkung des Unterhalts des vorangegangenen Ehegatten.[593]

Die Empfehlung dient zudem nicht der angestrebten Vereinfachung des Unterhaltsrechts, da ihr zufolge jeder Einzelfall nach Billigkeit zu würdigen ist.

II. Verfassungsrechtliche Bewertung

1. Bindungswirkung nach § 31 Abs. 1 BVerfGG

Die Ausgleichsempfehlung bewegt sich im Rahmen der bindenden Feststellungen des Beschlusses des Bundesverfassungsgerichts vom 25. Januar 2011. Sie folgt der vom Bundesverfassungsgericht vorgegebenen Bedarfsbestimmung und differenziert zwischen der Bestimmung des Bedarfs nach § 1578 Abs. 1 S. 1 BGB

590 Stellungnahme des Bundesrates zum Entwurf eines Gesetzes zur Änderung des Unterhaltsrechts vom 19. Mai 2006, BR-Drucks. 253/06, 29 ff.; Gesetzentwurf der Bundesregierung eines Gesetzes zur Änderung des Unterhaltsrechts vom 15. Juni 2006, BT-Drucks. 16/1830, 18 f.; BVerfGE 128, 193 (197 f.).

591 Stellungnahme des Bundesrates zum Entwurf eines Gesetzes zur Änderung des Unterhaltsrechts vom 19. Mai 2006, BR-Drucks. 253/06, 30.

592 BVerfGE 128, 193 (208 f., 213).

593 BVerfGE 128, 193 (213).

und der erst im Anschluss auf entsprechende Einwendung des Unterhaltspflichtigen zu prüfenden Beschränkung des Unterhaltsanspruchs nach § 1578b BGB.[594] Für die Ansiedlung des Ausgleichs konkurrierender Ehegattenunterhaltsansprüche auf der Ebene des § 1578b BGB ergeben sich aus dem Beschluss des Bundesverfassungsgerichts keine Bindungswirkung entfaltenden Feststellungen.

2. Art. 2 Abs. 1 GG i.V.m. dem Rechtsstaatsprinzip (Art. 20 Abs. 3 GG)

Da die Empfehlung sich nicht als zulässige Auslegung des geltenden Rechts erweist, lässt sie sich unter dem Gesichtspunkt des Art. 2 Abs. 1 GG i.V.m. dem Rechtsstaatsprinzip (Art. 20 Abs. 3 GG) nach dem der Analyse zugrunde gelegtem Maßstab des Bundesverfassungsgerichts verfassungsrechtlich nicht rechtfertigen.

3. Art. 6 Abs. 1 i.V.m. Art. 3 Abs. 1 und Abs. 2 GG

Der Gesetzgeber hat im Verhältnis der Eheleute zueinander die in § 1578 Abs. 1 S. 1 BGB vollzogene Umsetzung des Grundsatzes gleicher Teilhabe nicht nur modifiziert, wenn der Pflichtige nach seinen zum Zeitpunkt der Geltendmachung des Unterhalts bestehenden wirtschaftlichen Verhältnissen außerstande ist, gleiche Teilhabe an dem in der Ehe erreichten Standard zu gewähren. Er hat eine weitere Modifizierung vorgesehen, wenn eine gleiche Teilhabe aus Gründen, die aus der aufgelösten Ehe herrühren, insbesondere mangels ehebedingter Nachteile, gemäß § 1578b BGB unbillig erscheint.[595]

Den Schutzauftrag gegenüber einander nachfolgenden Eheverbänden, insbesondere die Wahrung ihrer verfassungsrechtlich verbürgten Gleichwertigkeit und Gleichrangigkeit, hat der Gesetzgeber dadurch umgesetzt, dass er einerseits der vorangegangenen Ehe, andererseits der nachfolgenden Ehe bestimmte Vorteile eingeräumt bzw. Nachteile zugewiesen hat. Den Ausgleich ihrer widerstreitenden Interessen hat er dabei insbesondere auf der Ebene des § 1581 S. 1 BGB und des § 1609 BGB vorgesehen. Danach ist eine Ermäßigung des Unterhaltsanspruchs des vorangegangenen Ehepartners nach Billigkeit oder Rang zugelassen bzw. angeordnet, wenn der Pflichtige einem weiteren Ehegatten Unterhalt schuldet.[596]

Über diese Vorgaben hinaus hat der Gesetzgeber weder den Eheleuten im Verhältnis zueinander, noch den nachfolgenden Ehen im Verhältnis zueinander weitere Vor- und Nachteile zugewiesen. Insbesondere hat er in § 1578b BGB

---

594 BVerfGE 128, 193 (218 f.).
595 BVerfGE 128, 193 (213).
596 BVerfGE 128, 193 (212).

keine über die dort angeführten Kriterien hinausgehenden, eine Beschränkung des Geschiedenenunterhalts eröffnenden Gründe ausgestaltet. Er hat die Neueinfügung des § 1578b BGB in die unterhaltsrechtlichen Bestimmungen anlässlich der Unterhaltsreform von 2008 ausdrücklich damit begründet, dass der Grundsatz gleicher Teilhabe keine ausnahmslose Lebensstandardgarantie im Sinne einer zeitlich und der Höhe nach unbegrenzten Teilhabe nach der Scheidung bedeute. Vielmehr finde der Geschiedenenunterhalt seine Grundlage in der aus Art. 6 GG folgenden nachehelichen Solidarität, die vor allem einen Ausgleich ehebedingter Nachteile fordere.[597] Dementsprechend hat er die Befristung und Begrenzung des nachehelichen Unterhalts in § 1578b BGB nicht – wie in § 1581 S. 1 BGB – von einem nicht näher spezifizierten Kriterium der Billigkeit, sondern von in der Ehe begründeten Umständen, insbesondere der Dauer der Ehe und deren Ausgestaltung, abhängig gemacht, nicht aber vom Hinzutreten nach der Scheidung entstandener (Unterhalts-) Verpflichtungen.[598]

Dieser einfachrechtlichen Ausgestaltung der aus Art. 6 Abs. 1 GG i.V.m. Art. 3 Abs. 1 und Abs. 2 GG folgenden Wertentscheidungen widerspricht es, Unterhaltslasten gegenüber einem nachfolgenden Ehegatten in die Billigkeitsentscheidung des § 1578b BGB einzubeziehen.

III. Ergebnis

Die Berücksichtigung nachehelich hinzugetretener Unterhaltslasten auf der Ebene des § 1578b BGB scheidet *de lege lata* aus.

E. Ausgleich auf der Ebene des § 1609 BGB

Der Ansatz, konkurrierende Ehegattenunterhaltsansprüche nicht regelmäßig bereits auf der Ebene des § 1581 S. 1 BGB, sondern im Wesentlichen erst auf der Ebene des § 1609 BGB auszugleichen, sieht vor, zunächst den Bedarf des geschiedenen Ehegatten nach seinen ehelichen Lebensverhältnissen mit dem Pflichtigen zu bestimmen und ihn gemäß § 1581 S. 1 BGB, § 1579 BGB und § 1578b BGB im Einzelfall auf einen geringeren Unterhaltsanspruch anzupassen. Im Anschluss soll der Bedarf des nachfolgenden Ehepartners nach seinen ehelichen Lebensverhältnissen mit dem Pflichtigen bestimmt werden, die durch die Unterhaltslast gegenüber dem vorangegangenen Ehegatten geprägt sind.

597 Stellungnahme des Bundesrates zum Entwurf eines Gesetzes zur Änderung des Unterhaltsrechts vom 19. Mai 2006, BR-Drucks. 253/06, 29.

598 BVerfGE 128, 193 (213, 220 f.).

Die konkurrierenden Bedarfe sollen sodann regelmäßig erst auf der Ebene des § 1609 BGB bei Gleichrang proportional gekürzt, bei Vor- oder Nachrang vorweg befriedigt oder hintan gestellt werden.[599]

Da bereits festgestellt wurde, dass die chronologische Bedarfsbestimmung von den anerkannten Auslegungsmethoden gedeckt ist und keinen verfassungsrechtlichen Bedenken begegnet,[600] kann die Analyse darauf beschränkt werden, ob sich der im Schwerpunkt erst auf der Ebene des § 1609 BGB vorgesehene Ausgleich konkurrierender Ehegattenunterhaltsansprüche mit den anerkannten Auslegungsmethoden rechtfertigen lässt und den verfassungsrechtlichen Anforderungen entspricht.

I. Einfachrechtliche Bewertung

1. Grammatische Auslegung

Nach dem Wortlaut des § 1581 S. 1 BGB sind sonstige Verpflichtungen des Pflichtigen nach Billigkeit zu berücksichtigen. Dies eröffnet eine Berücksichtigung von Unterhaltsverpflichtungen gegenüber einem nachfolgenden Ehegatten anlässlich der Bestimmung der Leistungsfähigkeit des Pflichtigen gegenüber dem vorangegangenen Ehepartner.[601] Zugleich erlaubt es aber auch, den Ausgleich konkurrierender Ehegattenunterhaltsinteressen nicht regelmäßig nach so verstandener Billigkeit bereits auf der Ebene der Leistungsfähigkeit anzusiedeln, sondern ihn erst auf der Ebene des § 1609 BGB durchzuführen.

§ 1609 BGB gibt seinem Wortlaut nach eine Reihenfolge vor, nach der konkurrierende verschiedenrangige Unterhaltsansprüche im Mangelfall zu befriedigen sind. Mit dieser Rangfolge stimmt die Empfehlung überein, da sie vorrangig Berechtigten das Recht der vorrangigen Befriedigung ihres Bedarfs einräumt. § 1609 BGB gibt dagegen nicht ausdrücklich vor, wie in denselben Rang fallende konkurrierende Bedarfe im Mangelfall ausgeglichen werden sollen. Aus der Zuweisung mehrerer Unterhaltsansprüche in einen Rang und der damit eröffneten Möglichkeit, dass mehrere gleichrangige Bedarfe miteinander konkurrieren, ergibt sich jedoch nach dem allgemeinen Sprachverständnis, dass diese gleichermaßen zu befriedigen sind. Daher lässt es der Wortlaut des § 1609 BGB zu, demselben Rang zugewiesene, konkurrierende Bedarfe gleichermaßen zu befriedigen und damit im Mangelfall proportional zu kürzen.

---

599 Zweiter Teil, F.III.4.

600 Dritter Teil, B.I. und B.II.

601 Dritter Teil, B.I.1 und C.I.1.

2. Systematische Auslegung

Die Unterscheidung zwischen der chronologischen Bedarfsbestimmung und der im Anschluss erfolgenden Prüfung des Ausgleichs konkurrierender Ehegattenunterhaltsansprüche im Mangelfall nach § 1609 BGB entspricht der in §§ 1569 ff. BGB vorgegebenen Systematik zur Feststellung des zu leistenden Geschiedenenunterhalts.[602]

Sie wahrt die Differenzierung zwischen der am Anfang der Prüfung stehenden Feststellung des Bedarfs, dessen anschließender Überprüfung nach Leistungsfähigkeit und Billigkeit sowie der sich erst im Anschluss stellenden Frage, wie die nach der vorangegangenen Prüfung festgestellten konkurrierenden Ansprüche im Mangelfall auszugleichen sind.[603] Zudem siedelt sie den Ausgleich konkurrierender Unterhaltsansprüche auf der Ebene des § 1609 BGB und damit an einer Stelle an, an der er nach dem System des Unterhaltsrechts ausdrücklich vorgesehen ist.[604]

Die Empfehlung verkürzt dabei nicht unzulässig den Anwendungsbereich des § 1581 S. 1 BGB, da dieser die Einbeziehung nachehelicher Unterhaltsverbindlichkeiten bei der Prüfung der Leistungsfähigkeit nicht verlangt, sondern sie nur nach Billigkeit und damit einzelfallbezogen zulässt. Danach ist es systematisch nicht nur zulässig, auf der Ebene des § 1581 S. 1 BGB Unterhaltslasten gegenüber einem späteren Ehegatten im typisierten Einzelfall regelmäßig nach Billigkeit zu berücksichtigen.[605] Ebenso ist es zulässig, eine derartige Anpassung nur in ausgesprochenen Einzelfällen als billig zu erachten. Die Empfehlung führt zudem nicht zu einer Verkürzung des Anwendungsbereichs des § 1578b BGB. Ihr zufolge ist in dessen Billigkeitsentscheidung der nach den ehelichen Lebensverhältnissen bestimmte, regelmäßig nicht auf einen geringeren Unterhaltsanspruch gekürzte Anspruch einzustellen.

3. Teleologische Auslegung

§ 1581 S. 1 BGB soll die Berücksichtigung nachehelicher Unterhaltsverbindlichkeiten zwar nicht verbindlich anordnen, gleichwohl aber zulassen, dass der nach den ehelichen Lebensverhältnissen festgestellte und grundsätzlich zu gleicher Teilhabe berechtigende Bedarf bei fehlender Leistungsfähigkeit des Pflichtigen nach Billigkeit zu einem niedrigeren Unterhaltsanspruch führt.[606]

---

602 Dritter Teil, B.I.2.

603 BVerfGE 128, 193 (211 f., 219 f.).

604 BVerfGE 128, 193 (219 f.).

605 Dritter Teil, B.I.2 und C.I.2.

606 Dritter Teil, B.I.3.

In § 1609 BGB ist dagegen im Mangelfall die Anpassung konkurrierender Unterhaltsansprüche an die verfügbaren Mittel ausdrücklich angeordnet. Diese Regelung ist 2008 zwar an die veränderten Familienwelten angepasst worden, indem die konkrete Rangfolge der konkurrierenden Unterhaltsansprüche geändert wurde. Doch hat der Gesetzgeber die Folgen der Zuweisung eines Unterhaltsanspruchs in einen bestimmten Rang weder bei gleichrangigen, noch bei vor- oder nachrangigen Unterhaltsansprüchen geändert, sondern an der ursprünglichen Struktur des § 1609 BGB festgehalten. Nach wie vor sollen vorrangige Unterhaltsansprüche nachrangige Unterhaltsansprüche verdrängen,[607] also bis zu ihrer vollständigen Befriedigung vorrangig bedient werden. Nach wie vor sollen auch gleichrangige Bedarfe, die der Pflichtige nicht erfüllen kann, verhältnismäßig gekürzt[608] und damit gleichmäßig befriedigt werden. Der Gesetzgeber hat hierzu klargestellt, bei Konkurrenz mehrerer Ehegatten solle das Gleiche wie bei Konkurrenz mehrerer Kinder gelten, die in diesem Fall eine Schmälerung des auf sie entfallenden Unterhaltsanteils hinnehmen müssten.[609]

Diesen Zwecksetzungen wird die Empfehlung gerecht. § 1581 S. 1 BGB soll den Ausgleich konkurrierender Ehegattenunterhaltsansprüche lediglich zulassen, nicht aber verbindlich anordnen. Daher ist die der Empfehlung zugrunde liegende Annahme, bei Zusammentreffen mehrerer konkurrierender Ehegatten verlange die Billigkeit in bestimmten Rangkonstellationen nicht regelmäßig eine Angleichung der Bedarfe, vom Gesetzeszweck ebenso gedeckt wie die Erwägung, dass die Billigkeit ebendiese Angleichung je nach Rangverhältnis regelmäßig fordere.[610] Die empfohlene konkrete Anwendung des § 1609 BGB entspricht der dieser Regelung zugrundeliegenden Zwecksetzung.

4. Historische Auslegung

Die Empfehlung dient zwar nicht dem Reformziel, das Unterhaltsrecht zu vereinfachen, da sie an der bereits vor der Reform angewendeten Berechnungsweise

607 Stellungnahme des Bundesrates zum Entwurf eines Gesetzes zur Änderung des Unterhaltsrechts vom 19. Mai 2006, BR-Drucks. 253/06, 40; Gesetzentwurf der Bundesregierung eines Gesetzes zur Änderung des Unterhaltsrechts vom 15. Juni 2006, 23.

608 Gesetzentwurf der Bundesregierung eines Gesetzes zur Änderung des Unterhaltsrechts vom 15. Juni 2006, BT-Drucks. 16/1830, 23.

609 Stellungnahme des Bundesrates zum Entwurf eines Gesetzes zur Änderung des Unterhaltsrechts vom 19. Mai 2006, BR-Drucks. 253/06, 42; Gesetzentwurf der Bundesregierung eines Gesetzes zur Änderung des Unterhaltsrechts vom 15. Juni 2006, BT-Drucks. 16/1830, 23 f.; BVerfGE 128, 193 (221).

610 Dritter Teil, B.I.3 und C.I.3.

festhält und lediglich die Konkurrenzentscheidung gemäß § 1609 BGB an geänderten Voraussetzungen ausrichtet.[611] Gleichwohl hält sie sich im Rahmen der legislativen Zielsetzung, namentlich der Stärkung des Kindeswohls und der Entlastung von Zweitfamilien bei gleichzeitig stärkerer Betonung der nachehelichen Eigenverantwortung.

Da der Gesetzgeber den Ausgleich auf der Ebene des § 1581 S. 1 BGB zwar zulassen, nicht aber verbindlich anordnen wollte, insbesondere die beispielhafte Berücksichtigung nachehelich hinzugetretener Unterhaltslasten nicht in den Gesetzestext des § 1581 S. 1 BGB aufgenommen hat, ist es mit seinen Zielsetzungen ebenso vereinbar, den Ausgleich konkurrierender Ehegattenunterhaltsansprüche auf der Ebene des § 1581 S. 1 BGB anzusiedeln,[612] wie ihn im Wesentlichen der Konkurrenzentscheidung des § 1609 BGB vorzubehalten, der hierfür verbindliche Anordnungen trifft.

Die Bestimmung der konkurrierenden Bedarfe nach den jeweiligen ehelichen Lebensverhältnissen des jeweiligen Berechtigten mit dem Pflichtigen gemäß § 1578 Abs. 1 S. 1 BGB und die damit einhergehende Prägung und Senkung des Bedarfs des nachfolgenden Ehegatten durch die gegenüber dem vorangegangenen Ehepartner bestehende Unterhaltslast wirkt sich auf der Ebene des § 1609 BGB regelmäßig zugunsten des früheren und zulasten des nachfolgenden Ehegatten aus, selbst wenn letzterer in besonderem Maße schutzbedürftig ist. Zwar soll sein Unterhaltsanspruch gemäß § 1609 BGB vorrangig erfüllt werden, wenn er Vorrang genießt, und gleichmäßig gekürzt werden, wenn er den Rang mit dem vorangegangenen Ehegatten teilt, womit seiner Schutzbedürftigkeit Rechnung getragen wird. Doch wird sein Unterhaltsanspruch hierbei jeweils in einer Höhe eingestellt, die infolge der Prägung durch die gegenüber dem vorangegangenen Ehegatten bestehende Verbindlichkeit geschmälert ist. Zugleich wird für den vorangegangenen Ehegatten ein Unterhaltsanspruch in die Konkurrenzentscheidung einbezogen, der auf einem chronologisch bestimmten Bedarf beruht, und der auf der Ebene der Leistungsfähigkeit mangels regelmäßiger Berücksichtigung nachehelicher Unterhaltsverpflichtungen nur in Ausnahmefällen eine Schmälerung erfahren hat.

Damit entspricht die Empfehlung zwar durch die Anwendung des neu gefassten § 1609 BGB der mit der Reform beabsichtigten stärkeren Betonung der Schutzbedürftigkeit der jeweiligen Unterhaltsberechtigten, deren Bedarf je nach Rang vorrangig oder gleichrangig bedient wird. Zugleich aber wirkt sich die Bedarfsbestimmung nach § 1578 Abs. 1 S. 1 BGB weiterhin zugunsten des

611 Vgl. die Berechnungsbeispiele; Zweiter Teil, C.III.

612 Dritter Teil, B.I.4 und C.I.4.

vorangegangenen Ehegatten aus. Sie dient dem Ziel der stärkeren Betonung der nachehelichen Eigenverantwortung also nur eingeschränkt, da sie seinem Unterhaltsanspruch eine gewisse wirtschaftliche Priorität zugesteht.

Dieser Effekt kann jedoch nicht als Widerspruch zu den Zielsetzungen der Unterhaltsreform bewertet werden. Nach der Reform ist offen, ob der Gesetzgeber über die in § 1609 BGB erfolgte stärkere Betonung der jeweiligen Schutzbedürftigkeit der konkurrierenden Ehegatten hinaus Zweitfamilien weiteren Schutz zukommen lassen wollte. Sein Festhalten an den Vorgaben zur Bestimmung des Bedarfs und zur Bestimmung der Leistungsfähigkeit stützt dabei die Annahme, dass der Gesetzgeber es weiterhin zulassen wollte, die nach ihren jeweiligen ehelichen Lebensverhältnissen individuell festgestellten Bedarfe der konkurrierenden Ehegatten im Mangelfall in eben dieser Höhe nach § 1609 BGB auszugleichen.

Dafür lässt sich zusätzlich anführen, dass dem Gesetzgeber zufolge im Falle der Konkurrenz mehrerer Ehegatten dasselbe gelten soll wie bei der Konkurrenz mehrerer Kinder, die bei Hinzutreten weiterer unterhaltsberechtigter Kinder eine Schmälerung des auf sie entfallenden Anteils hinnehmen müssten.[613] Da Kinder je nach Altersstufe in unterschiedlicher Höhe unterhaltsberechtigt sind, lässt sich diesem Verweis entnehmen, dass der Gesetzgeber auch bei konkurrierenden Ehegatten davon ausgegangen ist, dass in die Mangelfallentscheidung nach § 1609 BGB die individuell nach den jeweiligen ehelichen Lebensverhältnissen bestimmten Bedarfe bzw. Unterhaltsansprüche einzustellen und sodann anteilig zu kürzen sind.[614] Diese Erwägung hat der Gesetzgeber zudem an anderer Stelle aufgegriffen, an der er ausgeführt hat, der geschiedene Ehegatte genieße keinen Vertrauensschutz mehr dahin, dass sich durch Wiederheirat und Gründung einer Zweitfamilie der Kreis der unterhaltsberechtigten Personen nicht vergrößere und dadurch seine Unterhaltsquote kürze.[615] Danach kann es mit dem aus den Gesetzgebungsmaterialien hervorgehenden Willen des Gesetzgebers begründet werden, konkurrierende Ehegattenunterhaltsansprüche grundsätzlich (erst) nach § 1609 BGB auszugleichen.[616]

---

613 Gesetzentwurf der Bundesregierung eines Gesetzes zur Änderung des Unterhaltsrechts vom 15. Juni 2006, BT-Drucks. 16/1830, 23 f.

614 BVerfGE 128, 193 (220).

615 Stellungnahme des Bundesrates zum Entwurf eines Gesetzes zur Änderung des Unterhaltsrechts vom 19. Mai 2006, BR-Drucks. 253/06, 42; Gesetzentwurf der Bundesregierung eines Gesetzes zur Änderung des Unterhaltsrechts vom 15. Juni 2006, BT-Drucks. 16/1830, 23 f.

616 BVerfGE 128, 193 (221).

II. Verfassungsrechtliche Bewertung

1. Bindungswirkung nach § 31 Abs. 1 BVerfGG

Die Empfehlung hält sich im Rahmen der Bindungswirkung des Beschlusses des Bundesverfassungsgerichts vom 25. Januar 2011. Sie hält die vom Bundesverfassungsgericht vorgegebene Prüfungsabfolge ein und bestimmt den Bedarf des vorangegangenen Ehepartners in der vom Bundesverfassungsgericht vorgegebenen Weise.[617] Zur Ansiedlung des Ausgleichs der konkurrierenden Ansprüche auf der Ebene des § 1609 BGB ergeben sich aus dem Beschluss keine Bindungswirkung entfaltenden Feststellungen.

2. Art. 2 Abs. 1 GG i.V.m. dem Rechtsstaatsprinzip (Art. 20 Abs. 3 GG)

Da der empfohlene Ausgleich sich mit den anerkannten Auslegungsmethoden in Einklang bringen lässt, begegnet er unter dem Gesichtspunkt des Art. 2 Abs. 1 GG i.V.m. dem Rechtsstaatsprinzip (Art. 20 Abs. 3 GG) keinen verfassungsrechtlichen Bedenken.

3. Art. 6 Abs. 1 i.V.m. Art. 3 Abs. 1 und Abs. 2 GG

a) Art. 6 Abs. 1 GG i.V.m. Art. 3 Abs. 2 GG

Der Gesetzgeber hat im Verhältnis der Eheleute zueinander die Wertentscheidungen des Art. 6 Abs. 1 GG i.V.m. Art. 3 Abs. 2 GG dahin ausgestaltet, dass er den Grundsatz gleicher Teilhabe bei der Bedarfsbestimmung nach § 1578 Abs. 1 S. 1 BGB verankert, diesen allerdings unter bestimmten Voraussetzungen zulasten des Berechtigten und zugunsten des Pflichtigen eingeschränkt hat, indem er den Pflichtigen nur im Rahmen seiner Leistungsfähigkeit zur Gewährung von Unterhalt heranzieht. Hierzu hat er in § 1581 S. 1 BGB eine Billigkeitsprüfung eröffnet und in § 1609 BGB eine Reduzierung konkurrierender Unterhaltsansprüche angeordnet, wenn die den Selbstbehalt übersteigenden Mittel des Pflichtigen nicht ausreichen.[618]

In § 1581 S. 1 BGB hat er allerdings nicht – wie nach früherem Recht in § 1579 Abs. 1 S. 2 BGB a.F.[619] und in § 67 Abs. 1 S. 2 EheG[620] – ausdrücklich eine Ermäßigung des Unterhaltsanspruchs des Berechtigten angeordnet, wenn der Pflichtige

617 Dritter Teil, B.II.1.

618 BVerfGE 128, 193 (211 f.).

619 Vgl. zu § 1579 BGB in der Fassung vom 18. August 1896 Fußnote 64.

620 Vgl. zu § 67 EheG in der Fassung vom 6. Juli 1938 Fußnote 90.

einem weiteren Ehegatten zu Unterhalt verpflichtet ist. Er hat nach § 1581 S. 1 BGB nur allgemein zugelassen, dass sonstige Verpflichtungen des Pflichtigen und damit auch Unterhaltsverpflichtungen gegenüber seinem späteren Ehegatten nach Billigkeit zu berücksichtigen sind. In § 1609 BGB hat er dagegen verbindlich angeordnet, dass konkurrierende Bedarfe im Mangelfall je nach Rangverhältnis proportional zu kürzen oder nacheinander zu befriedigen sind.

Es ist also möglich, Billigkeitsentscheidungen nach § 1581 S. 1 BGB besonderen Einzelfällen vorzubehalten. Wird die Unterhaltslast gegenüber dem nachfolgenden Ehegatten nicht regelmäßig nach so verstandener Billigkeit in die Prüfung der Leistungsfähigkeit des Pflichtigen einbezogen, führt dies nach § 1581 S. 1 BGB nicht regelmäßig zu einer Reduzierung seiner Leistungsfähigkeit gegenüber dem vorangegangenen Ehegatten und damit zu einer Absenkung seines Unterhaltsanspruchs. Stattdessen erfolgt der Ausgleich der konkurrierenden Ehegattenunterhaltsansprüche auf der Ebene des § 1609 BGB, bei der dem Pflichtigen nicht mehr der eheangemessene Selbstbehalt, sondern nur noch der notwendige Selbstbehalt[621] verbleibt. Dies kann bewirken, dass dem vorangegangenen Ehegatten im Ergebnis mehr Mittel für seinen Unterhalt zur Verfügung stehen als dem Pflichtigen, der von dem ihm belassenen Anteil zusätzlich seinen späteren Ehegatten unterhalten muss.[622]

Diese Folge ist allerdings von der Ausgestaltung des Grundsatzes gleicher Teilhabe am gemeinsam Erwirtschafteten gedeckt. Das in § 1578 Abs. 1 S. 1 BGB ausgestaltete verfassungsrechtliche Gebot bezieht sich nur auf einen gleichen Anteil an dem, was der Pflichtige mit dem vorangegangenen Ehegatten gemeinsam erwirtschaftet hat. Es gesteht dem Pflichtigen den nach dem Grundsatz gleicher Teilhabe bemessenen, sogenannten eheangemessenen Selbstbehalt im Verhältnis zu seinem vorangegangenen Ehegatten also nur unter Berücksichtigung der ehelichen Lebensverhältnisse zum Zeitpunkt der Rechtskraft der Scheidung zu. Die Pflicht zur grundsätzlich gleichen Teilhabe bezieht sich dagegen nicht auf die nachehelichen Verhältnisse der Beteiligten. Leistet der Pflichtige nach der Scheidung der Ehe einem weiteren Ehegatten Unterhalt und reduzieren sich dadurch seine Mittel, so können die maßgeblichen unterhaltsrechtlichen Vorschriften auch dahin verstanden und ausgelegt werden, dass dies keine Auswirkungen mehr auf die von ihm zu gewährende und ihm zu belassende gleiche Teilhabe an dem in der geschiedenen Ehe erreichten Standard hat, die sich alleine nach den Verhältnissen bei Rechtskraft der Scheidung bestimmt.

---

621 Düsseldorfer Tabelle, Stand Januar 2013, Anmerkung B IV., juris.
622 Vgl. die Berechnungsbeispiele, Zweiter Teil, C.III.1.b) und C.III.2.b).

Wird der Bedarf des vorangegangenen Ehegatten also nicht regelmäßig bereits nach § 1581 S. 1 BGB auf einen niedrigeren Unterhaltsanspruch gekürzt, wenn ein weiterer unterhaltsberechtigter Ehegatte hinzutritt, und überschreitet unter diesen Voraussetzungen im Einzelfall[623] der ihm infolge des Unterhaltsanspruchs und seiner eigenen Einkünfte zur Verfügung stehende Betrag die Mittel, die dem Pflichtigen unter Berücksichtigung seiner weiteren Unterhaltslast gegenüber dem nachfolgenden Ehepartner im Ergebnis verbleiben, so ist diese Konsequenz vom geltenden, die Wertentscheidungen des Art. 6 Abs. 1 GG i.V.m. Art. 3 Abs. 2 GG ausgestaltenden einfachen Recht gedeckt. Die Konkurrenzentscheidung des § 1609 BGB wiederum wirkt sich auf das Verhältnis der geschiedenen Eheleute zueinander nicht mehr aus, da in die Prüfung des Ausgleichs der konkurrierenden Ansprüche lediglich der den Selbstbehalt des Pflichtigen übersteigende Betrag eingestellt wird.

b) Art. 6 Abs. 1 GG i.V.m. Art. 3 Abs. 1 GG

Den aus Art. 6 Abs. 1 GG i.V.m. Art. 3 Abs. 1 GG folgenden Grundsatz der Gleichwertigkeit und Gleichrangigkeit einander nachfolgender Ehen und damit die Verteilung der sich aus der Aufeinanderfolge mehrerer Ehen ergebenden Nachteile hat der Gesetzgeber derart gestaltet, dass er einerseits dem vorangegangenen Ehegatten durch die Bedarfsbestimmung einen Vorteil eingeräumt, andererseits den Interessen des nachfolgenden Ehepartners mittelbar bei der Prüfung der Leistungsfähigkeit des Pflichtigen sowie unmittelbar bei der Festlegung des Rangverhältnisses Rechnung getragen hat.[624]

Die Empfehlung führt dazu, dass in den Ausgleich konkurrierender Ehegattenunterhaltsansprüche nach § 1609 BGB mangels regelmäßiger Kürzung gemäß § 1581 S. 1 BGB für den vorangegangenen Ehegatten ein Betrag eingestellt wird, der aufgrund der Priorität seiner Eheschließung mit dem Pflichtigen regelmäßig höher ausfällt als der für den nachfolgenden Ehepartner einzusetzende Betrag, dessen Bedarf von der Unterhaltsverpflichtung gegenüber dem früheren Ehepartner geprägt wird.[625] Genießt der Unterhaltsanspruch des nachfolgenden Ehegatten

---

623 Ein derartiges Ergebnis wird faktisch äußerst selten eintreten. Es setzt voraus, dass sich der unterhaltsberechtigte Ehegatte in einer besonderen Bedürfnislage im Sinne der §§ 1570 ff. BGB befindet, dass sein Unterhalt nicht oder nur geringfügig nach § 1578b BGB zu beschränken ist und dass sich die Rangregelungen des § 1609 Nr. 2 und Nr. 3 BGB zu seinen Gunsten auswirken.

624 Dritter Teil, A.II.3.a)bb).

625 Ausnahmsweise können sich für den nachfolgenden Ehepartner auch Vorteile ergeben, wenn sich die wirtschaftlichen, die erste Ehe nicht mehr prägenden Verhältnisse des Pflichtigen gebessert haben.

den Vorrang vor dem des vorangegangenen Ehepartners, wird seinem Anspruch zwar der Vorrang eingeräumt. Dabei wird allerdings ein Betrag berücksichtigt, der wegen der chronologischen Bedarfsbestimmung niedriger ausfällt als der Anspruch des vorangegangenen, indessen nachrangigen Ehegatten. Bei Gleichrang führen die gemäß § 1578 Abs. 1 S. 1 BGB in unterschiedlicher Höhe festgestellten, nicht regelmäßig nach § 1581 S. 1 BGB aneinander angeglichenen Bedarfe trotz ihres Gleichrangs und der dahinter stehenden vergleichbaren Schutzbedürftigkeit infolge der proportionalen Kürzung zu verschieden hohen Unterhaltsansprüchen der konkurrierenden Ehegatten. Bei Nachrang des nachfolgenden Ehegatten wirkt sich die Empfehlung wiederum nicht zu seinen Lasten aus, da sein Bedarf – unabhängig von seiner Höhe – gemäß § 1609 BGB nachrangig zu befriedigen ist.

Fraglich ist, ob diese Konsequenzen von der legislativen Ausgestaltung des Grundsatzes der Gleichwertigkeit und Gleichrangigkeit einander nachfolgender Ehen gedeckt sind.

Der Gesetzgeber hat 2008 ausgeführt, dass nicht mehr die zeitliche Priorität der Eheschließung, sondern alleine die Schutzbedürftigkeit des Berechtigten zähle.[626] Dem scheint es zu widersprechen, wenn in den Ausgleich konkurrierender Unterhaltsansprüche nach § 1609 BGB für den vorangegangenen Ehegatten unabhängig vom Rangverhältnis und damit losgelöst von der Schutzbedürftigkeit des jeweiligen Berechtigten ein Betrag eingestellt wird, der alleine aufgrund der Priorität seiner Ehe mit dem Pflichtigen regelmäßig höher ausfällt als der des ihm nachfolgenden Ehepartners.

Doch fordert der Grundsatz der Gleichwertigkeit und Gleichrangigkeit nicht eine gleiche Behandlung einander nachfolgender unterhaltsberechtigter Ehegatten im Sinne einer gleich hohen Realisierung gleichrangiger Bedarfe. Er lässt als zulässige Modifizierung dieses Grundsatzes[627] durch die Ausrichtung der Bedarfsbestimmung an den individuellen ehelichen Lebensverhältnissen der konkurrierenden Ehen vielmehr voneinander abweichende Bedarfe und damit voneinander abweichende, der Verschiedenheit der jeweiligen Lebensverhältnisse Rechnung tragende Unterhaltsansprüche zu.[628] Dieses Verständnis des Grundsatzes der Gleichwertigkeit und Gleichrangigkeit durch Zuweisung verschiedener Vor- bzw. Nachteile hat der Gesetzgeber durch die ausdrückliche Beibehaltung

---

626 Stellungnahme des Bundesrates zum Entwurf eines Gesetzes zur Änderung des Unterhaltsrechts vom 19. Mai 2006, BR-Drucks. 253/06, 41; Gesetzentwurf der Bundesregierung eines Gesetzes zur Änderung des Unterhaltsrechts vom 15. Juni 2006, BT-Drucks. 16/1830, 23 f.

627 BVerfGE 128, 193 (207).

628 BVerfGE 108, 351 (364).

der Bedarfsbestimmung nach § 1578 Abs. 1 S. 1 BGB ermöglicht, nach der die Unterhaltslast gegenüber dem vorangegangenen Ehegatten als wirtschaftliche Verpflichtung des Pflichtigen dessen nachfolgende Ehe prägt und dadurch in der Höhe voneinander abweichende Bedarfe der konkurrierenden Ehegatten verursachen kann.

Dem entspricht zudem die Beibehaltung des § 1581 S. 1 BGB. Nach diesem ist zwar die Berücksichtigung von Unterhaltslasten gegenüber einem nachfolgenden Ehegatten bei der Feststellung der Leistungsfähigkeit des Pflichtigen gegenüber dem vorangegangenen Ehepartner möglich und zulässig, doch setzt sie eine an den Umständen des Einzelfalls ausgerichtete Billigkeitsprüfung voraus. Der Gesetzgeber verweigert also die Angleichung konkurrierender Ehegattenunterhaltsansprüche auf der Ebene des § 1581 S. 1 BGB weder im konkreten noch im typisierten Einzelfall. Allerdings gebietet er sie auf dieser Ebene auch nicht, da er die Einbeziehung nachehelicher Unterhaltsverbindlichkeiten auf der Ebene des § 1581 S. 1 BGB nicht anordnet, sondern nur nach Billigkeit zulässt.

Der Gesetzentwurf führt aus, § 1609 BGB „modifiziere" die bisherige Privilegierung des Unterhaltsanspruchs des ersten Ehegatten gegenüber dem zweiten Ehegatten.[629] Aus dieser Formulierung lässt sich ableiten, dass der Gesetzgeber über die sich zu Lasten des vorangegangenen Ehepartners auswirkenden neuen Bestimmungen, insbesondere die Verschärfung der Erwerbsobliegenheit, die umfassende Möglichkeit der Befristung und Begrenzung nachehelichen Unterhalts sowie die geänderten Rangvorschriften hinaus keine vollständige Aufgabe der Vorteile bezweckt hat, die sich für den vorangegangenen Ehepartner aus der Aufeinanderfolge mehrerer Ehen ergeben, sondern mit der Beibehaltung der Bedarfsbestimmung auch deren Konsequenzen auf der Ebene des § 1609 BGB gebilligt hat. Sein Verweis, künftig gelte im Falle der Konkurrenz gleichrangiger Ehegatten dasselbe wie bei der Konkurrenz mehrerer Kinder, die sich eine Schmälerung des auf sie entfallenden Unterhaltsanteils gefallen lassen müssten, sobald weitere unterhaltsberechtigte Kinder hinzuträten,[630] kann dahin gedeutet werden, dass er davon ausgegangen ist, im Rahmen des § 1609 BGB könnten Unterhaltsansprüche in unterschiedlicher, nicht in Abhängigkeit vom Rangverhältnis gemäß § 1581 S. 1 BGB nivellierter Höhe miteinander konkurrieren.

---

629 Stellungnahme des Bundesrates zum Entwurf eines Gesetzes zur Änderung des Unterhaltsrechts vom 19. Mai 2006, BR-Drucks. 253/06, 41; Gesetzentwurf der Bundesregierung eines Gesetzes zur Änderung des Unterhaltsrechts vom 15. Juni 2006, BT-Drucks. 16/1830, 23.

630 Stellungnahme des Bundesrates zum Entwurf eines Gesetzes zur Änderung des Unterhaltsrechts vom 19. Mai 2006, BR-Drucks. 253/06, 42.

Der Schutz der Gleichwertigkeit und Gleichrangigkeit einander folgender Ehen zwingt in der gegenwärtigen einfachrechtlichen Ausgestaltung der aus Art. 6 Abs. 1 GG i.V.m. Art. 3 Abs. 1 GG folgenden Wertentscheidungen also nicht dazu, in bestimmten Konstellationen allen Beteiligten dieselben finanziellen Mittel zuzugestehen. Vielmehr kann ebenso angenommen werden, dass gemäß § 1578 Abs. 1 S. 1 BGB voneinander abweichende eheliche Lebensverhältnisse die Grundlage voneinander abweichender Bedarfe bilden, welche wiederum zu voneinander abweichenden Unterhaltsansprüchen führen. Es stellt sich als zulässige Auslegungsvariante dar, für beide Berechtigten – regelmäßig ohne Billigkeitsentscheidung im Sinne des § 1581 S. 1 BGB – die konkurrierenden Bedarfe nach § 1578 Abs. 1 S. 1 BGB zu bestimmen, selbst wenn sich dies regelmäßig zulasten des nachfolgenden Ehepartners auswirkt, und damit dem Umstand Rechnung zu tragen, dass die Unterhaltsverbindlichkeit gegenüber dem vorangegangenen Ehegatten die nachfolgende Ehe des Pflichtigen von deren Beginn an als „wirtschaftliche Hypothek“[631] geprägt und belastet hat, was umgekehrt nicht gilt. Dies mag umso mehr gelten, als der geschiedene Ehegatte regelmäßig auf den Fortbestand seiner Ehe vertraut haben wird, während dem späteren Ehepartner die aus der ersten Ehe des Pflichtigen herrührenden Verbindlichkeiten bei Eheschließung bekannt sind und er sich auf sie von vornherein einstellen kann.

III. Ergebnis

De lege lata ist es zulässig, konkurrierende Ehegattenunterhaltsansprüche im Wesentlichen erst auf der Ebene des § 1609 BGB auszugleichen.

IV. Berechnungsbeispiele

Zur Verdeutlichung der Konsequenzen dieses Ausgleichsmodells kann auf die Berechnungsbeispiele im Zweiten Teil der Arbeit verwiesen werden.[632]

F. Tabellarischer Vergleich der Ergebnisse der verschiedenen Modelle

Die Ergebnisse der Berechnungsbeispiele sind in der nachfolgenden tabellarischen Übersicht zusammengefasst; zum Vergleich sind zusätzlich die Ergebnisse der Dreiteilungsmethode zur Bedarfsbestimmung aufgeführt.

---

631 So insbesondere *Maurer*, FamRZ 2011, 849 (859).
632 Zweiter Teil, C.III und F.III.4.

I. Erstes Beispiel: Einkommen des vorangegangenen Ehegatten, kein Einkommen des nachfolgenden Ehegatten

Beispiel 1	Dreiteilungs-methode auf Ebene des Bedarfs[633]	Dreiteilungs-methode auf Ebene der Leistungsfä-higkeit[634]	Individuelle Bedarfsbe-stimmung mit proportiona-ler Kürzung[635]	Bedarfsbestim-mung nach der Differenz- bzw. Additionsmetho-de / Ausgleich auf Rangebene[636]
Vorangegangener, unterhaltsberechtigter Ehegatte (Eigenes Nettoeinkommen: 1.750 €)				
Unterhaltsanspruch bei **Vorrang**	0 €	521 €	521 €	521 €
Unterhaltsanspruch bei **Gleichrang**	0 €	0 €	252 €	521 €
Unterhaltsanspruch bei **Nachrang**	0 €	0 €	0 €	521 €
Unterhaltspflichtiger (Eigenes Nettoeinkommen: 3.500 €)				
Restbehalt[637] bei **Vorrang** des vorangegangenen Ehegatten	1.500 €	1.239 €	1.500 €	1.239 €
Restbehalt bei **Gleichrang**	1.500 €	1.500 €	1.500 €	1.239 €
Restbehalt bei **Nachrang** des vorangegangenen Ehegatten	1.500 €	1.500 €	1.500 €	1.239 €
Nachfolgender, unterhaltsberechtigter Ehegatte (Eigenes Einkommen: 0 €)				
Unterhaltsanspruch bei **Vorrang**	1.500 €	1.500 €	1.500 €	1.240 €
Unterhaltsanspruch bei **Gleichrang**	1.500 €	1.500 €	1.248 €	1.240 €
Unterhaltsanspruch bei **Nachrang**	1.500 €	1.240 €	979 €	1.240 €

633 Zweiter Teil, C.III.1.a).

634 Dritter Teil, B.V.1.

635 Dritter Teil, C.IV.1.

636 Zweiter Teil, C.III.1.b).

637 Der Restbehalt des Pflichtigen erhöht sich jeweils um seinen Erwerbstätigenbonus (500 €).

II. Zweites Beispiel: Einkommen des vorangegangenen Ehegatten übersteigt Einkommen des nachfolgenden Ehegatten

Beispiel 2	Dreiteilungsmethode auf Ebene des Bedarfs[638]	Dreiteilungsmethode auf Ebene der Leistungsfähigkeit[639]	Individuelle Bedarfsbestimmung mit proportionaler Kürzung[640]	Bedarfsbestimmung nach der Differenz- bzw. Additionsmethode / Ausgleich auf Rangebene[641]
Vorangegangener, unterhaltsberechtigter Ehegatte (Eigenes Nettoeinkommen: 1.750 €)				
Unterhaltsanspruch bei **Vorrang**	300 €	521 €	521 €	521 €
Unterhaltsanspruch bei **Gleichrang**	300 €	300 €	325 €	521 €
Unterhaltsanspruch bei **Nachrang**	300 €	300 €	0 €	521 €
Unterhaltspflichtiger (Eigenes Nettoeinkommen: 3.500 €)				
Restbehalt[642] bei **Vorrang** des vorangegangenen Ehegatten	1.800 €	1.689 €	1.950 €	1.689 €
Restbehalt bei **Gleichrang**	1.800 €	1.800 €	1.950 €	1.689 €
Restbehalt bei **Nachrang** des vorangegangenen Ehegatten	1.800 €	1.800 €	1.950 €	1.689 €
Nachfolgender, unterhaltsberechtigter Ehegatte (Eigenes Nettoeinkommen: 1.050 €)				
Unterhaltsanspruch bei **Vorrang**	900 €	900 €	1.050 €	790 €
Unterhaltsanspruch bei **Gleichrang**	900 €	900 €	725 €	790 €
Unterhaltsanspruch bei **Nachrang**	900 €	790 €	529 €	790 €

638 Zweiter Teil, C.III.2.a).

639 Dritter Teil, B.V.2.

640 Dritter Teil, C.IV.2.

641 Zweiter Teil, C.III.2.b).

642 Der Restbehalt des Pflichtigen erhöht sich jeweils um seinen Erwerbstätigenbonus (500 €).

III. Drittes Beispiel: Einkommen des nachfolgenden Ehegatten übersteigt Einkommen des vorangegangenen Ehegatten

Beispiel 3	Dreiteilungsmethode auf Ebene des Bedarfs[643] (mit Kontrollrechnung)	Dreiteilungsmethode auf Ebene der Leistungsfähigkeit[644]	Individuelle Bedarfsbestimmung mit proportionaler Kürzung[645]	Bedarfsbestimmung nach der Differenz- bzw. Additionsmethode / Ausgleich auf Rangebene[646]
Vorangegangener, unterhaltsberechtigter Ehegatte (Eigenes Nettoeinkommen: 1.050 €)				
Unterhaltsanspruch bei **Vorrang**	821 €	821 €	821 €	821 €
Unterhaltsanspruch bei **Gleichrang**	821 €	821 €	821 €	821 €
Unterhaltsanspruch bei **Nachrang**	821 €	821 €	529 €	821 €
Unterhaltspflichtiger (Eigenes Nettoeinkommen: 3.500 €)				
Restbehalt[647] bei **Vorrang** des vorangegangenen Ehegatten	1.839 €	1.839 €	2.179 €	1.839 €
Restbehalt bei **Gleichrang**	1.839 €	1.839 €	1.821 €	1.839 €
Restbehalt bei **Nachrang** des vorangegangenen Ehegatten	1.839 €	1.839 €	1.721 €	1.839 €
Nachfolgender, unterhaltsberechtigter Ehegatte (Eigenes Nettoeinkommen: 1.750 €)				
Unterhaltsanspruch bei **Vorrang**	340 €	340 €	750 €	340 €

643 Zweiter Teil, C.III.3.a).

644 Dritter Teil, B.V.3.

645 Dritter Teil, C.IV.3.

646 Zweiter Teil, C.III.3.b).

647 Der Restbehalt des Pflichtigen erhöht sich jeweils um seinen Erwerbstätigenbonus (500 €).

Beispiel 3	Dreiteilungsmethode auf Ebene des Bedarfs[643] (mit Kontrollrechnung)	Dreiteilungsmethode auf Ebene der Leistungsfähigkeit[644]	Individuelle Bedarfsbestimmung mit proportionaler Kürzung[645]	Bedarfsbestimmung nach der Differenz- bzw. Additionsmethode / Ausgleich auf Rangebene[646]
Unterhaltsanspruch bei **Gleichrang**	340 €	340 €	358 €	340 €
Unterhaltsanspruch bei **Nachrang**	340 €	340 €	0 €	340 €

IV. Viertes Beispiel: Absoluter Mangelfall

Beispiel 4	Dreiteilungsmethode auf Ebene des Bedarfs[648]	Dreiteilungsmethode auf Ebene der Leistungsfähigkeit[649]	Individuelle Bedarfsbestimmung mit proportionaler Kürzung[650]	Bedarfsbestimmung nach der Differenz- bzw. Additionsmethode / Ausgleich auf Rangebene[651]
Vorangegangener, unterhaltsberechtigter Ehegatte (Eigenes Nettoeinkommen: 583 €)				
Unterhaltsanspruch bei **Vorrang**	333 €	620 €	620 €	620 €
Unterhaltsanspruch bei **Gleichrang**	257 €	257 €	337 €	426 €
Unterhaltsanspruch bei **Nachrang**	67 €	67 €	0 €	210 €
Unterhaltspflichtiger (Eigenes Nettoeinkommen: 2.333 €)				
Restbehalt[652] bei **Vorrang** des vorangegangenen Ehegatten	1.100 €	1.100 €	1.100 €	1.100 €

648 Zweiter Teil, C.III.4.a).

649 Dritter Teil, B.V.4.

650 Dritter Teil, C.IV.4.

651 Zweiter Teil, C.III.4.b).

652 Der Restbehalt des Pflichtigen erhöht sich jeweils um seinen Erwerbstätigenbonus (333 €).

Beispiel 4	Dreiteilungsmethode auf Ebene des Bedarfs[648]	Dreiteilungsmethode auf Ebene der Leistungsfähigkeit[649]	Individuelle Bedarfsbestimmung mit proportionaler Kürzung[650]	Bedarfsbestimmung nach der Differenz- bzw. Additionsmethode / Ausgleich auf Rangebene[651]
Restbehalt bei **Gleichrang**	1.100 €	1.100 €	1.100 €	1.100 €
Restbehalt bei **Nachrang** des vorangegangenen Ehegatten	1.100 €	1.100 €	1.100 €	1.100 €
Nachfolgender, unterhaltsberechtigter Ehegatte (Eigenes Nettoeinkommen: 0 €)				
Unterhaltsanspruch bei **Vorrang**	833 €	833 €	900 €	690 €
Unterhaltsanspruch bei **Gleichrang**	643 €	643 €	563 €	474 €
Unterhaltsanspruch bei **Nachrang**	567 €	280 €	280 €	280 €

G. Abschlussbetrachtung

Auf der Basis des geltenden Rechts sind verschiedene Ansätze zum Ausgleich konkurrierender Ehegattenunterhaltsansprüche mit durchaus verschiedenen Ergebnissen möglich und zulässig. In der Gewichtung der gegenläufigen Interessen bewegen sich die Empfehlungen von konservativen Ansätzen (Ausgleich auf der Ebene des § 1609 BGB),[653] über gemischt konservativ/progressive Ansätze (Verschiebung der Dreiteilungsmethode auf die Ebene der Leistungsfähigkeit)[654] hin zu rein progressiven Ansätzen (Bestimmung des die Leistungsfähigkeit mindernden Bedarfs des nachfolgenden Ehegatten im Wege einer sogenannten individuellen Bedarfsbestimmung).[655] Dabei berücksichtigt die konservative Ausgleichsweise vornehmlich die zeitliche Priorität der Unterhaltsansprüche. Die gemischt konservativ/progressive Methode verleiht der Schutzbedürftigkeit der Beteiligten ein starkes Gewicht, berücksichtigt aber zusätzlich die zeitliche Priorität. Die progressive Herangehensweise wiederum richtet sich alleine am Grad der Schutzbedürftigkeit aus. Die Abweichungen der einzelnen Ansätze

653 Dritter Teil, E.
654 Dritter Teil, B.
655 Dritter Teil, C.

lassen sich auf das jeweilige Verständnis als angemessen empfundener Gewichtungen zwischen nachehelicher Solidarität und nachehelicher Eigenverantwortung zurückführen.

I. Gemischt konservativ/progressiver Ansatz

§ 1581 S. 1 BGB bietet dank seines weiten Spielraums Grundlage und Rechtfertigung, sich beim Ausgleich konkurrierender Ehegattenunterhaltsansprüche dem Grunde nach – als progressives Element – wesentlich am Kriterium der Schutzbedürftigkeit auszurichten und in Abhängigkeit vom Rangverhältnis den Unterhaltsbedarf des nachfolgenden Ehepartners in die Prüfung der Leistungsfähigkeit des Pflichtigen gegenüber dem vorangegangenen Ehegatten einzubeziehen (bei Gleichrang und damit gleicher Schutzbedürftigkeit der konkurrierenden Ehegatten) oder aber dies zu unterlassen (bei Vorrang und damit höherer Schutzbedürftigkeit des vorangegangenen Ehepartners). Gleiches gilt, soweit der zeitlichen Priorität der Unterhaltsansprüche und damit dem Vertrauensschutz des vorangegangenen Ehepartners als gleichsam konservativem Element Rechnung getragen wird (bei Vorrang und damit höherer Schutzbedürftigkeit des nachfolgenden Ehepartners).[656] Die Billigkeit im Sinne des § 1581 S. 1 BGB erlaubt sowohl Argumente der zeitlichen Priorität, als auch Argumente der Schutzbedürftigkeit.

Es dient zudem der Verteilungsklarheit, zur Bestimmung der gegenüber dem vorangegangenen Ehegatten zu berücksichtigenden Unterhaltslast des Pflichtigen gegenüber dem nachfolgenden Ehepartner auf der Ebene des § 1581 S. 1 BGB die Dreiteilungsmethode heranzuziehen. Die Dreiteilung der einzubeziehenden Einkünfte vereinfacht die Bestimmung des Unterhalts erheblich; sie dient damit zugleich der Vorhersehbarkeit des Verteilungsergebnisses.

Allerdings führt die Dreiteilung der einzubeziehenden Einkünfte der Beteiligten zu einer hohen Angleichung der konkurrierenden Ansprüche, durch welche der Unterhaltsanspruch des vorangegangenen Ehegatten regelmäßig ab- und der Unterhaltsanspruch des nachfolgenden Ehegatten regelmäßig aufgewertet wird. Diese Annäherung wird den gemäß § 1578 Abs. 1 S. 1 BGB maßgebenden, unterschiedlichen ehelichen Lebensverhältnissen der konkurrierenden Berechtigten häufig nicht gerecht werden.

Zudem dürfte es den von § 1581 S. 1 BGB eröffneten – allerdings bewusst weit ausgestalteten – Spielraum ausreizen, nicht nur dem Grunde nach aus dem Kriterium der Billigkeit in bestimmten Konstellationen regelmäßig die

---

656 Dritter Teil, B.

Ansiedlung des Ausgleichs konkurrierender Ehegattenunterhaltsansprüche herzuleiten, sondern für den Ausgleich zudem grundsätzlich eine bestimmte Methode vorzugeben.[657] Es erscheint in Übereinstimmung mit den Vertretern dieser Methode[658] daher vorzugswürdig, derart abstrahierte Erwägungen dem Gesetzgeber zu überlassen.

II. Progressiver Ansatz

§ 1581 S. 1 BGB bietet dank seines weiten Spielraums ebenso Grundlage und Rechtfertigung, den Ausgleich der konkurrierenden Unterhaltsinteressen dem Grunde nach ausschließlich an der Schutzbedürftigkeit der Beteiligten auszurichten und den aus der zeitlichen Aufeinanderfolge der konkurrierenden Ansprüche resultierenden Vertrauensschutz nicht mehr zu berücksichtigen (bei Vorrang des nachfolgenden Ehepartners).[659]

Die Ausrichtung am individuellen Anteil der jeweiligen Beteiligten am Gesamteinkommen bewirkt zudem eine höhere individuelle Verteilungsgerechtigkeit. Die Gewichtung der konkurrierenden Unterhaltsinteressen im Wege einer sogenannten individuellen Bedarfsbestimmung knüpft die im Rahmen des § 1581 S. 1 BGB zu berücksichtigenden Beträge an die Bedarfsbestimmung nach § 1578 Abs. 1 S. 1 BGB und damit an den Grundsatz einer gleichen Teilhabe am gemeinsam erreichten Standard an. Diese Art der Gewichtung richtet sich alleine am Eheverbund zwischen dem Pflichtigen und dem jeweiligen Berechtigten aus. Sie bezieht kein Einkommen ein, welches in einem anderen ehelichen Verbund, insbesondere vom konkurrierenden neuen Ehepartner des Pflichtigen erwirtschaftet wird, und trägt den auf der individuellen Leistung des jeweiligen Berechtigten beruhenden ehelichen Verhältnissen mit dem Pflichtigen Rechnung.

Allerdings spiegelt sie die für die Bestimmung des Unterhalts an sich maßgebenden ehelichen Lebensverhältnisse der nachfolgenden Ehe nicht in Gänze wider. Diese werden unabhängig von der Rangfolge durch die Unterhaltslast gegenüber dem vorangegangenen Ehepartner geprägt und gesenkt. Damit entwertet die „individuelle“ Bedarfsbestimmung die unterhaltsrechtliche Position des vorangegangenen Ehepartners auf der Ebene des § 1581 S. 1 BGB.

---

657 Dritter Teil, B.

658 Zweiter Teil, F.III.

659 Dritter Teil, C.

Auch diese Ausgleichsempfehlung schöpft die von § 1581 S. 1 BGB eröffnete Auslegungsfreiheit aus.[660] Die Einbeziehung und insbesondere die Gewichtung der Unterhaltslast gegenüber dem nachfolgenden Ehepartner im Wege einer „individuellen“ Bedarfsbestimmung auf der Ebene des § 1581 S. 1 BGB gründet wiederum auf dem nicht eingegrenzten Tatbestandsmerkmal der Billigkeit; gesetzlich ausdrücklich angeordnet ist sie nicht. In Einklang mit den Verfechtern dieser Methode[661] dürfte es daher vorzuziehen sein, derart weitreichende, verallgemeinerte Billigkeitserwägungen dem Gesetzgeber vorzubehalten.

III. Konservativer Ansatz

1. Gesetzesnähe

De lege lata erscheint der konservative Ansatz vorzugswürdig, der den ausdrücklichen gesetzlichen Vorgaben folgt.[662] Sein Ausgleichsweg zwingt nicht dazu, in bestimmten Rangkonstellationen das Kriterium der Billigkeit in § 1581 S. 1 BGB auszuschöpfen, sondern behält Billigkeitsentscheidungen dem Einzelfall vor. Stattdessen siedelt er den Ausgleich der konkurrierenden Unterhaltsinteressen – nach Maßgabe der geänderten Rangfolge – auf der Ebene des § 1609 BGB und damit an der Stelle an, an welcher der Gesetzgeber dies ausdrücklich angeordnet und nicht lediglich nach Billigkeit zugelassen hat.

Es entspricht zudem der Ausgestaltung des § 1578 Abs. 1 S. 1 BGB, dass in einander nachfolgenden Ehen nicht nur abweichende eheliche Lebensverhältnisse festgestellt werden, sondern dass diese voneinander abweichenden, aus der Verschiedenheit ihrer jeweiligen Lebensverhältnisse resultierenden Bedarfe auch voneinander abweichende Unterhaltsansprüche generieren. Im geltenden Recht ist es weder angelegt noch gar angeordnet, dass die weiterhin nach den tatsächlichen ehelichen Lebensverhältnissen zu bestimmenden Bedarfe der konkurrierenden Ehegatten in Abhängigkeit von ihrem Rang auf der Ebene des § 1581 S. 1 BGB mehr oder weniger zwangsläufig aneinander angeglichen werden. Es erscheint vielmehr konsequent, die gemäß § 1578 Abs. 1 S. 1 BGB jeweils nach den tatsächlichen ehelichen Lebensverhältnissen bestimmten Bedarfe der konkurrierenden Ehegatten grundsätzlich in eben dieser Höhe in die Konkurrenzentscheidung des § 1609 BGB einzustellen, selbst wenn dies infolge der Prägung und Senkung des Bedarfs des nachfolgenden Ehegatten durch die

660 Dritter Teil, C.
661 Zweiter Teil, F.III.
662 Dritter Teil, E.

gegenüber dem vorangegangenen Ehepartner bestehende Unterhaltslast zu einer Herabsetzung seines Unterhaltsanteils führt.

2. Rechtsfolge

Die Rechtsfolge dieser Methode erscheint nicht nur als *de lege lata* zulässige, sondern sogar als gebotene Auflösung der widerstreitenden Interessen einerseits im Verhältnis der Eheleute zueinander, andererseits im Verhältnis der nachfolgenden Ehen zueinander.

Der Gesetzgeber geht trotz der gesellschaftlichen Entwicklung[663] unverändert davon aus, dass die Ehe auf Lebenszeit geschlossen wird. Dieser Grundsatz ist nach wie vor in § 1353 Abs. 1 BGB festgeschrieben. Dies rechtfertigt es, dem vorangegangenen Ehegatten einen gewissen Vorteil zu belassen, indem ihm der Nutzen der Bedarfsbestimmung nach § 1578 Abs. 1 S. 1 BGB nicht regelmäßig auf der Ebene des § 1581 S. 1 BGB nach so interpretierter Billigkeit in Abhängigkeit vom Rangverhältnis wieder genommen wird.

Der Reform von 2008 ist zwar von dem Leitgedanken geprägt, die individuelle Schutzbedürftigkeit der Beteiligten stärker zu betonen, wogegen der Gedanke der zeitlichen Priorität und damit der „wirtschaftlichen Hypothek" der Unterhaltslast gegenüber dem vorangegangenen Ehepartner an Bedeutung verloren hat.[664] Gleichwohl besteht aber rein tatsächlich eine derartige „Hypothek", wenn ein Geschiedener eine neue Ehe eingeht. Auf eben diese Vorbelastung kann sich ein nachfolgender Ehepartner einstellen, nicht aber umgekehrt der vorangegangene Ehegatte. Dieser Umstand erfordert nach wie vor Beachtung und Berücksichtigung. Ihm dürfte es geschuldet sein, dass der Gesetzgeber die Bedarfsbestimmung 2008 unverändert beibehalten hat, mit welcher ausdrücklich dem Umstand Rechnung getragen werden sollte, dass der Unterhaltsanspruch des geschiedenen Ehegatten bei Eingehung der weiteren Ehe bereits existiert und sich die Eheleute der späteren Ehe hierauf einrichten können.[665]

Der Gesetzgeber hat zudem ausdrücklich darauf verwiesen, dass § 1609 BGB in seiner neuen Fassung die bisherige Privilegierung des Unterhaltsanspruchs des ersten Ehegatten gegenüber dem zweiten Ehegatten „modifiziere". Für den

---

663 Einleitung, A.I und A.II.

664 Gesetzentwurf der Bundesregierung eines Gesetzes zur Änderung des Unterhaltsrechts vom 15. Juni 2006, BT-Drucks. 16/1830, 23 f.

665 *Bundesministerium der Justiz (Hrsg.)*, Vorschläge der Eherechtskommission zur Reform des Ehescheidungsrechts und des Unterhaltsrechts nach der Ehescheidung, 112.

vorangegangenen Ehepartner soll künftig im Falle der Konkurrenz mit einem weiteren Ehegatten des Pflichtigen dasselbe gelten, was bereits bei Konkurrenz mehrerer Kinder gelte, die eine „Schmälerung" des auf sie entfallenden „Unterhaltsanteils" bzw. eine „Kürzung" ihrer „Unterhaltsquote" hinnehmen müssten, sobald weitere unterhaltsberechtigte Kinder hinzukämen.[666]

Die Privilegierung des vorangegangenen Ehepartners sollte 2008 also nicht in Gänze abgeschafft werden. Über die Änderung der Bestimmungen zu Lasten des vorangegangenen Ehepartners – insbesondere die Verschärfung der Erwerbsobliegenheit, die umfassende Möglichkeit der Befristung und Begrenzung nachehelichen Unterhalts sowie die geänderten Rangvorschriften[667] – hinaus wollte der Gesetzgeber die bei aufeinander folgenden Ehen für den vorangegangenen Ehegatten vorgesehenen Vorteile nicht vollständig aufgeben. Vielmehr hat er zur schonenden Anpassung des Geschiedenenunterhaltsrechts an veränderte Familienwelten mit der Beibehaltung der Bedarfsbestimmung nach § 1578 Abs. 1 S. 1 BGB auch deren Konsequenzen gebilligt, insbesondere auf der Ebene des § 1609 BGB.

Dieser Abwägung wird der konservative Ansatz gerecht. Er stellt den vorangegangenen Ehegatten in Konkurrenzsituationen zwar regelmäßig besser als die anderen gegenwärtig diskutierten Ausgleichsempfehlungen. Gleichwohl steht der vorangegangene Ehepartner sich infolge der diversen gesetzlichen Änderungen zu seinen Lasten, insbesondere der Umgestaltung der Rangfolge im Mangelfall, auch nach dieser Ausgleichsempfehlung deutlich schlechter als vor der Reform.[668]

Die konservative Ausgleichsweise entspricht zuletzt auch dem Stand der gesellschaftlichen Entwicklung. Sie erfasst und berücksichtigt die herrschenden sozialen Verhältnisse. Wie aufgezeigt, ist zwar eine Annäherung der beruflichen Etablierung der Eheleute festzustellen.[669] Doch sollte diese Entwicklung nicht im Sinne einer gleichberechtigten und damit nach der Scheidung gleichverpflichtenden Teilhabe am Erwerbsleben missverstanden werden. Vielmehr muss angesichts der hohen Zahl an Zuverdienerehen mit Kindern nach wie vor davon ausgegangen werden, dass zum Zeitpunkt der Scheidung regelmäßig ein – von den Eheleuten einvernehmlich gelebtes – Ungleichgewicht in ihrer jeweiligen beruflichen Situation besteht. Der nachehelichen Solidarität fällt daher gegenüber der

---

666 Gesetzentwurf der Bundesregierung eines Gesetzes zur Änderung des Unterhaltsrechts vom 15. Juni 2006, BT-Drucks. 16/1830, 23 f.; Erster Teil, B.IV.4.

667 Erster Teil, B.IV.1, B.IV.4 und B.IV.5.

668 Dritter Teil, F.IV.

669 Einleitung, A.I.

nachehelichen Eigenverantwortung trotz der steigenden Zahl von Zweitehen[670] weiterhin ein hoher Stellenwert zu. Dieser gesellschaftlichen Realität trägt der konservative Ansatz am besten Rechnung. Er greift der gesellschaftlichen Entwicklung nicht vor, sondern anerkennt sie durch die schonende Reduzierung der Vorteile des vorangegangenen Ehegatten.

Soweit der Pflichtige dabei im Ergebnis – je nach Rangverhältnis – geringere Mittel für sich behält als sie dem vorangegangenen Unterhaltsberechtigen zur Verfügung stehen, widerspricht dies nicht dem Gebot gleicher Teilhabe, welches sich auf einen gleichen Anteil an dem in der Ehe Erwirtschafteten bezieht, nicht aber auf die nachehelichen Verhältnisse, welche gegebenenfalls von einer weiteren Ehe geprägt und belastet sind.[671]

---

670 Einleitung, A.II.

671 So bei Vorrang des vorangegangenen Ehepartners auch beim gemischt konservativ/progressiven Ansatz und beim progressiven Ansatz; vgl. die Berechnungsbeispiele; Dritter Teil, B.V.1, B.V.2, C.IV.1, C.IV.2.

Schlussfolgerungen und Ausblick

Auslegungsvarianz des geltenden Rechts

Die Bewertung der Modelle zeigt, dass *de lege lata* verschiedene Varianten zur Auslegung der für den Ausgleich konkurrierender Ehegattenunterhaltsansprüche maßgeblichen unterhaltsrechtlichen Bestimmungen des § 1578 Abs. 1 S. 1 BGB, des § 1581 S. 1 BGB sowie des § 1609 Nr. 2 und Nr. 3 BGB zulässig sind.

Die Ausgleichsmodelle beruhen zum einen auf Ansätzen, die aus dem Kriterium der Billigkeit nach § 1581 S. 1 BGB nicht nur dem Grunde nach die Zulässigkeit verallgemeinernder Falltypisierungen folgern, in denen der Bedarf des nachfolgenden Ehegatten zur Minderung der Leistungsfähigkeit des Pflichtigen gegenüber dem vorangegangenen Ehepartner führt. Sie erachten zudem der Höhe nach bestimmte Gewichtungen der konkurrierenden Bedarfe fallgruppenbezogen als billig. Zum anderen beruhen die Empfehlungen auf einer strikten Anwendung sowohl des § 1578 Abs. 1 S. 1 BGB als auch des § 1609 BGB, bei der die Leistungsfähigkeit des Pflichtigen nicht regelmäßig, insbesondere nicht unter Bildung verallgemeinernder Fallgruppen, sondern nur in ausgewiesenen Einzelfällen nach Billigkeit reduziert wird. Dieser Lösungsansatz bleibt durch die nach § 1578 Abs. 1 S. 1 BGB chronologisch bemessenen konkurrierenden Ehegattenunterhaltsansprüche und insbesondere durch den im Wesentlichen der Ebene des § 1609 BGB vorbehaltenen Ausgleich der konkurrierenden Unterhaltsinteressen stärker den dem alten Unterhaltsrecht zugrunde liegenden Erwägungen verhaftet, namentlich dem Prinzip der zeitlichen Priorität der Unterhaltsansprüche.

Trotz der Verschiedenheit der Ansätze und den damit einhergehenden deutlichen Abweichungen in der Höhe des den jeweiligen Berechtigten zugewiesenen Unterhalts und des dem Pflichtigen zugestandenen Restbehalts[672] genügen die Auslegungsmodelle den Anforderungen an gesellschaftspolitisch zeitgemäße Ausgleichssysteme, da sie der Schutzbedürftigkeit der Beteiligten – mit verschiedenen Akzentuierungen – ebenso wie den Besonderheiten des Einzelfalls Rechnung tragen können.

672 Vgl. die tabellarische Übersicht im Dritten Teil, F.

Ursache der Auslegungsvarianz

Die Notwendigkeit, einen Lösungsansatz für den Ausgleich konkurrierender Ehegattenunterhaltsansprüche zu finden, ist durch die Änderung der Rangfolge nach § 1609 Nr. 2 und Nr. 3 BGB anlässlich der Unterhaltsreform ausgelöst und durch die gleichzeitige Beibehaltung der Bedarfsbestimmung nach § 1578 Abs. 1 S. 1 BGB verstärkt worden.

Die Frage nach dem Ausgleich konkurrierender Ehegattenunterhaltsansprüche war vor der Unterhaltsreform praktisch bedeutungslos, weil der Unterhaltsanspruch des vorangegangenen Ehegatten nach § 1582 BGB a.F.[673] regelmäßig den Vorrang genoss, und daher der nachrangige Bedarf des nachfolgenden Ehegatten die Höhe seines Anspruchs – wie nach den Ausgleichsempfehlungen noch heute – nicht beeinflusste. Erst seit der Neuordnung der Rangfolge in § 1609 Nr. 2 und Nr. 3 BGB ist zwischen einander nachfolgenden Ehegatten jedes Rangverhältnis denkbar und damit eine Gewichtung ihrer konkurrierenden Ansprüche erforderlich, um in Abhängigkeit vom jeweiligen Rangverhältnis zu einem angemessenen Ausgleich zu gelangen.

Die Gewichtung der konkurrierenden Ehegattenunterhaltsansprüche wird durch die Beibehaltung der Bedarfsbestimmung nach § 1578 Abs. 1 S. 1 BGB erschwert. Das nacheheliche Unterhaltsmaß orientiert sich nach wie vor an den ehelichen Lebensverhältnissen des Berechtigten mit dem Pflichtigen. Durch die Halbteilung der gemeinsamen Einkünfte wird dem vorangegangenen Ehegatten im Ausgangspunkt der Bestimmung seines Unterhalts ein hoher Einsatzbetrag zugestanden. Diesen Bedarf kann der Pflichtige unter Wahrung seines angemessenen Selbstbehalts im Regelfall nicht mehr erfüllen, sobald er einem weiteren Ehepartner unterhaltspflichtig wird. Ein vorrangiger oder gleichrangiger Unterhaltsbedarf des nachfolgenden Ehegatten erzeugt damit nahezu zwangsläufig einen relativen Mangelfall, der an Billigkeitserwägungen gemäß § 1581 S. 1 BGB ausgerichtete Lösungsansätze nahelegt. Umgekehrt führt die nach § 1578 Abs. 1 S. 1 BGB vorgesehene Bedarfsbestimmung für den nachfolgenden Ehegatten regelmäßig zu einem relativ geringen Bedarf, da seine ehelichen Lebensverhältnisse von der Unterhaltsverpflichtung gegenüber dem vorangegangenen Ehepartner geprägt sind.

Ursache des Facettenreichtums der Auslegungsansätze

Der Facettenreichtum der Auslegungsansätze ist auf die Regelung der Leistungsfähigkeit nach § 1581 S. 1 BGB zurückführen.

673 Vgl. zu § 1582 BGB in der Fassung vom 1. Juni 1976 Fußnote 141.

Während § 1581 S. 1 BGB vor der Reform aufgrund der damaligen Rangregelungen für die Frage des Ausgleichs konkurrierender Ehegattenunterhaltsansprüche praktisch bedeutungslos war, hat er durch die Neuordnung der Rangverhältnisse zentrale Bedeutung für den Ausgleich konkurrierender Ehegattenunterhaltsinteressen erlangt. Obwohl § 1581 S. 1 BGB 2008 unverändert geblieben ist, ist ihm damit nach der Reform mangels klarer gesetzlicher Vorgaben zum Ausgleich konkurrierender Ehegattenunterhaltsansprüche die Funktion einer Delegationsnorm zugefallen, wodurch der Gesetzgeber die Entscheidung über einen nach Billigkeit angemessenen Ausgleich konkurrierender Ehegattenunterhaltsansprüche dem Gesetzesanwender zugewiesen hat, statt sie selbst zu treffen.

Durch die Ausrichtung an einem nicht eingegrenzten Billigkeitsmaßstab eröffnet § 1581 S. 1 BGB einen weiten Spielraum für die Beurteilung der Frage, ob und in welcher Höhe nachehelich hinzugetretene Unterhaltslasten in die Bemessung der Leistungsfähigkeit des Pflichtigen gegenüber dem vorangegangenen Ehepartner einbezogen werden sollen. § 1581 S. 1 BGB ordnet die Berücksichtigung nachehelich entstandener Unterhaltsverpflichtungen – anders als seine Vorgängerregelungen § 1579 Abs. 1 S. 2 BGB a.F.[674] und § 67 Abs. 1 S. 2 EheG-1938[675] – nicht verbindlich an. Er bestimmt lediglich, dass Verpflichtungen des Pflichtigen nach Billigkeit in die Beurteilung seiner Leistungsfähigkeit einbezogen werden können. Daher lässt er sich dahin auslegen, dass der Unterhaltsanspruch des vorangegangenen Ehegatten wegen Unterhaltsverbindlichkeiten gegenüber einem späteren Ehepartner in Abhängigkeit vom Rangverhältnis regelmäßig zu ermäßigen ist.[676] Ebenso aber ist er der Auslegung zugänglich, dass Unterhaltslasten gegenüber einem späteren Ehegatten nicht regelmäßig in Abhängigkeit vom Rangverhältnis bei der Bestimmung der Leistungsfähigkeit des Pflichtigen zu berücksichtigen sind, sondern konkurrierende Ehegattenunterhaltsansprüche grundsätzlich erst auf der Ebene des § 1609 BGB ausgeglichen werden.[677]

Weitere Auslegungsfreiheit gesteht § 1581 S. 1 BGB zu, wenn über die konkrete Gewichtung der gegenüber dem späteren Ehegatten bestehenden, dem Grunde nach gemäß § 1581 S. 1 BGB für berücksichtigungswürdig erachteten Unterhaltslast zu befinden ist. Hier lässt der offene Maßstab der Billigkeit erneut jegliche an Billigkeitserwägungen ausgerichtete Auslegungsansätze und

674 Vgl. zu § 1579 BGB in der Fassung vom 18. August 1896 Fußnote 64.

675 Vgl. zu § 67 EheG in der Fassung vom 6. Juli 1938 Fußnote 90.

676 Dritter Teil, B und C.

677 Dritter Teil, E.

damit erheblich voneinander abweichende Gewichtungen der einzubeziehenden nachehelichen Unterhaltslast zu. Dies gilt sowohl für Auslegungsansätze im Sinne eines im Wege der Dreiteilung der insgesamt zur Verfügung stehenden Einkünfte ermittelten, für sämtliche Beteiligten vergleichbar ausgestalteten Unterhalts,[678] als auch im Sinne eines individualisierten Unterhaltsanspruchs, der die spezifischen Verhältnisse der konkurrierenden ehelichen Verbände stärker hervorhebt.[679]

Da § 1581 S. 1 BGB ebenfalls erlaubt, den Ausgleich konkurrierender Ehegattenunterhaltsansprüche nicht regelmäßig auf seiner Ebene einzuleiten, ist zudem ein Ausgleich auf der Ebene des § 1609 BGB möglich, der keine Billigkeitserwägungen zulässt, sondern vorgibt, die nach § 1578 Abs. 1 S. 1 BGB ermittelten Bedarfe in Abhängigkeit vom Rang entweder gleichmäßig oder nacheinander zu befriedigen.[680]

Konsequenzen des Facettenreichtums der Auslegungsansätze

Folge der gegenwärtigen Ausgestaltung des Geschiedenenunterhaltsrechts und der darauf beruhenden Vielfalt an Auslegungsvarianten ist eine wenig Vorhersehbarkeit bietende Billigkeitsrechtsprechung.

Zwar hat der Gesetzgeber anlässlich der Unterhaltsreform ausdrücklich einen weiten Spielraum eröffnen wollen und die Beschränkung des Unterhaltsrechts auf im Wesentlichen „konkretisierungsbedürftige Grundaussagen und Generalklauseln“ ausdrücklich damit begründet, dem Einzelfall nach „Billigkeits- und Zumutbarkeitsgesichtspunkten“ gerecht werden zu wollen.[681]

Wie die vorangegangene Analyse aufweist, ermöglicht dieser Spielraum dem Einzelfall gerecht werdende, am Maßstab der Billigkeit ausgerichtete Entscheidungen. Zugleich führt dieser Spielraum jedoch zu einer hohen, vom Gesetzesanwender ausgeschöpften Auslegungsfreiheit, die für den Rechtssuchenden mit einer erheblichen Rechtsunsicherheit verbunden ist. Auf der Basis der gegenwärtigen Rechtslage ist nicht absehbar, mit welchen Nutzen und Lasten bei einer Beteiligung an einem unterhaltsrechtlichen Dreiecksverhältnis zu rechnen ist. Zwar ergibt sich innerhalb der einzelnen *de lege lata* zulässigen Vorschläge zur Auslegung des geltenden Rechts durch die Falltypenbildung auf der Ebene

678 Dritter Teil, B.

679 Dritter Teil, C.

680 Dritter Teil, E.

681 Gesetzentwurf der Bundesregierung eines Gesetzes zur Änderung des Unterhaltsrechts vom 15. Juni 2006, BT-Drucks. 16/1830, 13.

des § 1581 S. 1 BGB bzw. durch die konsequente Anwendung der Rangfolgeregelungen auf der Ebene des § 1609 BGB eine gewisse Rechtssicherheit. Doch ist jedenfalls derzeit nicht vorhersehbar, welchem Auslegungsansatz anlässlich einer konkreten Entscheidung über den Ausgleich konkurrierender Ehegattenunterhaltsansprüche Folge geleistet werden wird.

Die Konsequenzen der fehlenden Klarheit der legislativen Vorgaben werden durch die Haltung der Judikative verstärkt. Das Bundesverfassungsgericht hat im Rahmen seiner Entscheidungskompetenz im Beschluss vom 25. Januar 2011 keine Vorgaben für den Ausgleich konkurrierender Ehegattenunterhaltsansprüche angedeutet.[682] Der Bundesgerichtshof hatte bislang lediglich über die Verwendung der Dreiteilungsmethode zur Bestimmung der Leistungsfähigkeit eines gegenüber zwei gleichrangigen Ehefrauen Unterhaltspflichtigen zu entscheiden, welche er revisions- bzw. rechtsbeschwerderechtlich gebilligt hat.[683] Auch die Oberlandesgerichte haben noch nicht zu einer einheitlichen Rechtsprechung gefunden und für den Ausgleich konkurrierender Ehegattenunterhaltsansprüche im Wesentlichen bislang keine Leitlinien geschaffen.[684] Von einer gefestigten Rechtsprechung zur Auslegung der den Ausgleich konkurrierender Ehegattenunterhaltsansprüche betreffenden Regelungen kann daher nicht ausgegangen werden.

Erforderlichkeit legislativen Tätigwerdens

Die gegenwärtige Rechtslage sollte den Gesetzgeber veranlassen, nach seinen eigenen politischen Vorstellungen deutlichere Vorgaben für den Ausgleich konkurrierender Ehegattenunterhaltsansprüche zu schaffen, statt ihn richterlichen Einzelfallentscheidungen zu überlassen.

Der Gesetzgeber scheint gegenwärtig keinen Anlass für ein neuerliches legislatives Tätigwerden zu sehen, sondern weiterhin der Rechtsprechung die Konkretisierung der Vorgaben für die unterhaltsrechtliche Positionierung konkurrierender Ehegatten überlassen zu wollen.[685] Dieses Abwarten ist nicht unüblich. Der Gesetzgeber hat bereits in der Vergangenheit für die Klärung einzelner unterhaltsrechtlicher Fragestellungen keinen Regelungsbedarf gesehen und von einem Tätigwerden mit der Begründung abgesehen, die Rechtsprechung habe bereits vernünftige Maßstäbe entwickelt, mit welchen den Besonderheiten des

682 BVerfGE 128, 193 ff.
683 BGHZ 192, 45 (62); Zweiter Teil, F.II.
684 Zweiter Teil, F.I.
685 Zweiter Teil, F.

Einzelfalls angemessen Rechnung getragen werden könne.[686] Diesem Gedanken ist zuzugeben, dass die Bewertung der verschiedenen Modelle aufzeigt, dass auf der Basis des geltenden Rechts angemessene, an der Interpretation der Billigkeit ausgerichtete Ansätze für den Ausgleich konkurrierender Ehegattenunterhaltsansprüche möglich sind.

Dennoch sollte der Gesetzgeber dem vielerorts und nachhaltig geäußerten Wunsch entsprechen und den gegenwärtigen uneinheitlichen Zustand durch ein normenklares Konzept für den Ausgleich konkurrierender Ehegattenunterhaltsansprüche ersetzen. Nicht nur die Wissenschaft hat dezidiert auf die Mängel der gegenwärtigen Gesetzeslage hingewiesen.[687] Auch das Bundesverfassungsgericht kann dahin verstanden werden, dass es der Legislative eine Nachjustierung der für den Ausgleich konkurrierender Ehegattenunterhaltsansprüche maßgeblichen Bestimmungen nahelegen wollte, als es den Beschluss vom 25. Januar 2011 mit der Bemerkung schloss, sofern der Gesetzgeber die Bestimmung des Bedarfs des geschiedenen Ehegatten nach § 1578 Abs. 1 S. 1 BGB oder die Art der Unterhaltsberechnung insbesondere bei aufeinanderfolgenden ehelichen Unterhaltsverbänden einer Änderung unterziehen wolle, sei es seine Sache, hierfür per Gesetz die Kriterien und Berechnungsweisen vorzugeben.[688]

Letztlich hat der Gesetzgeber sich aber auch selbst zu neuerlichem Tätigwerden verpflichtet. Er hat es zu seinem Ziel erklärt, das Unterhaltsrecht transparenter zu gestalten, indem an Stelle undurchsichtiger Berechnungen klare und besser nachvollziehbare Entscheidungen getroffen würden.[689] Bezogen auf den Ausgleich konkurrierender Ehegattenunterhaltsansprüche kann dieses Ziel der Vereinfachung des Unterhaltsrechts angesichts der Vielfalt der *de lege lata* zulässigen – und vertretenen – Auslegungsmodelle als noch nicht erreicht bewertet werden.

Danach streitet für ein erneutes legislatives Tätigwerden zunächst die Vielzahl der gegenwärtigen, nach Methode und Ergebnis zwar jeweils zulässigen, aber beträchtlich voneinander abweichenden Auslegungsvarianten des den Ausgleich konkurrierender Ehegattenunterhaltsansprüche betreffenden geltenden Rechts.

Zudem kann alleine der Gesetzgeber den vielfach beklagten Widerspruch zwischen der Beibehaltung der Bedarfsbestimmung und der Bestimmung der

686 Gesetzentwurf der Bundesregierung eines Gesetzes zur Änderung des Unterhaltsrechts vom 15. Juni 2006, BT-Drucks. 16/1830, 15.

687 Zweiter Teil, F.III.

688 BVerfGE 128, 193 (224).

689 Gesetzentwurf der Bundesregierung eines Gesetzes zur Änderung des Unterhaltsrechts vom 15. Juni 2006, BT-Drucks. 16/1830, 24.

Leistungsfähigkeit sowie der Neuordnung der Rangfolge in seinem Sinne auflösen. Dieser Widerspruch liegt darin begründet, dass der Gesetzgeber sich 2008 zwar dem Schutz der Zweitfamilien verschrieben und die Rangfolge neu geordnet, gleichwohl aber mit der Beibehaltung der Bedarfsbestimmung dem vorangegangenen Ehepartner in Konkurrenzverhältnissen dessen starke Ausgangsposition belassen hat. Je nach Auslegungsvariante führt dies dazu, dass dem Unterhaltsanspruch des nachfolgenden Ehegatten gemäß § 1609 Nr. 2 BGB zwar der Vorrang zufällt, dieser Vorrang sich wirtschaftlich jedoch infolge seines seinerseits gemäß § 1578 Abs. 1 S. 1 BGB chronologisch bestimmten, durch die Unterhaltslast gegenüber dem vorangegangenen Ehepartner geprägten Bedarfs nicht entfalten kann. Nach geltendem Recht kann sich also ein „wirtschaftlicher Nachrang"[690] des aus Gründen des § 1609 Nr. 2 BGB besonders schützenswerten nachfolgenden Ehegatten ergeben.

Das geltende Recht lässt offen, wie dieser Interessenkonflikt aufzulösen ist und wie weit dabei der vom Gesetzgeber als Ziel der Reform von 2008 definierte Schutz von Zweitfamilien reichen soll. Gesetzestext und Gesetzgebungsmaterialien lassen die Annahme – und Auslegung – zu, dass der chronologisch bestimmte Bedarf des nachfolgenden Ehegatten in der durch den Bedarf des vorangegangenen Ehegatten ermäßigten Höhe in die Entscheidung über die Rangfolge einzustellen ist und lediglich dadurch Schutz erfährt, dass er bei Vorrang vorrangig, bei Gleichrang gleichmäßig zu bedienen ist.[691] Gesetzestext und Gesetzgebungsmaterialien verbieten jedoch auch nicht die Annahme – und Auslegung –, dass der Schutz des nachfolgenden Ehegatten deutlich weiter reichen soll und deshalb sein Bedarf je nach Rangverhältnis bzw. Schutzbedürftigkeit auf der Ebene des § 1581 S. 1 BGB zu einer Minderung des Unterhaltsanspruchs des vorangegangenen Ehepartners führt, bevor die konkurrierenden Ansprüche in die Rangregelung des § 1609 BGB eingestellt und je nach Rangverhältnis nacheinander oder gleichmäßig bedient werden.[692]

Will der Gesetzgeber seine Ziele mit den von ihm beabsichtigten Gewichtungen der konkurrierenden Interessen verwirklichen, muss er Ausmaß und Grenzen des beabsichtigten Schutzes von Zweitehen klarer definieren und die Regelungen des § 1578 Abs. 1 S. 1 BGB hinsichtlich der Bedarfsbestimmung der einander nachfolgenden unterhaltsberechtigten Ehegatten und des § 1581

690 So: *Hoppenz*, Die Dreiteilung des Unterhalts, NJW 2012, 819 (820).
691 Dritter Teil, E.
692 Dritter Teil, B und C.

S. 1 BGB hinsichtlich der Berücksichtigung nachehelicher Unterhaltslasten nach Grund und Höhe dieser Zielsetzung anpassen.

Nicht zuletzt bietet ein neuerliches Tätigwerden dem Gesetzgeber die Möglichkeit, die Zwecksetzungen der Reform von 2008 fortzuschreiben. Der – wenn auch nicht zu überschätzende – Trend zu mehr beruflicher Integration und damit höherer finanzieller Eigenständigkeit beider Eheleute zeigt,[693] dass sich die Gestaltung der ehelichen Rollenverteilung durch die neue Konzeption des Geschiedenenunterhaltsrechts zumindest bei den nach der Reform von 2008 geschlossenen Ehen den gestiegenen Anforderungen an die nacheheliche Eigenverantwortung und der gleichzeitig gesunkenen Pflicht zu nachehelicher Mitverantwortung immer weiter anpasst. In Ehen, die nach der viel besprochenen Reform und damit in zumindest laienhafter Kenntnis ihrer Auswirkungen geschlossen wurden, ist zudem kein Vertrauen in die dem alten Recht zugrunde liegende Gewichtung von nachehelicher Solidarität und nachehelicher Eigenverantwortung mehr entstanden.

Legislative Gestaltungsmöglichkeiten

Legislative Umsetzung eines der gegenwärtigen Auslegungsmodelle

Stellt der Gesetzgeber sich der Notwendigkeit einer neuerlichen legislativen Initiative, könnte er eine der auf der Basis des geltenden Rechts zur Auslegung des § 1581 S. 1 BGB entwickelten Methoden legislativ billigen und nachvollziehen. Damit würde er den Facettenreichtum der Auslegungsansätze eingrenzen und mehr Rechtsklarheit und Rechtssicherheit schaffen.

Bereits in der Vergangenheit hat der Gesetzgeber Anregungen und Kritik aus Rechtsprechung und Wissenschaft aufgegriffen.[694] 2008 hat er diverse Auslegungsansätze und Wertungen der Rechtsprechung legislativ nachvollzogen, die seinem gesetzgeberischen Willen entsprachen. So hat er im Entwurf zur Neuregelung des § 1612b BGB ausgeführt, dieser greife wesentliche Aussagen der jüngsten Rechtsprechung des Bundesgerichtshofs auf.[695] Die Umgestaltung des § 1579 BGB hat er damit begründet, er wolle die gesetzlichen Regelungen an die Rechtsprechung des Bundesverfassungsgerichts angleichen,[696] die Änderung

---

693 Einleitung, A.I.

694 Einleitung, A.III.

695 Gesetzentwurf der Bundesregierung eines Gesetzes zur Änderung des Unterhaltsrechts vom 15. Juni 2006, BT-Drucks. 16/1830, 14.

696 Gesetzentwurf der Bundesregierung eines Gesetzes zur Änderung des Unterhaltsrechts vom 15. Juni 2006, BT-Drucks. 16/1830, 20.

der Voraussetzungen nachehelichen Betreuungsunterhalts damit, er wolle eine Tendenz in der Rechtsprechung aufgreifen.[697]

Für das Nachvollziehen eines der bereits bestehenden Auslegungsansätze zur Bestimmung der Leistungsfähigkeit nach § 1581 S. 1 BGB spricht, dass der Gesetzgeber 2008 ausgeführt hat, das Unterhaltsrecht beschränke sich in weiten Teilen auf konkretisierungsbedürftige Grundaussagen und Generalklauseln. Diese Aussagen sind inzwischen insbesondere durch die Auslegungsmodelle der Lehre auf verschiedene Art und Weise näher konkretisiert worden. Der Gesetzgeber könnte sich eines dieser Modelle zu Eigen machen, deren Konformität mit den Vorgaben der aus Art. 6 Abs. 1 GG i.V.m. Art. 3 Abs. 1 und Abs. 2 GG folgenden Wertentscheidungen nach der vorangegangenen Bewertung festgestellt ist.

Würde der Gesetzgeber eine der Auslegungsvarianten zum Ausgleich konkurrierender Ehegattenunterhaltsansprüche auf der Ebene des § 1581 S. 1 BGB legislativ nachvollziehen und damit dessen Billigkeitselemente stärker typisieren, würde er einen gewichtigen Beitrag zu mehr Rechtsklarheit und Rechtssicherheit leisten. In diesem Falle würde er die Berücksichtigung nachehelich hinzugetretener Unterhaltspflichten bei der Feststellung der Leistungsfähigkeit des Pflichtigen gegenüber dem vorangegangenen Ehepartner in Abhängigkeit von ihrem Rang bzw. ihrer Schutzbedürftigkeit bereits dem Grunde nach im Gesetz verankern, wie dies im Bürgerlichen Gesetzbuch von 1900 bereits geschehen[698] und im Gesetzgebungsverfahren zum 1. EheRG geplant gewesen ist.[699] Damit wäre die Berücksichtigungsfähigkeit nachehelicher Unterhaltsverpflichtungen dem Grunde nach nicht mehr von Billigkeitskriterien abhängig. Zudem würde der Gesetzgeber für die Gewichtung einzubeziehender, nachehelich hinzugetretener Unterhaltsbedarfe klarere, ebenfalls typisierende Vorgaben festlegen, wodurch die Vorhersehbarkeit richterlicher Entscheidungen weiter steigen würde.

Dieselbe Wirkung träte ein, würde er legislativ klarstellen, dass der Ausgleich konkurrierender Ehegattenunterhaltsansprüche nicht regelmäßig auf der Ebene des § 1581 S. 1 BGB anzusiedeln ist, sondern mit den aufgezeigten Konsequenzen der Ebene des § 1609 BGB vorbehalten bleiben soll.

---

697 Gesetzentwurf der Bundesregierung eines Gesetzes zur Änderung des Unterhaltsrechts vom 15. Juni 2006, BT-Drucks. 16/1830, 31.

698 Erster Teil, A.I.4.a).

699 Erster Teil, B.I.4.

Neuausrichtung des Geschiedenenunterhaltsrechts

Statt eine der Auslegungsvarianten des § 1581 S. 1 BGB legislativ nachzuvollziehen, könnte der Gesetzgeber das Geschiedenenunterhaltsrecht auch grundlegend neu ausrichten.

Der Gesetzgeber braucht sich nicht darauf zu beschränken, eine der bestehenden Varianten zur Auslegung des § 1581 S. 1 BGB nachzuvollziehen. Ihm steht bei der Schaffung des Rechts ein weitaus größerer Spielraum zu als dem Gesetzesanwender bei der Auslegung gesetzlicher Regelungen. Der Gesetzgeber genießt einen hohen Grad legislativer Freiheit;[700] er hat lediglich die aus Art. 6 Abs. 1 GG i.V.m. Art. 3 Abs. 1 und Abs. 2 GG folgenden Wertentscheidungen zu achten und nach dem herrschenden Verständnis von Ehe und Familie einfachrechtlich auszugestalten. Dagegen müssen sich Auslegungsansätze für das geltende Recht zusätzlich in dem durch Art. 2 Abs. 1 GG i.V.m. dem Rechtsstaatsprinzip (Art. 20 Abs. 3 GG) gesetzten Rahmen halten.[701]

Entscheidet der Gesetzgeber sich für eine Neuausrichtung des Geschiedenenunterhaltsrechts, kommen insbesondere Akzentverschiebungen auf der Ebene des § 1578 Abs. 1 S. 1 BGB in Betracht. Auf der Ebene des § 1581 S. 1 BGB drängen sich über die bekannten Auslegungsvarianten hinausgehende Umgestaltungen nicht auf. Gleiches gilt für Änderungen der Rangfolge. Deren Gestaltung war seit Inkrafttreten des Bürgerlichen Gesetzbuchs im Jahre 1900 zwar Gegenstand wechselnder, deutlich voneinander abweichender legislativer Vorstellungen und Vorgaben, bei denen teils dem vorangegangenen, teils dem gegenwärtigen Ehepartner des Pflichtigen der Vorrang bei der Durchsetzung der Unterhaltsansprüche eingeräumt wurde.[702] Gleichwohl scheinen auf dieser Ebene gegenwärtig keine Änderungen geboten, da der Gesetzgeber die Rangfolge anlässlich der Unterhaltsreform von 2008 zeitgemäß am Grad der Schutzbedürftigkeit der um Unterhalt konkurrierenden Beteiligten ausgerichtet hat. Es erscheint jedenfalls gegenwärtig nicht indiziert, diese Wertung einem Richtungswechsel zu unterwerfen.

Im Gegensatz dazu bietet die Regelung des Maßes nachehelich zu gewährenden Unterhalts Anlass, neue legislative Konzeptionen in Betracht zu ziehen. Die Bestimmung des § 1578 Abs. 1 S. 1 BGB geht auf das verschuldensabhängige Unterhaltsrecht des Bürgerlichen Gesetzbuchs von 1900 zurück[703]

700 Dritter Teil, A.II.3.b)aa).

701 Dritter Teil, A.II.2.

702 Erster Teil, A.I.4.a), A.II.4.a), B.I.5 und B.IV.4.

703 Erster Teil, A.I.3.

und bietet dem Berechtigten im Ausgangspunkt der Ermittlung seines Unterhaltsanspruchs mit der Ausrichtung an den ehelichen Lebensverhältnissen das Höchstmaß gewährbaren Unterhalts. Diese damals auf die Verantwortung am Scheitern der Ehe bezogene Ausrichtung findet in einem verschuldensunabhängigen, alleine die Zerrüttung einer Ehe voraussetzenden Scheidungsrecht keine hinreichende Rechtfertigung mehr, weshalb bereits im Gesetzgebungsverfahren zur 1. Eherechtsreform 1977 eine Neuausrichtung gefordert wurde.[704] Überdies hat sich das gesellschaftliche Verständnis von der Ehe tiefgreifend von einem patriarchalischen Rollenverständnis zu einem Verständnis der Ehe als Lebensgemeinschaft gleichberechtigter Partner entwickelt, in der im Wesentlichen arbeitsteilig gelebt wird. Zudem begegnet die Scheidung einer Ehe und dadurch bedingt die Gründung von Zweitfamilien höherer Akzeptanz.[705] Mit dieser Entwicklung sind die Erwartungen an die nacheheliche Solidarität gesunken.

Vor dem Hintergrund dieser Veränderungen des Eheverständnisses wie der Ehewirklichkeit sind zudem die Konturen des nach den ehelichen Lebensverhältnissen zu bestimmenden Unterhaltsbedarfs immer unschärfer geworden. Diese Entwicklung offenbart sich bereits in den ersten judikativen Ansätzen zur Auslegung des § 1578 Abs. 1 S. 1 BGB und zu dem für die Bestimmung des Bedarfs maßgeblichen Zeitpunkt nach der 1. Eherechtsreform von 1977.[706] Auch die Surrogatsrechtsprechung ist als Reaktion auf ein geändertes Ehebild zu verstehen.[707] Vor allem aber zeigt sich der Verlust eines klaren Profils zur Bestimmung des Unterhaltsmaßes an der Entwicklung der Rechtsprechung zu den wandelbaren ehelichen Lebensverhältnissen und zur Bedarfsbestimmung im Wege der Dreiteilungsmethode.[708] Diese Rechtsprechung war dem Bemühen um einen als gerecht angesehenen Ausgleich konkurrierender Ehegattenunterhaltsansprüche auf der Basis des geltenden Rechts geschuldet, insbesondere der Auflösung des Widerspruchs zwischen § 1578 Abs. 1 S. 1 BGB und § 1609 BGB. Sie ist an den Grenzen der Auslegbarkeit der gesetzlichen Bestimmungen gescheitert. Seither bildet die Bedarfsbestimmung den Auslöser des nach wie vor äußerst problematischen Ausgleichs konkurrierender Ehegattenunterhaltsansprüche.

704 Erster Teil, B.I.3.

705 Einleitung, A.I und A.II.

706 Zweiter Teil, A.I.

707 Zweiter Teil, A.II.

708 Zweiter Teil, B.II und C.

Varianten einer Neuausrichtung des Geschiedenenunterhaltsrechts

Gelangt der Gesetzgeber zu dem Schluss, dass ein statusvermittelter Unterhalt mit einer Bedarfsbestimmung im Sinne einer Lebensstandardgarantie angesichts der geänderten Erwartungen an die eheliche Solidarität nicht mehr zeitgemäß ist, so kann er bei Überlegungen zur Neugestaltung der Bedarfsbestimmung auf Anregungen aus der Wissenschaft zurückgreifen.

Er könnte erwägen, an eine ebenso alte[709] wie andauernde[710] Empfehlung anzuknüpfen und die Bestimmung des Bedarfs an den tatsächlichen, berücksichtigungswürdigen Lebensverhältnissen der Eheleute zum Zeitpunkt der Geltendmachung des Unterhalts auszurichten. Damit würde er die Rechtsprechung zu den wandelbaren ehelichen Lebensverhältnissen nachvollziehen, nach der bereits auf der Ebene des Bedarfs nachehelich entstandene Unterhaltslasten des Pflichtigen einbezogen werden konnten. Zugleich könnte er Vorgaben für deren Gewichtung festlegen. Hierfür wiederum könnte er die Erwägungen fruchtbar machen, die gegenwärtig für die Einbeziehung nachehelicher Unterhaltsverpflichtungen auf der Ebene des § 1581 S. 1 BGB angestellt werden.[711]

Der Gesetzgeber könnte alternativ in Betracht ziehen, das Maß nachehelich zu gewährenden Unterhalts dem Unterhaltsmaß sonstiger Verwandter nach § 1610 BGB anzupassen. Damit würde er das Unterhaltsmaß an der eigenen Lebensstellung des Berechtigten, d.h. an seiner selbst erworbenen sozialen wie beruflichen Stellung ausrichten. Dabei hätte er zu entscheiden, ob er diese Ausrichtung ausnahmslos anordnen, oder aber – wie bereits im Gesetzgebungsverfahren zum 1. EheRG empfohlen[712] – Ausnahmen zulassen will, namentlich wenn Betreuungsunterhalt zu gewähren ist.

Schließlich könnte der Gesetzgeber prüfen, der Empfehlung zu folgen, das herrschende Eheverständnis durch ein Unterhaltsmaß in Form eines ehebedingten Nachteilsausgleichs zu spiegeln und damit den Weg fortzuschreiten, den § 1578b BGB bereits andeutet.[713] Danach wäre das Maß nachehelichen Unterhalts grundsätzlich nach dem vom Berechtigten selbst erworbenen sozialen wie beruflichen Stand zu bemessen. Zusätzlich wären die Nachteile zu kompensieren, die er aufgrund der Einschränkungen bzw. des gänzlichen Verzichts auf eine Erwerbstätigkeit zugunsten der Ehe und Familie erlitten hat.

---

709 Erster Teil, A.I.3.c) und A.II.3.c).

710 Zweiter Teil, D.II.2 und F.III.

711 Dritter Teil, B und C.

712 Erster Teil, B.I.3.

713 Zweiter Teil, F.III.

Entscheidungsregister

Europäischer Gerichtshof für Menschenrechte

Urteil vom 21. Dezember 2010 – 20578/07, FamRZ 2011, 269.

Urteil vom 15. September 2011 – 17080/07, FamRZ 2011, 1715.

Urteil vom 22. März 2012 – 23338/09, juris (in NJW 2013, 1937 nur auszugsweise veröffentlicht).

Urteil vom 22. März 2012 – 45071/09, juris (in FuR 2012, 473 nur auszugsweise veröffentlicht).

Entscheidung vom 11. Dezember 2012 – 11858/10, juris.

Entscheidung vom 5. November 2013 – 26610/09, NJW 2014, 3083.

Bundesverfassungsgericht

Urteil vom 21. Mai 1952 – 2 BvH 2/52, BVerfGE 1, 299.

Beschluss vom 18. September 1952 – 1 BvR 612/52, BVerfGE 1, 418.

Urteil vom 18. Dezember 1953 – 1 BvL 106/53, BVerfGE 3, 225.

Beschluss vom 21. Juli 1955 – 1 BvL 33/51, BVerfGE 4, 219.

Beschluss vom 17. Januar 1957 – 1 BvL 4/54, BVerfGE 6, 55.

Beschluss vom 11. Juni 1958 – 1 BvL 149/52, BVerfGE 8, 28.

Urteil vom 23. Oktober 1958 – 2 BvG 1/51, BVerfGE 1, 14.

Beschluss vom 8. Januar 1959 – 1 BvR 425/52, BVerfGE 9, 83.

Urteil vom 29. Juli 1959 – 1 BvR 205/58, BVerfGE 10, 59.

Beschluss vom 15. Dezember 1959 – 1 BvL 10/55, BVerfGE 10, 234.

Beschluss vom 17. Mai 1960 – 2 BvL 11/59 und 2 BvL 11/60, BVerfGE 11, 126.

Beschluss vom 10. Juni 1964 – 1 BvR 37/63, BVerfGE 18, 85.

Beschluss vom 20. Januar 1966 – 1 BvR 140/62, BVerfGE 19, 377.

Urteil vom 19. Juli 1966 – 2 BvF 1/65, BVerfGE 20, 56.

Beschluss vom 13. Dezember 1966 – 1 BvR 512/65, BVerfGE 21, 1.

Beschluss vom 7. Juni 1967 – 1 BvR 76/62, BVerfGE 22, 93.

Beschluss vom 29. Juli 1968 – 1 BvL 20/63 und 1 BvL 31/66, BVerfGE 24, 119.

Beschluss vom 6. November 1968 – 1 BvR 727/67, BVerfGE 24, 289.

Beschluss vom 29. Januar 1969 – 1 BvR 26/66, BVerfGE 25, 167.

Beschluss vom 18. März 1970 – 1 BvR 498/66, BVerfGE 28, 104.

Beschluss vom 4. Mai 1971 – 1 BvR 636/68, BVerfGE 31, 58.

Beschluss vom 25. April 1972 – 1 BvL 13/67, BVerfGE 33, 52.

Urteil vom 6. Dezember 1972 – 1 BvR 230/70 und 1 BvR 95/71, BVerfGE 34, 165.

Beschluss vom 14. Februar 1973 – 1 BvR 112/65, BVerfGE 34, 269.

Beschluss vom 19. Juni 1973 – 1 BvL 39/69 und 1 BvL 14/72, BVerfGE 35, 263.

Beschluss vom 29. Januar 1974 – 2 BvN 1/69, BVerfGE 36, 342.

Beschluss vom 21. Mai 1974 – 1 BvL 22/71 und 1 BvL 22/72, BVerfGE 37, 217.

Urteil vom 12. März 1975 – 1 BvL 15/71, 1 BvL 19/71, 1 BvL 32/73, 1 BvR 297/71, 1 BvR 315/71, 1 BvR 407/72 und 1 BvR 37/73, BVerfGE 39, 169.

Beschluss vom 6. Mai 1975 – 1 BvR 332/72, BVerfGE 39, 316.

Beschluss vom 10. Juni 1975 – 2 BvR 1018/74, BVerfGE 40, 88.

Beschluss vom 10. Februar 1976 – 2 BvG 1/74, BVerfGE 41, 291.

Beschluss vom 30. Juni 1976 – 2 BvR 284/76, BVerfGE 42, 258.

Beschluss vom 23. November 1976 – 1 BvR 150/75, BVerfGE 43, 108.

Urteil vom 21. Juni 1977 – 1 BvL 14/76, BVerfGE 45, 187.

Beschluss vom 21. Dezember 1977 – 1 BvR 820/76 und 1 BvR 1033/76, BVerfGE 47, 85.

Beschluss vom 1. März 1978 – 1 BvL 20/77, BVerfGE 48, 40.

Beschluss vom 9. Mai 1978 – 2 BvR 952/75, BVerfGE 48, 246.

Beschluss vom 31. Mai 1978 – 1 BvR 683/77, BVerfGE 48, 327.

Urteil vom 6. Juni 1978 – 1 BvR 102/76, BVerfGE 48, 346.

Beschluss vom 11. Oktober 1978 – 1 BvR 84/74, BVerfGE 49, 304.

Beschluss vom 3. April 1979 – 1 BvR 994/76, BVerfGE 51, 97.

Beschluss vom 18. Juli 1979 – 1 BvR 650/77, BVerfGE 51, 386.

Beschluss vom 16. Oktober 1979 – 1 BvL 51/79, BVerfGE 52, 277.

Beschluss vom 20. Dezember 1979 – 1 BvR 385/77, BVerfGE 53, 30.

Urteil vom 28. Februar 1980 – 1 BvL 136/78, 1 BvR 890/77, 1 BvR 1300/78, 1 BvR 1440/78 und 1 BvR 32/79, BVerfGE 53, 224.

Urteil vom 28. Februar 1980 – 1 BvL 17/77, 1 BvL 7/78, 1 BvL 9/78, 1 BvL 14/78, 1 BvL 15/78, 1 BvL 16/78, 1 BvL 37/78, 1 BvL 64/78, 1 BvL 74/78, 1 BvL 78/78, 1 BvL 100/78, 1 BvL 5/79, 1 BvL 16/79 und 1 BvR 807/78, BVerfGE 53, 257.

Beschluss vom 11. Juni 1980 – 1 PBvU 1/79, BVerfGE 54, 277.

Urteil vom 21. Oktober 1980 – 1 BvR 179/78 und 1 BvR 464/78, BVerfGE 55, 114.

Beschluss vom 26. Mai 1981 – 2 BvR 215/81, BVerfGE 57, 250.

Urteil vom 14. Juli 1981 – 1 BvL 28/77, 1 BvL 48/79, 1 BvR 154/79 und 1 BvR 170/80, BVerfGE 57, 361.

Beschluss vom 16. Dezember 1981 – 1 BvR 898/79, 1 BvR 1132/79, 1 BvR 1150/79, 1 BvR 1333/79, 1 BvR 1181/79, 1 BvR 83/80, 1 BvR 416/80, 1 BvR 1117/79 und 1 BvR 603/80, BVerfGE 59, 128.

Beschluss vom 13. Januar 1982 – 1 BvR 848/77, 1 BvR 1047/77, 1 BvR 916/78, 1 BvR 1307/78, 1 BvR 350/79, 1 BvR 475/80, 1 BvR 902/80, 1 BvR 965/80, 1 BvR 1177/80, 1 BvR 1238/80 und 1 BvR 1461/80, BVerfGE 59, 231.

Urteil vom 9. Februar 1982 – 1 BvR 698/79 und 1 BvR 771/79, BVerfGE 59, 336.

Beschluss vom 4. Mai 1982 – 1 BvL 26/77, 1 BvL 66/78, BVerfGE 60, 329.

Urteil vom 3. November 1982 – 1 BvR 620/78, 1 BvR 1335/78, 1 BvR 1104/79 und 1 BvR 363/80, BVerfGE 61, 319.

Urteil vom 16. Februar 1983 – 2 BvE 1/83, 2 BvE 2/83, 2 BvE 3/83 und 2 BvE 4/83, BVerfGE 62, 1.

Beschluss vom 30. November 1982 – 1 BvR 818/81, BVerfGE 62, 323.

Beschluss vom 27 Januar 1983 – 1 BvR 1008/79, 1 BvR 1091/81 und 1 BvR 322/80, BVerfGE 63, 88.

Beschluss vom 19. Oktober 1983 – 2 BvR 485/80 und 2 BvR 486/80, BVerfGE 65, 182.

Beschluss vom 10. Januar 1984 – 1 BvL 5/83, BVerfGE 66, 84.

Beschluss vom 14. November 1984 – 1 BvR 14/82 und 1 BvR 1642/82, BVerfGE 68, 256.

Beschluss vom 24. April 1985 – 2 BvF 2/83, 2 BvF 3/83, 2 BvF 4/83 und 2 BvF 2/84, BVerfGE 69, 1.

Beschluss vom 14. Mai 1985 – 1 BvR 233/81 und 1 BvR 341/81, BVerfGE 69, 315.

Beschluss vom 23. Oktober 1985 – 1 BvR 1053/82, BVerfGE 71, 108.

Urteil vom 6. Mai 1985 – 1 BvR 677/84, BVerfGE 72, 119.

Beschluss vom 14. Januar 1987 – 1 BvR 1052/79, BVerfGE 74, 129.

Beschluss vom 12. Mai 1987 – 2 BvR 1226/83, 2 BvR 101/84 und 2 BvR 313/84, BVerfGE 76, 1.

Beschluss vom 9. Februar 1988 – 1 BvL 23/86, BVerfGE 78, 20.

Beschluss vom 15. Juni 1988 – 1 BvR 1301/86, BVerfGE 78, 320.

Beschluss vom 9. November 1988 – 1 BvR 243/86, BVerfGE 79, 106.

Urteil vom 31. Januar 1989 – 1 BvL 17/87, BVerfGE 79, 256.

Beschluss vom 18. April 1989 – 2 BvR 1169/84, BVerfGE 80, 81.

Beschluss vom 3. Oktober 1989 – 1 BvL 78/86 und 1 BvL 79/86, BVerfGE 81, 1.

Beschluss vom 7. Februar 1990 – 1 BvR 26/84, BVerfGE 81, 242.

Beschluss vom 3. April 1990 – 1 BvR 680/86, 1 BvR 681/86, BVerfGE 82, 1.

Beschluss vom 3. April 1990 – 1 BvR 1186/89, BVerfGE 82, 6.

Beschluss vom 29. Mai 1990 – 1 BvL 20/84, 1 BvL 26/84, 1 BvL 4/86, BVerfGE 82, 60.

Beschluss vom 5. März 1991 – 1 BvL 83/86 und 1 BvL 24/88, BVerfGE 84, 9.

Beschluss vom 7. Mai 1991 – 1 BvL 32/88, BVerfGE 84, 168.

Beschluss vom 26. Juni 1991 – 1 BvR 779/85, BVerfGE 84, 212.

Beschluss vom 23. Oktober 1991 – 1 BvR 850/88, BVerfGE 85, 69.

Urteil vom 7. Juli 1992 – 1 BvL 51/86, 1 BvL 50/87, 1 BvR 873/90 und 1 BvR 761/91, BVerfGE 87, 1.

Beschluss vom 20. Oktober 1992 – 1 BvR 698/89, BVerfGE 87, 209.

Beschluss vom 3. November 1992 – 1 BvR 1243/88, BVerfGE 87, 273.

Urteil vom 17. November 1992 – 1 BvL 8/87, BVerfGE 87, 234.

Beschluss vom 16. Dezember 1992 – 1 BvR 167/87, BVerfGE 88, 40.

Beschluss vom 30. März 1993 – 1 BvR 1045/89, 1 BvR 1381/90 und 1 BvL 11/90, BVerfGE 88, 145.

Beschluss vom 16. November 1993 – 1 BvR 258/86, BVerfGE 89, 276.

Beschluss vom 24. Januar 1995 – 1 BvL 18/93, 1 BvL 5/94, 1 BvL 6/94, 1 BvL 7/94, 1 BvR 403/94 und 1 BvR 569/94, BVerfGE 92, 91.

Beschluss vom 24. Mai 1995 – 2 BvF 1/92, BVerfGE 93, 37.

Beschluss vom 12. November 1997 – 1 BvR 479/92 und 1 BvR 307/94, BVerfGE 96, 375.

Beschluss vom 27. Januar 1998 – 1 BvL 22/93, BVerfGE 97, 186.

Beschluss vom 8. April 1998 – 1 BvR 1773/96, BVerfGE 98, 49.

Beschluss vom 10. November 1998 – 2 BvR 1057/91, 2 BvR 1226/91 und 2 BvR 980/91, BVerfGE 99, 216.

Beschluss vom 3. Juli 2000 – 2 BvK 3/98, BVerfGE 102, 176.

Urteil vom 30. Januar 2002 – 1 BvL 23/96, BVerfGE 104, 373.

Beschluss vom 5. Februar 2002 – 1 BvR 105/95, 1 BvR 559/95 und 1 BvR 457/96, BVerfGE 105, 1.

Beschluss vom 4. Dezember 2002 – 2 BvR 400/98 und 2 BvR 1735/00, BVerfGE 107, 27.

Urteil vom 20. März 2002 – 2 BvR 794/95, BVerfGE 105, 135.

Urteil vom 17. Juli 2002 – 1 BvF 1/01 und 1 BvF 2/01, BVerfGE 105, 313.

Beschluss vom 18. März 2003 – 2 BvB 1/01, 2 BvB 2/01 und 2 BvB 3/01, BVerfGE 107, 339.

Beschluss vom 9. April 2003 – 1 BvR 1493/96 und 1 BvR 1724/01, BVerfGE 108, 82.

Beschluss vom 3. Juli 2003 – 1 BvR 238/01, BVerfGE 108, 150.

Beschluss vom 7. Oktober 2003 – 1 BvR 246/93 und 1 BvR 2298/94, BVerfGE 108, 351.

Urteil vom 10. Februar 2004 – 2 BvR 834/02 und 2 BvR 1588/02, BVerfGE 109, 190.

Urteil vom 30. März 2004 – 2 BvR 1520/01 und 2 BvR 1521/01, BVerfGE 110, 226.

Beschluss vom 17. Juni 2004 – 2 BvR 383/03, BVerfGE 111, 54.

Beschluss vom 16. März 2005 – 2 BvL 7/00, BVerfGE 112, 268.

Urteil vom 7. Juni 2005 – 1 BvR 1508/96, BVerfGE 113, 88.

Beschluss vom 28. Februar 2007 – 1 BvL 9/04, BVerfGE 118, 45.

Beschluss vom 14. Juni 2007 – 2 BvR 1447/05 und 2 BvR 136/05, BVerfGE 118, 212.

Beschluss vom 15. Januar 2009 – 2 BvR 2044/07, BVerfGE 122, 248 (Sondervotum).

Urteil vom 3. März 2009 – 2 BvC 3/07 und 2 BvC 4/07, BVerfGE 123, 39.

Beschluss vom 10. Juni 2009 – 1 BvR 825/08 und 1 BvR 831/08, BVerfGE 124, 25.

Beschluss vom 21. Juli 2010 – 1 BvR 420/09, BVerfGE 127, 132.

Beschluss vom 25. Januar 2011 – 1 BvR 918/10, BVerfGE 128, 193.

Urteil vom 11. Juli 2012 – 1 BvR 3142/07 und 1 BvR 1569/08, BVerfGE 132, 99.

Urteil vom 19. Februar 2013 – 1 BvL 1/11 und 1 BvR 3247/09, BVerfGE 133, 59.

Reichsgericht

Urteil vom 11. April 1901 – IV 65/01, RGZ 48, 112.

Urteil vom 12. Januar 1911 – IV 721/09, RGZ 75, 124.

Urteil vom 13. März 1911 – IV 217/10, RGZ 75, 433.

Urteil vom 29. Oktober 1934 – IV 139/34, RGZ 145, 302.

Urteil vom 26. August 1942 – IV 78/42, DJ 1942, 627.

Bundesgerichtshof

Urteil vom 23. April 1980 – IVb ZR 510/80, FamRZ 1980, 770.

Urteil vom 20. Januar 1982 – IVb ZR 650/80, FamRZ 1982, 360.

Urteil vom 31. März 1982 – IVb ZR 661/80, FamRZ 1982, 576.

Urteil vom 21. April 1982 – IVb ZR 741/80, FamRZ 1982, 684.

Urteil vom 23. November 1983 – IVb ZR 21/82, BGHZ 89, 108.

Urteil vom 23. November 1983 – IVb ZR 15/82, FamRZ 1984, 151.

Urteil vom 27. Juni 1984 – IVb ZR 23/83, unveröffentlicht.

Urteil vom 14. November 1984 – IVb ZR 38/83, FamRZ 1985, 161.

Urteil vom 3. April 1985 – IVb ZR 15/84, FamRZ 1985, 791.

Urteil vom 27. November 1985 – IVb ZR 78/84, FamRZ 1986, 148.

Urteil vom 7. Juli 1986 – II ZR 238/85, ZIP 1986, 1211.

Urteil vom 25. Februar 1987 – IVb ZR 36/86, FamRZ 1987, 457.

Urteil vom 16. März 1988 – IVb ZR 40/87, FamRZ 1988, 701.

Urteil vom 11. Mai 1988 – IVb ZR 42/87, FamRZ 1988, 817.

Urteil vom 21. Dezember 1988 – IVb ZR 18/88, NJW 1989, 1083.

Urteil vom 7. Juni 1989 – IVb ZR 63/88, FamRZ 1990, 258.

Urteil vom 18. Oktober 1989 – IVb ZR 89/88, BGHZ 109, 72.

Urteil vom 20. Juli 1990 – XII ZR 73/89, FamRZ 1990, 1085.

Urteil vom 20. Oktober 1993 – XII ZR 89/92, FamRZ 1994, 87.

Urteil vom 30. November 1994 – XII ZR 226/93, NJW 1995, 1148.

Urteil vom 16. April 1997 – XII ZR 233/95, FamRZ 1997, 806.

Urteil vom 16. April 1997 – XII ZR 293/95, FamRZ 1997, 873.

Urteil vom 25. November 1998 – XII ZR 98/97, FamRZ 1999, 367.

Urteil vom 25. November 1998 – XII ZR 33/97, FamRZ 1999, 372.

Urteil vom 13. Juni 2001 – XII ZR 343/99, BGHZ 148, 105.

Urteil vom 5. September 2001 – XII ZR 108/00, BGHZ 148, 368.

Urteil vom 29. Januar 2003 – XII ZR 92/01, BGHZ 153, 358.

Urteil vom 5. Februar 2003 – XII ZR 29/00, BGHZ 153, 372.

Urteil vom 23. November 2005 – XII ZR 51/03, FamRZ 2006, 387.

Urteil vom 1. März 2006 – XII ZR 157/03, FamRZ 2006, 846.

Urteil vom 15. März 2006 – XII ZR 30/04, BGHZ 166, 351.

Urteil vom 12. April 2006 – XII ZR 240/03, FamRZ 2006, 1006.

Urteil vom 28. Februar 2007 – XII ZR 37/05, BGHZ 171, 206.

Urteil vom 4. Juli 2007 – XII ZR 141/05, FamRZ 2007, 1532.

Urteil vom 14. November 2007 – XII ZR 16/07, FamRZ 2008, 134.

Urteil vom 9. Januar 2008 – XII ZR 170/05, FamRZ 2008, 594.

Urteil vom 6. Februar 2008 – XII ZR 14/06, BGHZ 175, 182.

Urteil vom 16. Juli 2008 – XII ZR 109/05, BGHZ 177, 27.

Urteil vom 30. Juli 2008 – XII ZR 177/06, BGHZ 177, 356.

Urteil vom 1. Oktober 2008 – XII ZR 62/07, FamRZ 2009, 23.

Urteil vom 17. Dezember 2008 – XII ZR 9/07, BGHZ 179, 196.

Urteil vom 28. Januar 2009 – XII ZR 119/07, FamRZ 2009, 579.

Urteil vom 18. März 2009 – XII ZR 74/08, BGHZ 180, 170.

Urteil vom 18. November 2009 – XII ZR 65/09, BGHZ 183, 197.

Urteil vom 27. Januar 2010 – XII ZR 100/08, FamRZ 2010, 538.

Urteil vom 24. März 2010 – XII ZR 175/08, BGHZ 185, 1.

Urteil vom 14. April 2010 – XII ZR 89/08, FamRZ 2010, 869.

Urteil vom 7. Dezember 2011 – XII ZR 151/09, BGHZ 192, 45.

Urteil vom 7. Dezember 2011 – XII ZR 159/09, FamRZ 2012, 288.

Urteil vom 25. Januar 2012 – XII ZR 139/09, FamRZ 2012, 525.

Urteil vom 7. März 2012 – XII ZR 145/09, FamRZ 2012, 951.

Urteil vom 7. März 2012 – XII ZR 25/10, FamRZ 2012, 772.

Urteil vom 20. März 2013 – XII ZR 72/11, FamRZ 2013, 853.

Beschluss vom 19. März 2014 – XII ZB 19/13, FamRZ 2014, 912.

Beschluss vom 7. Mai 2014 – XII ZR 258/13, FamRZ 2014, 1183.

Bundesfinanzhof

Urteil vom 11. August 1999 – XI R 77/97, BFHE 189, 413.

Urteil vom 26. März 2002 – VI R 26/00, BFHE 198, 545.

Bundesverwaltungsgericht

Urteil vom 29. Oktober 1981 – 1 D 50/80, BVerwGE 73, 263.

Urteil vom 19. Mai 1987 – 9 C 184/86, BVerwGE 77, 258.

Urteil vom 24. März 1999 – 6 C 9/98, BVerwGE 108, 355.

Oberlandesgerichte und Kammergericht

Brandenburgisches Oberlandesgericht

Beschluss vom 2. Dezember 2008 – 10 WF 227/08, NJW-RR 2009, 437.

Urteil vom 3. Juni 2010 – 10 UF 69/09, juris.

Braunschweig

Urteil vom 2. Dezember 2008 – 2 UF 29/08, FamRZ 2009, 977.

Hanseatisches Oberlandesgericht in Bremen

Beschluss vom 8. Oktober 2008 – 4 WF 74/08, NJW 2009, 449.

Beschluss vom 19. Dezember 2008 – 4 WF 145/08, NJW 2009, 925.

Beschluss vom 15. Mai 2009 – 4 WF 50/09, FamRZ 2009, 2012.

Kammergericht

Beschluss vom 26. März 1935 – 8 WF 1899/35, JW 1935, 2211.

Urteil vom 7. April 1941 – 13 U 3381/40, DR 1941, 1843.

Celle

Urteil vom 11. April 2007 – 15 UF 221/06, FamRZ 2007, 1818.

Urteil vom 18. Juli 2007 – 15 UF 236/06, FamRZ 2007, 1821.

Beschluss vom 10. Oktober 2008 – 10 WF 322/08, FamRZ 2009, 348.

Urteil vom 13. März 2009 – 12 UF 156/08, NJW 2009, 1758.

Beschluss vom 21. September 2009 – 10 UF 119/09, juris (in FamRZ 2010, 566 nur auszugsweise veröffentlicht).

Urteil vom 11. März 2010 – 17 UF 154/09, FamRZ 2010, 1673.

Dresden

Urteil vom 25. September 2009 – 24 UF 717/08, FamRZ 2010, 649.

Düsseldorf

Urteil vom 18. Dezember 2006 - II-7 UF 154/06, FamRZ 2007, 1815.

Urteil vom 5. Mai 2008 - II-2 UF 135/06, FamRZ 2008, 1254.

Beschluss vom 26. Mai 2011 - II-7 UF 1/11 und 7 UF 1/11, FamRZ 2011, 1953.

Frankfurt am Main

Urteil vom 21. Juli 2010 - 2 UF 63/10, juris.

Hamm

Urteil vom 12. März 2009 - II-2 UF 179/08, FamRZ 2009, 1914.

Beschluss vom 28. April 2009 - 2 WF 1/09, juris.

Urteil vom 11. Januar 2010 - II-4 UF 107/09, juris (in NJW 2010, 1152 nur auszugsweise veröffentlicht).

Urteil vom 11. Mai 2010 - 2 UF 64/08, juris.

Beschluss vom 8. Oktober 2010 - 5 UF 20/10 und II-5 UF 20/10, NJW 2011, 1681.

Urteil vom 8. Dezember 2010 - II-8 UF 103/09, FamRZ 2011, 1961.

Beschluss vom 13. Juni 2013 - II-4 UF 9/13, 4 UF 9/13, juris.

Karlsruhe

Urteil vom 16. April 2010 - 20 UF 10/09, FamRZ 2010, 1909.

Urteil vom 5. September 2011 - 16 UF 132/09, FamRZ 2012, 134.

Köln

Urteil vom 22. Dezember 2009 - 4 UF 79/09, juris.

Koblenz

Beschluss vom 10. Oktober 2007 - 7 WF 798/07, FamRZ 2008, 417.

Urteil vom 5. März 2008 - 9 UF 577/07, juris (in ZFE 2009, 112 nur auszugsweise veröffentlicht).

Nürnberg

Beschluss vom 11. Januar 2012 – 7 UF 747/11, juris (in IPRax 2012, 551 nur auszugsweise veröffentlicht).

Oldenburg

Urteil vom 26. September 2006 – 12 UF 74/06, FamRZ 2006, 1842.

Saarländisches Oberlandesgericht

Urteil vom 4. März 2010 – 6 UF 86/09, FF 2011, 170.

Urteil vom 15. Juli 2010 – 6 UF 4/10, NJW-RR 2011, 290.

Zweibrücken

Beschluss vom 28. Oktober 2011 – 2 UF 68/11, FamRZ 2012, 791.

Landgerichte

Berlin

Beschluss vom 9. März 1938 – 209 T 1407/30, DJ 1938, 867.

Literaturverzeichnis

Andersen, Sigrud, Zur Verfassungswidrigkeit der Dreiteilungsmethode, Streit 2011, 111.

Auert, Hermann, Das neue großdeutsche Eherecht, Gesetzestexte und Kommentar, 2. Auflage, Berlin 1938.

Benda, Ernst / *Klein*, Eckart / *Klein*, Oliver, Verfassungsprozessrecht, 3. Auflage, Heidelberg 2012.

Born, Winfried, Zu Unrecht totgesagt: Der Bedarf nach den ehelichen Lebensverhältnissen, NJW 2007, 26.

Born, Winfried, Berücksichtigung späterer Änderungen des Einkommens bei der Bemessung des nachehelichen Unterhalt, NJW 2008, 1669.

Born, Winfried, Der Bedarf in der aktuellen Rechtsprechung – Das Ende eines unterhaltsrechtlichen Grundbegriffs?, NJW 2008, 3089.

Born, Winfried, Der verweiblichte Hausmann und das Karussell der Fiktionen, NJW 2010, 641.

Born, Winfried, Anmerkung zum Urteil des Bundesgerichtshofs vom 7. Dezember 2011 - XII ZR 151/09, FF 2012, 118.

Borth, Helmut, Anmerkung zum Urteil des Bundesgerichtshofs vom 15. März 2006 - XII ZR 30/04, FamRZ 2006, 852.

Borth, Helmut, Unterhaltsänderungsgesetz, 1. Auflage, Bielefeld 2007.

Borth, Helmut, Praxis des Unterhaltsrechts, 2. Auflage, Bielefeld 2011.

Borth, Helmut, Anmerkung zum Beschluss des Bundesverfassungsgerichts vom 25. Januar 2011 - 1 BvR 918/10, FamRZ 2011, 445.

Borth, Helmut, Die Bestimmung des Unterhalts bei Konkurrenz mehrerer Unterhaltsansprüche – zugleich Anmerkung zu BGH, Urteil v. 7.12.2011 – XII ZR 151/09, FamRZ 2012, 253.

Borth, Helmut, Harmonisierung von Bedarf und Leistungsfähigkeit bei mehreren Unterhaltsberechtigten nach Verwerfung der Rechtsprechung zur Dreiteilung, FPR 2012, 137.

Borth, Helmut, Ausweitung des Schutzes des nachehelichen Unterhalts bei langer Ehedauer, FamRZ 2013, 165.

Braeuer, Max, Gleichberechtigte Teilhabe als Grundlage für den nachehelichen Unterhalt; zugleich ein Beitrag zur Anwendung des künftigen § 1578b BGB, FamRZ 2006, 1489.

Brudermüller, Gerd, Eheliche Lebensverhältnisse und Drittelmethode, FF 2010, 134.

Brühl, Günter / *Göppinger*, Horst / *Mutschler*, Dietrich, Unterhaltsrecht Band I, 3. Auflage, Bielefeld 1973.

Bruns, Alexander, Zivilrichterliche Rechtsschöpfung und Gewaltenteilung, JZ 2014, 162.

Buchwald, Martin / *Hallamik*, Ernst / *Beitzke*, Günther, Das Bürgerliche Gesetzbuch mit besonderer Berücksichtigung der Rechtsprechung des Reichsgerichts (Kommentar von Reichsgerichtsräten), IV. Band, Familienrecht, 9. Auflage, Berlin 1940.

Bundesministerium der Justiz (Hrsg.), Diskussionsentwurf des Bundesministeriums der Justiz – Reform des Rechts der Ehescheidung und der Scheidungsfolgen, Bonn 1970.

Bundesministerium der Justiz (Hrsg.), Erster Teilbericht der Eherechtskommission beim Bundesministerium der Justiz zur Reform des Ehescheidungsrechts und des Unterhaltsrechts nach der Ehescheidung, FamRZ 1970, 213 ff.

Bundesministerium der Justiz *(Hrsg.)*, Vorschläge der Eherechtskommission zur Reform des Ehescheidungsrechts und des Unterhaltsrechts nach der Ehescheidung, 2. Auflage, Bielefeld 1971.

Büttner, Helmut / *Niepmann*, Birgit, Die Entwicklung des Unterhaltsrechts seit Mitte 2007, NJW 2008, 2391.

Bydlinski, Franz, Juristische Methodenlehre und Rechtsbegriff, 2. Auflage, Wien 1991.

Dose, Hans-Joachim, Ehe und nacheheliche Solidarität, FamRZ 2011, 1341.

Dose, Hans-Joachim, Unterhalt nach den ehelichen Lebensverhältnissen unter Wahrung der Leistungsfähigkeit des Unterhaltspflichtigen, FF 2012, 227.

Dose, Hans-Joachim, Das Maß des nachehelichen Unterhalts vorgestern – gestern – heute – morgen – übermorgen, in: *Schwab*, Dieter / *Dose*, Hans-Joachim, Festschrift für Meo-Micaela Hahne, Familienrecht in Praxis und Theorie, Bielefeld 2012, 211.

Dreier, Horst, Grundgesetz Kommentar, 3. Auflage, Band I, Tübingen 2013.

Engisch, Karl, Einführung in das juristische Denken, 11. Auflage, Stuttgart 2010.

Epping, Volker / *Hillgruber*, Christian, Beck'scher Online-Kommentar GG, Edition 18, Stand 15. Mai 2013.

Erler, Julius, Ehescheidungsrecht und Ehescheidungsprozess einschließlich der Nichtigkeitserklärung der Ehe im Deutschen Reiche, 2. Auflage, Berlin 1900.

Eschenbruch, Klaus / *Klinkhammer*, Frank, Der Unterhaltsprozess, 5. Auflage, Köln 2009.

Freimuth / Jansen / Kurtenbach / Siekmann / Wolf, Der Diskussionsentwurf des Bundesministeriums der Justiz eines Gesetzes über die Neuregelung des Rechts der Ehescheidung und der Scheidungsfolgen, FamRZ 1970, 431.

Friauf, Karl Heinrich / *Höfling*, Wolfram (Hrsg.) Berliner Kommentar zum Grundgesetz, Berlin (Loseblatt, Stand: Dezember 2012).

Friedrich, Werner, Die steuerlichen Folgen der Unterhaltsregelung bei Scheidung, Juristische Wochenschrift 1938, 2446.

Gerhardt, Peter, Die ehelichen Lebensverhältnisse und der eheangemessene Selbstbehalt, FamRB 2006, 210.

Gerhardt, Peter / *Gutdeutsch*, Werner, Die Unterhaltsberechnung bei gleichrangigen Ehegatten nach dem geplanten Recht, FamRZ 2007, 778.

Gerhardt, Peter, Die Bereinigung des Nettoeinkommens beim Ehegattenunterhalt nach der geänderten Rechtsprechung des BGH, FamRZ 2007, 945.

Gerhardt, Peter / *v. Heintschel-Heinegg*, Bernd / *Klein*, Michael, Handbuch des Fachanwalts Familienrecht, 6. Auflage, Köln 2008.

Gerhardt, Peter / *v. Heintschel-Heinegg*, Bernd / *Klein*, Michael, Sonderheft zum Handbuch des Fachanwalts Familienrecht, 8. Auflage, Köln 2010.

Gerhardt, Peter, Die Auswirkungen der Unterhaltsrechtsreform auf den Begriff „eheliche Lebensverhältnisse", FamRZ 2011, 8.

Gerhardt, Peter / *Gutdeutsch*, Werner, Die Unterhaltsberechnung bei gleichrangigen Ehegatten unter Berücksichtigung der Entscheidung des BVerfG v. 25.1.2011 und der Unterhaltsrechtsreform 2008, FamRZ 2011, 597.

Gerhardt, Peter / *Gutdeutsch*, Werner, Die Unterhaltsberechnung bei vor- und nachrangigen Ehegatten unter Berücksichtigung der Entscheidung des BVerfG v. 25.1.2011 und der Unterhaltsrechtsreform 2008, FamRZ 2011, 772.

Gerhardt, Peter, Die ehelichen Lebensverhältnisse nach den Entscheidungen des BVerfG v. 25.1.2011 und des BGH v. 7.12.2011: Notwendigkeit einer Gesetzesreform, FamRZ 2012, 589.

Göppinger, Horst / *Wax*, Peter, Unterhaltsrecht, 9. Auflage, Bielefeld 2008.

Götz, Isabell / *Brudermüller*, Gerd, Grenzen richterlicher Rechtsfortbildung im nachehelichen Unterhaltsrecht – Konsequenzen der Entscheidung des BVerfG vom 25.1. 2011 für die Praxis, NJW 2011, 801.

Götz, Isabell, Anmerkung zum Beschluss des Bundesverfassungsgerichts vom 25. Januar 2011 – 1 BvR 918/10, FamRZ 2011, 871.

Götz, Isabell / *Brudermüller*, Gerd, Der Bedarf nach den „ehelichen Lebensverhältnissen“ oder: „Wer prägt künftig wen?“, NJW 2011, 2609.

Graba, Hans-Ulrich, Die Rechtsprechung des BGH zu den wandelbaren ehelichen Lebensverhältnissen, FF 2008, 437.

Graba, Hans-Ulrich, Anmerkung zum Urteil des Bundesgerichtshofs vom 6. Februar 2008 – XII ZR 14/06, FPR 2008, 303.

Graba, Hans-Ulrich, Auf dem Weg zu einem Ehegattenunterhaltsrecht nach Billigkeit, FamRZ 2008, 1217.

Graba, Hans-Ulrich, Die Rechtsprechung des Bundesgerichtshofs zum Unterhalt nach den ehelichen Lebensverhältnissen in der Folge der Surrogatsentscheidung, FamRZ 2010, 1131.

Graba, Hans-Ulrich, Ehegattenunterhalt nach den Vorgaben des Bundesverfassungsgerichts, FF 2011, 102.

Graba, Hans-Ulrich, Anwendung der Drittelmethode bei der Bemessung der Leistungsfähigkeit – Besprechung des Urteils des Bundesgerichtshofs vom 7. Dezember 2011, FamFR 2012, 49.

Graba, Hans-Ulrich, Reihenfolge der Prüfung von § 1578b BGB und § 1581 BGB bei der Drittelmethode, FF 2012, 341.

Graba, Hans-Ulrich, Ehegattenbedarf nach Verwerfung der Drittelmethode durch das BVerfG, FPR 2013, 138.

Grandel, Mathias, Editorial, FF 2008, 221.

Grandel, Mathias, Unterhaltsberechnung bei gleichrangig berechtigten Ehegatten außerhalb des Mangelfalls, NJW 2008, 796.

Griesche, Gerhard, Die neuere Rechtsprechung des BGH zu den wandelbaren ehelichen Verhältnissen und ihre Auswirkungen auf den Bedarf des Unterhaltsberechtigten im Ehegattenunterhaltsrecht, FPR 2008, 63.

Gutdeutsch, Werner, Vorschläge zur Bedarfsbemessung und Kürzung nach § 1581 BGB bei gleichrangigen Unterhaltsansprüchen von Ehegatten, FamRZ 1995, 327.

Gutdeutsch, Werner, Additionsmethode bei Gleichrang von zwei Ehegatten – Weitere Konsequenzen aus dem Urteil des BGH v. 15.3.2006 – XII ZR 30/04, FamRZ 2006, 1073.

Gutdeutsch, Werner, II. Erwiderung zu den Anmerkungen von Brandtner, FamRZ 2007, 2033, FamRZ 2007, 2035.

Gutdeutsch, Werner, Nachrangiger Unterhalt des früheren Ehegatten nach neuem Recht, FamRZ 2008, 661.

Gutdeutsch, Werner, Die Drittelmethode kann nicht verfassungswidrig sein, FamRZ 2010, 1874.

Gutdeutsch, Werner, Zur Konkurrenz mehrerer Ansprüche auf Ehegattenunterhalt nach der Entscheidung des BVerfG vom 25. Januar 2011, FamRZ 2011, 523.

Gutdeutsch, Werner, Konkurrenz von zwei Ehegatten: Wie geht es weiter?, FamRB 2011, 148.

Hampel, Herbert, Bemessung des Unterhalts gleichrangig berechtigter Ehegatten, FamRZ 1995, 1177.

Hauß, Jörn, BVerfG: „Gehe zurück auf Los“, FamRB 2011, 94.

Hauß, Jörn, Fünf Mal anders – Unterhalt für die F 2 – Zu den Konsequenzen der Entscheidung des Bundesverfassungsgerichts vom 25. Januar 2011, FamRB 2011, 183.

Hoffmann, Edgar / *Stephan*, Walter, Kommentar zum Ehegesetz, 1. Auflage, München 1950.

Hohmann-Dennhardt, Christine, Der Wandel des Eheverständnisses durch das Unterhaltsrechtsänderungsgesetz, in: Deutscher Familiengerichtstag e.V. (Hrsg.), Brühler Schriften zum Familienrecht, Band 16, Brühl 2009, 22.

Holzhauer, Heinz, „Kein Regietheater in der Residenz des Rechts“, Die sukzessive Polygamie des Unterhaltsschuldners, ZRP 2011, 188.

Hömig, Dieter, Grundgesetz für die Bundesrepublik Deutschland, 9. Auflage, Baden-Baden 2010.

Hoppenz, Rainer (Hrsg.), Familiensachen, 9. Auflage, Heidelberg 2009.

Hoppenz, Rainer, Die Dreiteilung des Unterhalts, NJW 2012, 819.

Jarass, Hans D. / *Pieroth*, Bodo, Grundgesetz für die Bundesrepublik Deutschland, Kommentar, 12. Auflage, München 2012.

Kahl, Wolfgang / *Waldhoff*, Christian / *Walter*, Christian, Bonner Kommentar zum Grundgesetz, Heidelberg (Stand: 162. Aktualisierung, Juli 2013).

Kaiser, Dagmar / *Schnitzler*, Klaus / *Friederici*, Peter, Kommentar zum Familienrecht, 2. Auflage, Baden-Baden 2010.

Kemper, Rainer, Die wandelbaren Lebensverhältnisse, FuR 2009, 372.

Kleffmann, Norbert / *Klein*, Michael, Unterhaltsrecht, Kommentar, 1. Auflage, Köln 2011.

Klinkhammer, Frank, Brauchen wir noch die „ehelichen Lebensverhältnisse"?, FF 2009, 140.

Klinkhammer, Frank, Die Auslegung der „ehelichen Lebensverhältnisse" nach § 1578 Abs. 1 S. 1 BGB und die Drittelmethode, FamRZ 2010, 1777.

Kuhlenbeck, Ludwig, Das BGB für das Deutsche Reich nebst dem Einführungsgesetze, 2. Band, 2. Auflage, Berlin 1903.

Larenz, Karl, Methodenlehre der Rechtswissenschaft, 6. Auflage, Berlin 1991.

Lechner, Hans / *Zuck*, Rüdiger, BVerfGG – Kommentar, 6. Auflage, München 2011.

Lenz, Christofer / *Hansel*, Ronald, Bundesverfassungsgerichtsgesetz, Handkommentar, 1. Auflage, Baden-Baden 2013.

Leutheusser-Schnarrenberger, Sabine, Auf dem Weg zu einem europäischen Familienrecht? – Wo stehen wir und wo wollen wir hin, in: Deutscher Familiengerichtstag e.V. (Hrsg.), Brühler Schriften zum Familienrecht, Band 17, Brühl 2012, 22.

Luthin, Horst, Anmerkung zum Urteil des Bundesgerichtshofs vom 15. März 2006, FamRB 2006, 198.

Luthin, Horst / *Koch*, Elisabeth, Handbuch des Unterhaltsrechts, 11. Auflage, München 2010.

Maier, Joachim, Bedarfsbestimmung nach den nicht mehr wandelbaren ehelichen Lebensverhältnissen, FuR 2011, 182.

v. Mangoldt, Hermann / *Klein*, Friedrich / *Starck*, Christian (Hrsg.), Kommentar zum Grundgesetz, 6. Auflage, München 2010.

Maßfeller, Franz, Das großdeutsche Ehegesetz, 2. Auflage, Berlin 1939.

Maunz, Theodor / *Schmidt-Bleibtreu*, Bruno / *Klein*, Franz / *Bethge*, Herbert, Bundesverfassungsgerichtsgesetz, Kommentar, 38. Ergänzungslieferung, München 2012.

Maunz, Theodor / *Dürig*, Günther (Hrsg.), Grundgesetz-Kommentar, München (Loseblatt, Stand: 67. Ergänzungslieferung 2013).

Maurer, Hans-Ulrich, Anmerkung zum Urteil des Bundesgerichtshofs vom 30. Juli 2008 – XII ZR 177/06, FamRZ 2008, 1919.

Maurer, Hans-Ulrich, Zum „Maß des Unterhalts nach den ehelichen Lebensverhältnissen", Schlaglichter auf den Bedarf nach § 1578 Abs. 1 BGB nach der Rechtsprechung des Bundesgerichtshofs, FamRZ 2008, 1985.

Maurer, Hans-Ulrich, Anmerkung zum Urteil des Bundesgerichtshofs vom 1. Oktober 2008 – XII ZR 62/07, FamRZ 2009, 204.

Maurer, Hans-Ulrich, Der nacheheliche Unterhalt nach der verfassungsgerichtlichen Verwerfung der „Dreiteilung", FamRZ 2011, 849.

v. Münch, Ingo / *Kunig*, Philip, Grundgesetz Kommentar, 6. Auflage, München 2012.

Münchner Kommentar zum BGB, siehe *Säcker*, Franz Jürgen / *Rixecker*, Roland / *Oetker*, Hartmut (Hrsg.).

Nave-Herz, Rosemarie, Familie heute – Wandel der Familienstrukturen und Folgen für die Erziehung, 5. Auflage 2012.

Norpoth, Johannes, Anmerkung zum Urteil des Bundesgerichtshofs vom 1. Oktober 2008 – XII ZR 62/07, FamRZ 2009, 23.

Palandt, Otto (Hrsg.), Kommentar zum BGB mit dem Einführungsgesetz, Ehegesetz, Testamentsgesetz und allen anderen einschlägigen Gesetzen, 1. Auflage, München 1939.

Palandt, Otto (Hrsg.), Kommentar zum BGB mit dem Einführungsgesetz, Ehegesetz, Testamentsgesetz und allen anderen einschlägigen Gesetzen, 7. Auflage, München 1949.

Pauling, Dieter, Unterhaltskonkurrenz zweier Ehegatten nach Verwerfung der Dreiteilungsmethode, NJW 2012, 194.

Pestalozza, Christian, Verfassungsprozessrecht, 3. Auflage, München 1991.

Reinken, Werner, Die Rangfolgenregelung nach neuem Recht mit Berechnungsbeispielen für den Mangelfall, FPR 2008, 9.

Rilk, Otto, Das neue Eherecht 1938, Kommentar zum Gesetz zur Vereinheitlichung des Rechts der Eheschließung und der Ehescheidung im Lande Österreich und im übrigen Reichsgebiet vom 6. Juli 1938, 1. Auflage, Leipzig 1938.

Rüthers, Bernd / *Fischer*, Christian / *Birk*, Axel, Rechtstheorie mit Juristischer Methodenlehre, 6. Auflage, München 2011.

Rüthers, Bernd, Kleine Freiheit der Auslegungsmethoden, NJW 2011, 1857.

Sachs, Michael (Hrsg.), Grundgesetz Kommentar, 6. Auflage, München 2011.

Säcker, Franz Jürgen / *Rixecker*, Roland (Hrsg.), Münchner Kommentar zum BGB, Band 7/Teilband 1, Familienrecht I, 5. Auflage, München 2010.

Säcker, Franz Jürgen / *Rixecker*, Roland / *Oetker*, Hartmut (Hrsg.), Münchner Kommentar zum BGB, Band 7/Teilband 1, Familienrecht I, 6. Auflage, München 2013.

v. Scanzoni, Gustav, Das großdeutsche Ehegesetz vom 6. Juli 1938, Kommentar, 1. Auflage, Berlin 1939.

Schilling, Roger, Der Betreuungsunterhalt nach der Reform, FF 2008, 279.

Schlaich, Klaus / *Korioth*, Stefan, Das Bundesverfassungsgericht, Stellung, Verfahren, Entscheidungen, 9. Auflage, München 2012.

Schlünder, Rolf, Das „Maß des Unterhalts nach den ehelichen Lebensverhältnissen" – Die Umkehrung des Regel-Ausnahme-Prinzips, FamRZ 2009, 487.

Schmidt, Arthur / *Hedemann*, Wilhelm / *Fuchs*, August, Familienrecht, 1. Auflage, München 1907.

Schmidt, Rolf, Familienrecht, 1. Auflage, Grasberg 2012.

Schmidt-Bleibtreu, Bruno / *Hofmann*, Hans / *Hopfauf*, Axel, Grundgesetz Kommentar, 12. Auflage, Köln 2011.

Schönberger, Christoph, Höchstrichterliche Rechtsfindung und Auslegung gerichtlicher Entscheidungen, in: Veröffentlichungen der Vereinigung der Deutschen Staatsrechtslehrer, Band 71, Berlin 2012, 296.

Schürmann, Heinrich, Generelle Befristung des nachehelichen Unterhalts – eine überfällige Reform?, FPR 2005, 492.

Schürmann, Heinrich, Bemessung des Ehegattenselbstbehalts, FF 2006, 191.

Schürmann, Heinrich, Der Abschied vom Stichtagsprinzip – was bleibt von den ehelichen Lebensverhältnissen?, NJW 2006, 2301.

Schürmann, Heinrich, Kinder – Eltern – Rang. Die neue Rangordnung nach dem Unterhaltsrechtsänderungsgesetz, FamRZ 2008, 313.

Schwab, Dieter, Unterhaltsbemessung zwischen Gesetz, Richtlinie und freier richterlicher Entscheidung, FF 2004, 164.

Schwab, Dieter, Unterhalt 2014, FF 2012, 138.

Schwamb, Werner, Das Ende der Drittelmethode – mit zu heißer Nadel gestrickt …, FamRB 2011, 120.

Schwamb, Werner, Stichtag für die ehelichen Lebensverhältnisse; Billigkeitsabwägung in Form der Dreiteilung bei Gleichrang, FamRB 2012, 71.

Schwamb, Werner, Der Unterhaltsbedarf nach den ehelichen Lebensverhältnissen und die Leistungsfähigkeit des Verpflichteten bei Anspruchskonkurrenzen – Eine unendliche Geschichte, MDR 2012, 557.

Sodan, Helge (Hrsg.), Grundgesetz, 2. Auflage, München 2011.

Soyka, Jürgen, Der Wandel der ehelichen Lebensverhältnisse, FuR 2008, 264.

Soyka, Jürgen, Der Wandel der ehelichen Lebensverhältnisse, FuR 2010, 305.

Soyka, Jürgen, BVerfG kippt Dreiteilungsmethode – Dies sind die Konsequenzen für die Berechnung des nachehelichen Unterhalts, Sonderausgabe Familienrecht Kompakt 2011.

Soyka, Jürgen, Neue Dreiteilungsmethode vom BGH: Dies sind die Konsequenzen für die Praxis, Sonderausgabe Familienrecht Kompakt 2012.

Spangenberg, Ernst, Anmerkung zum Urteil des Bundesgerichtshofs vom 7. Dezember 2011, FF 2012, 257.

Statistisches Bundesamt (Hrsg.), Bevölkerung und Erwerbstätigkeit 2002, Wiesbaden 2003.

Statistisches Bundesamt (Hrsg.), Gerichtliche Ehelösungen, Maßzahlen zu Ehescheidungen, Wiesbaden 2011.

Statistisches Bundesamt (Hrsg.), Mikrozensus 2010, Wiesbaden 2011.

Statistisches Bundesamt (Hrsg.), Statistisches Jahrbuch 1961, Wiesbaden 1961.

Statistisches Bundesamt (Hrsg.), Statistisches Jahrbuch 1992, Wiesbaden 1992.

Statistisches Bundesamt (Hrsg.), Statistisches Jahrbuch 2000, Wiesbaden 2000.

Statistisches Bundesamt (Hrsg.), Statistisches Jahrbuch 2001, Wiesbaden 2001.

Statistisches Bundesamt (Hrsg.), Statistisches Jahrbuch 2002, Wiesbaden 2002.

Statistisches Bundesamt (Hrsg.), Statistisches Jahrbuch 2011, Wiesbaden 2011.

Statistisches Bundesamt (Hrsg.), Statistisches Jahrbuch 2012, Wiesbaden 2012.

Statistisches Bundesamt (Hrsg.), Vereinbarkeit von Familie und Beruf (Ergebnisse des Mikrozensus 2010), Wiesbaden 2012.

v. Staudinger, Julius (Hrsg.), Kommentar zum BGB und dem Einführungsgesetze, IV. Band, Familienrecht, 9. Auflage, München/Berlin/Leipzig 1926.

v. Staudinger, Julius (Hrsg.), Kommentar zum BGB mit Einführungsgesetz und Nebengesetzen, §§ 1569 – 1586b (Geschiedenenunterhalt), Neubearbeitung 2014, Berlin 2014.

Stollenwerk, Christoph, Anmerkung zum Urteil des Bundesgerichtshofs vom 1. Oktober 2008 – XII ZR 62/07, FPR 2009, 57.

Ulber, Daniel, Die Rechtsprechung des Bundesverfassungsgerichts zu Zulässigkeit und Grenzen richterlicher Rechtsfortbildung im Zivilrecht, EuGRZ 2012, 365.

Umbach, Dieter / *Clemens*, Thomas / *Dollinger*, Franz-Wilhelm, Kommentar zum BVerfGG, 2. Auflage, Heidelberg 2005.

Wagner-Kleinkauf, Jutta, Reform der Unterhaltsreform – ein Dauerthema, FPR 2012, 154.

Wellenhofer, Marina, Drittelmethode – und was kommt danach?, FF 2011, 144.

Wendl, Philipp / *Staudigl*, Siegfried, Das Unterhaltsrecht in der familienrichterlichen Praxis, 2. Auflage, München 1990.

Wendl, Philipp / *Staudigl*, Siegfried, Das Unterhaltsrecht in der familienrichterlichen Praxis, 7. Auflage, München 2008.

Wendl, Philipp / *Dose*, Hans-Joachim, Das Unterhaltsrecht in der familienrichterlichen Praxis, 8. Auflage, München 2011.

Wieruszowski, Alfred, Handbuch des Eherechts, Band 1, 1. Auflage, Düsseldorf, 1900.

Willutzki, Siegfried, Der Ehegattenunterhalt nach der Scheidung in: *Hofer*, Sibylle / *Klippel*, Diethelm / *Walter*, Ute (Hrsg.) Festschrift für Schwab – Perspektiven des Familienrechts –, Bielefeld 2005, 713.

Zippelius, Reinhold, Juristische Methodenlehre, 9. Auflage, München 2005.

Studien zum deutschen und internationalen Familien- und Erbrecht

Herausgegeben von Martin Lipp, Christoph Benicke,
Marina Wellenhofer und Bettina Heiderhoff

Band 1 Jessica Kriewald: Statusrelevante Erklärungen des Familienrechts. 2009.

Band 2 Martin Gilbert: Unmoralische Angebote, Grundrechtskitsch und die kalte Hand des Erblassers. 2009.

Band 3 Anja Vellmer: Religiöse Kindererziehung und religiös begründete Konflikte in der Familie. Eine rechtsübergreifende Darstellung familiärer religiöser Konflikte und der staatlichen Instrumentarien zu ihrer Lösung. 2010.

Band 4 Uta Heidenreich: Auskunfts- und Wertermittlungsansprüche des Pflichtteilsberechtigten. 2010.

Band 5 Ulla Möhn: Vertrauensschutz im intertemporalen Scheidungsunterhaltsrecht. Zugleich eine Analyse des § 36 Nr. 1 EGZPO. 2010.

Band 6 Gabriele Metternich: Verfügungsverhalten von Erblassern. Eine empirische Untersuchung als Beitrag zur Rechtstatsachenforschung und Reformdiskussion auf dem Gebiet des Erbrechts. 2010.

Band 7 Patrick Schroer: Europäischer Erbschein. Mit rechtsvergleichender Darstellung. 2010.

Band 8 Isabella Toscano: Ehescheidungen mit grenzüberschreitendem Bezug. Von divergierenden nationalen Scheidungsvoraussetzungen zu einem einheitlichen europäischen Scheidungsrecht? 2011.

Band 9 Ulrich Kühle: Die gerichtliche Überprüfung von Erb- und Pflichtteilsverzichtsverträgen im Spiegel ehevertraglicher Inhaltskontrolle. 2011.

Band 10 Gregor Blüm: Härtefälle im Recht des Versorgungsausgleichs. Eine legitimationszentrierte Untersuchung der Rechtsprechung zur Generalklausel des § 1587c Nr. 1 BGB a. F. unter Berücksichtigung der Neuerungen in der Härtefallregelung des § 27 VersAusglG. 2011.

Band 11 Linda Schlegel: Die Bedeutung des vorehelichen Zusammenlebens im Scheidungsfolgenrecht. 2011.

Band 12 Tobias Breitling: Rechtsfolgen von sittenwidrigen Bedingungen in Verfügungen von Todes wegen. Erblasserwille und objektives Recht. 2012.

Band 13 Anja Sommer: Das Verhältnis von Familiengericht und Jugendamt. Kooperation zum Wohle des Kindes? 2012.

Band 14 Pia Maria Schulze: Das deutsche Kindschafts- und Abstammungsrecht und die Rechtsprechung des EGMR. 2012.

Band 15 Sebastian Schaufert: Das Verbot der Doppelverwertung von Vermögenspositionen bei Unterhalt und Zugewinn. 2012.

Band 16 Natalie Ivanits: Die Stellung des Kindes in auf Einvernehmen zielenden gerichtlichen und außergerichtlichen Verfahren in Kindschaftssachen. 2012.

Band 17 Robert Bauer: Die Neuerungen im ehelichen Güterrecht. Eine kritische Untersuchung der Rechtslage nach der Reform von 2009. 2013.

Band 18 Birthe Schekahn: Tatsächliche Unterhaltsleistungen faktischer Lebensgefährten im Todesfall. Ein Vorschlag für eine Reform des § 844 Abs. 2 BGB und zugleich eine Definition der faktischen Lebensgemeinschaft. 2013.

Band 19 Michelle Favier: Die gemeinsame rechtliche Elternschaft von eingetragenen Lebenspartnern durch die Annahme eines Kindes. 2014.

Band 20 Holke-Leonie Doench: Mediation als kindgerechtes Verfahren. 2014.

Band 21 Katharina Frank: Eheverträge als effektives Gestaltungsinstrument. Die Grenzen der Privatautonomie im englischen und deutschen Sachrecht sowie im europäischen Zivilverfahrens- und Kollisionsrecht. 2015.

Band 22 Renata von Pückler: Der Ausgleich konkurrierender Ehegattenunterhaltsansprüche. 2015.

www.peterlang.com

www.ingramcontent.com/pod-product-compliance
Ingram Content Group UK Ltd.
Pitfield, Milton Keynes, MK11 3LW, UK
UKHW041824290926
8980IPUK00002B/36

9 783631 653463